Wolfram Elsner

DAS CHINESISCHE JAHRHUNDERT

Die neue Nummer eins ist anders

WESTEND

Mehr über unsere Autoren und Bücher:
www.westendverlag.de

Die Deutsche Nationalbibliothek verzeichnet diese Publikation in
der Deutschen Nationalbibliografie; detaillierte bibliografische Daten
sind im Internet über http://dnb.d-nb.de abrufbar.

ISBN 978-3-86489-261-5
© Westend Verlag GmbH, Frankfurt/Main 2020
Umschlaggestaltung: Buchgut, Berlin
Satz: Publikations Atelier, Dreieich
Druck und Bindung: CPI – Clausen & Bosse, Leck
Printed in Germany

Inhalt

Teil I
China verstehen lernen ... oder ideologischer Krieg?

Teil II
Vom Entwicklungsland zur Führungsnation. Strukturen und Prozesse sozialen und ökonomischen Erfolgs

Teil III
»It's the system, stupid!«

Anhang: Diesem Buch sind als Anhänge Gastbeiträge von Prof. Dr. Rudolph Bauer, Dr. Rolf Geffken und Madeleine Genzsch beigefügt mit deren Hilfe einige Kapitel dieses Buches besser zu verstehen sind:

- Prof. Dr. Rudolph Bauer, Bremen, schreibt in »Eine kurze Geschichte der chinesischen Kultur« über den kulturhistorischen, gesellschafts- und staatsphilosophischen Hintergrund des modernen China.
- RA Dr. Rolf Geffken beschreibt in »Chinas Arbeiterklasse und ihr Recht« die Entwicklung des neuen Arbeitsrechts und der Arbeitsbedingungen in China.
- Madeleine Genzsch, MBA, untersucht in »Sozioökologische Transformation durch Sozialpunkte« die Gestaltung, Wirkungen und Diskussion der verschiedenen regionalen und lokalen Punktesysteme in China.

Die Gastbeiträge sowie ein Personen- und Sachverzeichnis zum Buch sind online frei zugänglich unter dem Link:
www.westendverlag.de/china

Ohne ideologische Scheuklappen auf China schauen!

Geleitwort von Folker Hellmeyer

Dieses Buch ist überfällig, da es das Potenzial hat, endlich die erforderliche Sachlichkeit in den Diskurs über China zu bringen. Weder im politischen noch im medialen Raum ist diese aktuell ausreichend gewährleistet und damit ist dieses Buch auch eine Provokation gegenüber den gängigen Darstellungen. Provokation ist aus meiner persönlichen Erfahrung zum Thema China bitter nötig, denn der selbstverliebte und moralinsaure Blick auf die eigene Position verstellt uns im Westen den Blick auf die Dynamik der globalen Veränderungen auf ökonomischer Ebene.

Der Inhalt dieses Buches soll dazu animieren, selbstkritisch unseren westlichen Zeitgeist und unsere sogenannte moralische Überlegenheit zu hinterfragen. Unsere »Werte« manifestieren sich in einer egozentrischen Politik, in der unsere eigene Sichtweise zumeist nicht mehr mit der Sichtweise der Entscheider und der Menschen der aufstrebenden Länder im Einklang stehen. Das ist äußerst risikobehaftet.

Das gilt vor allen Dingen für den Blick auf die finanzökonomischen Machtachsen. 1990 hatten die aufstrebenden Länder zu Beginn der beschleunigten Globalisierung nach dem Fall des Kommunismus lediglich einen Anteil von circa 20 Prozent am weltweiten Bruttoinlandsprodukt, mittlerweile liegt der Anteil bei 63 Prozent. Da die aufstrebenden Länder mindestens doppelt so schnell wachsen wie die westlichen Länder, ist das Erreichen der Marke von 70 Prozent und mehr nur eine Zeitfrage. Diese Länder stehen für 88 Prozent der Weltbevölkerung und sie kontrollieren circa 70 Prozent der Weltdevisenreserven. Sie geben das Tempo in der Weltkonjunktur vor. Gerade China ist nicht mehr nur Werkbank der Welt, sondern mittlerweile führend im Bereich wesentlicher Schlüsseltechnologien wie etwa dem 5G-Netzwerk.

Werden diese Länder sich vom Westen, der heute noch 37 Prozent Anteil am Welt-BIP hat (bei fallender Tendenz), der nur zwölf Prozent der Weltbevölkerung stellt und lediglich circa 30 Prozent der Weltdevisenreserven kontrolliert, weiter überstimmen lassen?

Europa ist gut beraten, die Erfahrungen der Hanse zu verinnerlichen. Dort hieß es »Wandel durch Handel«. Augenhöhe war ein Kernmerkmal des Umgangs und ist für nachhaltige Entwicklungen unabdingbar. Handel ist aktive Friedenspolitik, da der Handel das Miteinander voraussetzt und Brücken baut. Handel bedingt kulturellen Austausch, das Lernen voneinander und miteinander.

Dazu mag auch gehören, dass andere Kulturen nicht reif für die Debatten und Strukturen des Westens im Rahmen unseres Zeitgeistes sind. Genügend Anschauungsmaterial gibt es in jüngerer Zeit von Afghanistan über den Irak und Libyen bis hin zu Syrien. Westliche Strukturen lassen sich nicht herbeibomben oder herbeiputschen. Echte kulturelle Toleranz und nicht vermeintliche Toleranz auf der Verbalklaviatur sollten auf der Agenda stehen.

Dieses Buch beleuchtet mannigfaltige Facetten und liefert sachliche Einblicke, die bezüglich der zukünftigen Bedeutung Chinas und der aufstrebenden Länder für die Exportnation Deutschland, für die Eurozone und die EU elementar sind. Es wird klar, dass wir aufgrund falscher Loyalitäten bereits spät dran sind. China und die aufstrebenden Länder werden nicht auf uns warten!

Ich danke Wolfram Elsner für sein Engagement und wünsche dem Buch eine breite Leserschaft.

Bremen, im März 2020

Folker Hellmeyer war viele Jahre Chefökonom der Bremer Landesbank, ist Chefanalyst von SOLVECON-INVEST GmbH und Mitglied des Präsidiums des 2019 gegründeten BVDSI – Bundesverband Deutsche Seidenstraßen Initiative.

Einleitung
China, die Chinesen und ich

Mein begrenztes und gebremstes Interesse an China ...

Noch vor etwa 15 Jahren hätte ich keinen Cent auf Chinas Zukunft gewettet: »Die wollen den kapitalistischen Tiger reiten!? Dieser Tiger lässt sich nicht reiten! Er reitet dich, und da kommst du nie wieder raus.« Die Illusionen der ehemaligen DDR-Bürgerrechtsbewegung über einen »sozial geläuterten Kapitalismus« hatten die Bürgerrechtler, wie viele vor ihnen in der Geschichte, bekanntlich teuer bezahlen müssen, trotz Konsum und Glitzerwelt-Versprechen, nämlich mit Existenzunsicherheit, Benachteiligung, innerer Kolonialisierung durch »Besserwessis« und letztlich mit ihrem Selbstwertgefühl.

Aber ich hatte ja keine Ahnung von den Ideen und reichhaltigen Erfahrungen Chinas, dem historisch ererbten großen Potenzial, dem Willen, aus dem »Jahrhundert der Demütigung« durch den europäischen Kolonialismus herauszukommen, aus Hunger, Armut und Unterentwicklung und der Kraft und Mobilisierungsfähigkeit dieses Landes, seiner Menschen und, ja, auch seines »Systems«. Ich schaute also genauso skeptisch, genauer gesagt: mit genauso viel Unwissen und Unverständnis auf dieses Land, auf dieses »Phänomen«, wie viele meiner mitteleuropäischen Mitmenschen es taten – und viele davon es auch heute noch tun.

Tatsächlich hatte ich mir China immer »vom Hals gehalten«. Ideen, mal nach China zu reisen, hatte es im privaten Bereich seit Jahren gegeben. Freunde und Familie hatten Bilder gesehen und persönliche Berichte gehört, die ihnen Lust auf China machten. Die große Mauer sehen ... und die »verrückten« Chinesen? Ich wischte die Idee vom Tisch: »Was soll ich denn da!?« Die Kultur war mir fremd, die Sprache zu kompliziert …

In Wirklichkeit war es vermutlich Angst vor Enttäuschung, der Enttäuschung, nicht das reine, saubere sozialistische Ideal nach den Ideen eines typischen europäischen Intellektuellen zu sehen, sondern ein Land, das hochgradig unfertig ist, auf einem noch sehr langen Marsch … und wer wusste schon wohin? Oder auch ganz banal: Angst vor dem Verlust lieb gewonnener Vorurteile.

Ich war nun wahrlich kein ausgesprochener Ignorant, saß definitiv nicht mehr auf dem hohen Europa-zentrierten Ross, von dem herab heute viele immer noch ihren »Werte«-Absolutismus anderen glauben predigen zu müssen, glauben, die Welt in Gut und Böse einteilen zu können und alle anderen wahlweise »retten« oder »bestrafen« zu müssen. Eine solche Arroganz und Ignoranz hatte mir in den späten 1960er-Jahren schon im Gymnasium mein großartiger Geschichtslehrer ausgetrieben. Und was ich als »68er« zusätzlich an (Selbst-)Kritik-Fähigkeit gelernt hatte, dahinter wollte ich auch nie mehr zurückfallen, auch nicht irgendwie »grün« oder auf andere Weise gutmenschlich gewendet. Zum Glück wollte ich auch keine neue Partei gründen und nicht hinter politischen Posten hinterherjagen, um von dort aus dann die Welt zu belehren oder »unsere (Rohstoff-) Interessen« in fremden Ländern zu »verteidigen«.

Ich wusste ein bisschen über die Geschichte Chinas, auch wie diese historische Großmacht mit jahrtausendealter Hochkultur und riesigen technischen und wissenschaftlichen Vorsprüngen gegenüber Europa (das ja stets am hintersten Rand Eurasiens lag), die nie ein anderes Land versklavt hatte, ab dem 16. Jahrhundert auf irgendeine Weise gegenüber eben diesem Europa ins Hintertreffen geriet und schließlich Opfer des europäischen Kolonialismus und Imperialismus wurde, zerschlagen, aufgeteilt, ausgeplündert, erniedrigt, in millionenfache Opiumabhängigkeit gezwungen, mit Massenmorden überzogen, zerstört und nach jenem »Jahrhundert der Demütigung« als eines der ärmsten Entwicklungsländer der Welt zurückgelassen worden war.[1] Zusammen mit England, Frankreich, Deutschland, Italien und dem zaristischen Russland wollten dann auch die USA ihren Anteil an diesem fettesten aller Brocken auf Erden (in puncto Wissen und Weisheit,

Produkte, Technologien und Ressourcen sowie Arbeitskräfte und Absatzmärkte) haben. Und die Brutalität der englischen und deutschen Ausbeutung erhielt dann noch eine Steigerung in der noch stärker rassistisch motivierten Besatzung des potenziellen ostasiatischen Konkurrenten durch die japanische Armee, die das Land weiter ausbluten ließ und zu ihrem Bordell machte (wie die meisten Invasionsarmeen in fremden Ländern es eben tun).

Ich wusste auch ein wenig vom Langen Marsch 1934–35, von Mao Zedong, vom Großen Sprung nach vorn 1958–61 und den letzten großen Hungersnöten in der Zeit des Großen Sprungs. Und ich plapperte, wie fast alle Intellektuellen damals nichts wissend, begeistert von der »Kulturrevolution« (1966–1976).

1968: die »Mao-Bibel« und die »Kulturrevolution«

In meiner Generation las man Ende der 1960er-, Anfang der 1970er-Jahre an der Uni, neben jedwedem eigenem Studium, die »kleine Mao-Bibel« (*Worte des Vorsitzenden Mao Tse-tung*, 1967 auf Deutsch erschienen), und vielleicht sogar einige von Maos längeren Schriften, die man in den Jahren der Raubdruck-Szene als *Gesammelte Werke* überall erhalten konnte – in der Hoffnung auf die von unseren studentischen »Maoisten« versprochene tiefere Erkenntnis. Aber Maos kleine Sammlung von Aphorismen sagte mir nicht viel. Zu sehr schien mir das alles aus dem Kontext gerissen: Was sollte ich als mitteleuropäischer Intellektueller lernen, für Beruf, Lebenspraxis, Weltsicht oder Politik, von etwas, was eigentlich für arme, größtenteils analphabetische chinesische Bauern gedacht war, auf deren Situation zugeschnitten war, und das mit Bildern und Metaphern arbeitete, die wir in Europa gar nicht wirklich verstehen konnten? Da wirkte vieles einfach nur platt, was aber für den revolutionären chinesischen Bauern, der Unterdrückung und Hungersnöte erlebt hatte und sich nun vielleicht (in den 1930er- und 1940er-Jahren) der Volksbefreiungsarmee anschloss (weil ihm keine Alternative mehr übrig blieb), vermutlich außerordentlich aussagekräftig war. Einzelne von Maos längeren Schriften weckten da schon eher den Wunsch nach mehr. Aber dummerweise waren da die vielen »Maoisten« an den Unis, die oft ausgesprochen intolerant und aggressiv auftraten, sodass ich mich letztlich ab- und meinem Studium und den Problemen im eigenen Land (von denen es ja genug gab) zuwandte.

Ich vermutete Anfang der 1970er-Jahre, dass China die Formen und Ergebnisse der »Kulturrevolution« nicht lange würde aushalten können. (Erst bei meinen Besuchen in China 40 Jahre später habe ich erfahren, dass das Trauma der »Kulturrevolution« noch heute in vielen chinesischen Familien tief sitzt.) Und je mehr unsere Uni-»Maoisten« die »permanente Revolution« propagierten, desto skeptischer wurde ich und desto banger wurde mir um China. Und so wurde mir wohler, indem ich China erst einmal in die hinterste Ecke meines Kopfes (ver-)drängte. Und dort blieb es für Jahre im Schlummerzustand.

1976: »Kulturrevolution« und Maos Tod

Maos Tod erinnerte mich wieder an China. Würde China jetzt erneut im Chaos versinken, wo es gerade eben halbwegs zur Ruhe gekommen war? Und wie weit würde das Imperium[2] mit seinem Anspruch auf Weltherrschaft gehen, das geschwächte chinesische Reich, den fetten Brocken, nun unterwerfen, es erneut fragmentieren und vielleicht sogar in tausend regionale, ethnische, religiös-fundamentalistische und Warlord-Gebiete zerlegen? So, wie es auch schon weniger fette Brocken unterworfen oder in posthumane Zustände zu bomben versucht hatte. Vietnam wollte das Imperium ja bekanntlich »in die Steinzeit zurückbomben«, wie immer man sich das angesichts des Napalm-Krieges noch zusätzlich hätte vorstellen können. Der Vietnam-Krieg war immerhin soeben beendet worden, war aber noch in frischer Erinnerung. Der Sieg eines kleinen Volkes gegen das Empire, Davids gegen Goliath, ein Sieg mit unendlichen Kosten errungen. Entwicklung zu nationaler Souveränität und territorialer Integrität war in vielen solcher Fälle oft für lange Zeit unmöglich gemacht worden. Auch die Geschichte Lateinamerikas ließ grüßen. Es war ja die Zeit, in der das Imperium noch selbst und direkt überall militärisch intervenierte.

Aber die USA warteten 1976 lieber ab. Mao, innenpolitisch geschwächt aufgrund diverser Fehlentwicklungen während seiner Herrschaft (»Großer Sprung« mit Hungersnot, »Kulturrevolution« mit erneutem wirtschaftlichem Einbruch), war ja schon eine strategische Allianz mit Washington (nicht zuletzt gegen die Sowjetunion) eingegangen. Washington konnte also auf eine pro-westliche[3] Wende und eine Öffnung Chinas für das überschüssige US-Kapital, das dringend Anlage und weitere billige Produktionsstätten brauchte, hoffen.

Ich meinte damals, Maos gute Grundidee einer »Kulturrevolution«, eines Kampfes gegen die Gefahren einer Verbürokratisierung in staatssozialistischen Systemen, verstanden zu haben und fand sie bedenkenswert, gerade auch im Hinblick auf den eurozentrierten Sozialismusentwurf sowjetischer Prägung.

Der hatte zwar eine unglaubliche Entwicklung an Produktivkraft, sozialem Fortschritt, nationaler Selbstverteidigung und internationaler Entwicklungshilfe geleistet, trotz fast permanenter Invasionen der europäischen Großmächte, einem der brutalsten Vernichtungskriege der Geschichte, mit dem das Naziregime die Sowjetunion überzogen hatte, und später einem aufgezwungenen Wettrüsten, für das er nicht gemacht war. Aber er blieb eben zeitlebens fragil, und zwar eben nicht nur wegen der ständigen äußeren Angriffe und Invasionen von 1917 bis 1945, von England bis Nazi-Deutschland. Auch nicht nur wegen der größeren Ressourcen- und Finanzen-Verfügung des »Westblocks« unter Führung des Imperiums, sondern anscheinend eben auch wegen systembedingter innerer »Demobilisierungs-Tendenzen«, wie ich meinte. Zwar hatte Lenin mit seiner »Neuen Ökonomischen Politik« (NÖP) die Idee, die Produktivkraftentwicklung, die eigentlich in einer kapitalistischen Phase hätte geleistet werden müssen, die man aber praktisch halb übersprungen hatte, auch mit Hilfe kapitalistischer Markt-Mechanismen und kleiner und mittlerer Unternehmen unter sozialistischen Verhältnissen nachzuholen. Aber er war viel zu früh gestorben, und die schnell einsetzende Bedrohung durch das Nazireich und seinen schrecklichen Vernichtungskrieg, durch die überlegene und höchstaggressive, weil rassistisch motivierte faschistische deutsche Militärmaschine, ließen es dann offenbar nicht mehr zu, das sowjetische Sozialismuskonzept selbst noch entscheidend weiterzuentwickeln. Und so blieb dieser europäische Sozialismusversuch, zum Beispiel in ökonomischer Hinsicht, vor allem nur eine Ökonomie mit unzureichenden individuellen Anreizmechanismen, und nur eine Realökonomie, die strukturell nicht darauf angelegt war, einen strategischen Geldkapital-Überschuss zu generieren, der Macht- und Handlungsspielräume verschafft, wie es der Finanz-Kapitalismus gezielt tut. Den Wettlauf um das Beeinflussen der Welt mit Geld- und Kapital-Überschüssen und damit um die Sicherung der eigenen finanziellen Unabhängigkeit und der Ressourcen der Welt konnte dieser Staatssozialismus nicht gewinnen. Mit dem dann in China entwickelten Sozialismus-Ansatz sollte genau das nur wenige Jahrzehnte später völlig anders werden. Aber das ahnte 1976 noch niemand – wohl noch nicht einmal in China selbst.

1976 und folgende: »Viererbande«, Deng Xiaoping, Stabilisierung, Reform & Öffnung

Mit dem Ende der Kulturrevolution und nach Mao, folgte eine grundlegende Richtungsauseinandersetzung in der Kommunistischen Partei Chinas (KPCh). Natürlich ging es darum, wie die Kulturrevolution endgültig beendet und endlich eine stabile und dynamischere Wohlstandsentwicklung eingeleitet werden könnte. Ich schaute weiterhin mit weniger als einem halben Auge hin. Und ich weiß heute nicht mehr, wieso eigentlich meine Sympathien damals diffus zunächst bei Maos Witwe Jian Qing und ihrer sogenannten Viererbande lagen. Vermutlich, weil die herrschenden Medien hierzulande bereits ihre Hoffnungen auf den »großen Brocken« mit den »Pragmatikern« um Deng Xiaoping verbunden hatten und als einzige Alternative die Fortsetzung des Chaos einer (ganz offenbar übers Ziel hinausgeschossen und aus dem Ruder gelaufenen) Kulturrevolution deklarierten. Ich aber wollte irgendwie weder das eine noch das andere. Die Kulturrevolution hatte vielfach nur noch nach einem Anti-Kultur-Amoklauf ohne jeden Sinn ausgesehen, den anscheinend auch die westlichen Mainstream-Medien nicht weiter befeuern mochten. Und die »Pragmatiker« versprachen Stabilität, Öffnung fürs westliche Kapital, also billige Produktion und zugleich neue Absatzmärkte für die westliche Überschussproduktion.

Stabilisationsfaktoren in der kritischen Übergangsphase waren vor allem der langjährige Ministerpräsident Zhou Enlai, der allerdings auch schon 1976 starb, und der ebenso erfahrene Politiker Deng Xiaoping, der ab 1978/79 Parteivorsitzender und die theoretisch wie praktisch starke Person in Regierung und Staat wurde. Mit der Durchsetzung von Deng und einer »pragmatischen« Politik der KPCh erfolgte tatsächlich eine Beruhigung der inneren Entwicklung. Unter dieser Regie vollzogen sich ab 1978 Chinas »Öffnung nach außen« und die »Einführung der Marktwirtschaft«, wie die etwas vereinfachenden Sprachregelungen im Westen von da an lauteten. In China sprach man allerdings auch stark vereinfachend von »Reform & Öffnung« und von »sozialistischer Marktwirtschaft«, Formeln, die in der chinesischen Schriftzeichen- und Bildersprache hinreichend eingängig erschienen.

Ich aber sah das Land nun auf schnellstem Weg unter die Fittiche des Empire rutschen, in eine Abhängigkeit für ein weiteres Jahrhundert, eine Art Selbstkastrierung statt nationalem Aufbruch. Nach tausenden Jahren großer Geschichte wieder ein »Jahrhundert der Demütigung«? Ich schob kurzerhand das Land wieder zurück an seinen alten Platz auf den hinteren Rängen meines Interesses. Denn das Muster dessen, was da aus China werden würde, glaubte ich zu kennen. Für mich galt wieder: »Was soll ich denn mit China!?«

Schon vier Jahre später, 1982, begann Volkswagen, als einer der ersten Autokonzerne der Welt und erster deutscher Autokonzern, in China mit der Produktion von Autos des Typs »Santana«. »Jetzt stellen wir Millionen zusätzlicher Autos für China her. Jedem Chinesen seinen Golf (beziehungsweise zunächst Santana)!«, war die Parole der deutschen Medien. Mit Blick auf einige weitere hundert Millionen Verbrennungsmotoren auf der Welt fantasierte ich vor allem eine Raketenstufe zum globalen ökologischen Kollaps, an dem dann irgendwie »die Chinesen« die Schuld haben würden. Ein weiterer Grund, mich wieder, entsetzt bis uninteressiert, abzuwenden und mich meiner Arbeit und dem internationalen wissenschaftlichen »Networking« mit meinen kritischen ökonomischen Kolleg*innen (damals noch fast ausschließlich im Westen) zuzuwenden. Es gab ja inzwischen eher mehr als weniger zu analysieren, aufzuklären und zu warnen gegen den nun stärker enthemmten, »neoliberalisierten« und »finanzialisierten« Kapitalismus, der den älteren »Wohlfahrtsstaat« ablöste. Also einfach weiter arbeiten und überall wissenschaftlich gegenhalten, aufklären, so gut es geht, über das aufkommende Zeitalter der ökonomischen, sozialen und politischen Desintegration und der kommenden größeren Finanz-Crashs. Aus China jedenfalls würde absehbar eine bessere Welt nicht kommen, das stand für mich fest.

In Wirklichkeit wusste ich nichts. Dass ich mal wieder China und die Chinesen, ihre enormen Erfahrungen im jahrzehntelangen nationalen Befreiungskampf, ihren Willen zur Entwicklung, zu nationaler Souveränität, zum Ende der Demütigung, zu einer ihrer Größe angemessenen Bedeutung in der Welt und auch ihr gesellschaftliches System, ihre ungekannte umfassende Innovationsfähigkeit unterschätzte, während die schon längst viel weiter dachten und dabei eben keineswegs einfach nur an 300 Millionen zusätzliche »Verbrennungs«-Golfs, davon hatte ich mal wieder keinen Schimmer.

1989: Tian'anmen

Tian'anmen, der »Platz am Tor des Himmlischen Friedens« in Beijing gegenüber der »Verbotenen (alten Kaiser-) Stadt«, ließ dann fünf Jahre später wieder aufhorchen.

Chinas »Reform & Öffnung« war anscheinend unerkannt, aber wohl kaum überraschend, zur massiven heimlichen Systemauseinandersetzung mit dem Westen geworden, mit massivem Eindringen nicht nur westlichen Kapitals und westlicher Produktion nach China, sondern eben auch westlicher Medien, Staatseinrichtungen, Partei- und Staats-Stiftungen aller Art, staatlich-militärisch »eingebundener« Nicht-Regierungs-Organisationen (NGO), Geheimdiensten und so weiter.[4] Und da waren anscheinend zahlreiche Brüche und Widersprüche der angelaufenen extremen Wachstumsdynamik und massiven Umstrukturierung in der chinesischen Gesellschaft eskaliert, anhand derer das Imperium nun das Ruder in Richtung auf eine vollends, eben auch staatlich und politisch-ideologisch, kapitalistische Entwicklung Chinas glaubte herumreißen zu können. Welche Gesellschaft hätte schon einen solchen radikalen Wandel aller Lebensbereiche, extreme Neuverteilung des produzierten Reichtums oder auch nur Wachstumsraten von zehn bis 15 Prozent über ein Jahrzehnt hinweg aushalten können? Da waren verschiedenste Benachteiligungen und Unzufriedenheiten, verschiedenste Motivationen, auch völlig konträre Systemziele, von mehr und radikalerem Sozialismus bis hin zum Wunsch nach westlichem Kapitalismus, aufgebrochen, und alles lief am Ende irgendwie auf dem Tian'anmen zusammen. Die entstandene Zeltstadt auf dem Platz wurde nach ein paar Tagen wohlbekannter, üblicher gewalttätiger Eskalationen durch bestimmte Führer und Gruppen, mit (im Westen tabuisierten Bildern von) zahlreichen gelynchten Polizisten und Soldaten, schließlich im Juni 1989 militärisch geräumt. Der westliche Ziel- und mediale Hysterie-Punkt war damit erreicht: Jetzt würde China in eine Krise manövriert werden können, das sozialistische Ziel wohl endgültig aufgeben müssen und sich dem finanziell, technologisch und militärisch übermächtigen System des Imperiums, als System der »Globalisierung«, der »Staatengemeinschaft« oder »Wertegemeinschaft« im Westen gesprachregelt, einfügen müssen. Eine historische Wende unvergleichlichen Ausmaßes, zumal gerade auch die Sowjetunion von Gorbatschow und Jelzin dem Westen auf einem goldenen Tablett zum Ausschlachten gereicht wurde.

Aber je mehr die »politisch-korrekten« und »staatstragenden« Einheitsmedien im Westen die Hysterie um die »Niederschlagung des Volksaufstandes« anheizten, umgehend als »Massaker« gesprachregelt, umso mehr sah ich mich genötigt, erst einmal wegzuhören und wieder mein eigenes Wissen, meine eigenen Erfahrungen und meine eigene Denkfähigkeit zu benutzen: Warum machte China etwas grundsätzlich anderes als die zerfallenden europäischen staatssozialistischen Länder? Wie können sie das? Tun sie das aus einer Position der Stärke oder der Schwäche? Was für ein Signal (an Washington) ist das? Droht jetzt eine US-Militärintervention? Oder ist genau diese Gefahr jetzt gebannt? Um eine eigene Erklärung dessen, was da passierte, wollte ich mich nun nicht mehr »herumdrücken«. Von einer umfassenden Kenntnisnahme oder Erklärung von »Chinas Weg« war ich aber weit entfernt.

Was konnte man an Informationen bekommen jenseits der herrschenden Maschine der offensichtlichen Gesinnungsmedien? Wenig, viel weniger als heutzutage.[5] Das faktische Monopol einer Einheits-Gesinnungspresse bestand noch uneingeschränkt; kritischer, nachprüfender, tatsächlich und exakt recherchierender, effektiver investigativer Journalismus, den man heute im Internet zu allen brisanten Themen leicht auffinden kann, existierte noch nicht. Nur wenige kleine Nischen-Printmedien, Zeitungen und Journale, konnten ein bisschen helfen.

Es wurde schnell klar, dass Dengs »Pragmatismus«, die Deregulierung und die »Öffnung« für das internationale Kapital, Blütenträume und Begehrlichkeiten des Imperiums und seiner Gefolgschaft geweckt hatten. Begehrlichkeiten nach einem Vorgehen, das einige Jahre später dann als globales imperiales Drehbuch der »orangenen Revolutionen« oder »Farbenrevolutionen« und entsprechender Interventionen unterhalb der Schwelle der offenen militärischen Intervention (vulgo: eines Krieges), zum Teil mit Hilfe der Netzwerke staatlich geförderter NGOs, bekannt wurde. Deutlich wurde aber auch, dass hinter dem chinesischen »Pragmatismus« mehr stand als nur Pragmatismus. Der Kompass einer nationalen autonomen, territorial unantastbaren und souveränen Entwicklung war ihnen anscheinend doch nicht verloren gegangen. Und sie waren immerhin im damals noch kleinen Kreis der Atombomben-Besitzer, also nicht einfach militärisch mit üblicher Kanonenbootpolitik einzukassieren.

In Moskau hatte man ja nach dem »guten«, »tragischen Helden« Gorbatschow mit Boris Jelzin schon einen installiert, der nur noch sich und seinen Clan bereichern wollte, dazu das sowjetische »Tafelsilber« verscherbelte und der als »russischer Tanzbär« plötzlich sogar bei den G7 (damit dann G8) vorübergehend mit am Tisch sitzen durfte – nicht zuletzt, um dann in aller Öffentlichkeit als

Trunkenbold lächerlich gemacht zu werden. Schnell waren Abkommen (sogenannte Production Sharing Agreements – PSA) geschlossen worden, die den USA die Ausbeutung der russischen Ressourcen erlaubte und bereits einzelne Regionen von Russland abtrennten. Die ersten Schritte zur Enteignung und Pulverisierung des zweitfettesten Brocken der Erde waren also schon gemacht.

So hätte man nun nach dem fetten Brocken Ex-Sowjetunion auch den noch fetteren Brocken China gut als letztes großes Ressourcenlager, größten Arbeitskräftebestand und Großabsatzmarkt der Welt in das globale neoliberale Herrschaftssystem einfügen können. Es hätte dem niedergehenden Finanzkapitalismus für das 21. Jahrhundert sicherlich noch einmal einen letzten großen Wachstumsschub und dem Wall-Street-Kasino eine letzte große Dauerparty von vielleicht zwei oder drei Jahrzehnten ermöglicht. Das alles misslang mit der Räumung des Tian'anmen ...

In den räumlich und ethnisch-kulturell distanzierteren und gegenüber den global anlaufenden religiösen (islamistischen) Fundamentalisierungs- und Extremisierungstendenzen eher anfälligen westlichen chinesischen autonomen Provinzen, insbesondere Xinjiang (das früher sogenannte Sinkiang), schienen 1989 ebenfalls, wie dann auch verstärkt in den 2010er-Jahren, Anknüpfungspunkte zu bestehen für eine Brutalisierung der Auseinandersetzungen (dazu weiter unten). Dies nach dem Muster, das mit der Produktion, Organisation und militärischen Ausbildung des religiösen Extremismus à la Taliban in Afghanistan gegen dessen weltliche und fortschrittlich-nationale Regierung zuvor bereits erfolgreich praktiziert worden war. Die USA gewannen ja auch in den zentralasiatischen ehemaligen sowjetischen Republiken schon bestimmenden Einfluss. Ihre geo-militärische Strategie für die Erweiterung des »Greater Middle East« bis nach Zentralasien und dann eben bis in den Westen Chinas hinein stand im Kern bereits, und zwar schon seit Henry Kissingers Amts- und Beraterzeiten (bis in die 2010er-Jahre) und Zbigniew Brzezińskis Beraterzeiten (bis in die Administration von Bush sen. in den 1990er-Jahren).

Und es war ja ohnehin eine alte angelsächsische Erkenntnis und Strategie, das Herzland des eurasischen Kontinents, als dem »Schlüssel zur Weltherrschaft«, zu beherrschen.[6] (Wir kommen auf den geostrategischen Hintergrund der neueren Entwicklungen in der autonomen uigurischen Provinz Xinjiang zurück; siehe Teil II, Kapitel 9).

Als aufmerksamer und kritischer Beobachter des Weltgeschehens wusste man also schon etwas über die Rolle des islamistischen Fundamentalismus, einer Art »Frankensteins Monster« der imperialen Strategie: Diese neuartigen Kräfte aus der Retorte waren darauf angelegt und angesetzt, alle Bestrebungen weltlicher, fortschrittlicher oder auch nur souveräner nationaler Entwicklung durch »unbotmäßige« Staaten und Regierungen wie denen in Afghanistan, im Irak oder später Libyen zu vernichten. Und erste islamistische Unruhen im China von 1989 um die Tian'anmen-Ereignisse herum waren auch bereits aus der Provinz Xinjiang vermeldet worden.

Am Ende des Tages stand für mich, jenseits der Erregungen der »westlichen Wertegemeinschaft«, eine überraschend simple Erkenntnis, die einfache Botschaft des Tian'anmen, im Raum: »Bis hierhin und nicht weiter!« Trotz aller möglichen inneren theoretischen und praktischen Orientierungskämpfe um die nationale Entwicklungsstrategie, um wie viel »Markt« zwischen Kapitalismus und Sozialismus, trotz der gigantischen wirtschaftlichen und sozialen Umbrüche durch Liberalisierung, Öffnung, Einführung kapitalistischer Elemente und vieles mehr: Die KPCh hatte anscheinend vom Afghanistan-Krieg, dem Niedergang der Sowjetunion und der staatsozialistischen Länder Mittel- und Osteuropas sowie den anderen Beispielen in der Welt gelernt – und die Kraft aufgebracht, gegen die »Weltmeinung« eine »Notbremse« zu ziehen, eine »orangene Revolution« für China zu verhindern. Und damit auch die Voraussetzungen geschaffen, den gesamten, ehemals Europa-zentrierten und sowjetisch geprägten Sozialismusentwurf für sich entscheidend weiterzuentwickeln.[7]

Greifen wir kurz vor, auf das Wissen von heute: Erst 2019 sollte sich dies in allen Details bestätigen (Genaueres unten). Als Bedingung für eine erfolgreiche souveräne Weiterentwicklung in relativer Autonomie von äußeren Einflüssen hatte es sich bereits ab den 2000er-Jahren erwiesen: Nationale Souveränität und territoriale Integrität waren gesichert und die Grundlagen für die spätere wirtschaftliche, technologische und soziale Erfolgsgeschichte gelegt. Ohne »Tian'anmen« brauchte man heute nicht Dutzende von Büchern zu schreiben über ein aufstrebendes China, das zur Nummer eins geworden ist (was noch zu zeigen sein wird) und als Schwellenland mit unterem mittlerem Durchschnittseinkommen in allen Wirtschafts- und Lebensbereichen einen enormen Wirkungsmultiplikator, eine Hebelwirkung und Dynamik mit atemberaubenden Ergebnissen entfaltet – nicht zuletzt beim Bäumepflanzen mit seinen Klimawirkungen für die gesamte Menschheit. (Wir kommen darauf zurück.) Auch dieses Buch hätte 30 Jahre später nicht geschrieben werden können (oder müssen). Und wenn es geschrieben worden wäre, hätte es vermutlich über eine Art posthumanen Albtraums à la Libyen (nur dann: »hoch drei«) zu berichten gehabt.

»Tian'anmen« in der Rückschau aus heutiger Kenntnislage: Der langjährige DDR-Botschafter in China, Rolf Berthold, damaliger Zeitzeuge und naturgemäß ein guter China-Kenner, blickt fast 30 Jahre später folgendermaßen zurück: »1989 haben die USA versucht, China als erstes sozialistisches Land wieder in den Kapitalismus zu überführen. Dieser Versuch, der als Studentenputsch in die Geschichte des Landes eingegangen ist, ist fehlgeschlagen.«[8] Das ist offenbar alles andere als politisch korrekt im Sinne unseres Medien-Mainstreams, oder auch der eurozentrierten linksliberalen deutschen Intelligentsia mit ihrem Werteabsolutismus, jedoch durchaus eine robuste Beurteilung aus reflektierter geschichtlicher Distanz.

Inzwischen aber hat sich der Nebel des Tian'anmen-Mythos deutlich weiter gelichtet: Man muss heute nicht mehr über »Tian'anmen« spekulieren. Die alten Narrative halten sich zwar, interessen-, macht- und strategie-geleitet, immer noch, und in unseren Medien sicher für immer und ewig, aber genauere Analysen sind 2019 erschienen. Nämlich solche, die erst nach der Freigabe staatlicher Geheimdokumente, also regelhaft nach 30 Jahren, und damit genau im Jahre 2019, möglich wurden. Eine gründliche erschien im Februar 2019,[9] und damit auch im Vorlauf des 30. Jahrestages des »Tian'anmen«, um den herum unsere Leitmedien zum hunderttausendsten Mal den Klassiker wiederholten.

Nun konnten Mediensprache und Sprachregelungen sowie Fotos untersucht werden, Parallelen zu ähnlichen Ereignissen in anderen Ländern gezogen, verglichen, Hintergründe analysiert, internationale Kontexte hergestellt, überraschende Zitate aus staatlichen und geheimdienstlichen Dokumenten der USA herangezogen oder »Wikileaks« ausgewertet werden. Die genannte Studie kommt zu dem für Unbedarfte, die stets nur das »Massaker«-Narrativ gehört haben, spektakulären Schluss, dass es ein Massaker, außer zuvor an chinesischen Soldaten und Polizisten, bei der Platzräumung nicht gegeben habe. So telegrafierte etwa der damalige US-Botschafter in China nach Washington und berichtete von einer Platzräumung, bei der es keine Toten, nicht einmal Schwerverletzte gegeben haben soll.[10] Während der Proteste, die zu diesem Zeitpunkt in der gesamten Stadt stattfanden, und durch die Niederschlagung durch das chinesische Militär, waren laut Berichten mehrere Hundert Menschen getötet worden.[11] Das »Massaker auf dem Tian'anmen-Platz«, das sich in das kollektive Gedächtnis der westlichen Öffentlichkeit gebrannt hat, fand laut Augenzeugen allerdings nicht statt.[12]

Den einzigen »Erfolg« der Tian'anmen-Strategie und Hysterie sieht die Studie daher in den Köpfen der westlichen Bevölkerungen, in denen das »Tian'anmen Massaker« bis heute unauslöschlich verankert werden konnte. Das Wichtigste, Ausgeklügeltste und Erfolgreichste an der Kampagne sei die Methodik der sozialpsychologischen Einbettung der Vorgänge für die westlichen Bevölkerungen als den eigentlichen Adressaten, so die Schlussfolgerung. Einige der maßgeblichen Studentenführer fanden übrigens unmittelbar danach in den USA, Großbritannien und Taiwan eine Aufnahme.[13]

Noch einmal: Ohne die chinesische »Notbremse« am Tian'anmen würden wir heute vermutlich über einen Kontinent in Agonie und Pulverisierung reden, fragmentiert in Hunderte regionaler und lokaler Ethnien, fundamentalistischer Religionen und Warlords, besetzt und ausgebeutet von fremden Mächten.

Ich hatte also vor gut 30 Jahren, wenn auch nur intuitiv, nicht ganz falsch gelegen, wenn ich »Tian'anmen« als eine Botschaft Chinas an das Imperium und die Welt interpretiert hatte, trotz wirtschaftlicher und finanzieller Abhängigkeit als »verlängerte Werkbank der Welt« einen eigenen Weg der nationalen Entwicklung gehen zu wollen. In der damaligen abhängigen Lage Chinas irgendwie waghalsig, ein Ritt auf der Klinge, der ohne Weiteres hätte schiefgehen können. 1989 bezweifelte ich, dass China die »Botschaft« würde realisieren können.

Zwischenzeitlich in Deutschland: »Maoisten« auf dem grünen Spaziergang in die Institutionen

Ein weiteres gutes Jahrzehnt relativer Ruhe, meines erneuten Desinteresses an China verstrich. Eine Reihe von »Maoisten« der 1970er-Jahre waren in den 1980er-Jahren »ordentliche«, etablierte, später dann aber auch zum Teil überraschend kriegsfreundliche und vor allem auch China vehement ablehnende Politiker geworden und als solche zunehmend feste Bestandteile des parlamentarischen und Parteiensystems der Bundesrepublik Deutschland. Ihren früheren Traum von der »permanenten Revolution« (nein, nicht bei uns: in China!) hatten sie irgendwie begraben müssen. Aus Enttäuschung darüber entwickelten viele, psychologisch nachvollziehbar, eine tiefe Abneigung gegen dieses nun »etwas andere« China, das in den »Mühen der Ebenen« seinen »normalen« Entwicklungsweg ohne viel Revolutionsromantik gehen musste. Ich ahnte: Die würden ihren Frieden mit diesem China in diesem Leben nicht mehr machen! Und das haben sie in der Tat bis heute nicht. Würden sie in Zukunft vielleicht sogar jedweder militärischen Intervention gegen China im Namen von »Menschenrechten« und »westlichen Werten« applaudieren, wie erstmals offen zehn Jahre nach Tian'anmen geschehen, nämlich 1999, bei der militärischen Zerschlagung Jugoslawiens und Zerstörung Serbiens (des alten slawischen Erzfeindes) durch Deutschland, EU, USA und NATO? Immerhin, die Geschichte schien irgendwie über das China-Problem der Ex-»Maoisten« hinwegzugehen, und ich ließ es auf sich beruhen. Nach 1989 wieder ein gutes Jahrzehnt lang …

2001: China wird als »Marktwirtschaft« anerkannt: Aufnahme in die Welthandelsorganisation ... und Clintons Traum, dass Google und Facebook China übernehmen

Der Westen machte zwischenzeitlich (in den 1990er-Jahren) doch irgendwie seinen taktischen Frieden mit China. Das Grundgeschäft aus Chinas Sicht dabei war: »Wir machen weiterhin effektiv organisiert und mit gut qualifizierten Arbeitskräften die Billigproduktion für eure Firmen und Konsumenten, und ihr lasst uns unsere nationale Entwicklung und technisch-ökonomische Aufwertung einigermaßen selbst bestimmen.« Dieser Frieden und dieses Grundgeschäft wurden dann im Jahre 2001 vorläufig gekrönt mit einem Beitritt Chinas zur Welthandelsorganisation (WTO), wenn auch unter dem Vorbehalt der späteren Überprüfung des Charakters Chinas als einer »Marktwirtschaft«. China musste sich dafür zunächst als »Marktwirtschaft« bekennen und versprechen, »marktwirtschaftliche« Prinzipien im internationalen Handelsverkehr einzuhalten. Sie taten es, und ich verbuchte für mich (wieder einmal zu oberflächlich) die Botschaft: »Jetzt geben sie jeden Anspruch auf eine eigenständige, gar sozialistische Entwicklung auf. Von nun an geht's endgültig bergab mit China. ›Tian'anmen‹ war ein Pyrrhussieg. Jetzt hat das Imperium doch noch gewonnen.« Die USA würden nun Chinas Entwicklung über die von ihnen beherrschte WTO bestimmen, ebenso wie sie es über WTO, die Bestimmung der internationalen Spielregeln und über das Geld von Weltbank und Internationalem Währungsfonds (IWF) in zahllosen Ländern getan haben. China würde nun also auch zur Stützung der globalen Dollar-Dominanz beitragen müssen, durch die alle Länder die US-Handelsbilanzdefizite durch Kaufen und Halten des systematisch überbewerteten Dollar, in Form von US-Staatsanleihen, ausgleichen und damit die wachsenden US-Haushaltsdefizite und die gigantische US-Rüstungsmaschine finanzieren mussten.[14]

Und man würde natürlich auf die informationelle Dominanz der chinesischen Gesellschaft durch die bis dahin einzigen internationalen Internet-Monopole, Microsoft, Apple, Google, Facebook, Amazon setzen, die dann jedes in China in einen Computer geschriebene und in ein Mobiltelefon gesprochene Wort speichern, kommerziell auswerten und zudem bekanntermaßen 1:1 der US-»National Security« (NSA) durchreichen würden. Und mithilfe entsprechender Algorithmen würde man die chinesische öffentliche Meinung bald in den Griff bekommen.

Bereits 1999 hatten die USA mit China ein bilaterales Handelsabkommen geschlossen, und schon im März 2000 verkündete US-Präsident Bill Clinton in einer Rede siegessicher:

> »Wir wissen, wie stark das Internet Amerika verändert hat, und dabei waren wir schon eine offene Gesellschaft. Man stelle sich vor, wie stark es China verändern kann ... China versucht, das Internet kleinzukriegen, keine Frage. Na, viel Glück ... Da könnte man genauso gut versuchen, Wackelpudding an die Wand zu nageln.«[15]

Sein Publikum lachte herzhaft und siegessicher.

Ein republikanischer Präsidentschaftskandidat namens Jon Huntsman schwelgte noch im Vorwahlkampf 2011 in einer provinziellen US-Allmacht-Fantasie, China mittels Internet »fertigzumachen«:

> »Wir sollten mit unseren Verbündeten und Anhängern innerhalb Chinas Kontakt aufnehmen ... Es gibt 500 Millionen Internetnutzer in China. Und 80 Millionen Blogger. Sie werden den Wechsel bringen und gleichzeitig China fertigmachen. So haben wir die Gelegenheit, wieder nach oben zu kommen und unsere ökonomischen Muskeln zurückzugewinnen.«[16]

Kein Wunder, dass heute Frustration und Aggression gegenüber China in den herrschenden politischen Eliten der USA und der EU unbändig sind; denn es kam alles ganz anders als von ihnen erträumt. Da niemand auf der Welt eine »Marktwirtschaft« objektiv und operational definieren kann, waren die Erwartungen 2001 auf beiden Seiten naturgemäß reichlich unterschiedlich, was mit der Phrase von der »Marktwirtschaft« typischerweise nur übertüncht werden konnte.

Die chinesische Ökonomie wurde tatsächlich auch eine Marktwirtschaft, eine Marktwirtschaft, wie sie nämlich auch sein könnte: kein Selbstzweck, kein goldenes Kalb, sondern ein Instrument der Wohlstandsmehrung der Bevölkerung, kein sich selbst überlassener, de-regulierter Mechanismus, der in kürzester Zeit zu einer Machtkonzentration auf wenige, also zu einem engen Oligopol degeneriert, kein neoliberales Vehikel, um vor allem die Reichen reicher und die Mächtigen mächtiger zu machen, sondern ein Mechanismus, der seine Leistungsfähigkeit beweisen muss, der nationalen Entwicklung zu dienen und entsprechend gefordert und in nationale Entwicklungslinien eingebettet wird. Dieses ursprüngliche Verständnis der liberalen Klassiker von »Markt« etwa eines Adam Smith, von »Markt« und »Wirtschaft« als *Mittel* und nicht Zweck menschlicher Entwicklung, war im Westen nach drei Jahrzehnten neoliberaler Verwüstung von Ökonomie, Infrastruktur, Gesellschaft und Geist ja bereits völlig verloren gegangen.

Wie dynamisch Märkte in China funktionieren, wie China massenhaft Unternehmertum in den Menschen mobilisiert, wie China seine Marktwirtschaft einsetzt, ohne selbst als System eine kapitalistische »Marktwirtschaft« zu werden, wie es also etwas völlig Neues im Verhältnis von Staat und Markt entwickelt, darüber werden wir noch ausführlich berichten.

Um 2000/2001 jedenfalls hatte ich noch einem Bill Clinton und den Jon Huntsmans, über die die Geschichte inzwischen längst hinweggegangen ist, mehr geglaubt als China … China wurde mir ein letztes Mal, (scheinbar) wieder egal.

2008: »Kann der Kapitalismus den Aufstieg Chinas überleben?«

Aber dennoch, die Welt veränderte sich weiter, und zwar (Überraschung!) völlig unabhängig von meinen Gedanken. Und Informationen über China träufelten nicht mehr nur, sie fingen an zu strömen. Man konnte ihnen nicht mehr entkommen. Im Jahre 2008 fiel mir ein Buch über China in die Hände, das irgendwie anders war. Ein Titel, der einen »Aufstieg Chinas« direkt thematisierte, und die zunächst überraschend klingende Frage stellte: »Kann die kapitalistische Weltwirtschaft den Aufstieg Chinas überleben?« Erst später wurde mir klar, wie berechtigt diese Frage war und wie viele verschiedene Dimensionen sie enthielt. Berühmte Ökonomen lobten das Buch auf dem Umschlag. Der Autor war ein gewisser Li Minqi[17] aus einer bekannten Wirtschaftsfakultät in den USA, der University of Utah in Salt Lake City. 20 Jahre vorher hatte ich auf einer Forschungsreise zu mehreren US-Unis dort mal einige Wochen als Gast zugebracht. Er wurde auch als ehemaliger politischer Gefangener in China (1990–1992) vorgestellt. Also noch einer, der durch alte offene Rechnungen motiviert ist? Die Gefahr ist ja groß, dass man nach politischer Gefangenschaft sein Land nicht mehr objektiv sehen kann. Trotz solcher Zweifel erschien mir das Buch sehr gründlich und analytisch statt plakativ politisch.

Die Frage, wie genau China die jetzige neoliberal globalisierte Weltwirtschaft in ihrem verheerenden Zustand mit wachsender Armut, neuen Weltrekorden an Hungernden, extremer Ungleichverteilung und Klimakatastrophe, würde verändern können, blieb nach meinem Eindruck unbeantwortet. Die Alternativen aber wurden dargelegt: indem es sie als Alternative verdrängt und als besseres Beispiel wirkt oder, alternativ, indem es sie als seine exzessivste Erscheinungsform durch sich selbst (und sich selbst eingeschlossen) an die ökologischen, sozialen und Kapitalverwertungs-Grenzen der Welt treibt? Eine interessante und beängstigende Alternative. Sie erinnerte mich wieder an die 300 Millionen zusätzlichen VW-Golfs in China, die ich in den 1980er-Jahren fantasiert hatte. Aber der Autor machte mir zumindest klar, dass China auf der Weltbühne als ein, wenn nicht *der* neue Hauptdarsteller erschienen war, und diese neue Sichtweise konnte einen nicht mehr loslassen – und ließ auch die herrschenden Eliten und ihre Medien weltweit nicht mehr los.

Erst später erfuhr ich, dass einige Historiker zu der Zeit schon längst die Tausende Jahre alte Kultur- und Staatsgeschichte Chinas neu aufbereitet hatten und Chinas Unterwerfung unter die europäische Kolonialfuchtel und seine hundertjährige Zerstörung zum Armenhaus als große historische Ausnahme identifiziert hatten – und damit den Wiederaufstieg Chinas zur Nummer eins als neue historische Normalität.[18]

Es waberte aber noch das China-Bild der billigen verlängerten Werkbank der Welt in mir, die brav jeden westlichen Plastikschrott herstellt, das Bild vom China der zum Teil frühindustriellen massiven Umweltverschmutzung und sich zerstörender Sozialverhältnisse. Über nichts anderes als Billigproduktion, Armut und Umweltzerstörung wurde man ja in den westlichen Massenmedien täglich »informiert« – so als hätte der »freie Westen« absolut nichts damit zu tun. Ich konnte mir nicht vorstellen, wie wohl kaum jemand sogar noch vor zehn bis 15 Jahren, dass China sich nur ein Jahrzehnt später als wirtschaftliche, technologische, ökologische, entwicklungspolitische und, ja, die Provokation sei hier schon einmal formuliert, in vieler Hinsicht auch als soziale Führungsmacht entpuppen würde.[19]

Immerhin, spätestens danach fing ich an, intensiver und kontinuierlicher über China zu diskutieren und Löcher in Bäuche zu fragen: Aufstieg, »Weltmacht«, Billigproduktion, Umweltverschmutzung ... Wie geht das alles zusammen? Was ist da los? Wo geht das hin? Wie lange kann das halten? Ich diskutierte, zunehmend »angepiekst« und erwartungsvoll eingestellt, unter anderem mit meinen Mitarbeitern – und erhielt von den jüngeren Leuten eher Dämpfer zurück, die das ganze Spektrum dessen reflektierten, was an Haltungen zu China im Westen vorhanden ist: »Kapitalismus pur«, »Turbokapitalismus«, »Imperialismus«, »Diktatur« ... Kritiken, die sich, je nach politischem Standpunkt, von links oder auch von konservativer Seite aus verstanden.

2008 und folgende: die Weltkonjunktur-Lokomotive

Aber da war dann auch schon die große Finanzkrise ab 2008, die uns Ökonomen vollkommen in Beschlag nahm und uns seitdem mit ihren Folgen und inzwischen auch dem sich aufbauenden nächsten Crash in Beschlag nimmt. Ausgelöst und verursacht worden war sie von einem überdimensionierten, »überspekulierten«, neoliberal de-regulierten und völlig enthemmten Finanzsektor, der im Wesentlichen nur noch für sich selbst und durch das Aufpumpen seiner selbst lebte, die reale, produzierende Ökonomie zunehmend ausplünderte, statt ihr zu dienen, und kriminelle Derivate-Pyramiden (genannt »Finanzinnovationen«) aufbaute und an die Dummen und Verzweifelten, die Gierigen und die, die ohnehin zu viel übrig haben, verscherbelte. Die Illusion eines ewig wachsenden Systems, das es aber logischerweise nicht geben kann. Neben den globalen Raubzügen an Lohneinkommen, öffentlichem Vermögen, landwirtschaftlichen Ernten oder ganzen Landflächen (»Land Grabbing«) hatte sich dieses System über erfundene Kaskaden fiktiven Kapitals, über Derivate von Derivaten von Derivaten, über Schulden- und Kreditpyramiden, über die Bedienung von Krediten durch immer neue Kredite, selbst über alle Maßen aufgeblasen und sich selbst, die gesamte Ökonomie, die Staaten und die Welt destabilisiert – bis schließlich schon die kleinste Reduktion von Wachstumsraten (beginnend 2007 im Immobiliensektor) ausreichte, die weltweit größte Krise seit fast 80 Jahren auszulösen.

Drei Jahrzehnte hatten die neoliberalen Parteien und Regierungen Entstaatlichung, Privatisierung, De-Regulierung, Wohlfahrtsstaats-Reduzierung und handlungsunfähigen Minimalstaat (außer bei Polizei, Militär, Justiz und Vermögensmanagement) gepredigt, praktiziert und als kommendes Paradies auf Erden angekündigt, in dem es für »soziale Wohltaten« allerdings keinen Platz mehr gab (die es ja angeblich auch nicht mehr brauchte). Trotzdem waren plötzlich insgesamt viele Hundert Milliarden aus den Staatshaushalten da, um Banken aus ihrem Spekulationsschlamassel rauszupauken (»bail out«) – und viele Billionen in den Folgejahren an Geldschwemmen in den Spekulationssektor, von den sogenannten »Zentralbanken«, für die die Steuerzahlerin bürgen muss, die aber gleichzeitig die größten Lobbyorganisationen des Spekulationssektors sind.

In Deutschland allerdings zauberte man auch ein Nachfragestützungsprogramm für die eigene »Leitindustrie«, die Automobilindustrie, aus dem Hut. 1,5–2,0 Prozent des Sozialprodukts wurden bereitgestellt für den Kauf neuer Autos, alle natürlich noch mit alter Verbrennungstechnologie. (Am Verbrennungsmotor und auch an der billigen Dieseltechnologie rüttelte damals noch niemand.) Und der ganz große Betrug dieser Verbrennungsmotorenindustrie war damals auch noch nicht aufgeflogen. Die Abgas-Verschleierungstechnologie wurde zwar bereits praktiziert, weil die deutschen »Autokanzler*innen« Schröder und Merkel in Brüssel nicht alle Grenzwertreduzierungen hatten abblocken können, wurde aber von den Behörden in Deutschland natürlich »nicht erkannt«. Zu dieser Zeit noch »war es höchstes Glück von Autoindustrie und Regierung, im Zusammenspiel oft schärfere Schadstoffgrenzen in Brüssel verhindert zu haben.«[20]

Eine »Abwrackprämie« also, eine Sicherung des konjunkturellen Status quo mit einem »neuen« (in Wirklichkeit durchaus altbewährten, aber seit Jahrzehnten nicht mehr eingesetzten) finanzpolitischen Instrument! Es half, die Konjunktur in Deutschland nicht abstürzen zu lassen. Eine minimalistische finanzpolitische Erfolgsgeschichte – praktiziert konträr zu allen vorherigen neoliberalen Erzählungen der Parteien, Regierungen, Medien sowie Gralshüter und akademischen Chefideologen des Neoliberalismus aller Art über Jahrzehnte hinweg. Plötzlich konnte man faktisch wieder Keynesianismus, der alte Lastesel für alle Fälle, der seit der neoliberalen Umwälzung Mitte der 1970er-Jahre so sehr als das alte Schmuddelkind tabuisiert worden war.

Aber der Finanzsektor sitzt heute wieder oder immer noch, strukturell unverändert und größer als zuvor, in Realökonomie und Gesellschaft, Politik, Staat und Weltwirtschaft, auf allen Prozessen von Ernährung, Gesundheit und Umwelt. Wir schauen zurück auf bereits ein verlorenes gutes Jahrzehnt voller Fragilität, Desinvestition, Wachstumsdepression, verschärfter Umverteilung nach oben, sozialen und infrastrukturellen Zerfalls, zunehmender staatlicher Unfähigkeit und Untätigkeit, sozialer Spaltungen und Entwurzlungen, der Aufhebung des Menschenrechts auf bezahlbares Wohnen sowie ökologischer Katastrophen, und einem daraus unter gegebenen Umständen resultierenden politischen Druck in Richtung auf Nationalismus und Regionalismus, Fremdenfeindlichkeit, Rassismus und globaler Desintegration.

Und da war 2008 plötzlich China endgültig auf der ökonomischen und finanziellen Weltbühne! Zu dieser Zeit hatte China noch weniger Gewicht in der Welt als heute, aber dort wurde geklotzt: China gab etwa acht Prozent (!) seines damals bereits zweitgrößten Sozialprodukts in der Welt für ein enormes finanzpolitisches Stützungsprogramm aus. Dazu gehörten natürlich Investitionen in neue Technologien, vor allem aber, was erst allmählich ins allgemeine Bewusstsein tritt und heute für den China-Besucher am deutlichsten sichtbar ist, ökologische Investitionen. 2008 war zufällig auch die Olympiade in Beijing, und es wurden bereits in jenem Jahr Milliarden an Bäumen gepflanzt, die Millionenstädte mit Grün durchzogen, in großen Teilen des Landes Nationalparks angelegt, Ökotechnologien überall forciert.

Es war das für Jahre größte Investitionsprogramm der Welt, und seine Investitions-, Einkommens- und Nachfrageeffekte waren unvergleichlich größer und länger anhaltend als Merkels kleines Autokaufprogramm – und es war für Jahre zugleich das größte Exportförderprogramm für Deutschland. China wurde die Konjunktur-Lokomotive der Welt, und der größte Konjunkturmotor auch für Deutschland, von größerer und längerer Bedeutung für Deutschland als das, was die deutsche Regierung selbst leistete. Dies alles wurde in den 2010er-Jahren zunehmend wirksam. Und so kam es, dass China nach 2008 endgültig nicht mehr »wegzudenken« war – und sogar zunehmend Fantasien und Hoffnungen sprießen ließ.

2009: »Bliefe von dlüben«

Meine Frau hatte eine ganz andere Idee, mein endgültig erwachtes China-Interesse zu befriedigen. Für einen China-Besuch war ich immer noch nicht reif. Aber: »Kennst du denn dieses Buch, *Bliefe von dlüben*?« Kannte ich nicht! Ein deutscher Journalist und Satiriker, Christian Y. Schmidt, war nach China ausgewandert, mit einer Chinesin verheiratet und schrieb wohl schon einige Jahre lang regelmäßige satirische Kolumnen von dort, für *Titanic, taz* und andere Zeitschriften. Ich schob das Büchlein einige Monate von der linken auf die rechte Seite des Frühstückstisches und zurück. Das sollte doch wohl nicht mein Ansatz der Annäherung an das sein, was da abgeht! War es dann aber doch. Auch.

Denn mit viel Humor über (damals noch, und für unsereins) verrückte Alltagsverhaltensweisen der Chinesen, aber auch mit viel Ironie und Sarkasmus über die Vorurteile über China in der »Weltpresse« war das Büchlein[21], manchmal zwischen den Zeilen, manchmal sehr direkt, auch ein ernster und gut recherchierter Spiegel unserer eigenen verkorksten Wahrnehmung, unprofessionell und falsch recherchierter beziehungsweise rundheraus gefälschter »Storys« und verheerender Umgangsweisen unserer »staatstragenden« und ideologisch dominierten Medien mit China. Davor hatte es schon ein Büchlein dieser Art gegeben, und danach gab es noch weitere in ähnlichem Format.[22] Schmidt scheute sich dabei nicht, sich mit westlichen Hysterie-Klassikern wie Tibet und dem Dalai Lama oder dem unvermeidlichen Ai Weiwei kritisch auseinanderzusetzen und dabei die offiziellen westlichen Sprach- und Denkregulierungen faktenreich vom Kopf auf die Füße zu stellen.

In diesem »Spiegel aus China« stach »unser« *Spiegel* erwartungsgemäß als *das* »China Basher Magazin« (Schmidt 2010, 188) hervor, arm an korrekter Information, faul und einseitig in Recherche, dafür umso meinungs- und gesinnungsstärker, stets stramm neoliberal und »politisch-korrekt«, überheblich, pseudointellektuell, eurozentristisch und Werte-absolutistisch: »Wir: gut! Die: schlecht!«[23] Im *Spiegel* ist ja die westliche Welt noch intakt, und systemische Herausforderer können naturgemäß nur übelste Diktaturen sein. Da ist dann schnell Schluss mit intellektueller Feinsinnigkeit. Schmidt zerlegte die Zerr-*Spiegel* Berichterstattung über China übrigens lange bevor das »Claas-Relotius-Geschäftsmodell« des *Spiegel* öffentlich geworden war. Am Beispiel der faktisch oft falschen und denunzierenden »Berichterstattung« über die Sommerolympiade in Beijing 2008 machte Schmidt satirisch mehr klar, als jeder direkte politisch informierende Aufklärungsversuch es hätte tun können. Aufgeräumt wird auch mit anderen westlichen Stereotypen, etwa der Tibet-Befreier unter den Hollywood-Stars und internationalen Popgrößen, immer aus der Perspektive des Alltags, des Menschen auf der Straße, »von unten«, mit dem Humor der Chinesen und der Satire des Deutschen, der die Chinesen kennt – und daher die deutschen Medien aufs Korn zu nehmen sich gezwungen sieht. Aufregend wie ein Krimi auch die Recherche zum ehemaligen chinesischen Star-Architekten, Ai Weiwei, und der deutschen Mediennarrative zu ihm.[24] Wir kommen darauf zurück.

So transportierte der Autor zugleich überraschende Bilder von Freiheit, Widersprüchlichkeit, Diskussionsfreudigkeit, Leichtigkeit und schnellem Wandel in China. Diese Bilder haben elegant die Dogmen derjenigen unterminiert, die auf dem hohen Ross des deutschen Exportweltmeisters saßen, als würde dieses einseitige deutsche Geschäftsmodell nicht schon damals deutlich erkennbar innerhalb weniger Jahre vor die Wand fahren. Ende 2019 übrigens bereits harte Realität der deutschen Wirtschaft.

Da erscheint das Bild eines ziemlich bunten, diskussionsfreudigen, widerspenstigen und widerständigen, Widerspruch leistenden und Widersprüche aushaltenden freien Ostens.[25] Ja, am Abend wird auf den Plätzen der Städte getanzt, zu Hunderten, ganz freiwillig, entspannt, mit viel Freude, im Qi-Gong- beziehungsweise Tai-Chi-Stil, wie jeder China-Besucher bereits staunend erlebt hat. Und in China lacht man mehr als in den meisten anderen Ländern der Welt.[26] Wie das? Hat man in China etwa Grund zu lachen?

Irgendwann musste sich dann Christian Schmidt ziemlich ernsthaft fragen, was aus China würde, wenn die westlichen Forderungen, Wünsche und Blütenträume für China in die Tat umgesetzt worden wären oder würden. Und das Bild, das er ausmalt, wirkt reichlich abschreckend. Am Ende bekennt er: »Dieses China würde eventuell Angela Merkel […] gefallen. Ich aber müsste mir ein neues Heimatland suchen.«[27]

Das Bild von China, das ich hier kennenlernte, war alles andere als ein leicht erfassbares Mosaik oder eine klare analytische Botschaft, aber es machte mir tatsächlich mehr Lust auf »mehr China«. Da war nun also auch das berühmte Bauchgefühl angesprochen, das den Intellekt ergänzen muss, wenn ein Erkenntnismotiv Stärke und langen Atem haben soll. Der Durchbruch nach vier Jahrzehnten »China links liegen lassen«!

2010: Mein erster »eigener Chinese«

Und das Weitere entwickelte sich dann scheinbar plötzlich und unerwartet, aber der innere Boden war ja anscheinend bereitet:

China war ein Faktor in der Welt geworden, und ich war in internationale wissenschaftliche Netzwerke gut eingebunden, bis dahin allerdings überwiegend nach Westen (Westeuropa, USA, Australien, Südafrika) orientiert. Kollegen, deren Netzwerke seit Längerem nach Ostasien reichten, erzählten mir unter anderem von diesem chinesischen Kollegen, einer der wenigen internationalen Ökonomenstars nach 2008, die die Finanzkrise ziemlich korrekt vorhergesagt hatten. Chen Ping, ein Komplexitäts-Ökonom,[28] letzter Schüler des Chemie-Nobelpreisträgers Ilya Prigogine, der, zuletzt an der Universität in Austin, Texas, gewisse »Selbstorganisations«-Fähigkeiten komplexer Systeme analysiert hatte. Dieser Kollege aus dem Bereich der sogenannten komplexen evolutionären ökonomischen Systeme, pendelte zwischen der Uni in Austin und seinen beiden chinesischen Unis in Shanghai (Fudan) und Beijing (Peking Uni). Ein nicht-neoliberaler, kritischer Ökonom in »unseren« Netzwerken, prominent auch in China. Keiner von den Mengen an neoliberal aufgeheizten Rückkehrern aus den USA mit dem Auftrag, die wirtschaftswissenschaftlichen Fakultäten an Chinas Unis zu übernehmen, US-Nobelpreisträger nach China einzuladen, US-finanzierte Institute aufzubauen und die Unis in Richtung USA-System umzudrehen. Sie dominierten damals die chinesischen wirtschaftswissenschaftlichen Fakultäten und bevölkern sie bis heute, möglicherweise immer noch in der Mehrheit befindlich. Allerdings war er eben auch kein Parteimarxist. Das ging? Ich hörte, er ging auf Vortragsreise in Europa, und ich lud ihn an meine Uni ein.

In den Gesprächen nach seinen Vorträgen fragte ich ihn, vielleicht etwas dümmlich oder indiskret klingend für einen kultivierten, dezent-freundlichen Chinesen: »Ok, Sie sind ja kein neoliberaler ›Mainstreamer‹. Aber Sie sind auch kein Marxist. Welche Handlungsspielräume haben Sie denn dann? Wie weit dürfen sie denn zum Beispiel Ihre Regierung kritisieren?« Vielleicht erinnerte ihn das daran, wie seine früheren Landsleute die europäischen Kolonialisten als Barbaren bezeichnet hatten. Die Antwort kam so entspannt wie selbstverständlich, so diplomatisch wie entwaffnend: »Ich kritisiere meine Regierung ohne Probleme, oft vor großem Hörsaal, dafür bekomme ich auch schon mal Applaus.«

»Und am nächsten Morgen sitzen Sie vor einer Anhörungskommission der Regierung, oder?« »Ja, am nächsten Tag sitze ich auf Einladung vor Regierungsvertretern und berate sie in Sachen ›komplexe ökonomische Systeme und Finanz-Dynamiken‹ und über entsprechende wirtschaftspolitische Maßnahmen.« Das saß! Ich lud ihn später wieder ein, fragte an der Stelle immer wieder nach … und heute kooperieren wir, zum Beispiel in gemeinsamen Herausgeberschaften. Der erste reale Chinese meines Lebens hatte weitere mentale Dämme gebrochen, nicht zuletzt durch die Unaufgeregtheit und Selbstgewissheit, mit der er auch meine eher kruden Fragen geduldig beantwortete.

Weitere Chinesen kommen

Mein eigener Name schien in der Zwischenzeit auch irgendwie bis nach China gedrungen zu sein. Und chinesische Studenten waren in der Zwischenzeit ohnehin darauf orientiert, nach ihrem Masterabschluss ins Ausland zu gehen. Und wurden dabei von ihrer Regierung gefördert. USA und Großbritannien waren damals noch die erste Wahl, Deutschland eher die zweite. Aber die chinesischen Absolventen, die plötzlich bei mir anfragten wegen eines Promotionsstudiums, schienen meine Themen, Veröffentlichungen und internationalen Vernetzungen zu kennen. Sie hatten das Auswahlverfahren für ein vierjähriges(!) Promotionsstipendium im Ausland durch den Chinese Scholarship Council – CSC bestanden. Dann einige Wochen Fern-Test per E-Mail, das Frage-Antwort-Spiel, das Schreiben eines Kurzpapiers, gemeinsame Definition des Promotionsthemas, ein Skype-Interview – und der erste chinesische Doktorand konnte kommen. Und wir konnten ohne eigene Haushaltsmittel (die ohnehin nicht vorhanden gewesen wären) unsere Arbeitsgruppe aufstocken. Am Ende wurden es über die Jahre in der Summe drei chinesische Mitarbeiter*innen.

Es dauerte jeweils ein Jahr, bis ich sie soweit hatte, nicht immer, wenn ich ihr Büro betrat, sofort aufzuspringen, die Hände an der Hosennaht. Und die angelsächsischen Umgangsformen anzunehmen, wenn man schon auf Englisch kommunizierte: den Professor ohne Titel und mit Vornamen anzureden. Heute haben sie diesen internationalen Standard »drauf«, sind selbst etablierte Wissenschaftler geworden und junge Professoren, in Deutschland wie in China.

Und nach erlangter beruflicher Selbständigkeit kam dann ihre typisch chinesische professionelle Kultur zum Tragen: »Können wir diesen und jenen Aufsatz zusammen schreiben?«, »Wo können wir kooperieren?«, »Würdest Du bei uns in China lehren?«. Kooperations- und Austausch-Vereinbarungen waren schnell erarbeitet; der zuständige chinesische Dekan flog auch gern mal ein, denn Deutschland galt und gilt immer noch durchaus als attraktive Adresse für eine Dienstreise, nicht nur in Sachen »Industrie 4.0« oder »duale Ausbildung«. An Mitteln für Lehr- und Studentenaustausch aus chinesischen Quellen mangelte es nicht.

Seit sechs Jahren betreiben wir nun unter anderem eine Sommerschule für chinesische Doktorand*innen, für jeweils eine intensive Woche, mit einem Aufgebot von circa vier westlichen Professor*innen, das wir in Abstimmung international zusammenstellen. Die westliche Gruppe ist pluralistisch, alle größeren kritischen Denkschulen beziehungsweise Theorierichtungen sollen einmal vertreten sein, komplementiert von chinesischer Seite durch Professoren, die typischerweise rekrutiert werden sowohl von der örtlichen (chinesischen) »School of Economics« (eher dominiert von der amerikanischen »Orthodoxie«) als auch der örtlichen »School of Marxism« (meist durchaus welterfahrene Analytiker mit anspruchsvollen formalen Analysemethoden). Man stelle sich umgekehrt vor, eine deutsche Universität würde chinesische marxistische Politische Ökonomen für eine pluralistische Doktorandenschule einladen! So frei sind wir dann nun doch nicht.

Erklärtes Ziel einer neuen Wissenschaftpolitik in der Ära von Staatspräsident Xi Jinping ist es übrigens, diese alte Trennung der chinesischen wirtschaftswissenschaftlichen Fakultäten zwischen marxistischer Politischer Ökonomie und neoliberaler ökonomischer Orthodoxie zu überwinden. Dies soll sowohl die marxistischen Fakultäten weiter qualifizieren helfen und damit attraktiver machen als auch die Gefahr der Dominierung der chinesischen ökonomischen Fakultäten und Business Schools durch simplistische amerikanische »Mainstream«-Modelle und dogmatische Politikforderungen der bekannten Art bannen, die ideologisch stark sind, aber praktisch nur sehr einseitig beraten können, was in China als ganz besonders unfruchtbar angesehen wird. Der oben genannte Kollege Chen hatte mir, dem staunenden deutschen Kollegen, früh erläutert, wie ökonomische Politikberatung in China funktioniert: Alle Theorie- und Denkrichtungen können ihre Vorschläge vorbringen. Praktische Qualität und Fruchtbarkeit entscheidet, und keineswegs haben marxistische Ökonomen automatisch einen Vorteil gegenüber der Regierung. Ich dachte an einige meiner berühmtesten nicht-orthodoxen Kolleg*innen, die keinerlei Chance hatten, auch nur in die Nähe unserer neoliberalen Regierungen zu gelangen ...

Wir westlichen Professoren erleben also seit Jahren eine überraschende Offenheit und Bereitschaft, sich mit einer Pluralität theoretischer Perspektiven auseinanderzusetzen. Für solche Sommerschulen kämpfen wir hierzulande seit langem, und soweit solche heutzutage vermehrt stattfinden, finden sie meist außerhalb der Universitäten und vor allem außerhalb und ohne Förderung der etablierten wirtschaftswissenschaftlichen Fakultäten statt. Zudem nehmen auch wir in China eine große Lernwilligkeit und Kooperationsbereitschaft wahr, aber auch eine hohe Geschwindigkeit im Realisieren neuer Projekte – alles Merkmale, die wohl generell die professionellen Akteure im heutigen China ausmachen, wie man von allen Seiten zu hören bekommt.

So also vernetzten meine ehemaligen chinesischen Mitarbeiter*innen mich am Ende auch ganz real mit China. Inzwischen sind Chinesen natürlich generell sehr viel präsenter in Deutschland, sowohl auf professioneller, akademischer und studentischer als auch auf touristischer Ebene. Als Gruppentouristen sind sie den Deutschen dabei eher noch fremd bis unangenehm.

Anders bereits in professionellen Bereichen. Meine Universitätsstadt zum Beispiel besitzt seit mehr als acht Jahren ein chinesisches Konfuzius-Kulturinstitut, über das interessante Veranstaltungen organisiert werden und mit dessen Hilfe wir Lehraustausche mit chinesischen Professoren durchführen konnten. Chinesische Delegationen aus Industrie- und Behördenvertretern sowie Wissenschaftlern sind regelmäßig Gäste unserer Hochschulen. Zahlreiche regionale Unternehmen haben einen regen Austausch mit chinesischen Partnern. Die Welt ist, lokal und im eigenen Arbeitsbereich spürbar, massiv und auf neue Weise in Bewegung gekommen.

»Fünf BERs und eine Magnetschwebebahn, bitte!«

Meine Überraschungseffekte bei solchen Austauschen waren anfänglich groß, auch dort, wo ich sie gar nicht erwartet hatte. Inzwischen bin ich aber nicht mehr völlig perplex, wenn neue Gäste aus China nach einer Reise nach Berlin oder München an einem ihrer ersten freien Wochenenden mich ernsthaft und ungläubig fragen: »Warum kommen eigentlich bei euch die Züge so oft zu spät?«, »Warum hat man bei euch mit dem Zugticket keine Platzreservierung (sondern muss dafür extra zahlen)?«, »Warum gibt es bei euch auf den Bahnsteigen eigentlich so eine Hektik und so ein Durcheinander?«. »Warum sind die Bahnanlagen bei euch so schmutzig?« usw. Ja, Deutschland war immer deren Traumland von Ingenieurskunst und Wohlorganisiertheit ...

Solche Fragen versetzen mich nicht mehr in tiefes Grübeln und am Ende in eine gewisse Deprimiertheit. Ich weiß inzwischen, dass chinesische Bahnhöfe wie Airports funktionieren: Bei Zuggeschwindigkeiten von 350 km/h und neuerdings 450 km/h scheint das auch angemessen. Mehr dazu noch später. Die Bahn-, Bahngleis- und Bahnhofskonzepte in Deutschland stammen dagegen noch aus der Dampflokzeit. Im Gespräch mit chinesischen Kolleg*innen flüchte ich mich heutzutage schnell ins Humorige. Auf die Frage nach der Pünktlichkeit der Deutschen Bahn antworte ich inzwischen: »Eure Züge kommen eben pünktlich an, weil sie schneller fahren. Ist doch logisch.«

So vermeide ich, ein weiteres Mal über das Elend der neoliberal ruinierten deutschen Infrastrukturen und deutscher öffentlicher oder halb-privatisierter Unternehmen nachdenken zu müssen, bei denen es nur noch um das Ausweiden durch Dividenden, Zinszahlungen, Boni und Beraterhonorare geht, über das neoliberale finanzielle Ausbluten. Auch über die Handlungsunfähigkeit des

Staates sowie die Handlungsunwilligkeit unserer Politiker*innen, die nichts anderes mehr gelernt haben als ums Goldene Kalb zu tanzen, das schwarze Null heißt (die inzwischen also elementarstes ökonomisches Wissen vom volkswirtschaftlichen Kreislaufsystem vermissen lassen), verschleiernd und beschönigend auch als »Schuldenbremse« (inzwischen mit Verfassungsrang) gerechtfertigt. Ich vermeide so, ein weiteres Mal zu verzweifeln über die staatliche Dequalifizierung und die damit um sich greifenden Desinvestitionen, über das Absaugen von Substanz ehemaliger öffentlicher, nun privatisierter Unternehmen durch private »Investoren« mit ihren Rendite- und Einkommensansprüchen.

Dann denke ich an die um ein Vielfaches höhere Komplexität und Langfristigkeit chinesischer infrastruktureller Projekte, als sie zum Beispiel unser Hauptstadt-Flughafen BER aufweist, der dennoch seit einem Jahrzehnt nicht vorankommt und als Bauruine vor sich hindümpelt. Und wenn wir dann erst mal beim Austausch von Ironien angelangt sind, fallen Sätze wie: »Sollen wir euch denn mal schnell fünf BERs bauen?«. Oder ich: »Bitte baut uns doch mal einen Transrapid. Wir haben den zwar erfunden, aber wir haben verlernt, wie das geht.« Es sind Geplänkel unter Kolleg*innen, die wissen, worüber sie in Wirklichkeit sprechen: Beide Seiten wissen, dass es sich bei den Unterschieden nicht um Zufälle handelt und auch nicht um Unterschiede, die mit simplistischen, linearen, statischen Stereotypen erklärt werden können wie dem chinesischen »autoritären System«, »Diktatur versus Freiheit« und anderen Floskeln für geistig Bescheidene. Beide Seiten wissen, dass es sich um ganz andere, nämlich systemische Unterschiede handelt, die am Ende komplexer Prozesse eben qualitativ unterschiedliche kollektive (und auch staatliche) Handlungsfähigkeiten (oder eben -unfähigkeiten) generieren.

Die einfachen, stereotypen Ersatzerklärungen, die unsere Denkfaulheit, emotionale Gemütlichkeit, allgemeine Sattheit und unsere tiefsitzenden Pawlowschen Reflexe à la »Wir: gut! Die: böse!« bedienen, erklären eben nicht, und lassen den professionellen Innovator, den Facharbeiter, Techniker, Ingenieur, Unternehmer, den Macher, den Suchenden, Lernen- und Verstehen-Wollenden und damit potenziell Kooperationswilligen in uns im Zweifel doch mit einem flauen Gefühl zurück, einem Unbefriedigtsein. So wurden schließlich bei mir endgültig alle Schleusen zum Verstehenwollen und Lernenwollen geöffnet. Vorurteile, Scheuklappen, Nichtwissen ade! Mehr Lernen über China war endlich angesagt.

Gespräche im Flieger auf dem Rückweg von China ...

So bin ich nun seit einigen Jahren regelmäßig beruflich in China. Ich komme mit beruflich Reisenden im Hotelaufzug oder der Lobby ins Gespräch, erfahre über ihre Kooperationsbeziehungen mit China. Im Flieger zurück nach Hause erfahre ich meistens noch mehr; man sitzt eben ein paar Stunden nebeneinander und hat mal eine halbe Stunde Zeit zum Reden. Ich frage wieder Löcher in Bäuche und lasse mir aktuelle Erfahrungen und die jeweilige Kooperationsgeschichte erzählen. Und die Erfahrungen ähneln sich: Man ist meist begeistert über die Offenheit, Lernfreude und Flexibilität der chinesischen Partner, die Kooperationsbereitschaft und ihre Suche nach Win-win-Situationen, über die Geschwindigkeit des Wandels und die Leichtigkeit, mit der neue Lösungen gefunden werden. Da wird der deutsche Techniker oder Ingenieur schon mal nachdenklich bis wütend über seine eigene Firmenhierarchie oder der Mittelständler über »seine« Regierung. Beide kommen hier nicht mehr mit: »Jetzt muss ich denen zu Hause die neuen Lösungen erklären«, meint der Konzerntechniker, »und warte wieder Monate auf das ›Go‹ von oben.« Und dann frage ich mich und die anderen: »Was ist da anders in der ›Tiefenstruktur‹? Was bedeutet das konkret in der Einstellung, im Handeln, in den Erwartungen und Motivationen der Menschen: dieses ›andere System‹? ...«

So sind wir dann also beim »Systemischen«. Die bei uns bekannten vielfältigen Zukunftsängste sind den Chinesen fremd, eine soziale Sicherheit gepaart mit Erwartungen von Aufstieg, Einkommens- und Wohlstandssteigerung, Anerkennung, Arbeitsrechten und der Zuversicht, dass, wenn sich dieser Arbeitsplatz ändert, er auch anders qualifiziert und interessant bleiben und weiterhin mit steigendem Einkommen verbunden sein wird – andernfalls man eben eine Reihe anderer beruflicher Möglichkeiten hat. Hört sich nicht wirklich nach »Diktatur« und grauem Sklaventum an. Wir werden dazu noch berichten.

Auch chinesisches Wachstum wird natürlich kein unendliches Wachstum sein, weil es unendliches Wachstum auf einem begrenzten Planeten nicht geben kann, aber das Wachstum von Innovationsfähigkeit, Wohlstand und Lebensqualität durch soziale Sicherheit und offene Strukturen, ähnlich wie früher Schwedens »Flexicurity«, sowie durch ein Mindestmaß an Kollektivität und nationaler, sozialer und öffentlich-regulatorischer Einbettung könnte sich verstetigen lassen, unabhängig von quantitativem, extensivem, ressourcenverbrauchendem Wachstum. Die Leser dieses Buches werden am Ende diese Aussichten für die neue Nummer eins besser beurteilen können.

… und Gespräche im eigenen Land: in der Deutschen Bahn

Irgendwann landet man mit dem Flieger wieder in Deutschland, sieht Anschlussflüge gestrichen, Anschluss-Gates mehrfach verlegt und strandet schon mal im täglichen Bahn-Chaos.[29] Willkommen zurück im Land der »schlanken«, desinvestierenden Organisationen mit dem hohen Shareholder-Value, dem Land des ausgezehrten Staates, der »schwarzen Nullen« und kaputten Infrastrukturen. Und die Finanzminister jedweder koalitionsfähigen Partei geben den stolzen Sparhelden.

Konfrontiert mit dem heimischen Kontrastprogramm werden die deutschen Techniker, Ingenieure und anderen »Professionals«, Mittelständler und so weiter ihre Reisen in China nicht so schnell vergessen. Auch nach erneuter politisch-korrekter Belehrung durch *ARD-ZDF-ARTE-Phoenix-RTL* & Co oder *Spiegel-Focus-FAZ-taz-Zeit-Süddeutsche* & Co darüber, dass China definitionsgemäß nichts anderes sein kann als eine Autokratie oder Diktatur – die selbst gemachten Erfahrungen dürften bei vielen in Erinnerung bleiben. Nicht zuletzt eben durch das Kontrastprogramm der Deutschen Bahn. Da kommt der Zug schon mal zu spät, man verpasst den Anschlusszug oder kriegt ihn doch, weil der auch 40 Minuten Verspätung hat (was die DB-App wiederum nicht wusste), da hat der Zug schon mal statt drei nur einen Waggon in der ersten Klasse, fährt in umgekehrter Wagenfolge ein, da fehlt schon mal der Bistrowagen, sind manche Türen nicht zu benutzen, kommen schon mal komische Geräusche aus dem Unterbau. Man wartet auch schon mal irgendwo auf einen neuen Lokführer, der mit einem anderen Zug kommt, der aber leider verspätet ist. »Wir bitten, das zu entschuldigen« ist vermutlich der am häufigsten durchgesagte Satz in der Deutschen Bahn, der dann zusätzlich Stimmung aufkommen lässt. Funktionierendes WLAN? Funklochfreies Fahren? Solche Spitzentechnologien sind noch Seltenheit in deutschen ICs …

Bei solchen Anlässen kommt man dann ins Gespräch mit seinen Mit-Berufsreisenden. Und seit einigen Jahren scheinen Erfahrungen aus China stark zugenommen zu haben, zumindest bin ich mit meinen etwas wehmütigen Erinnerungen an die chinesischen Bahnhof-Airports nicht alleine. Hier gelangt man wenige Minuten vor Einlaufen des Zuges entspannt auf den Bahnsteig und sieht an den Bodenmarkierungen, wo der eigene Waggon hält. Kein hektisches Gedränge, denn jeder hat ohnehin seine Platzreservierung mit seinem Ticket. Wenn ein Zug nur zehn Minuten zu spät käme, stünde es am nächsten Tag in der Zeitung und würde öffentlich untersucht.

Wenn deutsche Berufsreisende sich in der Bahn über so etwas austauschen und sich fragen, »Warum können wir das eigentlich nicht?«, schwankt die Stimmung zwischen Empörung und Resignation. Wie beim Staat so auch bei den zentralen Unternehmen der Zukunftsvorsorge und Infrastruktur-Unterhaltung sieht man sich in seiner eigenen Berufs- und Leistungsethik hintergangen und torpediert vom großen System des »Sparens«, der Austerität, des Börsenwerts, der Umverteilung nach oben und der Desinvestition. Solche Reisenden sehen plötzlich ziemlich genau, wie kontraproduktive Privatisierung und falsch verstandene Verbetriebswirtschaftlichung ihre eigenen beruflichen Anstrengungen unterminieren und ihre professionellen und gesellschaftlichen Ansprüche konterkarieren. Und der eine oder die andere ahnt, dass die Phänomene etwas »Systemisches« haben. Denn beruflich ist man ja zunehmend gewöhnt, in komplexen Systemen zu denken.

Aber wie könnten wir einen Systemwechsel zu einem anderen, wieder funktionierenden, produktiven, innovativen, vorwärts treibenden Kapitalismus hinbekommen? Wir werden im Weiteren noch Details für die verschiedenen wirtschaftlichen und gesellschaftlichen Bereiche erörtern und illustrieren, wie das eine mit dem anderen »systemisch« zusammenhängt, bei uns wie in China, und wie das eine nicht ohne das andere zu haben ist: »It's the system, stupid!«

Turbokapitalisten? Freunde der Diktatur?

Sind die deutschen Techniker, Ingenieure und Mittelständler, die so beeindruckt über ihre chinesischen Kooperationen reden, etwa begeisterte »Turbokapitalisten«, die in China einen ungehemmten Wild-Ost-Kapitalismus am Werke sehen? Nach meiner Erfahrung nicht. Oder sind es feurige Antidemokraten, die hier endlich die reine Befehlseffizienz durchgesetzt sehen und sie am liebsten sofort in Deutschland eingeführt haben würden? Nichts dergleichen konnte ich bei solchen Gesprächen wahrnehmen. Viele sehen aus ihrer eigenen Erfahrung, dass China einen anderen Weg gewählt hat. Autokratien und Diktaturen konnten nie anhaltend und umfassend aufsteigen, da sie immer ihre inneren Widersprüche durch äußere Aggressivität kompensieren mussten und sich so in Kriegen früher oder später aufrieben. China bietet aller Welt friedliche Koexistenz, Gewaltverzicht und Kooperation auf Augenhöhe an ... und macht, anders als die deutsche Bundesmarine vor den chinesischen Küsten, keine Militärmanöver vor Helgoland ... Da muss also mehr sein. Versuchen wir, es herauszufinden.

Bei meinen Gesprächspartnern in Flugzeug und Bahn zeigt sich auch erstaunlich wenig Wirtschaftsnationalismus, etwa nach dem Motto: »China ist die Konkurrenz, die wir niederkämpfen müssen!« Der Ethik guter »Professionals« geht es eben grundlegend um etwas anderes, sie ist das, was der berühmte Ökonom Thorstein B. Veblen einst den »instinct of workmanship« genannt hat[30]:

Die Verknüpfungen in unserem Gehirn, unsere Neocortex, unsere »Instinkte« beziehungsweise Verhaltens-Dispositionen sind nach Zehntausenden von Jahren der Menschwerdung auf Kooperation eingestellt, sind also so geartet, dass wir es genießen, etwas gemeinsam zustande zu bringen, uns erfreuen an einem guten Ergebnis, vor allem wenn wir es gemeinsam zustande gebracht haben. Nicht nur »der Weg ist das Ziel«, beide sind gleich wichtig. Wir sind stolz auf das Ergebnis, aber auch auf den Weg dorthin, die soziale Kommunikation, Koordination und Kooperation, die uns dabei gelungen ist. Rührt unser Interesse an diesem so ganz »anderen« System, das trotzdem so gut zu funktionieren scheint, auch daher?

Nachtrag Ende 2019: »Ja, aber Hongkong ...«

Manch einer und manch eine, die sich bereits in fruchtbarem Lernprozess über China befunden hatten und offen geworden waren und interessiert, sind mit den Hongkonger Ereignissen des Jahres 2019 schnell wieder in alte Pawlowsche Reflexe und bereits überwundene Ab-Wertungen, Be- und Verurteilungen zurückgefallen. Sie scheinen fasziniert von TV-Bildern der westlichen Medien und ihren entsprechenden Narrativen, von vermummten und behelmten, Steine, bengalische Feuer und Molotowcocktails werfenden, Pfefferspray sprühenden, Steinschleudern und Armbrüste benutzenden, Bürgersteige in Wurfgeschosse zerlegenden »Freiheits- und Demokratiekämpfern« gegen Festlandchina. Darüber, dass es dabei zu regelrechten Jagdszenen auf Festlandchinesen und vermeintliche politische Gegner kam, wurde dagegen meist weniger berichtet.[31]

Was war dort los, und was ist in unseren Emotionen und Köpfen angekommen? Wie kommt es zur plötzlichen und keineswegs mehr nur klammheimlichen Begeisterung der westlichen Medien für Gewalt- und Zerstörungsorgien kleiner, gut organisierter und ausgerüsteter Gruppen, die so in Deutschland selbst keinen Tag lang geduldet würden, ohne dass die Bundeswehr zum Einsatz käme?

An »Hongkong 2019ff.« geht in einem Buch über China also kein Weg vorbei. Wir nehmen die Herausforderung weiter unten noch eingehend an. So viel vorab: Nein, es ist natürlich nicht »Tian'anmen 2.0« und wird es auch nicht werden, trotz vielleicht entsprechender Hoffnungen und Bestrebungen an den westlichen Regierungs- und Mediensitzen.[32] Warum nicht, das wird noch deutlich werden.

Einigen beobachtenden und denkenden Zeitgenossen ist immerhin unangenehm aufgestoßen, dass die jungen Kämpfer für Demokratie und Freiheit in Hongkong und Festlandchina mit der alten Kolonialflagge Hongkongs auf die Straße gingen sowie mit amerikanischen Flaggen und Schildern wie »Trump, befreie uns!«. Also, mit Boris »Brexit« Johnson und Donald »the Dealer« Trump für Demokratie und Menschenrechte!? Das kommt sogar vielen westlichen Beobachtern irgendwie schräg vor. Als hätte es unter der blutigen englischen Kolonialdiktatur in Hongkong jemals Demokratie und Freiheit für die normalen, von ihrer Arbeit lebenden Chinesen gegeben!

Für einfache Chinesen sind heute noch die Sieben-Tage-Woche und der Zwölf-Stunden-Tag gang und gäbe. Das gilt auch für die jungen Banker und Jungmanager, die dort für »mehr Freiheit« demonstrieren, ohne klar zu sagen, wo ihnen der Schuh wirklich drückt.

Nicht von ungefähr kürt seit 25 Jahren die amerikanische Heritage Foundation, Think-Tank der US-Unternehmen, Hongkong zur »freiesten Wirtschaft der Welt«.[33] Das Hongkonger Arbeitsrecht ist eines der arbeitnehmerfeindlichsten der Welt, unter dem normale arbeitende Menschen faktisch immer noch im Kolonialstatus des frühen 20. Jahrhunderts verharren, während die *Internationale Arbeitsorganisation ILO* der UNO das chinesische Arbeitsrecht als eines der fortschrittlichsten der Welt lobt (siehe Teil II, Kapitel 5, und den entsprechenden Gastbeitrag). Oft verdienen Hongkonger Arbeitnehmer gerade so viel, dass es zum Überleben in einer wenige Quadratmeter großen Wohnung reicht. Das Arbeitsvertragsrecht sieht keinerlei Arbeitnehmerrechte vor und die ILO hat Hongkong bereits wiederholt aufgefordert, die völkerrechtlich verbindlichen Regelungen über Kollektivverhandlungen zu erfüllen. Bisher allerdings ohne Erfolg![34] Der Hafenunternehmer und Milliardär Li Ka Shing, einer der Handvoll Oligarchen, die in Hongkong alles beherrschen, führte 2013 einen Kampf gegen die Hafenarbeiter mit dem Ziel, deren Gewerkschaft zu vernichten. 15 Jahre lang waren die Löhne nicht erhöht worden. Den Fahrern der Containerbrücken war es verboten, während der Arbeitszeit die Geräte anzuhalten, um auf die Toilette zu gehen.

Die demonstrierenden Schüler, Studenten und Jungbanker würden trotz guter Ausbildung und Verdienstmöglichkeiten unter den gegenwärtigen Bedingungen wohl finanziell nie in der Lage sein, eine Wohnung zu kaufen oder eine Familie zu gründen. Wie viele Menschen in Hongkong sind sie zutiefst frustriert über ihre finanzielle und soziale Situation und die wirtschaftliche und soziale Zukunft Hongkongs insgesamt.[35] Der Beitrag Hongkongs zum Sozialprodukt Chinas ist dabei innerhalb der letzten 20 Jahre von 18 auf weniger als drei Prozent geschrumpft.[36] Und da kommen nun auch noch die zunehmend wohlhabenden Festlandchinesen als Touristen zu Besuch, darunter auch Jungbanker aus der gegenüberliegenden Boom-Metropole Shenzhen oder aus dem Finanzzentrum Shanghai, die irgendwie eine bessere Zukunft zu repräsentieren scheinen …

Aktuell verliert Hongkong weiter an Attraktivität, sogar für seine klassische Klientel, westliche Oligarchen und Steuerhinterzieher. Insofern ist es nur folgerichtig, wenn kritische Beobachter der Szene die finanzielle und materielle Unterstützung der gewaltsamen Proteste sarkastisch kommentieren: »Washington und London untergraben Hongkongs Fähigkeit, dem Westen weiterhin als Geldwäscherei zu dienen.«[37] Und ein pragmatischer Banker schreibt: »Hongkong: Wie lange noch? […] Ein Ende des Konflikts wird mit dem weiteren Einbruch der Wirtschaft vor Ort wahrscheinlicher.«[38]

Als »freieste Wirtschaft der Welt« unmittelbar neben China war Hongkong natürlich stets das Mekka der Megareichen und der Wirtschafts- und Finanzkriminellen, darunter lange Zeit auch solcher aus Festlandchina, die in der Regel ab 1978 und bis etwa 2012 ihre Milliarden mit Korruption gemacht hatten, um sich dann nach Hongkong abzusetzen, als China ab den 2010er-Jahren begann,

Korruption, Finanzkriminalität und Steuerhinterziehung konsequent zu verfolgen und zu bestrafen.

Diese und andere einflussreiche Kräfte stehen natürlich alle hinter der Protestbewegung, solange die für den Status Quo und die Sicherung ihres erträumten privilegierten Elitestatus demonstrieren. Es wird berichtet, dass allein NED (National Endowment for Democracy) seit 2014 circa 30 Millionen US-Dollar zur Unterstützung der Demonstrationen zur Verfügung gestellt hat.[39] Facebook, Twitter, Instagram, Google & Co. haben unterdessen Tausende von Accounts Hongkonger Bürger gesperrt, deren Meinungsäußerungen nicht in die westliche Gewalt- und Eskalationsstrategie passen (so wie sie es in Kuba, Venezuela, Bolivien und gelegentlich auch hierzulande tun). Gleichzeitig darf der Hongkonger Medienmogul Jimmy Lai mit seinen Revolverblättern Gewalt und Zerstörung anheizen und Andersdenkende ächten. Vorläufiger Höhepunkt war der im November 2019 erlassene »Hong Kong Human Rights and Democracy Act« des US-Kongresses, dessen Wirtschafts- und Finanzsanktionen die bekannte Handschrift des absoluten Weltherrschaftsanspruchs der Ära Trump trägt (Wirtschafts- und Finanzsanktionen, Technologieboykott usw.). China schlug erstmals mit gleicher Münze zurück: US-Kriegsschiffe dürfen nicht mehr in Hongkongs Hafen anlegen, die ausländischen Finanzierungs- und Organisierungsagenturen für die Demonstranten, die NED, die Parteiorganisationen der DEMs und REPs, das National Democratic Institute for International Affairs und das International Republican Institute, ferner das »Freedom House« sowie »Human Rights Watch« werden jetzt in ihren Finanztransfers überwacht.[40]

Keinen diplomatischen Fehltritt auslassend empfing der deutsche Außenminister Heiko Maas den Studenten Joshua Wong zum weltpolitischen Gedankenaustausch.[41] Sollte ihm nicht klar gewesen sein, dass die Forderung »Zuerst Hongkong, dann das chinesische Festland«[42], die Wong in die Kameras und Mikrofone plapperte, vermutlich nicht ohne einen Weltkrieg zu haben wäre? Mit Völkerrecht oder Konfliktlösung jedenfalls hat das alles nichts zu tun, wie deeskalierende Kräfte, die es ja auch im »Westen« durchaus gibt, analysiert haben.[43]

Einige simple Fakten: 1997 wurde Hongkong von den britischen Kolonialisten an China zurückgegeben. Die Übergangsphase bis zur vollständigen Integration in das Mutterland ist auf 50 Jahre angesetzt, reicht also bis zum Jahre 2047. Hongkong hat bis dahin den Status einer Sonderverwaltungszone und autonomen Region Chinas, mit einer eigenen, immer noch kolonial geprägten Verfassung. China verfolgt dabei das deeskalierende Prinzip »ein Land, zwei Systeme«, das in Bezug auf Taiwan, Hongkong und Macao praktiziert wird und diesen Regionen genügend Zeit zur Anpassung und zum Zusammenwachsen der Nation bietet.

China ist daher zunächst im Wesentlichen nur für die Außengrenze Hongkongs und damit für die territoriale Integrität des Landes zuständig, versorgt allerdings Hongkong auch mit Lebensmitteln, Energie usw. Augenfällig wurde dies, als China im August 2019 den zwei amerikanischen Kriegsschiffen die Einfahrt in den Hafen von Hongkong verweigerte. (Man stelle sich vor, zwei chinesische Kriegsschiffe wollten in den Hafen von New York einfahren, während in Washington der Kongress mit Brandflaschen beworfen und die George-Washington Universität besetzt und in Brand gesetzt wird von Studenten mit chinesischen Flaggen, die Xi Jinping um Befreiung der USA bitten ...)

Es ist deutlich, dass Hongkong offenbar »für den absteigenden Westen ein wichtiges Schlachtfeld im Kampf gegen den neuen Hauptfeind, die wirtschaftlich erfolgreiche Volksrepublik China« ist,[44] und dass das Drehbuch der »orangenen Revolutionen« mit Straßengewalt und Terror gegen Andersdenkende auf den Straßen, à la »Rechtem Sektor« auf dem Maidan, ein weiteres Mal zum Einsatz kommt. Kerngruppen der Demonstranten sind wie gesagt, bei näherer Betrachtung selbst der »westlichen« Bilderfolgen, erstaunlich professionell-bürgerkriegsmäßig ausgerüstet, komplett vermummt, mit Helmen, die erkennbar mehr sind als private Fahrradhelme, sie zerlegen die Marmorplatten der Bürgersteige mit professionellem Werkzeug in handliche Wurfblock-Größe.

China wartet überraschend gelassen ab, mischt sich wenig in die inneren Angelegenheiten Hongkongs ein. Es kann in der Tat gelassen abwarten, denn in den verbleibenden 27 Jahren wird sich noch viel ändern. Shenzhen, Guangzhou und Shanghai werden

Hongkong vermutlich längst den Rang abgelaufen haben, während dessen Stern als internationale Finanzmetropole weiter verblassen wird.[45] Die Demonstranten tragen jedenfalls aktuell deutlich zur Kapitalflucht aus Hongkong und zum wirtschaftlichen Niedergang der Stadt bei. Gleichzeitig baut China direkt nördlich der Provinzgrenze mit Shenzhen einen Finanzplatz auf, der bereits jetzt ein attraktives »Schaufenster« eines »Wohlstands«-Sozialismus des 21. Jahrhunderts gegenüber dem sozial und politisch frühkapitalistischen Finanzplatz Hongkong ist. Shanghai und Shenzhen sind Finanzplätze, deren Kapitalvolumen bereits größer ist als das von Hongkong.[46] Das alles dürfte längerfristig wirken, selbst auf die jungen Demonstranten. In Shenzhen könnten sie sehen, dass man ein gutes Bankerleben führen kann, auch wenn man nicht in kolonialer Tradition auf ein elitäres Privilegienmodell für das eigene Leben setzt. Allerdings dürften etliche der Demonstranten den Wandel persönlich nicht mehr mitvollziehen können und über kurz oder lang an der Wall Street oder in der Londoner City ein fragwürdiges Asyl mit 70-Stunden-Woche, Koks, Partys und frühem Herzinfarkt finden.

Der äußere Anlass der Gewalttätigkeiten war bekanntlich ein Auslieferungsgesetz zwischen den beiden Teilen Chinas, Hongkong und Mutterland. Solche Auslieferungsabkommen sind das Normalste der Welt und existieren zwischen den meisten Staaten der Welt, wenn sie sich nicht gerade ausgesprochen feindlich gegenüberstehen. Hongkong liefert in Fällen von Schwerkriminalität ja sogar an die Türkei und Saudi-Arabien aus. Straftäter sollen sich eben nicht der Bestrafung durch Ortswechsel entziehen können, wenn die Tat in beiden Ländern ein Straftatbestand ist. Im vorliegenden Fall war der Mord an einer Hongkongerin durch einen Taiwanesen, der sich nach Taiwan absetzte, der Anlass für Hongkong, das Gesetz für China, Macau und Hongkong und das Gebiet Taiwan auf den Weg zu bringen. Chinas Motiv ist es dabei aber auch, neben Gewaltverbrechen Finanz-, Steuer- und insbesondere Korruptionsdelikten mit anschließender Kapitalflucht Einhalt zu gebieten.[47]

Vor diesem Hintergrund werden wir später die von der UNO hochgelobte chinesische Minderheiten-, Nationalitäten-, Autonomie- und Bevölkerungspolitik auch im Kontext ähnlicher aktueller Themen (Tibet, Uiguren), betrachten.

»Ja, aber die Uiguren ...«

Die UNO lobt auch im Jahre 2020 die Minderheitenpolitik und die Religionsfreiheitspolitik Chinas, nicht zuletzt auch in Bezug auf die Uiguren. UNO-Vertreter besuchen regelmäßig auch Xinjiang und sehen sich die »Lager«, die sie tatsächlich als Ausbildungszentren erkennen, konkret an. Sie haben dies auch zusammen mit zahlreichen eingeladenen Politikern anderer Länder getan, vor allem solcher, die auch Probleme mit islamischem Extremismus haben, darunter jüngst etwa eine Gruppe muslimischer Führer aus Indonesien, die sich die »Lager« anschauen konnten[48] – im Gegensatz übrigens zu deutschen (geschweige denn US-) Politikern, die es vorziehen, weiter ungehemmt von konkretem Anschauungswissen zu schwadronieren.

Weiter unten noch zur Entstehungsgeschichte des Uiguren-Fake. Inzwischen ist die Aufklärung der Geschichte weit verbreitet im Internet.[49] Die Dame Gay McDougall, die die Story unbefugt im Namen der UNO in die Welt gesetzt hatte, ist einschlägig bekannt als Akteurin der Washingtoner Administration. Der Widerspruch des Büros des UN-Hochkommissars für Menschenrechte aber, der erklärte, keine offizielle UNO-Stelle hätte jemals diese Vorwürfe gegen China (wegen angeblicher Uiguren-Internierungslager) erhoben und die »Erkenntnisse« der Gay McDougall lägen der Kommission nicht vor,[50] hat es zu keinem Zeitpunkt in die westliche Medienberichterstattung geschafft. Diese offizielle Stellungnahme der UNO wird in den westlichen Medien inzwischen seit drei Jahren ignoriert, tabuisiert und zensiert.

In der UNO stellt sich die Situation in Bezug auf das Thema Uiguren jedenfalls völlig anders dar, als im Westen (das sind im Wesentlichen noch die Länder Westeuropas, Nordamerikas, Australien, Neuseeland und Japan) darüber berichtet wird: Hier stehen seit Beginn der Kampagne im Jahre 2017 die 22 Länder des Westens, darunter übrigens kein einziges muslimisches Land, mit einer Anklage Chinas gegen inzwischen 54 Länder, darunter mehr als ein Dutzend muslimische Staaten, die China gegen exakt diese Vorwürfe verteidigen.[51]

Man hat von Reisen auf mehreren Kontinenten und von der Lektüre von Medien mehrerer Kontinente generell zunehmend den Eindruck, dass die Uiguren- und andere China-Kampagnen nur noch in den (22) Ländern des Westens verfangen, während sie in einer wachsenden Zahl von Ländern der Welt, also der nicht-westlichen Weltöffentlichkeit kaum noch ihre Wirkungen entfalten. Während allerdings auch im Westen ein wachsender Teil der eigenen Bevölkerung offenbar medienkritisch wird (siehe Umfrageergebnisse oben), kann immerhin noch und vor allem die eigene Politikerklasse bis hinunter auf die Lokalebene, einschließlich aller parlamentarischen Parteien, in die Anti-China Obsession und einen zweiten Kalten Krieg verfangen und entsprechend munitioniert werden.

Offiziell jedenfalls ist in der UNO ein Dokument einer *Informationsreise von UNO-Diplomaten*, Offiziellen, Vertretern internationaler Organisationen und Journalisten nach Xinjiang. Das Ergebnisdokument sagt unter anderem:

»Was die Teilnehmer der Informationsreise in Xinjiang sahen und hörten, widerspricht völlig dem, was in den westlichen Medien berichtet wird.«[52]

Die zahlreichen und jahrelangen blutigen Anschläge uigurischer islamistischer Terroristen in Xinjiang und andernorts in China, über die wir im relevanten Abschnitt noch berichten werden (Teil II, Kapitel 9), konnten jedenfalls seit 2017 beendet werden. Xinjiang erhält nun verstärkt Berufsausbildung, Infrastrukturen und Entwicklung statt blutigen Terrors mittelalterlicher Fundamentalisten.[53]

Seit 2001 fanden und finden sich übrigens zahlreiche dieser uigurischen Dschihadisten sogar in Dutzenden von Geheimgefängnissen der USA rund um den Globus wieder.[54] Was dort im Einzelnen mit ihnen geschah und geschieht, hat *Wikileaks* weltweit bekannt gemacht, wofür heute Julian Assange in britischen Gefängnissen psychisch gefoltert wird, wie die UNO offiziell festgestellt hat.

Aus alledem muss wohl geschlussfolgert werden, dass diese gesamte Geschichte des Terrorismus und des »Anti-Terror-Krieges« völlig neu geschrieben werden muss.[55] Darüber wurden allerdings auch bereits ganze Bücher und viele Blogs vollgeschrieben. Es würde an dieser Stelle den Rahmen sprengen, diese Geschichte auch nur grob nachzuzeichnen.

Die Uiguren waren und sind in China stets privilegiert und waren zum Beispiel von der Ein-Kind-Politik ausgenommen wie alle Minderheiten. Sie können sich als »Autonome Region Xinjiang« in gewissem Masse selbst verwalten. Muslimische Religion und Kultur sind nicht nur verfassungsmäßig geschützt, mit muslimischer Religion und Kultur wird in China auch tatsächlich wesentlich entspannter umgegangen als im Westen. Wir werden auf Alltagsphilosophie, religiöse und interkulturelle Toleranz in China noch eingehen (Teil II, Kapitel 8).

Xi'an, eine der alten Hauptstädte Chinas, liegt in Xinjiang und ist das beste Beispiel für ein friedliches Zusammenleben von Uiguren und Han-Chinesen. Eine der modernsten und ökologischsten Städte Chinas, über die wir noch berichten werden. Ein innerchinesisches und internationales Touristenzentrum (Stichwort: Terrakotta-Armee), das stolz auch seine wohlerhaltenen muslimischen Monumente und Moscheen zeigt. Ein solch friedliches Nebeneinander von Turk- und Han-Chinesen wie dort, so ist von westlichen Kennern zu lesen, gibt es in keinem Land des Westens.[56] In den USA, dem Land der größten Gefängnisindustrie, dem höchsten Bevölkerungsanteil an eingekerkerten Menschen, Hunderten von Hochsicherheitsgefängnissen und Folterzentren in anderen Ländern, haben Muslime gar partielles Einreiseverbot.[57]

Einen gewissen uigurischen Separatismus gibt es nun aber bereits seit Gründung der Volksrepublik China, zunächst mit dem ethnischen »Turkismus«, später auch mit dem islamistischen Fundamentalismus und Dschihadismus arbeitend. Seit den 1980er-Jahren wurden hier also religiöse *und* rassistische Vorurteile gegen China kombiniert zu mobilisieren versucht.[58] Blutige terroristische Attentate und Pogrome gegen Han-Chinesen durch extremistische uigurische Terroristen wurden seit dieser Zeit nicht nur in Xinjiang, sondern sogar in Beijing durchgeführt. Diese terroristische

Spur führt ferner durch Zentralasien, Afghanistan bis nach Syrien und Indonesien, wo uigurische Dschihadisten am islamistischen Terrorismus teilgenommen haben. Auch unter der nordsyrischen und kurdischen Bevölkerung haben die uigurischen Islamisten, organisiert von Erdogans Türkei, rassistische Pogrome begangen.[59] Nach der relativen Niederlage des Dschihadismus in Syrien wurden »kampferprobte« uigurische Dschihadisten offenbar zur Rückkehr nach Xinjiang bewegt, anscheinend nun, um dort mit der Abtrennung Xinjiangs von China vor allem die Neue Seidenstraße zu sabotieren, von der eine Hauptader durch die uigurische Hauptstadt Urumqi führt.[60]

Bei alledem fällt nun diese eigenartige, unausgesprochene, klammheimliche, aber durch demonstrative Nicht-Distanzierung und Nicht-Verurteilung dieser Fakten manifestierte Sympathie der westlichen Medien für den islamistischen Terrorismus auf, mit seinen erheblichen Personen- und Sachschäden an empfindlicher Infrastruktur.

Weltweit bekannt geworden ist zum Beispiel im Juli 2009 in Urumqi ein Pogrom an Han-Chinesen mit 134 Lynchopfern.[61]

Wenn nun die chinesische Regierung derartigen von Westen (von Zentralasien) her eingewanderten Terrorismus endlich in den Griff genommen hat, mit Sicherung der chinesischen Westgrenzen und mit vermehrter Ausbildung, Infrastruktur und Entwicklung in Xinjiang, und es nun seit drei Jahren endlich geschafft hat, den Terrorismus in Xinjiang zu beenden, so ist dies den westlichen Medien kein Jota Gehirnschmalz wert und keinen Funken Recherche, sondern stattdessen Anlass für eine bisher ungekannte feindselige Kampagne.[62]

Als globale Logik dahinter erweist sich immer wieder in letzter Instanz die Feindseligkeit gegen den ökonomischen und systemischen Aufsteiger und Herausforderer China.[63]

Was wäre, wenn China, wie die USA, einen weltweiten unausgesprochenen Drohnenkrieg gegen die Gottesstaatler aufnehmen würde? Der Dritte Weltkrieg wäre dann möglicherweise schon ausgebrochen. Ein Land, das seine Bevölkerung als Ganzes mit in die Zukunft nehmen will, wird vermutlich nicht Bomben werfen, auch nicht, wenn Teile einer Minderheit noch einem mittelalterlichen Aberglauben nachhängen sollten. Die natürliche Reaktion eines Staates, der in die Zukunft will, wird eben Entwicklung, Infrastrukturen und Bildung sein.

Islamistische Terroristen in den USA erwartet Schlimmeres als Ausbildungszentren, nämlich die zahlreichen Guantanamos und Abu-Ghuraibs. Die USA selbst folterten in Guantanamo auch uigurische Terroristen.[64] Alle Länder dürfen sich gegen islamistischen Terrorismus zur Wehr setzen, hier scheinen sogar alle Mittel moralisch gerechtfertigt – China als einzigem Land scheint eine solche Selbsterhaltung nicht erlaubt.

Humanisierung, Erziehung, Ausbildung, gesellschaftliche Integration und eine neue Zukunft für junge ehemalige uigurische »Gotteskämpfer« – so etwas mag die westliche Presse wohl nicht; US-Drohnenmorde an IS-Kämpfern passen da wohl besser zu einer gewalt- und kriegsgeilen Schlagzeilenindustrie. Da schreibt es sich auch umso leichter, wenn man selber nie China bereist und die Einladungen Chinas zur Besichtigung Xinjiangs konsequent ausgeschlagen hat. Eine dubiose Quelle macht den Stichwortgeber, ein internationales Zitations-Kartell und -Karussell ersetzt die journalistische Recherche und lässt den Fake in wenigen Tagen als absolute Wahrheit erscheinen.

Wir werden also in Sachen »Uiguren/Xinjiang« Fakten gegen Fakes setzen müssen. Versuchen wir also das fast Unmögliche: klaren Kopf und eine Fakten-Kultur aufrechtzuerhalten beziehungsweise wiederherzustellen. Die ersten bürgerlichen Reformatoren und Aufklärer des 16. und 17. Jahrhunderts wurden ja von den herrschenden religiösen und weltlichen Fürsten noch auf dem Scheiterhaufen verbrannt. Ganz so geht es heute nicht. Gehen wir also das Risiko ein.

Nachtrag Anfang 2020: »Ja, aber das Coronavirus ...«

Ist es möglich, im Jahr 2020 ein Buch über China zu veröffentlichen, das nicht auf die Corona-Epidemie eingeht? Zu meinem Erstaunen haben viele Menschen, denen ich diese Frage kurz vor Fertigstellung dieses Buches gestellt habe, geantwortet: »Aber ja!

Das Coronavirus wird überschätzt, die Sache wird schon bald in Vergessenheit geraten sein«, oder: »Wenn ich an China interessiert bin, interessieren mich doch die anderen 99,9 Prozent der Informationen, nicht die Corona-Epidemie.« Meine persönliche Antwort blieb aber letztlich doch: »Nein, kann man nicht.« Man mag den Ausbruch der Epidemie in China gelassen, nachdenklich, rational-überlegt beurteilen und völlig korrekt als Zufall ansehen (»Es hätte auch in den USA passieren können«), wie es viele tun, die sich jeglicher Hysterie, klammheimlicher China-Häme in einigen Medien [65] und eskalierender rassistischer Chinesen-Hetze im Internet[66] entziehen, die im Kopf klar und in der Seele unabhängig bleiben wollen.

Aber wir können nicht an der Tatsache vorbeischauen, dass es eben doch in China passiert ist, warum auch immer (dazu noch unten), dass China daraus im Jahre 2020 einen ganz erheblichen wirtschaftlichen Schaden davontragen wird (und auch in den westlichen Industrieländern nun das Virus auftaucht und nach Trumps Wirtschaftskriegen nun den Anstoß dafür liefern könnte, dass die bereits lange wabernde Finanz- und Wirtschaftskrise zum Ausbruch kommt)[67] und dass diese Epidemie im Prinzip geeignet gewesen wäre, das Land in ein Chaos zu stürzen – nicht, weil sie besonders große Ausmaße hätte, sondern weil das Virus selbst relativ neu ist und einige neue Eigenschaften aufweist.

Wäre sie in einem anderen Land ausgebrochen, das gesellschaftlich und staatlich nicht die enormen Organisations- und Handlungskapazitäten Chinas und nicht diese erstaunliche sozialpsychologische Stabilität hat, hätte dieses Land in ein existenzielles Chaos, Paniken und Revolten eingeschlossen, bis hin zum völligen Kollaps hineinschliddern können. Interessanterweise gab es ja zeitgleich mit dem Ausbruch des Coronavirus in China detaillierte »Dokus« von Netflix, dem US-TV-Sender CNN und Szenarien aus Forschungsprojekten der Gates-Foundation mit einschlägigen biologischen Instituten in den USA und England, die Epidemien-Abläufe zeigen, welche exakt auf diese Weise national existenziell werden. Die Szenarien für Staatszusammenbrüche aufgrund von Epidemien sind also bereits mit wissenschaftlicher Untermauerung durchdacht und durchgespielt, also durchaus realistisch und bekannt.[68]

Warum jedoch Chaos, Panik, Revolte oder gar Kollaps in China gerade eben nicht passiert sind, und auch nicht passieren werden, werden wir an dieser Stelle nur kurz erläutern. Das Verständnis dafür, warum ich diese und eine weitere »steile These« hier aufstelle, werden die Leser*innen nach der Lektüre eben dieses vorliegenden Buches entwickeln können.

Wäre das alles in einem anderen Land passiert, wäre wohl auch die mediale Aufregung, die unseren Informationsstand und unser Bewusstsein von der Lage beherrscht, vermutlich nicht so groß gewesen. Dass es in China passiert ist, ist für einige westliche Medien eben doch ein ganz besonderer »Kick« – eben weil es nun genau das Land trifft, das von Washington bis hinein in einige führende Berliner Medien-Hauptredaktionen als, je nach politischem »Härtegrad«, entweder als der »Hauptfeind« (so US-Politiker) oder zumindest als der Hauptrivale ausgemacht worden ist, den man gefälligst mit den verschiedensten zur Verfügung stehenden Mitteln kleinzuhalten (oder gegebenenfalls niederzumachen) habe.[69]

Und vor allem wären vermutlich auch die wirtschaftlichen und organisatorischen Abschottungsmaßnahmen der westlichen Regierungen, Agenturen, Fluggesellschaften, Unternehmen und NGOs (Grenzschließungen, Reiseverbote, Rückbeorderungen von Staatsbürgern, Einstellungen von Flugverbindungen, von Produktionen und so weiter) in anderen Ländern nicht vorgenommen worden, zumindest auf einem (medizinisch rationaleren) qualitativ und quantitativ geringeren Niveau verblieben.

Wir sehen jedenfalls bereits im Zuge der nun angelaufenen globalen Pandemie, dass die entwickelten kapitalistischen Länder untereinander deutlich gedämpfter (re)agieren, als sie es im Falle Chinas taten, wo die Weltgesundheitsorganisation (WHO) schnellstens gedrängt wurde, einen internationalen Notstand zu erklären, der dann, ohne schon genaueres Erfahrungswissen zu haben, zu massiver Abisolierung (»De-Coupling«) Chinas genutzt wurde. Inzwischen, nun selbst betroffen, scheint man in den westlichen Regierungen allerdings etwas demütiger zu werden.

Was also an alledem ist noch rational, was ist schlicht hysterisch, was ist ideologisch bedingt, was ist rein feindselig motiviert? Ist das Coronavirus etwa die Gelegenheit, etwas zu schaffen, was man bisher anders nicht geschafft hat, nämlich China niederzumachen? Auf einige dieser Fragen werden wir aber vermutlich erst in Monaten, vielleicht Jahren, wenn sich die informationellen Nebelschwaden gelichtet haben werden, klare Antworten finden. Vielleicht aber auch nie.

In der US-amerikanischen Grippeepidemie 2017 mit ihren 45 Millionen Erkrankten und 61 000 Toten wurde jedenfalls keinerlei Notstand ausgerufen, wurden keine Flüge in die USA gestrichen, keine Produktionen eingestellt und keine Grenzen geschlossen.[70] Und vor allem wurden keine Hetzkampagnen ethnisch-rassistischer Art[71] gegen US-Amerikaner inszeniert.

Aber es hilft hier eben nur begrenzt der Hinweis, dass allein jede »normale« Grippe (das Influenza-B-Virus) jedes Jahr weltweit etwa fünf Millionen Infizierte verursacht und 650 000 Tote – auch eine »weltweite Notlage« aus Sicht der WHO, die es aber regelmäßig *nicht* in die Schlagzeilen der Medien schafft und *keine* »nationalen Notfallpläne« höchster Intensitätsstufe hervorbringt. Auch das Wissen darum, dass die Menschheit ohnehin zunehmend am Rande eines virologischen und bakteriologischen Gaus wandelt, nützt in diesem Zusammenhang nichts. Während in China circa 3.000 Tote zu beklagen sind,[72] sind in den USA im gleichen Winter 2019/2020 8.400 Menschen an der Grippe gestorben, bei 140 000 Krankenhausaufenthalten.[73]

Während also die Infizierungsrate in einer gegebenen Bevölkerung beim Coronavirus um ein Vielfaches kleiner ist als bei der Grippe (Influenza B) und nur ein Teil der Infizierten (allerdings bei bereits bestehender Ansteckungsfähigkeit) überhaupt Symptome (bis hin zu schwerwiegenden Symptomen mit Hospitalisierungserfordernis) aufweisen, ist die Sterberate der Hospitalisierten dann doch um ein Vielfaches höher als bei Influenza (etwa zwei bis drei Prozent gegenüber etwa 0,15 Prozent).

Influenza B ist eben ein besser bekanntes Virus, zu dem es auch bereits Impfstoffe gibt (wie überholt und unzulänglich auch immer) und dessen Mutationsfähigkeiten anscheinend nicht so ausgeprägt sind wie die des Coronavirus', dessen genetische Ausstattung es wohl besonders anpassungsfähig an verschiedene Wirte

(Tiere, Menschen) macht.[74] Ein Serum wird vermutlich erst im Laufe des Jahres 2020 entwickelt werden – derzeit hat die medizinische Forschungskooperation Chinas mit Russland in dieser Hinsicht die besten Erfolgsaussichten, dem anscheinend momentan leistungsfähigsten medizinischen Forschungs- und Entwicklungsverbund zum Thema.[75]

Dennoch, vor dem Hintergrund einer Reihe von Fakten, die nicht ganz zusammenpassen, nämlich der relativ geringen Ausbreitung des Virus und den Tatsachen, dass es einen Schnelltest gibt, dass die WHO zunächst medizinisch *kein* Pandemie-Risiko gesehen hat, aber dennoch irgendwann einen »internationalen Notstand« erklärte, woraufhin massive Reisebeschränkungen, Flugeinstellungen, Grenzschließungen und anderes vor allem von den westlichen Ländern vorgenommen wurden, wird von einigen Beobachtern geschlossen, dass die internationale Entkopplung Chinas weniger medizinisch-epidemiologisch als vielmehr durch politisch-ökonomische Kriegführung begründet ist.[76]

Einige, auch führende, westliche Medien haben versucht, aus der Epidemie in China Kapital zu schlagen, auch aus einer intensiven innerchinesischen Debatte über mögliche eigene Fehler und Versäumnisse. Glaubt man aber ihnen, so ist in China im Umgang mit dem Virus nahezu alles schiefgelaufen und nichts aufgeklärt worden. Hier wurde krampfhaft eine System- bis hin zu einer ethnischen und Rassismus-Debatte gefüttert. Diese wiederum fiel bei einfacheren Gemütern und ihren Szenerien oft auf fruchtbaren Boden und beflügelten die berüchtigten Hassbilder und -tiraden im Internet.[77] Eines der weltweit größten »Qualitätsmedien«, das bekanntlich eher für »Bilder« als für das Denken zuständig ist, »schlag«-zeilte zum Beispiel: »Können wir den Chinesen vertrauen?«[78] Einige führende Islamisten beteten sogar öffentlich dafür, das Virus möge China »auslöschen«.[79]

Auf die innerchinesische Debatte und Schlussfolgerungen kommen wir noch zu sprechen. In der »Systemfrage« muss aber zunächst ganz besonders der Informationsnebel gelichtet werden. Wie noch so oft in diesem Buch kann man sich in solchen Fällen zunächst einmal relativ sicher an die UNO und ihre Spezialorganisationen halten, in diesem Fall die WHO, die vom ersten Tag an in engster Verbindung mit den chinesischen Behörden stand und steht, und zwar auf allen Ebenen, von der ärztlichen Ebene über lokale staatliche Einheiten bis hin zu Meetings ihres Generaldirektors mit dem chinesischen Staatspräsidenten.

Die relativ unabhängige und neutrale WHO nun hat immer wieder und auf allen Ebenen höchste Wertschätzung für den chinesischen Umgang mit der Epidemie geäußert. Kein anderes Land der Welt habe solche gut ausgearbeiteten Pläne, Fähigkeiten und Maßnahmen bezüglich der öffentlichen Gesundheit (Public Health) wie China.[80] Simple Fakten dazu, die alle westliche Medien-Häme und hochmütige Krittelei eigentlich lächerlich wirken lassen: China konnte die vollständige Genkartierung des neuen Virus bereits wenige Tage nach dem Ausbruch der Epidemie bereitstellen und hat dieses Wissen sofort transparent gemacht und international auf einer gesonderten Website, die allen zur Verfügung steht, veröffentlicht. Der schnelle Anstieg diagnostizierter Fälle ist genau darauf zurückzuführen, dass daraufhin Diagnoseinstrumente überall schnell entwickelt werden konnten – für die WHO ein positives Zeichen.[81]

China hat damit seine enorm gewachsenen Kapazitäten in Medizin und »Life Sciences« generell unter Beweis gestellt. Kein Vergleich mit der Situation zurzeit des Ausbruchs des SARS-Virus im Jahre 2002/2003, so die WHO. Nach Aussage des WHO-Exekutivdirektors Michael Ryan die schnellste Charakterisierung eines neuen Pathogens in der Geschichte, die zudem unmittelbar international geteilt wurde.[82] Auch die im Westen gern gescholtene und lächerlich gemachte Stadtregierung von Wuhan hat frühzeitig alle Informationen international transparent bereitgestellt, sodass Ärzte und Forschungsinstitute weltweit ihre Diagnoseinstrumente schnell entwickeln konnten. Die chinesischen internationalen Websites werden ständig mit neuesten Informationen aktualisiert. Dazu der WHO-Exekutivdirektor:

»China tut das Richtige und reagiert massiv. Ich bringe von meinen China-Besuchen den Eindruck einer absoluten Verpflichtung der chinesischen Regierung mit, die Gesundheit der Bevölkerung an die erste Stelle zu setzen (›Health of people first‹). Solch intensive Meetings mit einer Verpflichtung der Regierung bis hinauf zum Staatspräsidenten hat es nach meiner Erinnerung noch nie gegeben.«[83]

WHO-Generaldirektor Tedros Adhanom Ghebreyesus sprach in einer Pressekonferenz von täglichen Treffen mit dem chinesischen Gesundheitsminister und Treffen mit dem Staatspräsidenten Xi und zeigte sich »sehr ermutigt und beeindruckt vom detaillierten Wissen des Staatspräsidenten über die Epidemie und dessen persönliche Einbindung in alle Maßnahmen. Für mich eine seltene Form von Führungsverhalten.«[84]

Man vergleiche die Ermittlungszeiten der Genomsequenzen in früheren Epidemien: Bei der Ebola-Epidemie in Afrika 2014 brauchte das führende US-amerikanische Forschungsinstitut CDC (Centers for Disease Control and Prevention) dafür zwei Monate.[85] Bei der Schweinegrippe in den USA 2009, mit 55 Millionen Infizierten und 55 000 Toten, brauchte das CDC mehr als sechs Wochen. China schaffte es in wenigen Tagen.

Die sozialen und staatlich-organisatorischen logistischen Leistungen der chinesischen Quarantäne-Maßnahmen sind historisch einzigartig: Duzende Millionen Menschen werden mithilfe von Millionen von Helfern dezentral in ihren Wohnungen und Häusern mit Lebensmitteln versorgt.[86] Entgegen einigen westlichen Darstellungen, wonach Schwache »zurückgelassen« werden, ist die Nachbarschaftshilfe und -verbindung mit Hilfe von WeChat-Anwendungen (dem chinesischen WhatsApp) anscheinend gut organisiert.[87] Nicht zuletzt dienen leistungsfähige Anwendungen sozialer Medien auch der schnellen Erkennung und Meldung neuer Ausbrüche von Krankheitssymptomen. Die chinesische Regierung kann die Bevölkerung nicht zuletzt mit der in China historisch bedeutungsvollen Metapher vom »Volkskrieg« beziehungsweise einem »Langen Marsch« (gegen das Virus) wirksam mobilisieren. Allerdings können das Bild und die historische Analogie auch nur wirken, weil sie bis in die höchste Staatsspitze hinein auch persönlich gelebt und glaubhaft umgesetzt werden.

Die WHO spricht von »Chinas historischen Kontrollmaßnahmen im Gesundheitswesen«, mit »eindeutigen Erfolgen«, die »zahlreiche Erkrankte weltweit vermieden« hätten, und fordert alle Länder auf, die chinesischen Maßnahmen auszuwerten und von ihnen zu lernen.[88] Alle Maßnahmen seien »rechtzeitig und effizient ergriffen« worden. Der Leiter des WHO-Inspektionsteams, Bruce Aylward, sprach von der »wahren Solidarität« der chinesischen Gesellschaft und Regierung angesichts der Epidemie. Johan Neyts, Präsident der International Society for Antiviral Research, stellte fest, dass durch die Effektivität des chinesischen Handelns »für die internationale Gemeinschaft viel Zeit gewonnen« worden sei.[89] Und China wiederholt seine Bereitschaft, seine Erfahrungen mit dem Virus mit allen Ländern zu teilen.

Chinas wissenschaftliche, technische, administrative, soziale und psychologische Bewältigung der Epidemie war bekanntermaßen anfänglich durch mehrere Faktoren massiv erschwert. Dazu gehört die Tatsache, dass die Krankheitssymptome denen der Grippe ähneln, sodass von einer neuartigen Epidemie anfänglich gar nicht ausgegangen werden konnte. Zudem fiel die Entdeckung des neuartigen Virus mit der Zeit des mehrwöchigen chinesischen Neujahrsfestes und der Neujahrsferien zusammen, dem Höhepunkt der jährlichen Reiseaktivitäten in China. In dieser Zeit gehen Hunderte von Millionen Chinesen auf Reisen, um ihre Verwandten zu besuchen. Da das Virus zudem bereits ansteckend ist, wenn die Symptome noch nicht erkennbar sind, konnte sich die Epidemie potenziell schnell über ganz China ausbreiten. Nur die schnellen, strikten und effektiven Quarantäne-Maßnahmen haben das Schlimmste verhindern können. Eine Panik, wie in den US-Szenarien beschrieben, hat es in China zu keinem Zeitpunkt gegeben.

Die Sorge der WHO gilt daher auch nicht in erster Linie China, sondern der Gefahr, dass andere Länder mit weitaus geringerer sozialer Organisations- und öffentlicher Handlungskompetenz erfasst werden.[90] In Afrika könnte das Virus zu jenen sozialen Paniken und Protesten sowie staatlichen Zusammenbrüchen führen, die die US-Szenarien durchgespielt haben.

Nun ist wie erwähnt sei langem bekannt, dass die Menschheit viren- und bakterienbiologisch zunehmend »auf der Rasierklinge« tanzt, da wir es mit einem jahrzehntelangen, zunehmend kritischen »Rüstungswettlauf« zwischen immer schnelleren und »intelligenteren« genetischen Mutations- und Adaptionsfähigkeiten und deren medizinischer Erkenntnis, Analyse und Bekämpfung mithilfe von (hinterherlaufenden) Serumentwicklungen zu tun haben. Was China passiert ist, kann in dieser oder jener Form jederzeit und überall passieren. Häme und Schlimmeres wirken da nur noch peinlich bis empörend.

Nun ist die Häufung und Konzentration der Angriffe auf China, vom Handels- und Technologiekrieg bis zum »Angriff« des Coronavirus, den medizinisch wohl eher nicht begründeten isolierenden Maßnahmen des Westens (»De-Coupling«) und die um sich greifende Sinophobie, Verunglimpfung chinesischer Kultur sowie Chinesenjagd in einigen westlichen Ländern, angeheizt von oft dummer bis verleumderischer Medienrhetorik, vor diesem Hintergrund für einige Beobachter eben kein Zufall mehr.[91]

Hier ist nicht der Ort, solche Dinge zu bewerten, wilde Spekulationen oder falsche Verschwörungstheorien zu entwickeln. Es sollte aber nicht überraschen, wenn wir eines Tages, nach Monaten oder Jahren, noch einmal gänzlich andere Erkenntnisse über das Geschehen erfahren sollten.

China wird aufgrund seiner schnellen, konsequenten und effektiven Gegenmaßnahmen und trotz der in der Anfangszeit noch unkontrollierbaren Reisetätigkeit und damit unkontrollierten Diffusionsdynamik, die Epidemie absehbar in den Griff bekommen und ein Serum entwickelt haben. Experten gehen davon aus, dass die Sache im Frühjahr 2020 ausgestanden sein wird. Wenn einige wichtige Viren- und Bevölkerungsparameter bekannt sind, kann Epidemiologie durchaus exakte Vorhersagen der Verläufe erlauben, denn ihre Modelle sind hoch entwickelt.

Man wird wie üblich zunächst die Verringerung der Wachstumsraten der Infizierungen und Todesfälle und danach den absoluten Rückgang beider bis auf null erleben. WHO-Generaldirektor Ghebreyesus hat den Höhepunkt der Epidemie in China bereits Ende Februar 2020 für erreicht erklärt.[92]

In jedem Fall wird China die multiplen (wirtschaftlichen, technologischen und nun biologischen) Herausforderungen durch gleichzeitigen Handels- und Technologiekrieg, durch Wettrüsten, militärische Umzingelung und schließlich durch die Virenepidemie bewältigen. Die ökonomischen Konsequenzen werden wohl nach ein bis zwei Jahren überwunden sein. Die Verquickung mit China über die globalen Wertschöpfungsketten und nun zusätzlich mit der ohnehin seit längerem bevorstehenden größeren Finanz- und Wirtschaftskrise des kapitalistischen Westens könnte hier eine multiplikativ verstärkte und verlängerte Krisenperiode mit sich bringen.

Unabhängig davon läuft im Land selbst eine, für das heutige China typische, heftige und konstruktive Debatte über die Implikationen der Epidemie für die Zukunft Chinas. Wenn der Chefredakteur der offiziösen *Global Times* im chinesischen Kurznachrichtendienst Weibo schreibt »Dieser Ausbruch hätte in einem Land wie China nicht passieren dürfen, das über fortschrittliche medizinische Standards und soziale Organisationsfähigkeiten verfügt«,[93] so ist das keineswegs eine »(post-)stalinistische« oder »kulturrevolutionäre Kritik und Selbstkritik«, wie die westlichen Medien zu skandalisieren versuchen, sondern Standard heutiger gesellschaftlicher Diskussion in China. Dass man »dem Westen« bei alledem, was man hier macht, nicht gefallen wird, nicht gefallen muss und auch nicht mehr gefallen will, scheint ohnehin inzwischen im allgemeinen Bewusstsein Chinas angekommen zu sein.

Daraus folgt, dass die Epidemie, auch wenn sie nach menschlichen, sozialen und staatlichen Möglichkeiten schnellstmöglich überwunden sein wird, für China langfristige strukturelle Konsequenzen haben wird. Egal, ob der Huanan-Markt der Auslöser war oder ob sich vielleicht ganz andere Ursachen herausstellen, China wird die Krise absehbar für einen weiteren Modernisierungsschub nutzen. Dieser wird den Umgang mit Tieren, traditionellen Märkten, Essgewohnheiten und damit verbundenen Verhaltensweisen betreffen.[94] Zumindest hat China als Reaktion schon mal den Wildtierhandel und neuerdings auch den Konsum von Wildtieren komplett verboten[95] und ist damit aus Sicht des Wildtierschutzes formal zum fortschrittlichsten Land der Welt geworden. Wir werden weiter unten noch zeigen, wie heute bereits die Ernährungs- und Essgewohnheiten in China diskutiert und in Kampagnen für bewussteres Essen und insbesondere für die Vermeidung des Essens von Wildtieren modernisiert werden.

Zu »Public Health« und sozialen Organisationsformen, zu alten Traditionen bei Tierhaltung und Essen, die nicht mehr zu den Bedingungen moderner Massengesellschaften und den Bedingungen moderner Virologie und Epidemie-Gefahren passen, wird in China in den nächsten Jahren sicherlich heftig diskutiert und reformiert werden. China wird, nach allem was man erkennen kann, moderner und bewusster aus dieser Krise hervorgehen.

Ich hatte »steile Thesen« versprochen. Hier sind sie. Und warum ich sie aufstelle, werden die Leser*innen bei der Lektüre dieses Buches sehen. »Können wir den Chinesen vertrauen?« Diese in vielerlei Hinsicht dumme Frage eines Blattes, das sich fälschlicherweise »Zeitung« nennt, werden wir dann fundierter beantworten können, mit einem qualifizierten »Ja, und ob!«

»Ist nicht am Ende doch ›das System‹ Schuld?«, wabert es in unserem Unterbewusstsein nach all dem Medienkonsum. Und auch die »System«-Frage werden wir mit überraschenden Aspekten diskutieren können, wenn wir die nächsten 250 Seiten Fakten zusammengetragen haben.

Über China Lernen lernen ...

Schauen wir uns nun also das gesamte System Chinas anhand seiner konkreten Leistungen und der dahinterliegenden Tiefenstrukturen an. Angefangen bei seinen mikro-ökonomischen Fundierungen in den Individuen und ihren Netzwerken, den Bedingungen am Arbeitsplatz, dem Innovations- und Entrepreneur-Verhalten, den Werten und dem Alltagsverhalten, von Arbeitsmigration, von Regionen und Mega-Städten, über das makro-ökonomische Systemverhalten in Ökonomie, Finanzen, Sozialem, Umwelt, internationalen Investitionen, bei Wachstum und Stabilität, der Einbettung der Akteure in die nationalen Entwicklungsziele, über staatliche Rahmensetzungen und Orientierungshilfen sowie die verschiedensten Politikbereiche bis hin zur neuen Globalisierung in der Belt-and-Road-Initiative (BRI), den »Neuen Seidenstraßen«.

Nur wenn die zahlreichen Komponenten und Dimensionen eines komplexen Systems nicht in starkem Widerspruch zueinanderstehen, sondern konsistent und konvergent sind, kann es gelingen, ein System dauerhaft hinreichend stabil und gleichzeitig erfolgreich zu halten, Innovation und Stabilität zu verbinden und lange Nachhol- und Aufstiegsprozesse zu meistern. Dann gelingen auch solche bemerkenswerten Aufholprozesse, die China (allerdings in historisch ausgesprochen kurzer Zeit) zur Nummer eins auf fast allen wirtschaftlichen, technologischen, ökologischen und sozialökonomischen Feldern haben werden lassen.

Schauen wir uns also genauer an, was im 21. Jahrhundert Erfolgsbedingungen einer »Nummer eins« sein könnten – und ob die Menschheit vielleicht unter bestimmten dieser Bedingungen und auf ähnlichen Wegen die Chance erhält, das Ende des 21. Jahrhunderts unter noch halbwegs humanen Bedingungen zu erleben – der Traum, für den unsere Schüler und Studenten heutzutage freitags auf die Straßen gehen.

»China, die neue Nummer eins« – kann oder darf man das denn einfach so sagen? Wie kann man sich das denn überhaupt vorstellen, nach allem, was man aus unseren Medien über China schon so gehört hat? Wir reden hier über weit mehr als über so schlichte Fakten wie die knapp 20 Prozent des Weltsozialprodukts, die China inzwischen repräsentiert (USA: 15 Prozent). Der Kabarettist, Liedermacher und Blogger Florian Ernst Kirner hat es vor Kurzem auf zwei dichten, spannenden Seiten auf den Punkt gebracht. Während andere noch Flugzeugträger zählten und daher die USA klar auf den ersten Platz setzten, sagt er: Die USA *waren* es, aber die monopolare, hegemoniale Welt *ist* beendet, obwohl viele es noch nicht verstehen. Wir werden in diesem Buch Bill Clintons Wahlsieg-Spruch »It's the economy, stupid!« variieren in die Quintessenz: »It's the system, stupid!«. Kirner tut Ähnliches und hält es zugleich mit der Erkenntnis des schon erwähnten A. G. Frank, dessen schönem Wortspiel »Re-Orient« (Frank 1998)[96] und seiner Botschaft, dass das 21. Jahrhundert das Asiatische und vor allem das Chinesische ist: »It's Asia, stupid!«.[97]

Zu denen, die es mit als Erste begriffen hatten, nicht zuletzt, weil er direkten Zugang zu den besten und exklusivsten Datenquellen der Welt gehabt haben dürfte, gehörte, für viele überraschend, auch der ehemalige US-Außenminister Henry Kissinger.

Hätte er einen Weg gewusst, den Aufstieg Chinas zu verhindern, wäre er ihn zweifellos gegangen, und zweifellos gehörte er zu jenen, die es des Öfteren mit den bekannten Mitteln des Imperiums versucht haben. Und angeblich soll er sogar noch Donald Trump beraten haben, wie das Imperium sich mit Russland gegen das »gefährlichere« China verbünden und beide schwächen könnte.[98] In seinem schon erwähnten Alterswerk über China (Kissinger 2011) zeigte er sich allerdings von einer milden und weisen Seite: Es werde den USA nicht mehr gelingen, ihr monopolares Weltimperium aufrechtzuerhalten. Sie würden zur Nummer zwei werden. Andere Studien, die wir zitieren werden, sehen die USA im Jahre 2030 wie gesagt sogar schon auf Platz drei.

Keiner kann sich also heute mehr erlauben, China ignorant, falsch, aggressiv, ideologisch-verbohrt, unrealistisch, überheblich, gut- und herren-menschlich zu betrachten und zu beurteilen. Das erneute und genauere Hingucken und Lernen über China im Westen muss beginnen. »Think twice!« Im eigenen Interesse!

Teil I

China verstehen lernen ... oder ideologischer Krieg?

Kapitel 1

Was einem China-Reisenden so auffällt ...

Die Luft ist besser in Beijing ...

Fangen wir mit einem der älteren, harmloseren Stereotypen an:
»China, das ist frühindustrielle Umweltverschmutzung, man sieht
es ja am allwinterlichen Smog in Beijing ...«

Tatsächlich sind die Zeiten schlimmer Luftverschmutzung in
Chinas Hauptstadt vorbei! Wir werden später noch Erstaunliches
zu berichten haben über den Aufstieg des einstigen industriellen
Umweltverschmutzers, der die Billigware für den entwickelten
Kapitalismus produzierte, damit dessen Löhne niedrig und dessen
Umwelt halbwegs sauber gehalten werden konnten, zu einer ökologischen Führungsnation. Die umweltpolitische Mobilisierung
und Partizipation der Chinesen an der Umweltpolitik ist in vielerlei Hinsicht atemberaubend.

So wurde auch schnell klar, dass es keine allzu häufigen Wieder-
holungen der allwinterlichen Smogbilder aus Beijing mehr geben
würde. So was machen auch die chinesischen Bürger*innen heutzutage nicht lange mit, und Partei, der Nationalkongress und Regierung hatten 2012 das Ende des alten Entwicklungsmodells der
Exportorientierung um jeden Preis und der verlängerten Werkbank für die entwickelten kapitalistischen Länder verkündet. Mit
neuen Möglichkeiten, einem neuen Bewusstsein und neuen Zielen
sollte auch das Erscheinungsbild Chinas geändert werden. Der all-
winterliche Smog war damit nicht mehr vereinbar und so wurde
2014 ein »Krieg gegen die Luftverschmutzung« ausgerufen.[1]

Und dafür haben sie nicht 30 Jahre gebraucht, auch keine zehn.
Innerhalb von circa fünf Jahren hat sich die Luftqualität in Beijing
drastisch verbessert.[2] Bekam man noch vor wenigen Jahren be-

reits kurz nach der Landung in Beijing Halskratzen, so merkt man heute auch nach längeren Aufenthalten in der Stadt nichts mehr davon. Ich fragte zunächst vorsichtig einige ausländische Kollegen, die in Beijing seit Jahren arbeiten und leben. Die Antwort kam schnell und klar: »Ja, es ist ganz außergewöhnlich, was hier in dieser Hinsicht geleistet wurde.« Die gleiche Frage sodann an meine chinesischen Kollegen, und die Antworten hier: »Ja, wir haben es geschafft.«

Kohleausstieg auf Chinesisch: in fünf statt 30 Jahren

Dazu liefern einige statistische Daten das größere Bild:[3] Seit 2015 forciert China den Strukturwandel weg von den alten Industrien. Allein 2017 wurden in China Kohlegewinnungs-Kapazitäten in Höhe von 150 Millionen Tonnen stillgelegt und landesweit 1 000 (!) Kohlebergwerke geschlossen. In den nächsten drei bis fünf Jahren soll die Kohleförderung um weitere 500 Millionen Tonnen verringert werden. Zusätzlich wurden 2016 in China auch Stahlkapazitäten in Höhe von 65 Millionen Tonnen stillgelegt. In der Kohle- und Stahlindustrie reden wir hier über zwei bis vier Millionen weggefallene Arbeitsplätze, die in anderen Sektoren neu geschaffen wurden. Entsprechende Größenordnungen und Dynamiken des Strukturwandels wären hierzulande unvorstellbar.

Schon in den ersten vier Jahren des »Krieges gegen die Luftverschmutzung« wurden Dutzende von Kohlekraftwerken allein in Beijing stillgelegt, 150 im ganzen Land. Kohle wurde durch Gasversorgung ersetzt oder durch Solarenergie (Fotovoltaik) – wovon allein Beijing mit seinen etwa 22 Millionen Einwohnern mehr produziert als Deutschland insgesamt (83 Millionen Einwohner). Zudem wurden Hunderte von alten, emissionsträchtigen Industriebetrieben sowie umweltschädliche Eisen- und Stahlproduktionen geschlossen. In den großen Städten wurde die Zahl der Autos beschränkt, und Neuzulassungen sind praktisch nur noch für Elektrofahrzeuge (mindestens aber Hybride) möglich. 400 000 Busse waren schon 2019 als Elektrobusse unterwegs, das waren 90 Prozent aller E-Busse weltweit.[4] Ehemalige alte Industriegebiete sehen (vorübergehend) aus wie Geisterstädte – bis sie abgerissen werden, um Platz für Neues zu machen.

Verkehrsvermeidung in großem Stil: die neue Hauptstadtprovinz »Jing-Jin-Ji«

Die Stilllegungen im bevölkerungsreichen Beijing werden auch für große Projekte der Städteplanung genutzt, um generell räumlich zu dekonzentrieren und damit Verkehr zu vermeiden: Die Hauptstadt soll entlastet und dezentralisiert werden – eine Anstrengung, bei der die um Beijing gelegene Provinz *Hebei* (die Abkürzung lautet »Ji«) mit ihren 75 Millionen Einwohnern eine wichtige Rolle spielt. Sie soll zur neuen Hauptstadt-Provinz werden, die neben Bei*jing* auch die Hafenstadt Tian*jin* (circa 17 Millionen Einwohner) umfasst. Ein weltweit Aufsehen erregendes Projekt: Jing-Jin-Ji.[5] Ministerien und Behörden und entsprechende Wohngebiete wurden bereits kurze Zeit nach Projektstart aus Beijing ausgelagert. Autofahrten werden auf neue, hochleistungsfähige Bahnstrecken umgelegt, damit Staus in und um Beijing reduziert werden.

Beschleunigte Entwicklung des ländlichen Raums

Anstelle der stillgelegten alten Industrien entsteht die Infrastruktur für die wirtschaftliche Anbindung, vor allem auch in den ländlichen Provinzen im Westen des Landes, die nun mit Macht entwickelt werden. Seit Jahren wachsen sie bereits schneller als die urbanen östlichen Regionen. Die letzten Reste von Armut dort sind seit 2020 vollständig beseitigt. Die Dörfer und Städte dort, mit ihren seit Langem unternehmerisch aktiven Bauern, Kooperativen und Dorfgemeinschaften, haben heute kaum noch Entwicklungsprobleme. Der rasante Aufholprozess wird unterstützt von Glasfasernetzen und schnellem WLAN, E-Vehikeln jedweder Art und dem Aufbau neuer Industriebetriebe. Dabei greifen viele Dorfgemeinschaften zurück auf ihre Erfahrung als sogenannte Taobao-Online-Händler und Taobao-Dörfer, die ihre spezialisierten landwirtschaftlichen Produkte eigenständig vermarkten. Taobao ist eine chinesische Onlineplattform für den Einzelhandel, die 2003 vom Mutterkonzern Alibaba eingeführt wurde.[6] Mit der Entwicklung der ländlichen Regionen sind von den ehemals circa 280 Millionen Wanderarbeitern schon circa 100 Millionen wieder in ihre Dörfer zurückgekehrt, weil sie dort in den neu entstandenen Industrien, etwa im agrarischen Onlinehandel, Einkommen finden.

Ökologisches Management von Megastädten

Was es bedeutet, Multi-Millionen-Städte gut zu managen und gleichzeitig in nachhaltige Systeme zu verwandeln, dazu gibt es im Westen praktisch kaum Erfahrung, und damit auch keine wirkliche Vorstellung. Die Beispiele großer Metropolen, die unter den Bedingungen neoliberaler finanzkapitalistischer Entwicklung vor allem in sozialer Hinsicht vor sich hinvegetieren und zu sozialen und ökologischen Albträumen degeneriert sind, sind zahlreich. Millionenstädte, in denen nichts mehr geht, elementare menschliche Bedürfnisse nicht mehr erfüllt und elementare soziale und ökologische Probleme nicht mehr gelöst werden können. Selbst die Peripherien der Millionenstädte in den globalen Zentren, wie Paris, London oder die großen und kleineren US-Städte, wirken inzwischen oft wie aufgegebenes urbanes Brachland.

Die größten Städte dieser Welt liegen in China, und sie sind für den westlichen Besucher, der typische, kaum noch regierbare »Erste-Welt«- oder »Dritte-Welt«-Megastädte erwartet, nicht nur »neu« im Sinne von erst in den letzten wenigen Jahrzehnten aufgebaut, sondern auch überraschend gut organisiert, ganz offensichtlich sozial integriert, sauber und gepflegt und vor allem überraschend grün.[7]

Diese ersten kleinen Beispiele zeigen, wie atemberaubend schnell der Strukturwandel in ökologische Richtung vorangetrieben wird, neue Arbeitsplätze, Verkehrs- und andere Lebensbedingungen inklusive. Ist das der bei uns viel zitierte und seit Langem herbeigesehnte »grüne Kapitalismus«? Oder ist es ein neuartiger grüner Sozialismus, ein Sozialismus, wie wir ihn bisher noch nicht kennen? Wir werden auf die Frage zurückkommen. Eines scheint jedoch schon jetzt festzustehen: Was in China gestern noch galt, gilt heute nicht mehr, und was in China heute gilt, wird morgen nicht mehr gelten. China verändert sich schneller als wir schauen (und analysieren) können.

Millionen von Haushalten werden also statt an Kohleheizkraftwerke primär an eine Gasversorgung angeschlossen. Die westlichen Medien aber zeigen sich davon unbeeindruckt: Ein Bericht zur Energieumstellung in Beijing im deutschen Fernsehen fokussierte darauf, dass nicht alles reibungslos lief. Man zeigte, wie »unästhetisch« es war, in Dutzenden älteren Wohngebieten und Tausenden älteren Häusern Gasleitungen auf Putz zu legen, die Hauptrohre für manch ältere, nun umgestellte Wohngegend auch schon mal auf die Schnelle oberirdisch zu verlegen, und dass der Gasdruck anfänglich auch schon mal zu gering ausfiel, sodass sogar der alte Kohleofen hier und da mal wieder angeworfen wurde. Die interviewten Chines*innen aber hatten offenbar kein Problem damit, ihre Kritik daran auch vor einer westlichen Fernsehkamera zu äußern. Chines*innen, so die generelle und überraschende Erfahrung des westlichen China-Reisenden heutzutage, lassen sich ganz offensichtlich nicht »die Butter vom Brot nehmen«. Und so hat eben auch das deutsche Fernsehen keine Probleme, Menschen vor die Linse zu bekommen, die kritisierten, dass das Gas anfänglich mit zu wenig Druck ankam.

Zum Glück aber haben sie in ihren Wohngebieten, Stadtteilen und Städten noch ganz andere Möglichkeiten, ihre Kritik zu äußern, und müssen mit ihren Vorschlägen auch nicht bis zu den nächsten Wahlen warten, um sie dann dort irgendwie frustriert und diffus zum Ausdruck zu bringen. Wir werden auch noch auf soziale Mobilisierung und lokale Partizipation der Menschen in China zurückkommen.

Kapitel 2

Gemischte Motive im Westen: zwischen Anerkennung sowie Lernenwollen und heimlichem Neid sowie offenem Wutgeheul

Der Aufstieg Chinas zur neuen Nummer eins ist in vieler Hinsicht eine Systemherausforderung für den Westen, historisch gesehen die zweite ernsthafte Herausforderung nach der Sowjetunion.[1] So sind denn auch die westlichen Reaktionen auf die neuen Fakten und Dynamiken in China noch eine Mischung aus Reflexen der Feindseligkeit, Neugier und Verstehenwollen sowie Kooperationsinteresse:

Zum einen scheint es eine gewisse Bereitschaft zu friedlicher Koexistenz, friedlichem Wettbewerb und Kooperation zu geben, also zu einer offenen, entspannten, selbstbewussten, produktiven und nicht-neidvollen Anerkennung, und damit verbunden sodann einen Wunsch nach Verstehen, Lernen und vielleicht sogar einer Imitation brauchbarer chinesischer Erfahrungen, Wissensbestände und Lösungsansätze für die großen Zukunftsprobleme, bei sachlicher und produktiver Kritik wo angebracht.

Auf der anderen Seite steht aber eine zunehmende aggressiv-feindselige, auch zunehmend emotionalisierte Bekämpfung des Herausforderers, oft mit heimlicher, neidvoller Anerkennung und eher heimlichem Wunsch nach Imitieren, meist angstmotiviert, offen konfliktorientiert und mit zunehmend verbal-kriegerischen Bedrohungs-, Angst- und Verleumdungs-Narrativen: »China lässt die Welt erzittern«, kontrolliere Hollywood-Drehbücher, mache sich Google, die Wall Street und die US-Raumfahrt untertan, wolle uns mit 5G ausspionieren und sei überhaupt mit all seinen internationalen Aktivitäten im Begriff, die ganze Welt zu unterwerfen. Frech auch, wie sich China den USA (und der Bundesmarine) vor der chinesischen Küste entgegenstelle![2] Und schnell ist man dann auch mal bei einer Gleichsetzung Chinas mit der Nazibarbarei.[3] Diktatur, Polizeistaat, Internierungslager, so prasselt es zunehmend aus den deutschen Medien. Ermuntert davon, dass Trumps internationale Chaosstrategie bisher für die USA noch nicht im Chaos geendet ist, sondern zunächst einmal nur extremistischere Kräfte an die Oberfläche gespült hat, glauben einige in Berlin wohl nun, zurück an der Seite der USA den nächsten (Fern-)Ostfeldzug vorbereiten zu können.[4] Der Ruf nach Sanktionen wie jenen gegen Russland wird lauter, und der heiße Krieg erscheint nicht nur den Hardlinern in Washington, sondern sogar einigen in Berlin früher oder später fast unvermeidlich.[5] Wir nähern uns damit einer Lage, die der große Ökonom Thorstein Veblen bereits 1914 mit »the triumph of imbecile institutions over life and culture« (sinngemäß: Triumph schwachsinniger sozialer Verhaltensweisen über das reale Leben und die Kultur) umschrieben hat.[6]

Dazwischen gibt es natürlich und glücklicherweise noch ein Reaktionsspektrum, je nach Publikationsart und -medium sowie Ziellesern, -hörern und -zuschauern, in dem dann oft eine Reihe sachlicher Informationen und Beurteilungen für bestimmte professionelle Kreise vermittelt werden, wobei allerdings der Schwerpunkt in den sogenannten Boulevardmedien sowie im öffentlich-rechtlichen und privaten Rundfunk und TV immer stärker zum zweiten Reaktionskomplex hin tendiert.

Die Literatur zu China ist explodiert …

Es vergeht ja in der Tat keine Woche mehr, in der nicht mindestens ein Medium aus der Gruppe der großen Zeitungen und Magazine einen größeren, oft ganzseitigen Artikel zu China enthält, und kaum ein Monat, in dem nicht ein Verlag ein Buch zu China veröffentlicht. Allein in den letzten drei Jahren sind sicherlich zwei Dutzend deutschsprachiger Bücher über China erschienen. Die Gesamtheit der Print- und Online-Publikationen über China, populäre und wissenschaftliche, deutsche und internationale zusammengenommen, ist in den letzten drei Jahren praktisch unüberschaubar geworden. Daher seien nur einige Beispiele, deren Botschaften, Orientierungen und Motivationen im oben genannten Spektrum zwischen Verstehenwollen und neuer ideologischer Kriegführung herausgegriffen:

- Das Narrativ vom internationalen Existenzkampf gegen China: Der bekannte Journalist Theo Sommer, Chefredakteur der *Zeit* von 1973 bis 1992 und deren Herausgeber von 1992 bis 2000, zum Beispiel veröffentlichte 2019 den Titel *China First. Die Welt auf dem Weg ins chinesische Jahrhundert* beim Verlag C. H. Beck. Das Buch gehört zur eher reflektierten Seite des oben genannten Reaktionsspektrums.

  Bereits im Untertitel teilt er die in der Geschichtswissenschaft vertretene Prognose, dass das 21. Jahrhundert das asiatische und vor allem das chinesische sein wird (siehe oben zu A. G. Frank 1998). Es wird anerkannt, dass China wirtschaftlich, technologisch oder auch entwicklungspolitisch die neue Nummer eins sein wird.[7] Dazu prägt Sommer eine markante Variation des alten deutschen Sprichwortes vom Sack Reis, der in China umfällt: »Wenn heute in China ein Sack Reis umfällt, bebt die Erde.« Ob das wirklich hilft beim Verstehen von China oder eher subtil alte Ängste, Vorbehalte und Vorurteile gegen die »gelbe (wahlweise rote) Gefahr« mobilisiert, sei zunächst dahingestellt.

  Gleichzeitig bedient Sommer aber auch die bekannten herrschenden »Wir-gut, die-böse«-Reflexe. Schon der Titel »China First« projiziert das verquere Weltbild, aber reale Politikkonzept eines etwas schrägen US-Präsidenten und dessen dumpfes, orientierungs- und letztlich hilfloses, auf die Spaltung der Welt ausgerichtetes und (vor allem für die USA) kontraproduktives nationalistisch-egoistisches Politikgewusel auf China. Diese Suggestion kann nur beinhalten, China sei genauso egomanisch, aggressiv, unberechenbar und zerstörerisch wie jener Immobilien-Tycoon in Washington.

  Sommer öffnet damit aber vor allem die Tür zu einer Strategie des Deutschland-EU First. Sinngemäß: Von nun an sind praktisch alle Mittel in der internationalen Auseinandersetzung gerechtfertigt. Am Ende ein gefährliches Spiel, das noch untermauert wird mit den inzwischen etablierten und heutzutage ebenso begierig aufgegriffenen wie falschen Stereotypen wie »Orwell'scher Überwachungsstaat«, »rote Magnaten«, »Xi Jinping: Make China Great Again« (also: Xi = Trump = egomanisch), »China kauft uns auf« oder »Wie viel China ist zu viel?« Was vielleicht als Weckruf für eine neue europäische Außenpolitik gemeint ist, verhindert letztlich eine produktive, vorurteilsfreie, verstehende und damit potenziell konstruktive und kooperative Haltung zu China.

Die wird augenscheinlich im vorherrschenden Meinungs- und Gesinnungs-Markt auch nicht angestrebt. Nicht »informieren« über China oder gar »China verstehen wollen« steht hier inzwischen ganz überwiegend im Fokus, sondern das »Wir«, das Zusammenscharen und Formieren der eigenen Gesellschaft unter den Bedingungen einer neuen Nummer eins. Dabei geht es meist ganz banal um bloßen strukturkonservativen Erhalt der Positionen und Privilegien des Exportweltmeisters, in einem imaginierten entscheidenden und finalen Endkampf um den künftigen Platz an der Sonne.

Man kennt die Denkweise aus dem Vorlauf zum Ersten Weltkrieg, wo der spätere Reichskanzler von Bülow im Reichstag 1897 das Ziel der deutschen Kolonialpolitik mit diesem »Platz an der Sonne« begründete, was dann zur Metapher und Leitfigur des nachholenden deutschen Weltmachtstrebens wurde und entscheidend zum Ersten Weltkrieg führte.

Sommer ist zu klug und sicher auch zu besonnen, um verbalkriegerische Feindseligkeiten gegen China zu verbreiten. Aber zur Erarbeitung eines nachhaltigen, produktiven Weges und Konzepts einer internationalen friedlichen Koexistenz, Winwin-Kooperation und friedlichen Wettbewerbs mit China fehlt ihm wohl doch der Mut.

■ Ähnlich das Narrativ der Bedrohung durch die »Weltherrschaft« Chinas: Es geht natürlich immer noch feindseliger und noch angstmachender. Eine angebliche »Weltmacht China« wird umgehend zur Bedrohung für »uns«. Klar, wenn wir die letzten 500 Jahre europäischer Welt-Dominanz betrachten, ist diese

Angst und feindselige Abwehrhaltungen durchaus verständlich. In Kolonialismus und Imperialismus war die Welt ja stets nur Objekt der Ausplünderung und Zerstörung, Träger »unserer« Ressourcen, für uns arbeitende (minderwertige) Populationen, später dann bestenfalls noch unsere Produkte kaufende Massen, und in den letzten Jahrzehnten auch noch unsere »outgesourcte« Müllhalde. Imperialismus hat vielen Dutzend Millionen Menschen das Leben gekostet, Länder ruiniert, die Welt ungleicher gemacht und sie an den Rand des ökologischen Kollapses gebracht. Unter dem Eindruck der eigenen Geschichte wird China zum nahtlosen Nachfolger der bekannten europäisch-angelsächsischen Imperien. Bisher erhebt aber nur ein Land immer wieder explizit den Anspruch auf unumschränkte Weltherrschaft, und dieses Land ist bekanntlich nicht China.[8]

In diesem Teil des Spektrums bewegt sich zum Beispiel der chinesische Korrespondent Felix Lee, Multi-Zeitungs-Autor (*taz* und andere) und Buchautor. Hier »lauert« und »droht« China auf allen Gebieten: hinter Produkten, Technologien, im Weltraum und so weiter.[9] Das geht natürlich in vielen Varianten.

In Frank Sieren, *Zukunft? China!*[10] beispielsweise wird das »Wir-sind-existentiell-bedroht!«-Denken zumindest am Schluss etwas eingeschränkt durch ein Plädoyer für Kooperation auf Augenhöhe, in einem »Ausblick: Das Jahrhundert der globalen Gleichheit«. Zuvor aber wird ausgiebig die sich auftürmende Welle gesurft. Da »höhlt Peking Europa schleichend aus«, »drangsaliert« Staatspräsident Xi die chinesische »Zivilgesellschaft« und »verleibt sich seine Nachbarn ein«. Dass China dabei »Tech-Weltmacht« wird, ist noch die harmloseste Wortschöpfung des Angstnarrativs, im Streben, »uns« im Überlebenskampf gegen den neuen Feind zusammenzuscharen. Ohne den neuen Feind scheint es bei den meisten populären Büchern über China nicht mehr zu gehen.

Eine kritische Selbstanalyse erübrigt sich natürlich vollends in solchem verbalen Kriegsgetümmel. So auch der eigentlich anti-»neoliberale« und globalisierungskritische Blogger Joachim Jahnke, der regelmäßig seinen sonstigen kritischen Aufklärungsmodus auf »Wir-gegen-Die« wechselt, sobald die Rede auf China kommt, genauer auf »Xi Jinpings neues aggressives China«.[11]

Den westlichen Medien kommt es bei vielen faktenfreien Fantasien nicht in den Sinn, China auch nur einmal im Originalton vorzustellen, und China zu glauben, dass es sagt, was es meint, und meint, was es sagt. Dass China in der UNO inzwischen führend mit einer Mehrheit von Staaten konkret an der Idee einer »gemeinsamen Zukunft der Menschheit« (Xi: »Common Future for Mankind«) arbeitet, erfährt man nur in Online-Minderheitsmedien, unter Überschriften wie »Give peace a chance«.[12]

Relativ zurückhaltend im Rahmen der »China-Weltherrschafts«-Fantasien und damit näher am »Verstehen vor Aburteilen« ist Stephan Scheuers *Der Masterplan: Chinas Weg zur Weltherrschaft*.[13] Zwar ist auch hier der chinesische Staat wenig mehr als ein Big Brother, aber die thematischen Kapitel kommen relativ sachlich daher, und das »Wir«-Postulat beschränkt sich auf ein Schlusskapitel mit etwas zurückhaltenderer Rhetorik (»Europas fehlende Antwort«).

Stereotypen und Umdeutungen der Realität bestehender Wirtschafts-, Austausch- und Kooperationsbeziehungen und -optionen zeigen sich auch in einigen spezielleren Varianten:

■ Die große alte Räuberpistole »*China stiehlt unsere Technologie*«: In Deutschland besonders gern genommen ist das Variieren unseres lieb gewonnenen alten Weltbildes vom »Made in Germany«, von der deutschen Ingenieurskunst, vom Weltmarktführer und Exportweltmeister, das sich über alle sich ändernden Fakten hinweg im Bewusstsein erhält.[14] Alle westlichen Industrieländer sind bekanntlich selbst durch massiven protektionistischen Staatseinsatz, durch Lernen von anderen und durch Imitieren (»Diebstahl«), groß geworden.[15] Und schon das mittelalterliche Europa (Marco Polo) hat wesentliche Erfindungen aus China über die alten Seidenstraßen nach Europa gebracht. Und nicht zuletzt hat das frühe kolonialistische England das technologisch und wissenschaftlich in allen Bereichen wesentlich fortgeschrittenere China systematisch technologisch und wissenschaftlich ausgeplündert (und das dortige Wissen dann zerstört) (siehe weiter unten).

Wie in der Einleitung angesprochen sehen deutsche Techniker, Ingenieure und Mittelständler, die in China waren, die Lage inzwischen auch realistischer. Neue Befragungsergebnisse über den nachlassenden internationalen Wert des »Made in Germany« sollten das Idealbild inzwischen auch etwas erschüttert haben.[16] Schließlich ist das damit verbundene Exportweltmeister-Modell weder global-ökonomisch noch national nachhaltig, vielmehr hoch riskant und strukturell destabilisierend.

Langfristige kontinentale und nationale Aufstiegszyklen sind ja in der Weltgeschichte nie ohne *Imitation* und *Lernen* von den Fortgeschritteneren vor sich gegangen, weder in England, den USA noch in Preußen und Deutschland, noch in Japan, Südkorea oder sonst wo.

Und sie sind nie ohne übergreifenden, die Einzelinteressen organisierenden und koordinierenden längerfristigen Einsatz eines *Entwicklungsstaates* mit hoher staatlicher Handlungskompetenz vonstattengegangen.[17]

Die Geschichte der chinesischen wissenschaftlichen und technischen Erfindungen und Entwicklungen, die in der Regel mehrere Jahrhunderte bis sogar mehr als ein Jahrtausend vor entsprechenden Entwicklungen in Europa stattfanden und zum großen Teil von Europa gar nicht neu erfunden, sondern aus China gestohlen wurde, füllt inzwischen viele Bände.[18] Schätzungen behaupten, das circa 60 Prozent des Wissens der heutigen Welt China entstammen.[19]

Chinas Erfindungen auf allen Gebieten von Wissenschaft und Technik, die bis zu mehr als 1 000 Jahre früher als in Europa gemacht wurden, erstrecken sich über die Druckerpresse und den Papierdruck, die Dampfmaschine, die Kenntnis von Newtons Bewegungsgesetzen, eine weit entwickelte Mathematik und Numerik, die Kenntnis von Sonnenflecken, Kometen und Astronomie insgesamt, die Armillarsphären, über Kohlebergbau, Gasbohrungen und Kohle- und Gasnutzung, die mechanische Uhr, den Seismographen, Heißluftballons, den Fallschirm, bemannte Drachenflüge, Kettenantriebe für Maschinen, Schaufelraddampfer, die Nutzung von Propellern und Rotoren, Wasserpumpen, Spinnräder und Textilherstellung, Magnetismus und

Kompass, Schießpulver, Kanonen, Feuerwerk, Stufenraketen, erdbebensichere Damm- und Brückenbauprinzipen, Schifffahrts- und Bewässerungskanäle, Schiffshebewerke. In der Medizin kannte man bereits sterile Laboratorien, Immunologie, Impfungen, Blutzirkulation und Biorhythmen, Kenntnisse über Endokrinologie und Hormone, und Chinas Ingenieure bauten gigantische Schiffe und kannten das Prinzip der inneren Schotten im Schiffbau, hochpräzise Kartographie, die Mercatorprojektion, Navigation, Segeln gegen den Wind und entsprechende Segeltuchtechnologie. Eisen- und Stahlproduktion, Hochöfen, Sämaschinen und Getreideschwingen, Pflüge und anderes mehr – alles chinesische Erfindungen.

Schon Marco Polo war in China als ein großer europäischer Dieb chinesischer Technologien und chinesischen Wissens bekannt, das Europas Aufstieg erst möglich machte. Chinesische Segel- und Navigationstechnologien ließ Europa auf den Meeren überhaupt erst wirklich bewegungsfähig werden. Nach der Unterwerfung Chinas im 19. Jahrhundert wurde schließlich auch das restliche technologische und wissenschaftliche Wissen geplündert und nach Europa transferiert.[20]

Wer von wem in Zukunft möglicherweise wieder »stehlen« wird, ist also eine Frage, die wieder brisant werden könnte. Wenn wir nämlich nach dem 200-jährigen Intermezzo europäischer globaler Dominanz in absehbarer Zukunft wieder zur jahrtausendealten historischen Normalität zurückkehren und vielleicht wieder von China »stehlen« müssen oder unsere eigenen Konzerne stärker in China forschen und entwickeln als »zu Hause«[21], dann sollten wir die Tür zu einer nachhaltigen Kooperation, die uns von China immer wieder angeboten wird, möglichst eben nicht in kurzfristig motivierter Arroganz zuschlagen.

■ Psychologische Projektion auf »das Andere« – »China als Zentrum einer neuen Welt-Finanzkrise«: Gelegentlich wird die »Gefahr aus China« in die scheinbar analytische, seit Jahren wiederholte Prognose verpackt, China sei das Zentrum der nächsten Weltfinanzkrise, da es hoch verschuldet sei, eine Immobilienblase und andere Anlage-Blasen habe, seine Kreditvergabe an andere Länder im Rahmen seiner Neue-Seidenstraße-Initiative überdehne und so weiter.[22]

Dabei ist es offensichtlich (wird aber noch zu zeigen sein), dass China vermutlich das einzige Land ist, das alle Instrumente zur Verfügung hat, sich gegen die aufkommende nächste Finanzkrise abzusichern. Der chinesische Zentralstaat ist mit gut 50 Prozent des Sozialprodukts geringer verschuldet als fast alle westlichen Industrieländer. Eine seit zehn Jahren angeblich kurz vor dem Platzen stehende chinesische Immobilienblase ist bisher jedenfalls nicht geplatzt, weil Kredite an chinesische Immobilieninvestoren stets frühzeitig gestoppt werden können und gegebenenfalls eben auch gestoppt werden. Chinas öffentliche Unternehmen sind in Renminbi verschuldet und ausschließlich gegenüber öffentlichen Banken in China, und der Verschuldung der chinesischen Privathaushalte stehen entsprechende Vermögenswerte in Form von flächendeckendem Wohneigentum gegenüber. Da kann keine Blase so aufblähen, dass sie platzt, und jede Verschuldung eines Unternehmens oder Haushalts kann im Zweifel so umgeschuldet und gestreckt werden, dass sie tragfähig bleibt, bedient und getilgt werden kann. Die Sparquote am Arbeitseinkommen beträgt in China sagenhafte 45 Prozent, und alle Schulden werden, anders als in den USA, vornehmlich zur Tätigung von Investitionen aufgenommen, weniger zum Konsum.[23] Daher ist Chinas Wirtschaftsentwicklung trotz Washingtons Wirtschafts- und Technologiekrieg »widerstandsfähig und nachhaltig«.[24]

Die nächste Finanz- und dann Realkrise dürfte vielmehr von der gigantischen öffentlichen und privaten Verschuldung in den USA im Umfang Dutzender Billionen Dollar ausgehen, den in allen Anlagebereichen an der Wall Street vorhandenen Spekulationsblasen im Umfang Dutzender von Billionen Dollar und der Unmöglichkeit, im breiten Durchschnitt auch nur halbwegs vernünftige Renditen auf diese Mengen fiktiven Kapitals einzutreiben, insbesondere dann, wenn die führenden Zentralbanken ihre Geldschwemmen und realen Minuszinsen (wenn auch nur aus sozialpsychologischen Gründen) nicht mehr aufrechterhalten können. Wir werden uns zu alledem noch Fakten ansehen, die für die Beschwörung von China als nächste Krisenursache jedenfalls keine Grundlagen liefern.

- Varianten der verbalen Kriegführung und kleinere Räuberpistolen: »Chinas Zepter« und »Europas Kotau«, »Spionage«, »Unterwerfung« und »Polizeistaat«.[25] Wenn man ganz oben mitreiten will auf der neuen Anti-China-Welle aus Vermutungen, Halb- und Fehlinformation, »Wir/Die«-Ängsten und offener Feindseligkeit muss man maximal verbal auftrumpfen: Ein Blogger sieht mal eben schon den »Globus unter dem Zepter Chinas«[26], die *FAZ* bemüht statt alter europäischer Königsinsignien zumindest chinesische königliche Rituale, den Kotau Europas vor dem heutigen »Kaiser« von China.[27]

Im Kern will die Autorin dabei eigentlich das Problem zum Ausdruck bringen, dass »die Europäer«, die EU, fast jegliche öffentliche und gemeinsame vorausschauende strategische Handlungsfähigkeit verloren hat. Aber statt vier Jahrzehnte Neoliberalismus, Finanzialisierung, und Degeneration des Kapitalismus zur Umverteilungsmaschine nach oben, statt wie einst Innovations-, Produktions- und Investitions-System zu sein, zu thematisieren, schein es leichter, das »Wir-Die«-Spiel zu spielen und China die Schuld daran zu geben, dass der Neoliberalismus den Kapitalismus finanzialisiert, enthemmt, degeneriert, in eine Umverteilungsmaschine pervertiert und so fast unwiederbringlich in den systemischen Niedergang getrieben hat.

Da gibt es dann auch schon mal Schelte für die »eigenen Leute«, die Manager von Daimler, Siemens oder Volkswagen, denen Opportunismus gegenüber China vorgeworfen wird. In den Redaktionsstuben kann man sich das neuerdings wieder angesagte moralisierende Herrenmenschentum erlauben, denn dort müssen deutsche Exportüberschüsse und deutsches Sozialprodukt ja nicht erwirtschaftet werden. Aber was sollen Topmanager tun, wenn der Finanzkapitalismus zu Hause keine Dynamik mehr generieren kann und sie die Löhne für ihre deutschen Arbeitnehmer zum Teil in China verdienen müssen?

Medienwirksam agieren dann mal schnell Grünenpolitiker*innen, die sich bekanntlich ihre Löhne nicht erarbeiten müssen und stattdessen ganz oben auf der Medienwelle surfen können, indem sie »tabubrecherisch« fordern, Volkswagen solle seine neue Fabrik in Urumqi (Ürümqi), der Hauptstadt der autonomen Provinz Xinjiang, schließen. Schließlich sei ein deutsches Engagement in einem Polizeistaat nicht haltbar.[28] Bilder von beliebigen Gebäuden mit Zäunen zeigen natürlich »mutmaßliche Internierungslager«. Wieso eigentlich »mutmaß-liche«? Die Beweislast ist im internationalen »westlichen« Zita-tionskartell und -karussell doch ohnehin längst umgekehrt worden: China hat doch gefälligst zu beweisen, dass *nicht* jeder dritte Uigure im Lager einsitzt und dass es gefälligst *keine* Staatsgewalt gegen in Xinjiang eingedrungene islamistische Terroristen ausübt.

Wenn der ideologische Ertüchtigungsappell einer Journalis-tin (»Europas Strahlkraft zurückgewinnen«) in der EU wirklich strategiefähig würde, würde uns diese feindselige, antikoopera-tive »Wir-Die«-Hysterie ökonomisch teuer zu stehen kommen.

Aber bekanntlich gilt: »Alle Menschen werden klug – die ei-nen vorher, die anderen nachher« (Voltaire). Also dürfte es wohl bei Fortsetzung dieses Trends im deutschen Medienmainstream wieder mal erst nachher sein, wenn mal wieder ein Kind im Brunnen liegt.

Die stets besonders forsche *WirtschaftsWoche* hat diesen Kurs schon immer gefahren. Hier ist die alte euro-angelsächsische Welt noch in Ordnung, und so einfach wie im ersten Kalten Krieg: China, das ist schlicht unsere Unterwerfung, das ist Spio-nage und Unterdrückung.[29]

Bei *FAZ* und *WirtschaftsWoche* wird auch stets der jeweils nächste Eskalationsschritt angepeilt, vom ideologischen Krieg zur ideologischen Zensur – und zum heißen Krieg?: Während zum Beispiel 160 Goethe-Institute in fast 100 Ländern der Welt (einschließlich China) selbstverständlich »gute« kulturelle Außenpolitik sind, sind ein paar Dutzend chinesische Konfu-zius-Institute, die erst seit etwa 2013 chinesische Kulturarbeit machen und Bildungskooperationen fördern, schlicht »Propa-ganda«, aber eigentlich »Spionage«.

So kann man die internationalen und interkulturellen Bezie-hungen im nächsten Schritt systematisch vergiften und verunmöglichen. International isolieren (China? Oder eher uns selbst?) und abkoppeln (die neue Strategie Washingtons des »De-Coupling«, der bereits erkennbaren Aufteilung der Welt in zwei Blöcke)[30] kann dann die Voraussetzungen für einen heißen Krieg schaffen.

■ Hysteriepunkt »IT-Diktatur« – Chinas »Neuerfindung der Diktatur«: Kai Strittmatter, Journalist der besonders kreuzritterlichen *Süddeutschen Zeitung*, schießt diesbezüglich gerne und regelmäßig den Vogel ab, aktuell mit seinem preisgekrönten und zum Bestseller gemachten Buch *Die Neuerfindung der Diktatur. Wie China den digitalen Überwachungsstaat aufbaut und uns damit herausfordert.*[31] Da ist beides in Perfektion: das Reich des Bösen klar identifiziert und die »Wir«-Emotionen appellhaft zugespitzt: Nun aber endlich Action! Ein Platz auf der Schaumkrone der Welle ist mit so was garantiert.

Auch ein Wilhelm II. kannte angesichts der »Bösartigkeit der Welt« gegen »uns« keine Parteien mehr, sondern nur noch »Deutsche«, bevor es mit Hurra gegen die Bösen in den Ersten Weltkrieg ging. Die ideologischen Mechanismen wurden für die Begründung des Zweiten Weltkrieges weiter perfektioniert, und seitdem für jeden Krieg immer mehr. Aber im Grunde ist es das immer gleiche, stereotype Verbalmuster für Eroberungen seit Menschengedenken. Im Buch von Strittmatter ist der zweite Kalte Krieg bereits vollständig präsent, und das bekannte Wahlplakat der CDU von 1953 mit dem uns böse als Opfer erwartenden russischen Untermenschen und der Angstparole: »Alle Wege des Marxismus führen nach Moskau« feiert hier (un-) fröhliche Urstände. Strittmatters letztes Kapitel entsprechend »Die Zukunft: Wenn alle Wege nach Peking führen«. Das Buch führt uns an die Schwelle offener Verstehensverweigerung, totaler »Wir«-Formierung und der Rechtfertigung jeglicher Aggression à la »Trump« als »Notwehr«. Wenn das ein besonders aufrüttelnder Weckruf für »uns« sein soll, dann ist es ein äußerst gefährlicher: »Das große Karthago führte drei Kriege …« (B. Brecht).

Wir warnen vor der Perspektive, die individuelle mediale »Psychokisten« generieren, auch deshalb, weil man regelmäßig (so auch jener Autor) ziemlich falsch liegt mit der Beurteilung der chinesischen Entwicklungen und Politiken um Cybersicherheit, künstliche Intelligenz, Big Data, 5G sowie soziale und ökologische Verhaltensanreize. Und wir verstehen es natürlich als unsere Bringschuld aufzuklären, sodass gelernt und verstanden werden kann, bevor man be- und verurteilt.

Kapitel 3

China verstehen lernen heißt auch, uns selbst verstehen

Die Entwicklungen in China sind weit überwiegend neuartig und atemberaubend, werden aber von vielen hier als bedrohlich empfunden. Vor allem die Konfrontationsdynamik der Medienindustrie und großer Teile der Parteienpolitik und die immer wieder transportierte Perspektive »Wir-gegen-Die« tragen zur Angst und Verunsicherung bei, mit der viele im »Westen« auf China blicken … und mit der die Eliten uns leichter regieren können. Wie aber könnten wir zurückgelangen zu einer Haltung der Neugier, des Lernens und der frühbürgerlichen Tugend des Verstehens des anderen?

In Wissenschaft und Erkenntnisphilosophie ist bekannt, dass man alternative, konkurrierende Theorien und Erklärungsansätze zunächst nur »immanent« verstehen kann, das heißt durch »Hineingehen« in den Ansatz, Kennenlernen seiner Annahmen und stillen Voraussetzungen, seiner Paradebeispiele und seiner »paradigmatischen« Weltsicht, und nicht zuletzt seiner Entwicklungsgeschichte. Das trifft auf nationale Kulturen ganz besonders zu, die ja in besonderem Maße komplexe Systeme sind, die man nur in ihrer, wie es heute heißt, »pfadabhängigen« Entstehungs- und Entwicklungsgeschichte überhaupt begreifen kann. So kann verhindert werden, dass vorverurteilt wird, was im Grunde noch gar nicht verstanden worden ist.[1]

In »meiner« Stadt, Bremen, gibt es einen »Friedenstunnel«, einer der klassischen Bahntunnel in Bahnhofsnähe, an dessen beiden Kopfenden steht: »Verstehen ist das Tor zur Verständigung. Verständigung ist das Tor zum Verstehen.« Diese Zirkularität der Realität zeigt, wie leicht sich zwei Angsthasen blockieren können und eher in Krieg geraten, als dass sie verstehen.

Dabei muss wohl kaum erwähnt werden, dass »verstehen« nicht gleichbedeutend ist mit »gutheißen«. Zwischen »verstehen« und »gutheißen« besteht aber auch keine statische Beziehung, sondern eine dynamische, komplexe: Wir tendieren dazu, anderes und andere eher gutzuheißen, je mehr wir von ihnen verstehen, weil wir begreifen, dass sie genauso gut oder schlecht sind wie wir selbst – mal weiß, mal schwarz, und meistens heller oder dunkler grau. Und vor allem, dass sie sich mit den gleichen grundlegenden Problemen herumschlagen wie wir selbst, Lösungen suchen und ausprobieren, verwerfen oder sich dann an sie binden, so wie wir es selbst auch tun. Wir können begreifen, wie sie dahin gekommen sind, wo sie jetzt sind, und wie *wir* dahin gekommen sind, wo wir jetzt sind. Unser Urteil wird dann ein qualifizierteres sein.

Wie können wir sicherstellen, dass Verständigung eine Chance erhält und die Welt nicht ein weiteres Mal böswillig an den Rand des Ruins (und beim nächsten Mal dann vermutlich darüber hinaus) gedrückt wird? Und wir nicht endgültig in die ideologischen Schützengräben des bereits losgetretenen zweiten Kalten Krieges gestoßen werden? Wie schaffen wir es stattdessen, die wirklichen Menschheitsprobleme zu verstehen, und diese dann kooperativ anzugehen, um damit als Menschheit überhaupt noch das Ende dieses 21. Jahrhunderts zu erreichen?

Die Stimmen des aktiven Verstehens gab und gibt es natürlich. Schlicht deshalb, weil solches Denken menschlich, natürlich und vor allem in unserem langfristigen Interesse ist. Einer der Ersten, die gegenüber China explizit für einen Vorrang des »Verstehens« plädiert haben, war, wie gesagt überraschenderweise, aus einer Altersweisheit heraus, Henry Kissinger in seinem China-Buch:

> »Jeder Versuch, Chinas […] Weltrolle im 21. Jahrhundert zu verstehen, muss […] mit einer grundlegenden Würdigung des traditionellen Kontextes beginnen.«[2]

Davor bereits, auf wissenschaftlicher, historiographischer Seite, lieferte der schon erwähnte A. G. Frank[3] einen historisch informierten Verstehensansatz dafür, warum China im 21. Jahrhundert wieder die Nummer eins sein wird, und dass dies nichts anderes als die Wiederherstellung einer langfristigen historischen Normalität darstellt.

Aktuell beschreibt etwa ein Henrik Müller auf *Spiegel Online*, wie es China gelingt, der »Falle« der wirtschaftlichen Abhängigkeit von den USA und damit der politischen Erpressbarkeit zu entkommen.[4] In »Von China lernen« wird beschrieben, wie China frühzeitig das stets kurzfristige und wenig kluge Exportweltmeister-Modell als Entwicklungsmodell aufgegeben und eine unabhängigere, binnenmarktorientierte Entwicklung eingeleitet hat. So habe das Land bereits seit 2008 seinen Exportüberschuss gegenüber dem Rest der Welt mehr als halbiert, während insbesondere der letzte verbliebene »Exportweltmeister«, Deutschland, mit seinem scheinbar erfolgreichen, jedoch höchst fragilen und verwundbaren Modell, nun erpressbar geworden sei. Konzept- und strategieunfähig dümpelt Deutschland damit heute gezwungenermaßen zwischen den USA und der Bewunderung Trump'scher Allmachtsfantasien und anderen Akteuren und Koalitionen wie China beziehungsweise China – Russland hin und her. Müller folgert denn auch richtig:

»Von China ließe sich lernen, wie man der Falle entkommt.«

Auch der ökonomische Chefkommentator der britischen *Financial Times*, Martin Wolf, kommt in einer Reflexion der globalen Lage unter dem neuen Systemwettbewerb unter dem Titel *The Challenge of One World, Two Systems* (Die Herausforderung von »Eine Welt, zwei Systeme«) zur weisen Schlussfolgerung, dass man am Ende die »Komplexität der Lage zu akzeptieren« und einen »Weg der Reife einzuschlagen« habe: »Unbeschränkte Konkurrenz zwischen China und dem Westen wäre ein Desaster.«[5]

In der überwiegend hochmütigen herrschenden deutschen Medienlandschaft fällt gelegentlich der ehemalige, wegen zu viel Querdenkertums als Chefredakteur des *Handelsblatts* entlassene Gabor Steingart auf, der inzwischen sein eigenes *Morning Briefing* betreibt. Er hat Chinas Entwicklung gelegentlich schon mit dem Willen zu verstehen kommentiert. Aus Anlass der zweiten Plenartagung des chinesischen 13. Nationalen Volkskongresses im März 2019 räumt er lapidar wie effektiv mit den zahllosen Krisenprophetien im deutschen Medienwald auf: China wächst langsamer, ja, aber nicht als Krisenerscheinung, sondern wie geplant. China *ist* bereits die Nummer eins, und der Abstand zum Rest wird von Jahr zu Jahr größer. Chinas Pro-Kopf-Wachstum des Sozialprodukts betrug in den Jahren 2000 bis 2020 über 360 Prozent. Auf dem zweiten Rang ist Indien mit knapp 190 Prozent. Die Wachstumsraten in Deutschland und den USA betragen gerade einmal 27 Prozent, beziehungsweise 24 Prozent. Diese Unterschiede können nicht mehr allein mit dem geringeren Ausgangsniveau Chinas erklärt werden. Steingart weist auf eine Erklärungsrichtung für anhaltende Effektivität hin: »Die USA brüskieren die Welt, China vernetzt sie.«[6]

Die chinesischen Auslandsinvestitionen sind zwischen 2008 und 2018 um 834 Prozent gestiegen: etwa nur, um die Welt auszuspionieren und auszuplündern? Kaum überzeugend! Denn die Welt ist keineswegs etwa ein Haufen von Blinden und Idioten. Xis chinesischer Traum von einer harmonischen Gesellschaft in bescheidenem Wohlstand (dazu unten mehr) sei, so Steingart, der neoliberalen »The-winner-takes-it-all«-Gesellschaft überlegen. Schließlich: Die »Krisen«, die »Blasen«, die »extreme Verschuldung« seien »westlicher Alarmismus«. Sein Fazit:

> »Die Warnungen des Westens vor einer chinesischen Vergreisung, vor einem Platzen der dortigen Immobilienblase und den Folgen einer zu hohen Verschuldung sind in Wahrheit westliche Hoffnungen, die sich als Furcht tarnen. Die neue Weltmacht geht trotz all dieser Herausforderungen seit Jahrzehnten ihren Weg (…) Die Funktionäre der Kommunistischen Partei debattieren auch auf diesem Volkskongress in einer Ernsthaftigkeit und Offenheit, wie man sie sich im Bundestag und auf Capitol Hill nur wünschen könnte.«[7]

So könnte ein Verstehenwollen aussehen und Qualitätsjournalismus, erklärend und damit auch handlungsrelevant für alle Menschen und Professionals, die die Welt bewegen und im Zweifel auch verbessern wollen.

Der Titel des vorliegenden Buches hätte auch heißen können: *China verstehen*. Aber dieser Titel war schon vergeben, denn ein Buch kommt dem vorliegenden am nächsten in dem Versuch, einmal nicht in erster Linie an »uns« zu denken oder in »Wir-Die«-Falle zu tappen nur um dann am Ende im ideologischen Schützengraben zu landen, wo dann unsere Handlungsoptionen nur noch sehr eingeschränkt sind und unsere Zukunft sehr endlich wird. Robert Fitzthums schon kurz erwähntes Buch *China verstehen*[8] will zeigen, und damit stand es in der jüngeren populären Sachbuchliteratur bisher ziemlich allein,[9] dass China keine Bedrohung für Europa ist, sondern im Gegenteil eine Chance: Warum sollte China Interesse an Aggression und Krieg haben, wo es mit sich selbst und seiner umfassenden Entwicklung alle Hände voll zu tun hat? Fitzthum: China hat den größten Teil der Armut in der Welt beseitigt und geht inzwischen erfolgreich eine Rückverteilung in Richtung auf mehr Gleichheit an, und die Reallohnsteigerungen sind sensationell. Da müssten linksliberale und linke Herzen in Europa eigentlich höherschlagen, wenn sie denn verstehen wollten. China lässt sie bisher aber – bestenfalls – kalt.

Allein die drei Themen Armutsbeseitigung, Zurückfahren der Ungleichverteilung und Lohnsteigerungen, auf die wir noch eingehen werden, zeigen schon einen system(at)ischen Unterschied zum neoliberalen Westen: Keines dieser Themen scheint ökonomisch, sozial oder politisch in den Ländern des finanzialisierten und nach oben umverteilenden Kapitalismus, in dem die obersten 0,1 Prozent »wie durch ein Wunder« durch alle Krisen hindurch immer reicher werden, mit seinen oligopolistischen Bürokratien, oligarchischen Netzwerken, verknöcherten Parteienkartellen und seinem insgesamt plutokratischen Herrschaftssystem, überhaupt zu bewegen, geschweige denn zu lösen zu sein. Insofern spiegelt auch Fitzthum beim »China Verstehen« ein »Uns-selbst-Verstehen«.

… oder definieren europäische Intellektuelle den Weg für China?

Der Österreicher Fitzthum scheut in dem ganzen (Anti-)China-Hype als einer der wenigen auch nicht vor der S-Frage, der »System«- und damit der »Sozialismus«-Frage, zurück, etwas was traditionell bisher vor allem die politische Linke beschäftigte. Gegen das aber auch in der Linken verbreitete »Besserwessitum« setzt Fitzthum eine angenehme, erfrischend klare, einfache und pragmatische Haltung:

Die in 100 Jahren nationaler Emanzipation, existenzieller Bedrohungen, zahlreicher Rückschläge, an Bürgerkriegskämpfen, zahllosen Diskussionen, etlichen Kursanpassungen, mehrfachen »Sich-selbst-neu-Erfindens« und unendlichen Lernens hindurch gereifte KPCh hat die europäischen, US-amerikanischen und japanischen Kolonialismen sowie die Kuomintang-Soldateska überwunden; sie hat Hungersnöte, feindliche Interventionen, Isolations- und Sanktionsregime überstanden, die Entwicklung Chinas in schwierigen Phasen mehrfach neu ausgerichtet und ein Land geschaffen, das völlig neue Wege geht, die die Menschheit so noch nie gegangen ist. Einer solchen politischen Kraft dürfe man getrost zutrauen und zumuten, selbst definieren zu können, was für sie selbst und ihr Land der »richtige Weg zum Sozialismus« ist. Da bedürfe es keiner europäischen Intellektuellen, die selbst vielfach in der europazentrierten Denktradition von Staatssozialismus gefangen sind, die nun oft ebenfalls vor-urteilen, bevor sie »verstehen«, und die glauben, besser zu wissen, was der »wahre«, »wirkliche«, »echte«, »ideale« Sozialismus für China wäre. Da solle man doch getrost den Chinesen das Recht zuerkennen, ihren weiteren Weg unabhängig von imperialer Bevormundung und Besserwisserei von rechts oder links zu bestimmen.

Andere, wie der italienische marxistische Philosoph Domenico Losurdo oder der schon erwähnte kritische Finanzökonom Michael Hudson, gehen da durchaus noch etwas konsequenter mit solchen Linken in Deutschland und Westeuropa um und sprechen von »neoliberalen Linken« oder »neoliberal infiltrierten Linken«, die kein Interesse mehr an Finanzkapitalismus und seiner Veränderung, an wirtschaftlicher Gerechtigkeit oder gar Arbeiterfragen hätten.[10] Wir kommen auf Hudson und Losurdo zurück.

Die KPCh scheint im Übrigen deutlich bescheidener als viele der be- und vor-verurteilenden europäischen grünen, linksliberalen und linken Intellektuellen und Bildungsbürger, die zwar seit Jahrzehnten Alternativen und »grüne New Deals« für den entwickelten Kapitalismus diskutieren, ohne dass sie jedoch im verhärteten neoliberalen Finanzkapitalismus je irgendetwas Entscheidendes hätten bewegen können – die sich stattdessen an Niederlagen gewöhnt, sich in zementierten Minderheitspositionen (parlamentarisch) eingerichtet, sich dort angepasst und sich umdrapiert haben für die nächstbeste Regierungsbeteiligung.

In China dagegen werden seit Jahrzehnten elementare soziale und ökologische Prozesse bewegt und mit rasender Geschwindigkeit verändert, von denen kritische, fortschrittliche und für eine bessere Welt eintretende Menschen in Europa bestenfalls träumen dürfen. Was inzwischen dort geschieht, sollte eigentlich europäische grüne und linke Herzen höherschlagen statt verhärten lassen.

Dagegen die Bescheidenheit »mit chinesischen Charakteristika«: Der chinesische Weg wird nicht als Exportprodukt verkauft

Stichwort »Bescheidenheit«: China, die KPCh und die staatlichen Führungen sind in diesen Fragen erstaunlich wenig hochmütig und »imperialistisch«. Viele Charakteristika des chinesischen Entwicklungsweges sind inzwischen in den Alltag jedes Chinesen und jeder Chinesin eingeflossen, sie bestimmen vielfach ihr tägliches Denken, Reden und Handeln, was nationale Ziele, die neue Glaubwürdigkeit des Einzelnen, der Unternehmensmanager, Bürokraten und Politiker, das Sozial- und Umweltengagement oder die Aversion gegen Ungleichheit betrifft. Aber stets wird betont: Was China hier entwickelt, muss nicht für irgendein anderes Land auf der Welt gelten, wir exportieren weder unsere Revolution noch unser Entwicklungsmodell; es gilt nur für uns, und wir entwickeln es nur für die Bedingungen in China. Aber da kennen wir uns aus.

Heißt umgekehrt: Man kann uns jederzeit Ratschläge geben, wir lernen gerne, aber bitte keine ignoranten Vorschriften!

Solch erfrischende Bescheidenheit mit Selbst-Bewusstheit würde man natürlich gerne auch mal von den »Verteidigern unserer Freiheit« und unserer imperialen Lebensweise[11] (die ja mit Vorliebe in fremden Ländern »verteidigt« wird) in Washington, Berlin, Paris, London, Brüssel oder Tokio hören – aber auch die politischen Alternativen jedweder grüner, oranger oder rosaroter Couleur tun sich mit entsprechender Bescheidenheit schwer. Imperialismus hat eben oft seinen Nährboden auch bei denen, die ihn verbal gar nicht wollen, aber ihren moralischen Universalismus – »Werte, Kultur und Zivilisation sind wir!« – doch mal gerne über die Welt stülpen, mit welchen Mitteln auch immer.

Nicht umsonst schloss A. G. Frank seine weltgeschichtliche Analyse mit der ironischen Bemerkung: »The Eurocentric Emperor Has No Clothes.«[12] (»Der eurozentrische Kaiser hat keine Kleider.«)

Es scheint in Westeuropa eben noch nicht überall realisiert worden zu sein, dass die wirklich »disruptiven Innovationen«, von denen heute so gern im Neudeutsch der »Industrie 4.0« die Rede ist, und zwar sowohl technologische und organisatorische wie soziale und ökologische, absehbar eben nicht mehr aus Europa kommen.

Wir werden die Provokationen, die wir hier mit Fitzthum, Losurdo oder Frank formuliert haben, im Weiteren natürlich mit Fakten aus vielen Bereichen in ein besseres Verstehen auflösen.

… und dann vielleicht sogar von China lernen?

Angenommen, wir schafften es, China zu verstehen, was könnten wir lernen? Hat das neoliberale, staatlich und kollektiv weitgehend verknöcherte, in mancher Hinsicht auch verängstigte und auch deshalb handlungsunfähige System, wie es inzwischen das deutsche Modell zu sein scheint, überhaupt noch die Handlungskompetenz für notwendige Änderungen? Sogar Mitglieder des offiziellen »Sachverständigenrats« (die sogenannten »fünf Weisen« der ökonomischen Wissenschaft) stellen inzwischen öffentlich fest, dass in Deutschland ein angemessener Umgang mit Innovationen fehle.[13] Dazu wurde jüngst ermittelt, dass Deutschland insbesondere bei der »Offenheit des Innovationssystems« unter den 34 führenden Industrienationen der OECD nur auf Rang 21 und damit im unteren Mittelfeld liegt.[14] Deutschland scheint eher auf einem Entwicklungspfad eingeschlossen zu sein, auf dem es mit seinem Modell der extremen Umverteilung nach oben, der Austerität, der Restriktionen, schwarzen Nullen, Staatsverteufelung und »Markt«-Vergötterung, insgesamt eines besonders dogmatischen Neoliberalismus an die Wand fahren könnte. Damit geht dann nicht einmal mehr »Exportweltmeister« oder »Technologieweltmeister«. *Made in Germany* und das Vertrauen in deutsche Unternehmen ist international, wie schon erwähnt, inzwischen tatsächlich etwas ramponiert, wie im Oktober 2019 durch die Wirtschaftspresse ging.[15]

Pragmatisch und kritisch denkende Ökonomen und Geschäftsleute, die die Welt und China ein wenig kennen, verzweifeln oft an diesem Deutschland und erkennen, wie zum Beispiel der Banker Folker Hellmeyer, einen »selbstverliebten Blick in den Rückspiegel, der irrtümlich als Frontscheibe medial und politisch dem [..] Publikum deklariert wird.«[16]

Forschungsintensive deutsche Unternehmen, wie zum Beispiel Bosch, beziehen, wie erwähnt, immer mehr Innovationen aus ihren chinesischen Ablegern. Der entsprechende Bericht dazu in der Zeitschrift *Focus* meint, es sei »nur noch eine Frage der Zeit, bis Innovationen reihenweise aus China stammen«[17], und zeigt zum Beispiel den systembedingt völlig anderen Ansatz für Mobilitätsinnovationen dort: intelligente Straßen statt intelligenter Autos, nationale öffentliche Infrastrukturinvestitionen statt Konzernlösungen und fragt: »Was können (oder müssen) wir Deutschen von den Chinesen lernen?«[18]

»China verstehen«, so wollen wir zeigen, heißt auch zu verstehen, dass kollektive und staatliche Handlungsfähigkeit zur Weiterentwicklung eines nationalen Entwicklungsmodells, etwas System(at)isches ist, dass natürlich nicht einfach auf andere nationale Systeme zu übertragen oder durch diese zu kopieren ist. Entsprechende »Absorptionskapazitäten« müssten immer erst aufgebaut werden, bevor man von anderen nationalen Systemen praktisch

lernen kann. Umgekehrt galt das auch für den langen Nachhol-
und Aufstiegsprozess Chinas und dessen Lernen von den westlichen Industrienationen. Wir werden am Ende der Betrachtungen
zu den zahlreichen wirtschaftlichen, sozialen und ökologischen
Bereichen und Politikfeldern Chinas noch einmal genauer zeigen,
was es bedeutet, wenn wir die Schlussfolgerung erklären: »It's the
system, stupid!« Aber auch damit sind Verstehen und Lernen keineswegs unmöglich.

In der Realität gibt es dann eigentlich nur eine langfristige Über-
lebensstrategie für nationale Systeme: Verstehen, friedliche Koexistenz, Lernen und Kooperation.

> »Die Alternative ist sinnstiftende Kooperation. Für Europa [...] müsste
> der Politikansatz der Hanse gelten. Wirtschaftsaustausch (nicht Sanktio-
> nen!) fördert Kulturaustausch und Verständnis. Das ist aktive Friedens-
> politik. Aus Handel wird Wohlstand. [...] Toleranz bedeutete, diesen
> Zusammenhang zu begreifen.«[19]

Exkurs: »Verstehen« und »vertrauen« – »Deutsche ver-
trauen China mehr als USA« – ein belastbares Ergebnis?

Wenden wir uns noch kurz einem Thema zu, das etwas aus
dem Rahmen fällt und überrascht, aber gleichwohl kein ganz
unwichtiges Mosaiksteinchen im Gesamtbild darstellt: Nachdem wir schon eine kleine »Medienschau« vorgenommen haben, interessiert auch die Frage: Wie stehen die Menschen zu
China?, insbesondere dann, wenn das Ergebnis überraschend
einmal signifikant vom Mediendurchschnitt abweicht.

Entgegen der Alltagswahrnehmung, wonach »China« meist
die oben vielfach geschilderten reflexartigen feindseligen Ab-
wehrreaktionen entlang der Stichworte und Hysteriepunkte der
herrschenden Medien hervorruft – »Ai Weiwei«, »Uiguren«,
»Tibet«, »Hongkong«, »Turbokapitalismus«, »Imperialismus«,
»Überwachung«, »Diktatur« –, scheinen der und die Durchschnittsdeutsche doch eine überraschend abweichende Auffassung entwickelt zu haben.

Auch im privaten Bereich erlebt man zu China oft großes Interesse und eine positive Voreinstellung der Menschen aufgrund eigener Überlegungen und manchmal auch bereits eigener Reiseerfahrungen. Hier scheint es Auffassungen zu geben, die auf gewissen elementaren Überlegungen und praktischer Lebenserfahrung beruhen. Wir kennen das Phänomen, dass die Prioritäten und Auffassungen in der Bevölkerung der westlichen Industrieländer über Jahre und Jahrzehnte konträr zu dem stehen können, was Regierungen, Staatsparteien, offizielle Verbände und Medienindustrie als staatspolitisch korrekt, opportun, angesagt, sachnotwendig oder alternativlos deklarieren. Das gilt vor allem in Bezug auf elementare Probleme der Menschheit wie Krieg und militärische Interventionen, bestimmte soziale Fragen, Fragen der Umwelt, des sozialen »Oben« und »Unten« oder der sozialen Gerechtigkeit und Verteilung. So könnte es nun auch in Bezug auf China sein.

Ein Nachbar, der von diesem Buchprojekt wusste, hatte mir einen Zeitungsartikel vom Februar 2019 in den Briefkasten geworfen. Eine repräsentative Umfrage des Meinungsforschungsinstitutes *Civey* im Auftrag der USA-freundlichen »Atlantik-Brücke«, das insofern unverdächtig ist, dieses Ergebnis »pro China« manipuliert zu haben, war durch die Tagespresse gegangen. Sie besagte unter anderem, dass 80 Prozent der Deutschen das Verhältnis zu den USA als »negativ« oder »sehr negativ« bewerten und 60 Prozent sich für eine »stärkere Distanzierung« gegenüber den USA aussprechen.[20] So weit, so nachvollziehbar nach drei Jahren Trump. 34 Prozent der Befragten meinten dabei, die Wirkung der deutschen Außenpolitik sei negativ, was sich, wie seit Jahrzehnten in ähnlichen Befragungen, an Fragen der Interventionen des deutschen Militärs in fremde Länder konkretisiert, wogegen sich fast 90 Prozent aussprechen. Dies mag sich nun auch auf die Feindseligkeit der deutschen Außenpolitik gegenüber China beziehen.

Das Spektakulärste aber: Über 42 Prozent halten China für einen besseren Partner als die USA (nur 23 Prozent vertreten die gegenteilige Meinung). Dies gilt übrigens für über 56 Prozent der Wähler der Linkspartei, deren Politiker sich eher ungern mit einer Nähe zu China identifizieren lassen möchten.

Im Mai 2019 ergab übrigens eine ähnliche Umfrage des Forsa-Instituts unter 2 000 Führungskräften mittelständischer Unternehmen ein ähnliches Ergebnis, wonach China als Handelspartner verlässlicher beurteilt wird als die USA oder Großbritannien.[21]

Was bedeutet die überraschend positive Sicht vieler Deutscher auf China? Kann sie eine praktische Bedeutung erlangen? Ist sie nur eine Momentaufnahme? Selbst wenn sie sich als stabiles Meinungsbild über die nächsten Jahre festsetzen würde, könnte sie nach aller Erfahrung sicher nicht die Politik der etablierten Parteien oder gar Regierungen beeinflussen. Die Momentaufnahme mag natürlich motivieren, dieses »etwas andere« Buch über China zu schreiben. Sie dürfte aber angesichts des zunehmend hohen Maßes an Feindseligkeit und verbaler Kriegführung gegen China in den Medien der Medienkonzerne durchaus einer möglichen schnellen Veränderung zum Negativen unterliegen.

Letzteres erleben wir in den USA, wo es einer aggressiven Politik Washingtons gegenüber dem Aufsteiger China offenbar gelungen ist, millionenfache soziale Frustration und Depression auf den äußeren »Feind« umzulenken, das öffentliche Klima zu vergiften und Misstrauen und Aggressivität gegen »den Chinesen« zu generieren. Eine aktuelle Studie eines US-Think-Tanks zeigt Verschlechterungen der öffentlichen Meinung zu China, mit 60 Prozent »Ablehnung« und nur 26 Prozent der Menschen, die eine »freundliche« Meinung zu China haben.[22] West- und Südeuropa sowie Schweden gehen hier mit, mit einem Schnitt von 57 Prozent negativer und 37 Prozent positiver Einstellung zu China. Hier notiert Deutschland abweichend von der obigen Untersuchung mit 56 Prozent negativer und 34 Prozent positiver Meinung. Nur Griechenland und die meisten osteuropäischen Länder, die inzwischen konkrete Erfahrungen mit chinesischen Infrastrukturinvestitionen besitzen (dazu mehr unten), weisen überwiegend freundlichere Mehrheiten auf (Bulgarien: 20/55, Griechenland 32/51, Polen 34/47, Ungarn 37/40). In afrikanischen und asiatischen Ländern sowie in Russland ist dieser positive Zusammenhang von direkten Kontakten der Bevölkerung mit chinesischen Unternehmen und Arbeitern, chinesischen Infrastrukturinvestitionen und positiver öffentlicher Meinung noch ausgeprägter (Russland 65 Prozent, Kenia 67 Prozent, Nigeria 61 Prozent, Tunesien 70 Prozent).[23]

Nehmen wir das erstgenannte deutsche Meinungsbild also eher als Momentaufnahme der Volksmeinung, als Fußnote in den größeren sozialen, ökonomischen und ökologischen Kontexten, um die es im Weiteren geht. Und leisten wir unseren bescheidenen Beitrag, damit sich ein Ergebnis stabilisiert, das fundiert und qualifiziert und dadurch stabil ist. China und die Potenziale unserer Kooperation mit ihm hätten es verdient. Wir werden sehen.

China begreifen? Uns selbst begreifen? Wie weiter?

Was bleibt für dieses Buch? Wie bekommen wir im möglichen Spektrum zwischen friedlicher Koexistenz und Kooperation einerseits und Feindseligkeiten, ideologischen Schützengräben und dem dahinter lauernden Sanktionsregime und möglichen heißen Krieg andererseits einen produktiven, die Probleme lösenden Zug in die globalen Verhältnisse? Dazu werden wir Fakten und Erkenntnisse über China zu vielen Bereichen aus der internationalen Literatur auswerten.

Wir wissen aus praktischer Lebenserfahrung, dass wir manchmal »den Wald vor lauter Bäumen nicht sehen«. Wir sehen die Details, erkennen aber nicht, dass diese ein System mit eigener Qualität bilden, eine selbstständige »Makroeinheit«. Wir werden lernen müssen, sowohl die vielen chinesischen »Bäume« als auch den chinesischen »Wald« zu erkennen. Wir wissen, dass es einer diffizilen kognitiven Leistung bedarf, einen »Gestalt-Switch« zu vollziehen, damit wir Dinge plötzlich im Zusammenhang erkennen, beziehungsweise anders sehen als gewohnt.

Ökonomen zum Beispiel kämpfen seit 200 Jahren um die Erklärung der Zusammenhänge des ökonomischen Systems und haben versucht, ihre theoretischen Paradigmen auf charakteristische Formeln zu bringen: »Es geht um die Lohnkosten.« »Nein, es geht um die gesamtwirtschaftliche Nachfrage.« »Es geht um die Geldmenge.« »Nein, es geht um die Einkommensverteilung.« »Es geht um öffentliches Sparen.« »Nein, es geht um öffentliches Investieren.« »Es geht um die vorherrschenden sozialen Institutionen.« »Nein, es geht um die natürliche Umwelt und die Zukunftsvorsorge« und so weiter. Man kann versuchen, zwischen konkurrierenden theoretischen Paradigmen hin und her zu »switchen«, sich auflösen und in einem billigen Kompromiss fusionieren werden sie dadurch aber nicht. Die »Wahrheit« mag sich längerfristig in der Interaktion der Paradigmen untereinander und mit der Realität herausstellen. Sie mag dann Elemente von allem enthalten, aber mit einem spezifischen, eigenen, neuen »systemischen« Charakter.

Jeder kennt das Beispiel der Zeichnung, in der einige den Kopf einer alten Frau, andere den einer jungen Frau erkennen. Habe ich die alte Frau fixiert, fällt es mir schwer, die junge Frau zu erkennen, selbst wenn mir der andere helfen will und es mir erklärt. Oft braucht es lange, bis mir der Switch gelingt. Immer wieder muss ich versuchen, hinzusehen, immer wieder versuchen, mich von »meinem Bild« zu lösen, Abstand zu gewinnen. Plötzlich ist »das Andere« da, ich sehe es als Ganzes, als »Bild«, als System. Und wundere mich plötzlich, warum ich das Offensichtliche so lange nicht sehen konnte. Und auch das gibt es: Es rutscht mir wieder weg, ich muss mir die Erkenntnis, das Begreifen »des Anderen« immer wieder neu erarbeiten.

Es ist nichts anderes als das normale, reale tägliche Leben, worum es in diesem Buch geht. China ist weit weg, aber inzwischen auch schon so nah. Und wenn wir es begreifen, sehen wir das Gesamtbild, das »Paradigma«. Wir können uns eine neue Welt erschließen und unsere eigene besser verstehen. Wir wollen mit ersten Informationen und Hintergründen Interesse wecken, China in seiner unerhörten dynamischen Veränderung besser kennenzulernen. Wechseln wir also nun die Perspektive ins »Innere« der neuen Nummer eins: Was geht ab in China? Warum und inwiefern ist dieses Land anders? Könnte mit China ein »Paradigmenwechsel« für neuartige, bessere Formen der Globalisierung, der globalen Umweltentwicklung, auch für uns und – wir hängen es einmal bewusst ganz hoch – für die Zukunft der Menschheit möglich werden?

Teil II

Vom Entwicklungsland zur Führungsnation. Strukturen und Prozesse sozialen und ökonomischen Erfolgs

Kapitel 1

»Oje, Planwirtschaft!« Ja, aber anders: wo Pläne nicht nur Wahlkampfklamauk sind – der 13. Fünfjahresplan (2016–2020), aufregende Zukunftsideen in allen Bereichen mobilisieren Kräfte

Mit seinen Fünfjahresplänen stellt China aller Welt ein Instrument zur Verfügung, das einen guten Einblick in seine permanenten Reform-, Umstrukturierungs- und Entwicklungsprozesse gewährt. Wollen wir also die verschiedenen Entwicklungsfelder, Politikbereiche und Maßnahmenkomplexe kennenlernen, brauchen wir nicht lange zu suchen. Die Fünfjahrespläne enthalten alles, was man wissen muss, um die komplexe Entwicklungsdynamik Chinas zu begreifen, ein umfassendes nationales Programm, das mehr ist als ein Regierungsprogramm im engeren Sinne.

Aber auch wenn wir uns auf den soeben auslaufenden 13. Fünfjahresplan beziehen können (der 14. wird Ende 2020 verabschiedet werden), werden wir dabei nur selektiv vorgehen können und nicht umhinkommen, auch Querverbindungen zwischen den sich vielfach überlappenden Bereichen herzustellen.

Wir listen hier zunächst stichwortartig die aus unserer Sicht wichtigsten Bereiche und markieren diejenigen, die im Weiteren in ihren verschiedenen Querverbindungen exemplarisch behandelt werden:

1. Wirtschaftsleistung, Wirtschaftswachstum und Einkommen
2. Entwicklung der sozialen Menschenrechte und der Demokratie, Sicherung der (physischen und intellektuellen) Eigentumsrechte, Herrschaft des Rechts und rechtliche Glaubwürdigkeit Chinas; Qualifizierung öffentlicher Funktionsträger;

Glaubwürdiges China/Verbesserung des sozialen und ökologischen Verhaltens: soziales Kreditpunkte-System

3. Regulierung und Deregulierung von Märkten und Wettbewerbsgestaltung
4. IT-Industrien, IT-Infrastrukturen, IT-Innovationen
5. Erhöhung der Autonomie für Universitäten und Forschungsinstitute; Innovationen in der Lehre, Universitäten auf Weltstandard, Integration von Universitätslehre und Berufsausbildung; Integration von schulischer Berufsausbildung und Unternehmen
6. Klärung und Förderung von Landnutzungsrechten
7. Schutz der Landwirtschaft und Nahrungsmittelsicherheit
8. Finanzreform und Finanzbeziehungen zwischen den Gebietskörperschaften
9. Reform des Finanzierungssektors: Ausbau des Aktien- und Wertpapierhandels; weitere internationale Öffnung des Finanzsektors; höheres Gewicht für RMB bei den IWF-Ziehungsrechten
10. Verbesserung des Haushaltsregistrierungs-Systems (Hukou) für Arbeitsmigranten und Urbanisierung / Landbewirtschaftungsrechte für Wanderarbeitnehmer
11. Verbesserung der Kultur im Cyberspace, Mischung der Medienlandschaft aus traditionellen und neuen Medien
12. Etablierung eines militärischen Systems »mit chinesischen Charakteristika«
13. Ökologie: grüne und Niedrigemissions-Industrien; Bewertung von Amtsinhabern nach ihren Umweltschutzleistungen; E-Mobilität und andere alternative Antriebe; Management zur Sicherung der Wasserressourcen; Realzeit-Emissions-Monitoring System für die Industrie; Waldschutz und Waldpflanzungen, Verbot kommerzieller Waldnutzung
14. Internationale Koordination in den Bereichen Internet-, Tiefsee-, Polar- und Weltraumnutzung
15. Armutsbeseitigung
16. Lohnerhöhungen für Arbeiter
17. Sozialversicherung für alle Einwohner Chinas, Senkung der Sozialversicherungs-Abgaben; Rentenversicherungsfonds; Be-

triebsrenten; Alterspflege; Erhöhung des Rentenalters; flächendeckende Krankenversicherung
18. Ausbau des Krankenhauswesen, Überführung kommerzieller in nicht-kommerzielle Krankenhäuser
19. Bevölkerungspolitik: Zwei-Kind-Politik; Ausbau der Familienberatung, Mütter- und Kinder-Krankenversorgung und -pflege.

Erkennbar wird bereits hier ein umfassendes Konzept der Qualifikation, der Restrukturierung, Anpassung an neue Gegebenheiten und der Modernisierung, das in bemerkenswertem Kontrast steht zu der Versteinerung der Verhältnisse unter spätneoliberalen, austeritären, plutokratischen Bedingungen des Kapitalismus. Hier scheinen Regierungen nur noch am Erreichten festzuhalten und auszusitzen, sozial progressive Reformen scheinen unerreichbar, weil diese angeblich nicht mehr finanzierbar seien, öffentliche und private Bürokratien igeln sich ein, um die Machtstrukturen festzuschreiben. Angesichts versiegender sozialer Aufstiegsperspektiven (die letzten Pisa-Ergebnisse lassen grüßen) klammern sich viele am Erreichten fest – Zukunftsoptimismus und Dynamik geraten angesichts um sich greifender Verteidigungshaltungen ins Hintertreffen und Konflikte und Kämpfe dominieren angesichts sich vertiefender sozialer Spaltungen. So verdrängen am Ende, verständlicherweise, Igelmentalität, Engstirnigkeit, Ressentiments und sogar Fremdenfeindlichkeit offene gesellschaftliche Verhältnisse und Haltungen. Abstiegs- und Bedrohungsängste generieren ihre eigene Sozialpsychologie und politische Kultur.

Das Erste Plenum des 13. Nationalen Volkskongresses im März 2018 hat auch die Strukturen der Zentralregierung den Entwicklungsschwerpunkten des 13. Fünfjahresplanes angepasst. Das Berliner Mercator Institut for China Studies (MERICS) hat diese Tagung detailliert kommentiert und die neuen Elemente der Struktur der Zentralregierung illustriert.[1] Auf einige Besonderheiten sei hier hingewiesen:

- Ein zentrales Ministerium, das eher an Bedeutung gewonnen hat, ist die Nationale Kommission für Entwicklung und Reform, gleichsam die Gesamtaufsicht über und der Garant für Entwicklungsdynamik sowie Sicherstellung und Überprüfung, damit die politisch erklärten Ziele keine Rhetorik in Sonntags- und Wahlkampfreden bleiben.

- Das Ministerium für Wissenschaft und Technologie ist naturgemäß Hauptorganisator der permanenten Restrukturierung und Anpassung an wissenschaftliche und technologische Veränderungen.

- Das Justizministerium ist angepasst worden vor dem Hintergrund der neuen nationalen Priorität des Credible China (glaubwürdiges China) und damit auch kreditwürdiger Unternehmen und Individuen, was auch ein System der gesicherten »Intellectual Property Rights« (IPR, Intellektuelle Eigentumsrechte) auch von Ausländern (!) umfasst, ferner die entsprechende Unterwerfung des Justizsystems unter die »Rule of Law« (Herrschaft von Recht und Gesetz),[2] die nunmehr effektiv kontrollierte Antikorruptionspolitik[3] und schließlich das System der Anreize für individuelle Verhaltensweisen bei Konsum, Eigentums-, Geld- und Kreditangelegenheiten, in familiären und Sozialbeziehungen und im Verkehrs- sowie Umweltverhalten über sogenannte Kreditpunkte-Systeme.

- Neu sind zwei zentrale Ministerien, was den gegenwärtigen bemerkenswerten Aufstieg Chinas zur ökologischen Führungsnation widerspiegelt: Das Ministerium für natürliche Ressourcen und das Ministerium für Ökologie und Umwelt.

- Für die in den letzten Jahren konsequent umgesetzte Antikorruptionspolitik sowie für die systematischere Evaluierung des gesamten politischen Handelns, auch unter Einschluss des klassischen Finanzcontrollings, ist auch das Staatliche Rechnungskontrollamt umstrukturiert worden.

- Das neue Ministerium für Landwirtschaft und ländliche Angelegenheiten spiegelt die neue Bedeutung der Angleichung der Lebens- und Einkommensentwicklungen in den ländlichen Regionen an die urbanen Regionen wider.

- Im Kontext der neuen flächendeckenden Sozial- und Gesundheitsversicherungen sowie des Ausbaus und der Umstrukturierung des Krankenhaussystems, der Altenpflege sowie der Bevölkerungspolitik und Geburtenvor- und -nachsorge ist auch die neue Nationale Kommission für Gesundheit zu sehen.

- Interessante Reformperspektiven und neue nationale Steuerungsprioritäten werden auch durch die neue Agentur der Zentralregierung für Marktregulierung sowie die zentrale Aufsichtskommission für Bank- und Versicherungswesen, deren Vorsitz übrigens beim Staatspräsidenten liegt, reflektiert.

- Den neuen internationalen Status Chinas spiegeln schließlich die beiden international relevanten Agenturen für Einwanderung (!) und für internationale Entwicklungszusammenarbeit wider. Hintergrund beider ist die zunehmende internationale Entwicklungsvernetzung Chinas, nicht zuletzt durch wachsende private Auslandsinvestitionen und durch die öffentlichen Auslandsinvestitionen im Rahmen der Initiative »Neue Seidenstraße«. China ist in den letzten Jahren vom sogenannten Entwicklungsland und Nehmerland von Geldern aus der Entwicklungszusammenarbeit zum offiziellen Geberland aufgestiegen. Schließlich ist bemerkenswert, dass China zum Einwanderungsland geworden ist: Einwanderer sind längst nicht mehr nur rückkehrende ethnische Chinesen, sondern heute auch Asiaten und Afrikaner vieler Nationen.

Wir können in dieser Übersicht bereits eine breite Reform- und Öffnungsdynamik sowie entsprechende Restrukturierungen erkennen, eine Dynamik, die im Westen ihresgleichen suchen. Wir werden noch sehen, dass solche Pläne tatsächlich mehr sind als nur schöne bunte Wortfeuerwerke, die nach einem Wahlkampf nicht mehr das Papier wert sind, auf das sie geschrieben wurden. Diese Pläne hier werden Realität, und jeder kann sich an ihnen orientieren, ob Unternehmer, Berufstätige, Fachleute oder junge Eltern. Solche Pläne werden zu nationalen Orientierungen, helfen und erleichtern eben durch solche Orientierungshilfen das berufliche, soziale und private Leben, sie koordinieren die vielen Aktivitäten einer ganzen neuen Gründergeneration und mobilisieren die Kräfte.

Vor diesem Hintergrund konnte China im Oktober 2019 seinen 70. Jahrestag begehen und dabei auf den beeindruckendsten Entwicklungserfolg der Geschichte blicken: Das Land hat innerhalb weniger Dekaden eine ganze Reihe von Menschheitsproblemen gelöst. So hat es etwa die Lebenserwartung der Bevölkerung mehr als verdoppelt, die Armut im Land genauso beseitigt wie das Analphabetentum und die Gleichstellung der Geschlechter realisiert.[4] Ohne langfristige Planung und nationale Zielsetzung, die von vielen Menschen verstanden wird und sie mobilisiert, kann so etwas nicht gehen.

Sogar die US-dominierte Weltbank hat dieses »Geheimnis« des chinesischen Erfolges jüngst in einer Studie am Beispiel des chinesischen Bahnwesens klar herausgearbeitet: Die Koordination von Staat, Unternehmen, Banken und Wissenschaft schafft Planungssicherheit für lange Zeiträume, durch die langfristige Kredite für langfristige Investitionen zu günstigen Zinsen möglich werden, da die Nation für die Projekte einsteht, damit Standardisierungen erleichtert und Risiken minimiert werden. Die Weltbank, die normalerweise kreditbedürftigen Staaten ein Gegenprogramm des »freien« de-regulierten »Marktes« oktroyiert, spricht diesem systembedingten Mechanismus plötzlich eine Schlüsselrolle für den Erfolg zu. So konnte China in nur zehn Jahren zwei Drittel des globalen Schienennetzes für Hochgeschwindigkeitszüge aufbauen und unterhält heute in Sachen Pünktlichkeit, Komfort, Service und Fahrpreise eines der besten Bahnsysteme der Welt. Im Ergebnis kann ein Gleiskilometer Hochgeschwindigkeitszugstrecke in China zu etwa einem Drittel geringeren Kosten als in vergleichbaren Ländern hergestellt werden. Und auch hier wird die Geschwindigkeit hervorgehoben, in der komplexe Infrastruktur gebaut werden kann, wenn die Akteure »klare Führung und Verantwortlichkeiten erhalten«, so die Weltbank.[5] Die Weltbank berechnet auch die CO_2-Einsparungen, die vor allem dadurch entstehen, dass das chinesische Schnellbahnsystem inzwischen effektiv in der Lage ist, zahlreiche Inlandsflüge zu ersetzen.[6]

Planen um des Planens willen? Planen, um Bürokratien zu bedienen? Nichts dergleichen! Stattdessen lebendiges Planen, um Lebensqualität und die Umwelt- und Klimasituation zu verbessern.

Wie in einem Prisma zeigt dieses Beispiel die Elemente sozialökonomischen Erfolges einer Nation und eines Gesellschafssystems. Aber wir wollen hier nur Interesse wecken und nicht vorgreifen.

Kapitel 2

»Oje, Wirtschaft und Geld!« Ja, aber auch anders: Wirtschaft, Geld, Finanzen, Technologie und die Tiefenstruktur robusten Wachstums – agile Industriepolitik, Entrepreneurship und Kreditversorgung, Regulierung und Deregulierung, Staat und Markt

Aspekte einer »agilen Industriepolitik«: Konzerne, Kleinunternehmen und Regierung am Beispiel der E-Mobilität

Wir haben einleitend schon von dem verbreiteten Eindruck westlicher Berufsreisender von der erstaunlichen Leichtigkeit und Schnelligkeit berichtet, mit der Chinesen mit organisatorischem, technologischem und strukturellem Wandel umgehen. Wie wir in den Abschnitten zum Sozialsystem noch zeigen werden, hängt dies unter anderem mit dem hohen Grad an Beschäftigungssicherheit, an sozialer Sicherheit sowie der hohen Erwartungsstabilität zusammen, die das chinesische Wirtschafts- und Gesellschaftssystem mit ihren nationalen Entwicklungszielen den Menschen vermitteln können. Gleichzeitig wird ihnen hinreichende Flexibilität gegeben, eigene Entscheidungen zur Anpassung an den rasanten Wandel zu treffen.

Entsprechende erfolgreiche Mechanismen für den Arbeitsmarkt hatten auch einige skandinavische Länder unter dem Stichwort »Flexicurity« entwickelt, einer Kombination aus hinreichender Arbeitsmarkt-, Einkommens- und sozialer Sicherheit, mit dem Ergebnis, dass eine vorübergehende Arbeitslosigkeit bei gutem Arbeitsersatzeinkommen, Aussicht auf berufliche Weiterbildung und guten Anschlussperspektiven viel eher in Kauf genommen wird. Dieses Prinzip wurde im chinesischen System weiterentwickelt: Eine existenzielle Unsicherheit gibt es in China heute so gut wie nicht mehr. Zu verdanken ist das dem nationalen Sozialversicherungssystems, den Auffangfunktionen der gesellschaftlichen Netzwerkstrukturen (Guanxi, Danwei), den generell positiven Erwartungen der meisten Chinesen, was ihre Einkommenssteigerung betrifft, und nicht zuletzt der subjektiven Wahrnehmung ihrer Einbindung in die öffentlichen, öffentlich kommunizierten und diskutierten nationalen Entwicklungsziele.

Guanxi bezeichnet in China das Netzwerk persönlicher Beziehungen, von dessen Wirken kaum eine Entscheidung unbeeinflusst bleibt. Formale Verträge und Absprachen werden in vielen Fällen nur als eine Richtschnur gesehen, von der im Zweifelsfall zugunsten der Aufrechterhaltung der Guanxi-Beziehungen abgewichen werden darf.

Danwei war nach der Familie die kleinste soziale Einheit in der frühen Volksrepublik China, die auf der Arbeitswelt aufbaute. Wenn Unternehmen ihren Mitarbeitern Werkssiedlungen zur Verfügung stellen, dann organisierten die Danwei die Verteilung und Verwaltung, sie waren für die soziale Sicherung, Krankenversorgung, für die Schulversorgung und alle anderen sozialen und Versorgungsfragen zuständig.

Das lässt die meisten Chinesen erstaunlich leicht, schnell und flexibel mit Wandel und Innovationen umgehen – im Gegensatz zu vielen Bereichen hierzulande, in denen die Menschen unter dem Eindruck relativ starrer Strukturen und eines schnellen und anhaltenden Verlusts erreichter sozialer Positionen am einmal Erreichtem festhalten.

Lokale und regionale Beziehungssysteme in Kombination mit formaler nationaler Regulierung und Einbettung sind wesentlich für allgemeines Vertrauen und damit für Innovationsbereitschaft und Bereitschaft zu schnellem Informationsfluss zwischen industriellen Akteuren, den man in der industriebezogenen internationalen Literatur auch als »Open Innovation« bezeichnet.[1] Daraus ergibt sich bereits im individuellen Verhalten eine »praktische Philosophie« des Experimentierens, Ausprobierens, Verwerfens und Lernens, die sich systematisch durch alle Ebenen zieht und heute auch die Philosophie der chinesischen Wirtschafts- und insbesondere der Wirtschaftsstrukturpolitik (»Industriepolitik«) ausmacht.

Die gesamte politische Philosophie, von konkreten industriepolitischen Standardsetzungen (siehe weiter unten) bis hin zur »höchsten« systemischen Frage des »Weges zum Sozialismus chinesischer Prägung für eine neue Zeit«, ist als chinesischer Experimentalismus bezeichnet und beschrieben worden.[2] Dieser sei aus der chinesischen historischen Erfahrung extrem »nichtlinearer« und diskontinuierlicher Entwicklungen entstanden, und aus dem Entwicklungsziel eines neuartigen Systems, für das es keine Vorbilder oder Masterpläne gibt, auf die man sich beziehen könnte.

Inzwischen ist in der internationalen Geschäftswelt neben dem Begriff des chinesischen »Experimentalismus« ein zweites, damit verbundenes Konzept entstanden: China Speed, das für die hohe Geschwindigkeit chinesischer Entwicklungen steht. Auch sie führt dazu, dass selbst westliche Hightech-Unternehmen wie die Firma Bosch feststellen, dass immer mehr Innovationen aus ihren chinesischen Niederlassungen kommen und sie inzwischen fast schon mehr von China lernen als umgekehrt.[3]

»Chinesischer Experimentalismus«: nationale Ziele, »Markt«-Zähmung und Konzern-Regulierung. Wer experimentiert, kann Fehler machen; wer nicht experimentiert, macht einen Fehler

Wer experimentiert oder wer überhaupt etwas Progressives, Strukturveränderndes tut, das weiß der Volksmund, kann Fehler machen. Wer Fehler macht und sich nicht entmutigen lässt, experimentiert zielgerichtet weiter und wird, selbst durch Fehler, erfolgreich. Wer nichts mehr im Sinne des Lösens von Zukunftsproblemen der Menschheit verändern will oder kann, sondern nur noch die herrschenden Industrie-, Größen-, Verteilungs- und Machtstrukturen sichern muss oder will, wie etwa die »großen« neoliberalen deutschen Strukturkonservierer- und Aussitzer-Regierungen jedweder Koalition des neoliberalen Parteienkartells, der macht den *einen* großen Fehler, der am Ende auch noch nicht einmal mehr der eigenen engen Klientel nützt. Zumindest die neue Generation der »Fridays-for-Future«-Schüler und Jungwähler scheint das erkannt zu haben.

Welche Strukturen und Strukturveränderungen dazu benötigt werden, lässt sich an der integrierten Wirtschaftsstrukturpolitik, Produktinnovationspolitik und Unternehmensgrößenpolitik Chinas, also »Mittelstands«-Politik für Startups und kleine und mittlere Unternehmen (KMU) ebenso wie der chinesischen Politik gegenüber Großkonzernen erkennen. Die chinesische »Industriepolitik« basiert auf folgenden Prinzipien:

- Interaktion von Deregulierung und Re-Regulierung, des phasenweisen »Laufenlassens« und der Standardsetzung zu gegebener Zeit,
- Sicherung des Informationsflusses gegen übermäßigen und volkswirtschaftlich kontraproduktiven Schutz intellektueller Eigentumsrechte (IPR, Patentschutz) für die großen Konzerne,
- politische Unabhängigkeit und Dominanz der Politik gegenüber den großen Konzernen.

Die chinesische Regierung lässt beispielsweise in neuen, jungen Industrien auch die Innovationen durch Startups und KMU stets längere Zeiten »laufen«, um zu sehen, welche Standards sich als zweckmäßigste durchsetzen. Erst danach wird reguliert und standardisiert. Und sodann findet ein effektiver Selektionsprozess im »eingebetteten« und regulierten Markt statt.

Chinas Regierung nutzt Regulierungen wie Deregulierungen offenbar pragmatisch je nach aktueller Lage in einer bestimmten Industrie. Selbst Deregulierungen, wie sie beispielsweise in der Luftfahrtindustrie durch Beseitigung von Höchstpreisen von Tickets vorgenommen wurden, geschehen offenbar nicht in blinder

»Markt«-Gläubigkeit, sondern, wenn auch im Zweifel flexibel, immer nur für bestimmte Situationen und Perioden, anhand des Kriteriums des Nutzens für das öffentliche Interesse (die »Commons« beziehungsweise die nationalen Entwicklungsziele).[4]

Die Gratwanderung zwischen Open Innovation (auch Open Information, Open Source, eine offene Nutzung und Weiterverbreitung geistigen Eigentums) und Garantie von IPR und patentiertem Wissen, das sich meist im Eigentum großer Konzerne befindet, ist schwierig. Wie wir noch sehen werden, ist das Programm »Glaubhaftes China« (*Credible China*) nach innen wie nach außen eine neue prioritäre politisch-kulturelle Orientierung Chinas für seine öffentlichen Akteure, seine Unternehmen und seine Bürger. Das bedeutet zum Beispiel, dass westliche internationale Konzerne mit Engagements und meist Joint Ventures in China ihre Patente und IPR klar nach den geltenden Gesetzen vor chinesischen Gerichten bestätigt und gesichert bekommen und bei Missbrauch durch chinesische Unternehmen auch entschädigt werden (während jene, die Patent- oder Urheberrechte ausländischer Unternehmen verletzt haben, bestraft werden).[5]

Im Innern Chinas und unter chinesischen Akteuren scheint die Praxis hingegen etwas anders zu sein.[6] Relevant ist hier auch die neuere Erkenntnis, dass ein zu starkes Regime der IPR dazu tendiert, positive Effekte anderer Faktoren wie Bildung, Kreditversorgung und ähnliches abzuschwächen.[7] Die chinesischen Zentral- und Provinzregierungen tun also gut daran, sicherzustellen, dass IPR so reguliert werden, dass sie den Informationsfluss insbesondere zu Startups und jungen KMU nicht entscheidend behindern.

Selbst in der westlichen ökonomischen Literatur und Praxis ist seit Langem bekannt, dass Open Innovation, also nicht totaler Schutz von Patenten, gesamtwirtschaftlich effektiver ist als perfekter Patentschutz.[8] Großen Konzernen dienen Patente ja oft ohnehin nur als Vermögensposten in ihren Portfolios, um damit ihren »shareholder value« (Börsenwert) weiter nach oben zu treiben, während sie oft keinerlei offensiv-innovativ-investive Verwendung dafür haben oder entwickeln. Patent- und IPR-Schutz, so eine inzwischen verbreitete wissenschaftliche und praktische Erkenntnis der letzten Jahrzehnte, ist seit den 1990er-Jahren unter dem Druck großer Konzerne und insbesondere der großen IT-Oligopole von den neoliberalen Regierungen in den westlichen finanzialisierten Kapitalismen weit über ein gesamtwirtschaftlich produktives Maß hinausgetrieben worden.

China vermeidet im internen Verhältnis unter chinesischen Akteuren offenbar einen überzogenen »Schutz« von Wissen (Patenten, Software, Warenmuster und ähnlichem) auch gegenüber seinen eigenen Großkonzernen, die ihre Wissensvorsprünge nur zu gern gegen KMU und Startups abschotten. Hier gilt vielmehr die politische Priorität »Informationen müssen fließen«, damit sie dort hingelangen, wo sie optimal genutzt werden können – und das ist oft in den neueren, jüngeren und kleineren Unternehmen.

Insofern stellt auch das politische System einen effektiven Markt her, der unter den oligopolistischen Bedingungen großer Konzerne ansonsten nicht mehr gesamtwirtschaftlich nützlich wirken kann. Konkret geht es immer um Fragen, wie hoch der Patentschutz für die Patentinhaber sein darf, wie lange er exklusiv gelten darf oder ob die Patentinhaber stets eine Lizenzierungspflicht haben und wenn ja, zu welchen Konditionen (zum Beispiel zu welchen Preisen). In China scheinen Regierung und Staatsorgane jedenfalls die Philosophie zu verfolgen, dass der Patentschutz für die Großen zugunsten der Kleinen zu reduzieren ist, dass in jedem Falle frühzeitig zu lizenzieren ist, und dass alles eine Frage angemessener Lizenzpreise ist.

Die chinesische Regierung demonstriert in diesem Kontext exemplarisch ihre Strategie, die früher engen Beziehungen zu den großen, insbesondere staatlichen Unternehmen zurückzufahren,[9] diesen aber klare Beiträge zur nationalen Entwicklung abzuverlangen. Kapitalisten aller Art, egal wie reich und mächtig sie wirtschaftlich sein mögen, haben diese Dominanz der Politik und der nationalen Entwicklungsziele zu respektieren. Diese Dominanz der Zentralregierung über die großen Konzerne, sogar über die bei uns nahezu unantastbare Automobilindustrie, hat ganz offenbar auch mit der unter Staatspräsident Xi Jinping und Ministerpräsident Li Keqiang ernsthaft in Angriff genommenen Antikorruptionspolitik zu tun. Die chinesische Regierung ist entschlossen, den

Einfluss großer Konzerne auf die Politik in engen Grenzen zu halten.[10] Wir werden dies noch in anderen Bereichen sehen und kommen darauf auch abschließend noch zurück.

»Agile Industriepolitik«: das Beispiel der Elektrofahrzeuge-Industrie

China ist bekanntermaßen das Land, das sich, mit wachsendem Vorsprung zu den führenden kapitalistischen Ländern, von der Verbrennungsmotoren-Ära verabschiedet und die Elektromobilität sowie andere alternative Antriebstechnologien einführt. Wir kommen darauf noch zurück. China hat den mit Abstand größten Bestand an Elektroautos, darunter 90 Prozent aller Elektrobusse weltweit (circa eine halbe Million), ferner an Elektro-Lkw, Elektro-Gabelstaplern, Elektrozweirädern aller Art und vielen anderen Elektrovehikeln. Weltweit wurden schon 2017 mehr als die Hälfte aller E-Autos in China zugelassen.[11] Die Zahlen entwickeln sich weiter exponenziell nach oben (und mit den Zahlen in den kapitalistischen Ländern immer noch auseinander). In den größten Städten Chinas sind die blauen Nummernschilder, die für die Zulassung von Kfz mit Verbrennungsmotoren erforderlich sind, so gut wie nicht mehr zu erhalten. Es werden praktisch nur noch grüne Nummernschilder für Elektrovehikel, Hybride oder andere alternative Antriebe ausgegeben.

Neue Produktionsanlagen für Autos mit Verbrennungsmotoren werden in China nicht mehr erlaubt, und Produktionsanlagen für Autos mit alternativen Antrieben werden bevorzugt in jene Städte vergeben, die sich um saubere Mobilität besonders verdient gemacht haben.[12]

Eine Voraussage der chinesischen Niederlassung von *Bosch China* besagt sogar, dass »in spätestens 20 Jahren kein Chinese mehr ein Auto kaufen wird.«[13] Dazu später mehr.

Ferner fahren in China 200–300 Millionen Elektrofahrräder und etwa vier Millionen sogenannter Low-Speed-Elektrofahrzeuge (Low-Speed-E-Vehicles, LSEV), drei- oder vierrädrige Ein- oder Zweisitzer. Die meisten dieser LSEV erfüllten nun aber anfänglich noch nicht die allgemein gültigen Standards und waren daher nicht berechtigt, am öffentlichen Verkehr teilzunehmen. Die Fahrzeuge waren dementsprechend auf Privatgelände, Unternehmensgelände, Betriebshöfe, Sportplätze und so weiter beschränkt. Viele Dutzend KMU aus der E-Bike-Produktion stellten zunehmend solche LSEV für diesen »grauen Markt« her. Rechtlich befanden sie sich zwar im »grauen« Bereich, gleichzeitig erwarben diese kleinen Unternehmen damit aber Knowhow, um sich weiterzuentwickeln. Interessanterweise wurden diese Unternehmen und Produktionen von der Regierung nicht behindert, obwohl ihre Produktionszahlen statistisch erfasst und analysiert und ihre Produkte öffentlich beforscht wurden. Lediglich einzelne Provinzen haben selektiv einzelne dieser Produktionen gestoppt.[14]

Vor diesem Hintergrund wurden die großen Autokonzerne, die ja auch die großen Hersteller von E-Autos sind, 2017 bei der Zentralregierung vorstellig und verlangten, die LSEV-Industrie zu beschränken, da sie nicht nur »illegale« Vehikel produzieren, sondern auch gegen zahlreiche Patente der Großindustrie verstoßen würde. In einer in China allgemein aufmerksam wahrgenommenen Entscheidung hat die Zentralregierung das Ansinnen der Autoindustrie abgelehnt.[15] Die China-interne »Imitation« patentierten Wissens für Elektroantriebe sei nach Auffassung der Zentralregierung nur eine Frage der Verhandlungen zwischen Patentgebern und Patentnutzern über Lizenzgebühren. Im Übrigen: »Informationen müssen fließen.« Totaler Patentschutz und Wissensmonopolisierung durch große Konzerne ist keine Option.

Ein Blick auf die Automobilpolitik der deutschen Bundesregierung der letzten zwei Jahrzehnte (Stichwort Abgasskandal) lässt den scharfen Kontrast zwischen systemischer Agilität, Flexibilität und Innovation in einem regulierten und geforderten »Markt« einerseits und Macht, Monopolisierung, Kartellierung und entsprechenden Verknöcherungen andererseits deutlich werden.

In China hat die Zentralregierung aber inzwischen damit begonnen, die LSEV-Industrie zu evaluieren und Industriestandards für diese neue Art von Vehikeln zu setzen. Damit werden viele der beteiligten KMU und ihrer Produkte legalisiert. Andere, welche die

Standards nicht erreichen, werden beendet. Die LSEVs bevölkern damit seit 2019 allmählich die Straßen und werden den Individualverkehr flexibilisieren und energieärmer gestalten, insofern sie Limousinen ersetzen.

Diese »agile Industriepolitik« Chinas hat, an diesem Beispiel erkennbar, folgende Elemente:[16]

- eine flexible Produktentwicklung durch KMU und Startups, im Zweifel auch mit bekannten »höheren« Technologien der »Großen«,
- Bestimmung neuer Zielanwendungen (»Zielmärkte«) durch die neuen KMU und Gründungen, bei der übrigens auch lokale und Provinz-Regierungen »ihre« KMU/Startups unterstützen,
- Offenheit des Informationsflusses und »Open Innovation« zwischen Großunternehmen und KMU/Startups,
- eine zeitlich flexible Regulierung (Deregulierungs-/Regulierungs-Phasen) durch die Zentralregierung, nach begleitenden Analysen großer Datenmengen über die Nutzungen im Alltag.

Integrierte Industrie-, Innovations- und Umweltpolitik

Dabei zeigt die chinesische Industriepolitik in der Fahrzeugindustrie auch, dass Industriepolitik nicht nur mit Innovations- und Technologieentwicklung verknüpft ist, sondern auch aktive Umweltpolitik ist, ob man will oder nicht, und die in China auch als solche proaktiv vorangetrieben wird. Ab 2050, nach dem großen symbolischen Jahr Chinas (2049: 100 Jahre VR China) sollen im ganzen Land keine Verbrennungsmotoren mehr zum Einsatz kommen, und bis dahin sind steigende Produktions- und Importquoten von E-Fahrzeugen (zum Beispiel bis 2025 100 Prozent aller Fahrzeugimporte) vorgeschrieben.

Und die Kontingente blauer Nummernschilder werden in China weiter in hohem Tempo reduziert.

Für die deutsche Automobilindustrie ist dies keineswegs unproblematisch. Kein Wunder also, dass deutsche Autohersteller neue Fabriken für E-Autos direkt in China errichtet haben, da dies schneller und kostengünstiger zu sein scheint, als bestehende Produktionsstätten in Deutschland auf Elektrofahrzeuge umzurüsten, was augenscheinlich mehr Zeit in Anspruch nimmt.[17]

Und schließlich verlangt die Umweltentwicklung, dass die weitere Mobilitätsforschung sich nicht auf den heutigen technologischen Stand der Elektromobilität fixiert. Es werden batteriefreie E-Mobilitätskonzepte entwickelt, so zum Beispiel eine Solar-Autobahn, bei der Induktionsstrom in der Fahrbahn fließt[18], ebenso wie die Wasserstofftechnologie (Brennstoffzellen)[19] und andere technologisch-organisatorische Mobilitätskonzepte, zum Beispiel immer intelligentere Straßen.

Dabei zeigt sich ein systemischer Unterschied zum Beispiel in den zwei verschiedenen Paradigmata der Elektromobilität, wie die Firma Bosch in Deutschland und China erfährt: Während deutsche Autokonzerne »staatsfrei« planen müssen, da die staatliche Infrastruktur dumm bleibt, und daher das Elektroauto zum fahrenden Supercomputer entwickeln müssen, der intelligentes und eventuell eines Tages autonomes Fahren auf einer immer noch dummen Straßeninfrastruktur des 19. Jahrhunderts meistern kann (und dabei entstehen zwischen den Autokonzernen mehrere verschiedene Systeme), baut China die Infrastruktur selbst zum Intelligenzträger aus, sodass die Elektroautos schlanke Automaten bleiben können und nicht zu teuren, fahrenden Computerfestungen aufgerüstet werden müssen.[20]

So erfährt die Firma Bosch mit ihren 60 000 chinesischen Angestellten auch, dass sie in China technologische Vorsprünge erlernt, die sie im Westen nicht erzielen könnte.[21] Vor diesem Hintergrund wird die »fantastisch« anmutende Aussage begreifbar, wonach in 20 Jahren kein Chinese mehr überhaupt ein Auto kaufen wird.[22] Technisch-organisatorische Mobilitätskonzepte werden in China bis dahin soweit sein, dass bestenfalls noch einzelne Mobilitätsleistungen gemietet werden. Erste Hinweise, dass die Chinesen sich von der eigenen Limousine (der oberen Mittelklasse mit Verbrennungsmotor) langsam verabschieden sollten, klingen in Gesprächen mit Chinesen bereits an.

Grün und links angehauchte Herzen in Europa müssten eigentlich ob solcher Fortschrittsgeschwindigkeiten höherschlagen. Und man müsste lernen, von China zu lernen. Aber eine zementierte politische Minderheitsposition kann ja aufgrund der Vertrautheit durchaus gemütlich sein.

Die umweltorientierte Industriepolitik in China unterscheidet sich natürlich vom langwierigen Gerede und Gestreite der Konzipierung einer grünen Politik, die gleichwohl meist an der Oberfläche der Probleme bleibt. Um beim Beispiel der Autoindustrie zu bleiben: China ist das erste Land, das Ernst macht mit dem Umweltdesaster der Diesel-Lkw, die in Endloszügen Stoßstange an Stoßstange über Hunderte von Kilometern die rechten Spuren der deutschen Autobahnen blockieren, während nebenan wenige leere Güterzüge auf alten Gleisen fahren. Dieses Problem hat man hierzulande wegen der Macht der Autokonzerne politisch schon seit Jahrzehnten nicht anzugehen gewagt. In China dagegen zögert das Umweltministerium nicht, Lkw mit herkömmlicher Dieseltechnologie, die gezielte, immer strengere Emissionsvorgaben nicht mehr erfüllen, stillzulegen – und es hat auch die Macht dazu.[23] China scheut sich nicht, innerhalb von zwei Jahren mehr als eine Million Lkw mit veralteter Dieseltechnik aus dem Verkehr zu ziehen.[24] Außerdem werden entsprechende schärfere Kontrollen eingeführt.

Und wenn in China Umweltkontrollen angekündigt werden, dann folgt der Ankündigung die Realität: Dann *wird* kontrolliert, stillgelegt und bestraft. Umwelt retten statt grünlichem Dauerdiskurs. Wir werden dies noch für mehrere Bereiche illustrieren. Auch zur Ersetzung des unsäglichen Diesel-Schiffsverkehrs auf den Meeren durch elektrische Güterzüge kommen wir noch.

Keine Frage daher, dass ein Land (und ein System) wie China auch in der Lage ist, die damit zusammenhängende komplexe Aufgabe zu bewältigen, den Lkw-Verkehr auf die elektrische Bahn umzuorganisieren, eine weitere ökologische Aufgabe, die hierzulande seit Jahrzehnten beredet wird, während das Gegenteil geschieht. (»Aber schön, dass wir mal wieder drüber gesprochen haben.«)

Was aber kurzfristig betriebswirtschaftliche Kosten verursacht, macht sich mittel- und langfristig durch gesamtwirtschaftliche Entwicklungsschübe und erhöhten Wohlstand und dadurch auch durch motiviertere und innovativere Menschen bezahlt.

Im neoliberalen Finanzkapitalismus dagegen, in dem Oligopol-unternehmen und die anderen großen institutionellen und priva-ten Milliardenverfüger des Finanz- und Vermögenssektors eine Plutokratie praktizieren, ist eine mittel- und längerfristige Per-spektive, eine breitere und kollektivere Rationalität, die auch die Lebensinteressen künftiger Generationen einkalkuliert, system-bedingt immer weniger möglich. Zu groß ist der Druck, die höchstmöglichen Renditen in kürzest möglicher Zeit zu realisie-ren. Komplexe industrielle und ökologische Reform- und Restruk-turierungsprojekte werden dadurch immer weniger realisierbar. BER, Deutsche Bahn, IT-Infrastruktur, Schulen, Krankenhäuser oder globalere Projekte, um die eigenen Ziele der CO_2-Reduktion zu realisieren, lassen grüßen. Das neoliberale Parteienkartell hat den Staat in vier Jahrzehnten neoliberaler ideologischer Domi-nanz nachhaltig zerkleinert und handlungsunfähig gemacht und ist trotz anschwellenden Wortgetöses zunehmend nur noch mit eigenem Machterhalt beschäftigt und ansonsten ideenlos und handlungsunfähig, was die großen komplexen Zukunftsprobleme betrifft.

Im *Developmental State* Chinas, mit seinen regulierten und in die langfristige nationale Entwicklungsstrategie eingebetteten Groß-unternehmen, kann sich sogar die betriebswirtschaftliche Ratio-nalität verändern. Bleiben wir beim Beispiel Autoindustrie: Der europäische Autobauer in chinesischem Besitz, die Firma Volvo, kündigte Anfang 2019 einseitig und als einzige die anscheinend riskante, jedenfalls auch ökologisch revolutionäre Entscheidung an, die dementsprechend im Westen wohl keine weiteren Nach-ahmer finden wird, künftig alle Autos mit einem Tempolimit von 180 Stundenkilometern auszuliefern. Auf der konzerneigenen Website kündigt Volvo an, dass bis 2025 die Hälfte der verkauften Autos über einen Elektro- oder Hybridantrieb verfügen wird, und bis 2040 soll die komplette Wertschöpfungskette klimaneutral sein. Die firmen-, industrie- und umweltpolitische Quintessenz bringt das *Handelsblatt* auf den Punkt: »Seitdem der schwedische Autohersteller Volvo einem chinesischen Eigentümer gehört, scheint nichts mehr unmöglich zu sein.«[25]

Kredit- und Finanzsystem: von Staatsbanken bis »Crowd Funding«, von Staatsunternehmen bis Startups, von Re-Regulierung bis Deregulierung – Kredite, Risikokapital, finanzielle Inklusion und Integration für nationale Entwicklung

Wir haben bereits argumentiert, dass das chinesische Finanzsystem im Kern resistent gegen internationale Finanzkrisen ist. Heute scheint das sogar noch mehr der Fall zu sein als während der letzten großen Finanzkrise 2008 (siehe oben): China hat keine nennenswerten Schulden bei den US-dominierten internationalen Finanzorganisationen (IWF, Weltbank) oder bei den Wall-Street-Banken, sondern ist fast ausschließlich bei seinen eigenen Staatsbanken und in der eigenen Währung Renminbi (RMB) verschuldet. Die Verschuldungsquoten der Sektoren Unternehmen, Privathaushalte, Zentralstaat und Regionalregierungen haben wir oben bereits angesprochen. Mit Devisenreserven in Höhe von gut drei Billionen US-Dollar ist China spekulationstechnisch von außen auch nicht infizierbar.[26] Neben den schon zitierten internationalen Finanzökonomen (M. Hudson, J. Rasmus und anderen) bestätigen dies sogar Zentralbanker und IWF-Spitzen.[27]

Chinas Bankensektor besteht im Wesentlichen aus der chinesischen Zentralbank, vier traditionellen großen staatlichen Universalbanken und einer Reihe von neueren öffentlichen Spezialbanken, meist für internationalen Handel, internationale Entwicklung und das neue globale Investitionsprojekt der »Neuen Seidenstraße« (dazu noch mehr unten). Sie sind eingebunden in und verpflichtet auf die nationale Entwicklungsstrategie und agieren damit vor allem als öffentliche Investitions- und Entwicklungsbanken, nach innen und nach außen. Die frühere exklusive Beziehung der vier großen Banken zu den großen staatlichen Unternehmen ist dabei längst zugunsten von mehr Offenheit, Flexibilität und der Verpflichtung, KMU und Gründer zu fördern, aufgelöst worden.[28]

Für die großen Staatsunternehmen spielen die Banken heute die Rolle, diese als moderne, wettbewerbsfähige und strategisch-technologisch voranschreitende Unternehmen zu »trimmen«, was inzwischen weitgehend gelungen ist.[29] Chinesische Staatsunternehmen sind längst keine industriellen Dinosaurier mehr wie zum Beispiel die Deutsche Bahn, die, statt Leistungen zu erbringen, sich seit Jahrzehnten schön macht für die Börse und die Millionen zu ihren Ex-Vorständen und teuren Beratern schaufelt, sondern sie sind in allen strategisch wichtigen Industrien inzwischen das stabile Rückgrat, das technologisch, infrastrukturell und allgemeinstrategisch den Industrien Impulse gibt und sie vorantreibt.[30]

Damit ist in China eine expansiv-investitionsorientierte Kreditversorgung für die Unternehmen, gezielt auch für KMU und für Gründer (Entrepreneure) weitgehend gewährleistet. Das öffentliche Finanzierungssystem mit seiner Verpflichtung auf die nationalen Entwicklungsziele sichert die Kreditversorgung auch ohne »freie Finanzmärkte«, die ja im Westen überwiegend um sich selbst kreisen, für sich selbst leben und sich zulasten der Realökonomie und des Rests der Welt bereichern. Es hat damit gezielt, langfristig und kollektiv-rational ein Massenunternehmertum mit Hunderttausenden von Neugründungen generiert,[31] die für die Verbesserung der Industriestrukturen und die Innovations- und Technologie-Entwicklung (dazu mehr unten) wesentlich sind.[32]

China scheint insofern, wie wir schon an anderen Beispielen argumentiert haben, auch eine »bessere Marktwirtschaft« praktizieren zu können. Weltweit beheimatet es ein Drittel aller Startups, die eine Marktkapitalisierung von mehr als einer Milliarde US-Dollar aufweisen[33], während die Gründeraktivität in Deutschland eher zurückgeht. Massenunternehmertum aber ist nur möglich bei einem national verpflichteten, kollektiv koordinierten und eingebundenen und der Realwirtschaft dienenden Kredit- und Kapitalsektor, der Unternehmensgründern eine hinreichende soziale und finanzielle Sicherung bietet.

Dabei wird mit expansiver, investitionsorientierter Kreditsicherung zugleich eine hohe Profitabilität der Unternehmen gewährleistet.[34]

In der Phase der »Reform und Öffnung« ab 1978 mit ihren enormen Wachstumsraten, strukturellen Disruptionen und ungekannten Steigerungen der privaten Einkommen war das staatliche Bankensystem zunächst noch auf die staatlichen Industrieunternehmen fixiert. Daher entstand angesichts des wachsenden Finanzierungsbedarfs für private Firmen und Geschäfte und vor dem Hintergrund der chinesischen Kultur der Familien-, Clan-, Genossenschafts- und Dorfgemeinschafts-Netzwerke (Guanxi-Kultur, siehe oben) ein großer informeller (»P2P«) Kreditsektor. Dieser nahm, angesichts der großen Akkumulation von Reichtum und Vermögen, als bankenunabhängiger Bereich schnell einen außergewöhnlichen Umfang an und bot schließlich, auch angesichts des damals relativ hohen Zinsniveaus in China, hervorragende Anlagemöglichkeiten für die Neureichen, nicht zuletzt, um Vermögen vor der Steuer zu verstecken. Mit einer stärkeren Regulierung auch dieses informellen privaten Kreditsektors wurde dieser Tendenz in den letzten Jahren ein Riegel vorgeschoben.

Diese Regulierungen wurden vor allem auch nötig angesichts des Wandels des Finanzsektors hin zu Onlinedienstleistungen, deren Anzahl ab 2012 geradezu explodierte.[35] Sämtliche Angebote – von einer flächendeckenden Kapitalsammlung, über Kreditvergabe, Finanzinvestition und -spekulation – sind heute im Internet vielfach verfügbar, und damit verbunden sind auch intransparente und immanent destabilisierende Geldschöpfungsprozesse. Zwar hatte der weitläufige informelle chinesische Finanzsektor zu einer größeren sozialen Inklusion und finanziellen »Alphabetisierung« vieler Haushalte beigetragen, die frühere kleinräumige Transparenz des »Crowdfunding« und der lokalen »P2P«-Kreditvergabe an Haushalte und Gründer auf Basis von Familien-, Clan- und Guanxi-Strukturen aber unterminiert. In einer Phase allmählich niedrigerer Zinssätze ging damit auch eine Reduzierung des wahrgenommenen Risikos privater Haushalte einher und eine Verringerung des Vorsichtssparens für eventuelle Lebensrisiken.[36] Schließlich wurde der informelle Finanzsektor mit wildwüchsigen Transfers, Kredit-, Verbriefungs- und Derivatepyramiden, einer verbreiteten Spekulationseuphorie zunehmend zu einem Risikofaktor für die gesamtwirtschaftliche Stabilität. 2015 kam es schließlich zu einer größeren Krise des Kleinkreditsektors mit Verlusten für viele Kleinanleger.[37]

In der Folge wurden klare Regeln und Standards für diesen Teil des Finanzsektors definiert, und von ursprünglich 6 000 P2P-Plattformen wurden 1 800 offiziell legalisiert und lizenziert.[38]

Somit verfolgt die chinesische Regierung bei Stabilisierungs- und Regulierungsmaßnahmen keineswegs mehr die Philosophie des Verbots, wie wir auch bereits oben am Beispiel der Industriepolitik für den Sektor der E-Mobilität gesehen haben. Die »agile« Regulierungsphilosophie gilt auch für den Finanzsektor.

Verbote wurden nur in Extremfällen ausgesprochen, dann aber schnell und konsequent. So wurde zum Beispiel das extrem spekulative und volatile Kryptogeld-System (Bitcoins & Co.) frühzeitig verboten. China war eines der ersten Länder, die »Bitcoins« und anderes spekulatives Kryptogeld verboten haben. Dies betraf auch den entstandenen »Wilden Westen« (»Wilden Osten«) des Bitcoin-Schürfens (»Mining«), für das in einigen peripheren Regionen und Städten Chinas, namentlich der etwas peripheren Stadt Ordos (Erduosi) an der Grenze zur Wüste, wegen des in China vorhandenen Knowhows, der leicht verfügbaren und billigen Rechnerkapazität und wegen günstiger Strompreise globale Schwerpunkte entstanden waren.[39] Die Mining-Aktivitäten in alten Fabrikhallen aufgelassener Industriegebiete von Ordos waren aber letztlich aufgefallen, weil es zu nicht erklärbarem Stromverbrauch in der Stadt gekommen war. Es wurden schließlich Zentren mit Hunderten von verbundenen Rechnern ausgehoben. Allerdings wird immer wieder mal vermeldet, dass der Anteil Chinas an der Rechenleistung für Bitcoin-Mining immer noch erheblich sei oder sogar wieder steige.[40] In der Fachliteratur gibt es für die Überprüfung solcher Meldungen allerdings keine Hinweise.

Nicht zuletzt auch wegen des Stromverbrauchs, der sich auch im privaten, dezentralen Gebrauch der Coins über die immer umfangreicher werdenden sogenannten Blockchains exponenziell entwickelt, wurde neben der Herstellung 2019 auch der Gebrauch von Kryptogeld verboten. Das bedeutet aber nicht, dass Chinas Zentralbank und Banken nicht an der Schaffung einer eigenen E-Währung unter Nutzung einer nachhaltigeren, zentral garantierten Blockchain-Technologie für sicherere Transaktionen arbeiten und diese zum Teil bereits eingeführt haben, wie es in anderen Ländern auch geschieht.

Regelrechte Schattenbanken, die im informellen Finanzsektor in einem Gesamtvolumen von etwa zehn Milliarden US-Dollar entstanden waren, wurden ebenfalls zum Teil verboten, zum Teil legalisiert und reguliert.[41] Damit wurde der ehemals informelle chinesische Finanzsektor insgesamt erhalten, aber transparent reguliert und mit dem formellen Sektor verbunden, was die Stabilität erhöht hat und diesen Sektor auch effektiver werden ließ.[42]

Der private internetbasierte Finanzsektor insgesamt wird allerdings zunehmend von den großen privaten universellen IT-Unternehmen, Alibaba, Tencent, Baidu und anderen (ausführlich dazu noch weiter unten) dominiert, die für eine umfassende flächendeckende Kreditvergabe an Haushalte und Unternehmen die effektiveren Plattformen und Konditionen bereitstellen und mit Bezahlsystemen und anderen Online-Tools und nützlichen Apps effektiv kombinieren können. Sie haben eine Online-Bezahlinfrastruktur errichtet, zusammen mit der fortgeschrittensten Hard- und Software für die Mobiltelefonie. Und sie sind ja auch bereits stark reguliert.

So ist in China mobiles Bezahlen mit Handy bereits seit Jahren die dominierende Zahlungsart. Bargeld ist inzwischen zumindest in den Städten sehr ungebräuchlich, und Kreditkarten sind Auslaufmodelle. Alipay und WeChat wickeln mit mobilem Bezahlen bereits weit mehr Umsatz ab als alle Kreditkartenfirmen weltweit zusammengenommen. Mit AliPays Finanz-App, Ant Financial, können KMU und Haushalte ihr Finanzwesen effektiv abwickeln. Ant Financial wird von Hunderten von Millionen Haushalten genutzt. Dass die Analyse entsprechender Big Data hilft, Finanzblasen oder gar Finanzkrisen zu verhindern, liegt auf der Hand (dazu unten mehr). Dementsprechend ist schlicht festzustellen: »Heraufbeschworene Krisenszenarien traten bislang nicht ein.«[43]

In der Summe erreicht der nun stärker regulierte und integrierte Gesamtfinanzsektor in vielerlei Hinsicht eine hohe Leistungsfähigkeit, nicht nur bei der Kreditversorgung, bei Bezahltransaktionen und den IT-Infrastrukturen, sondern etwa auch bei der Bereitstellung von Risikokapital, nun durch Banken, Spezialbanken, IT-Konzerne und P2P-Netzwerke. Das Volumen an Risikokapital hat somit innerhalb weniger Jahre mit dem Volumen des US-Risikokapitalsektors gleichgezogen[44] und wird absehbar das US-amerikanische Risikokapitalvolumen überflügeln.

Die überraschend großzügige Öffnung des chinesischen Finanzsektors für ausländische Banken und Versicherungen in den letzten Jahren, bei zuvor sehr geringem Anteil ausländischen Finanz-
kapitals in China von unter zwei Prozent, aber auch geringer
Begeisterung für China[45], zeigt, dass bestimmte Deregulierungen
im Rahmen einer umfassenderen Restrukturierung und Re-Regulierung möglich sind.[46]

Die Aufsicht für das chinesische Finanzsystem war in der Vergangenheit zersplittert in Aufsichtsfunktionen der Zentralbank
(People's Bank of China – PBoC) sowie drei separate Aufsichtsbe-
hörden für Banken, Versicherungen und Wertpapierhandel. Im
Vorfeld und im Zuge des 19. Nationalkongresses der KPCh im Oktober 2017 wurde die Aufsicht umfassend reformiert, zentralisiert,
unmittelbar bei der Regierung angesiedelt und operativ in die
Hände der PBoC gegeben.[47] Die neue koordinierte Aufsicht für den
gesamten Finanzsektor heißt nun bezeichnenderweise Finanzko-
mitee für Stabilität und Entwicklung.[48] Insgesamt wird daher von
externen Beobachtern festgestellt, dass Zentralregierung und
PBoC relativ autonom handeln können, »ohne neutralisiert zu
werden durch Banker und andere Lobbyisten.«[49]

Auf diesem Fundament können auch der Außenwert und die internationale Bedeutung der chinesischen Währung wachsen.
Grundsätzlich gilt: Je größer der Anteil der chinesischen Wirtschaft an der Weltwirtschaft, desto größer das Gewicht des Renminbi (RMB) im globalen Währungskonzert (und Währungskorb,
mit dem globale wirtschaftliche Kennziffern berechnet werden).
So zumindest die Theorie. Tatsächlich haben die USA bisher den
Aufstieg jeder anderen Währung verhindern können. Und tatsächlich gibt es immer noch eine Dominanz des US-Dollar bei internationalen Geschäften und Finanztransaktionen. Theoretisch wäre
ein neues internationales Währungsregime erforderlich, mit einem »Korb« aus Währungen gemäß den Anteilen ihrer Länder am
Weltsozialprodukt. Aber obwohl der chinesische Anteil an der
Weltwirtschaft inzwischen die Marke von 20 Prozent weit überschritten hat, wurde der RMB erst im September 2016 überhaupt
in den »Währungskorb« des IWF aufgenommen und auch nur mit
einem Gewicht von fünf Prozent. Immerhin ist die chinesische

Währung damit ein Kandidat für eine internationale Reservewährung, was ihre Bedeutung wachsen lässt.

In diesem Zusammenhang ist die »Neue Seidenstraße« ebenfalls von großer Bedeutung: Die Investitionen für das Projekt werden in RMB fakturiert, was Bedeutung und Wert des RMB tendenziell steigen lassen. Somit wird der RMB absehbar die zweitwichtigste Währung für Transaktionen und für das Halten von Reserven sein (nach dem US-Dollar und vor dem Euro).

In der Tat gibt es eine schleichende Abwendung vom Dollar im Welthandel und eine gewisse Hinwendung zur Nutzung von Euro und RMB für internationale Fakturierungen. Auch die »Flucht« sogar vieler Zentralbanken »ins Gold« und das verbreitete Zurückholen ihrer Goldbestände aus den USA, sprechen eine deutliche Sprache.[50]

Was möglicherweise der Staatspräsident des Irak, Saddam Hussein, noch im Jahre 2006 mit seinem Leben bezahlen musste, nämlich seine Abwendung vom US-Dollar beim Export des irakischen Erdöls (er wollte nun vor allem in Euro fakturieren, an den RMB war damals noch nicht zu denken), ist heute eher ein internationaler Trend. Hussein war seiner Zeit etwas zu sehr voraus.

Die Londoner City beispielsweise handelt seit 2014 auch chinesische RMB. Anfang 2019 betrug das tägliche Handelsvolumen an RMB knapp 80 Milliarden Pfund Sterling, allein gegenüber Anfang 2018 eine Steigerung um 30 Prozent. Damit korreliert übrigens, dass chinesische Unternehmen in Großbritannien bereits knapp 50 Milliarden Euro investiert haben, mehr als doppelt so viel wie in Deutschland, wo chinesische Investments eher wieder rückläufig sind.[51]

USA und EU haben China außerdem oft vorgeworfen, den Außenwert des RMB »strategisch unterzubewerten« – tatsächlich dürften die großen finanz- und geldpolitischen Stimulusprogramme Chinas nach der Finanzkrise 2008, aber auch noch einmal im Jahr 2012 und 2014 den Außenwert des RMB tendenziell verringert haben. Die PBoC hat allerdings auch immer wieder Stützungskäufe für einen moderat hohen RMB-Kurs durchgeführt.[52] Erst im aktuellen Wirtschafts-, Finanz-, Währungs- und Technologie-Krieg Washingtons agiert China deutlicher mit einem niedrigeren Wechselkurs, um seine Exporte zu stützen und dem US-Zollkrieg etwas entgegenzusetzen.

Dies dürfte auch von der ersten zaghaften Wiederannäherung Ende 2019 zunächst nicht wesentlich berührt werden, und aufgrund des drohenden wirtschaftlichen Schadens durch das Coronavirus 2020 wird die aktive Währungspolitik als Teil eines größeren wirtschaftspolitischen Aktivierungspakets sicher weiter beibehalten werden.

Technologie und Innovation

Was wir bisher gesehen haben

Wir haben bereits einige Male technologisch Bemerkenswertes in der chinesischen Innovationsdynamik angesprochen, wie die Quantentechnologie und die sogenannten Quantencomputer, den Vorsprung bei Fluggeschwindigkeiten in der (defensiven) Militärtechnologie, bei E-Mobilität, alternativen Antrieben und intelligenter Infrastruktur, bei Bezahlsystemen und in anderen Bereichen.[53] Der ehemalige US-Militäringenieur und heutige selbstständige Blogger Fred Reed liefert hierzu erstaunliche Aussagen. Er schreibt etwa über das solarbetriebene Flugzeug, das in 20 Kilometern Höhe fliegt und monatelang in der Luft bleiben kann, über die Hochgeschwindigkeitszüge, die zentral sind für die künftige (gegenüber Flugzeugen und Hochseeschiffen ökologischere) schnelle Landverbindung zwischen Europa und Asien, oder über Investitionen in Solarenergie, um die Abhängigkeit vom Öl zu mindern, vor allem aus dem Persischen Golf und den entsprechenden Meerestransportwegen, die anfällig für Blockaden durch die US-Marine sind.[54]

Das sogenannte Nationale Innovationssystem Chinas etwa im Bereich der Fotovoltaik ist intensiv beforscht worden.[55] Diese Studien haben bekannte, typische Merkmale des Innovationssystems bestätigt, etwa die kombinierten »Treiber« von Regierungsplänen und Marktdynamiken (»Staat und Markt«), von lokalen Vernetzungen und internationalem Wettbewerb oder nationalen öffentlichen Forschungs- und Entwicklungs-(FUE-)Investitionen und lokaler Wirtschaftsförderung.[56]

Und nur durch öffentliche Orientierung, Förderung und Koordination der zahlreichen privaten innovativen Aktivitäten konnte China der lang anhaltende Nach- und Aufholprozess gelingen, der ja insgesamt in der jüngeren Geschichte einmalig ist.[57]

Chinas Innovationsdynamik ist intensiv auch unter dem Aspekt vorliegender Patentstatistiken analysiert worden. Bereits 2014 wurde China die mit wachsendem Abstand führende Innovationsnation, was die Zahl der Patentanmeldungen betrifft: Inzwischen verzeichnet das Land mehr als die Hälfte aller Patentanmeldungen weltweit.[58]

Dieser Aufschwung hängt historisch anscheinend zusammen mit einer Klärung der Eigentumsrechte an Erfindungen (IPR) in China seit Mitte der 2000er-Jahre,[59] wobei wir schon gezeigt haben, dass der Schutz die kollektive Weiternutzung der enthaltenen Informationen gegen Lizenzgebühren nicht ausschließt. Chinas Patent- und IPR-Recht ist daher weit weniger restriktiv als etwa das der USA.[60] Längerfristige Datenreihen der World Intellectual Property Organization zeigen, dass China in Sachen Patentanmeldungen die USA, vor allem seit 2009/10, hinter sich gelassen hat und 2017 bereits 1,4 Millionen Patente angemeldet hat (USA gut 600 000, Europa unter 400 000).[61]

»Irres Tempo«

Der ehemalige US-Militäringenieur und Technologieblogger Fred Reed schreibt: »Was mir auffällt an Chinas Innovationsprozessen […] Erstens das irre Tempo. Zweitens ihre Menge, die darauf abzuzielen scheint, […] Amerika von seinem Buckel abzuschütteln. Drittens, der offenbar berechnete Fokus. Das sieht nach einem klugen Muster aus, als das Gegenteil von Amerikas wetteiferndem Grabschen nach Profit für seine Sonderinteressen. […] Während Beijing zum Wohle Chinas arbeitet, sehr schnell seine techno-industrielle Schlagkraft vermehrt, gibt Washington irrsinnig viel Geld für Waffen aus. Es versucht, eine militärische Lösung für ein Handelsproblem zu suchen.«[62]

Künstliche Intelligenz »Made in China«: Big Data, Big Analysis, Big Governance

KI gilt heute gemeinhin als *die* Schlüsseltechnologie für die absehbare Zukunft, also für die nächsten Jahrzehnte. Sie ist eine »Querschnittstechnologie«, die gleichermaßen für wissenschaftliche Forschung wie für industrielle Produktion oder die Fernkontrolle, -diagnose und -steuerung (das sogenannte »Internet of Things – IoT«) zentral ist. KI basiert auf der Verarbeitung bisher ungekannter Datenmengen (»Big Data«) und deren automatisierter Analyse, Simulation und Prognose (»Machine Learning«) mit neuartigen nicht-deterministischen (nicht-analytischen) mathematisch-statistischen Methoden. Diese Methoden sollen komplexen Prozessen und bisher exklusiven Fähigkeiten des menschlichen Gehirns nahekommen (wie Relevanzselektion von Wahrnehmungen und Erinnerungen, Mustererkennungen, interaktive Adaptionen), aber zugleich spezifische Schwächen des menschlichen Gehirns im Bereich logisch-analytischer und statistischer Analyse großer Zahlenmengen ausgleichen.[63]

Die tatsächliche Tragweite und die möglichen Anwendungsbereiche dieser Technologien sind noch unscharf, aber »erstmals seit der industriellen Revolution könnte der Westen die Vorherrschaft bei einer globalen Schlüsseltechnologie verlieren«.[64]

Wie schon angesprochen, sind öffentliche Bildungsausgaben, Startups und deren angemessene Kapital- und Kreditausstattung zentrale Indikatoren künftiger Innovationsfähigkeit einer Nation, aber auch einer Region, eines Sektors, einer Industrie – und eben auch einer Schlüsseltechnologie. Im Bereich der KI stellte China bereits 2017 7,3 Milliarden US-Dollar für Startups bereit, nahezu ebenso viel wie der Rest der Welt zusammen (USA 5,8 Milliarden US-Dollar, der »Rest« 2,0 Mrd. US-Dollar).[65] [66] Für China wurden für 2016 knapp 600 Forschungsarbeiten im Bereich KI gelistet, verglichen mit circa 440 in den USA (2013: USA circa 50, China circa 30). Deutschland erscheint auch hier mit weit unter 100 Arbeiten (2016) bereits abgehängt.[67]

Kein Wunder, dass deutsche Unternehmer KI stets als Erstes erwähnen, wenn sie die Systembeziehungen zwischen Deutschland und China ansprechen. Der ehemalige Vorsitzende des Ost-Aus-schusses der Deutschen Wirtschaft (OAOEV), Wolfgang Büchele, schreibt etwa, dass China heute ein Industrie- und Technologie-partner »auf Augenhöhe« sei und dass dazu auch die milliarden-schweren staatlichen Forschungsprogramme für KI beigetragen hätten. Zum anderen die »einzigartigen Finanzierungsmittel«, die chinesischen Firmen zur Verfügung stünden.[68] Hinzu käme ein »gigantischer Schatz an Daten« und »jede Menge hervorragend ausgebildeter Wissenschaftler«.[69]

Stichwort »Big Data«: Tatsächlich gibt es in China kaum eine Konferenz, auf der nicht Dutzende von Wissenschaftlern aus gro-ßen Fachinstituten offen, entspannt und transparent über ihre national und international vernetzten Analysen von Big-Data für die Steuerung der Alltagsprozesse, für die Verkehrsplanung und das Management der Megacitys, die Festlegung der besten Stell-plätze für Hunderttausende von Leih-E-Bikes, die Fahrtrouten der Uber-Taxis, die Wege- und Kaufentscheidungen von Millio-nen Konsumenten in einer Stadt pro Tag und über vieles mehr berichten.

Auch die Produktionsaktivität Chinas wird heute schon mit Big Data und Big Analysis prognostiziert, zum Beispiel auf georäumli-cher Basis mit Aufnahmen aus dem Weltall – in Echtzeit.[70]

Dass in westlichen Medien beim Stichwort Big Data (für China) sofort die Obsession »Überwachung / Diktatur« getriggert wird, erscheint vor dem Hintergrund der Beobachtung der komplexen chinesischen Realitäten ausgesprochen platt. Die Analyse und Rahmensteuerung (neudeutsch: »Governance«) der täglichen Be-wegungsströme von Millionen von Menschen auf Basis von KI und Big Data, ohne die die chinesischen Megacitys faktisch ebenso kollabieren würden wie die anderen »Dritte-Welt«-Albträume, ist heute unverzichtbar für das »Megacity-Management«.[71] Dazu aber später natürlich noch mehr.

»Governance« meint dabei nicht eine Detailsteuerung Einzelner, die praktisch ohnehin nicht durchführbar wäre, sondern die Etab-lierung von Steuerungs- und Regelungssystemen, die systemische Rahmenbedingungen setzen, auf die sich die Akteure flexibel und mit bestimmten Freiheitsgraden einstellen können. Somit sollen in einer Einheit wie Staat, Gemeinde, privater oder öffentlicher Organisation einheitliche Rahmenbedingungen und Strukturen für die Ermöglichung nachhaltiger Dynamiken gesetzt werden.[72] Smart Citys auch in Nordamerika und Europa nutzen heutzutage bereits Unmengen an Steuerungselementen etwa für den Verkehrsfluss.

»China ist nicht innovativ«

China hat sich, auf der Basis eines Schwellenlandes mit erst unterem mittlerem Einkommen, zu einem technologisch führenden Land entwickelt, mit einer einzigartigen Hebelwirkung zwischen durchschnittlichem Einkommensniveau und technologisch-organisatorischer Innovationsleistung. Wir rufen nur kurz folgende Stichworte auf für Bereiche, in denen China trotz umfassender Technologieembargos aus dem Westen führend in Forschung, Entwicklung und Anwendung geworden ist. Einige davon wurden oben im Einzelnen beschrieben, andere hier nur als Stichworte: Elektromobilität und andere alternative Antriebe, Solartechnologie, Quantentechnologie und Supercomputer, Hochgeschwindigkeitszüge und Magnetschwebe-Technologie, Gehirn-Maschine-Steuerungssysteme, Überschall-Raketen-Technologie, IT-Telekommunikation (5G, 6G), biologische Batterien, AI-Chip-Technologien, Medizin- und Gen-Forschung, Kernforschung und Teilchenbeschleuniger-Technologie, Weltraumforschung und Radioteleskoptechnologie, Materialforschung in Naturmaterialien, 3D-Druck-Hausbau und vieles andere mehr.[73] Die offiziellen Narrative im Westen aber sollen der eigenen Bevölkerung ein anderes, feindseliges Bild von »den Chinesen« generieren: China hätte ein Bildungssystem, das nur zu Anpassung, Imitation, guten Testergebnissen, aber geringer Kreativität erziehen würde. Carly Fiorina, frühere Chefin von Hewlett-Packard, verkündete noch 2015, dass Chinesen nicht kreativ sein könnten: »Sie sind nicht sehr einfallsreich. Sie sind nicht unternehmerisch veranlagt. Sie innovieren nicht.«[74] Ebenfalls noch 2015 haute auch McKinsey in diese Kerbe: China könne nur die »leichten« Innovationen machen, nur Produkte billiger machen und sie nur graduell verbessern; in wissenschaftlichen oder ingenieurtechnischen Durchbrüchen seien sie nur begrenzt erfolgreich.[75] Ein Kommentator schrieb dazu: »Die Behauptung ist völliger Quatsch, und zwar aus mehr Gründen, als ich hier zu erklären vermag.«[76] Dies dürfte bisher auch schon deutlich geworden sein, aber dazu im Weiteren auch noch mehr. Die westlichen Bevölkerungen auf diese Weise in einer Traumwelt zu halten, kann nicht lange gutgehen.

China verstehen lernen und uns selbst: zum Beispiel öffentliche Zukunftsinvestitionen gegen die Obsessionen der schwarzen Nullen

Wir haben die industrie-, wissenschafts- und finanzpolitischen Hintergründe solcher Erfolge angesprochen. Hier wollen wir die Komponenten einer Politik für hohe Entwicklungsdynamik verallgemeinern:

- hohe staatliche Bildungs-, Wissenschafts- und Forschungsinvestitionen in Querschnittsbranchen und -technologien,
- Analyse und Definition der langfristigen Zielanwendungsfelder (»Zielmärkte«),
- Koordination, Organisation, Kooperationsförderung und Vernetzung der Akteure entlang der Wertschöpfungsketten,
- Einbeziehung lokaler KMU in die internationalen Wertschöpfungsketten,
- Förderung und Einbettung innovativer Entrepreneure (Startups und junge KMU),
- Sicherung der Finanzierungsbedingungen (Anteilskapital und Kredite) für Startups und KMU, Bereitstellung von genügend Risikokapital,
- Nutzung der staatlichen Banken zur Befähigung der großen staatlichen Unternehmen in wichtigen Sektoren zu Modernisierung und strategischen Investitionen,
- Einbeziehung der großen privaten Unternehmen in die nationalen Entwicklungsziele,

- Sicherung hoher physischer und sozialer (»harter« und »weicher«) Infrastrukturausstattungen sowohl durch direkte öffentliche Investitionen wie auch durch Verpflichtung der Großunternehmen zu infrastrukturellen Investitionen,[77]
- Dominanz der politischen Entwicklungsprioritäten gegenüber den engen und kurzfristigen Eigeninteressen der Konzerne, Unabhängigkeit der Regierung vom Lobbying (»Rent Seeking«) der Großunternehmen,
- Etablierung eines Systems der Antikorruptionskontrolle,
- Big-Data-Sammlungen und -Analysen zur Beobachtung, Prognose und Rahmensteuerung sektoraler Entwicklungen,
- zeitliche Flexibilität und Interaktion zwischen Deregulierung und Regulierung, Standardsetzung erst nach Analyse der Sektordynamik, Nutzung der Flexibilität und Selektionsfähigkeit eines Marktmechanismus zur Anpassung an Regulierungen und Standards.

Oder wie ein westlicher Chinakenner es zuspitzt: »[D]er private Sektor ist dazu da, dem Land zu dienen, nicht umgekehrt.«[78]

Dieses industrie-, technologie-, gründungs-, innovations- und finanzierungspolitische Bild werden wir im Weiteren noch illustrieren und vervollständigen.

Das Kontrastprogramm eines planlosen Torkelns in die Zukunft und des Verspielens der Wohlfahrt künftiger Generationen unter den verkorksten und miss- und unverstandenen Narrativen einer freien »Marktwirtschaft« bietet, wieder am Beispiel der KI, die Bundesrepublik Deutschland. Hier sind sich konservative Unternehmer, etablierte Wirtschaftsdienste und linke Kritiker einig, wenngleich die Gründe für die Kritik der gleichen Phänomene unterschiedliche sein dürften. Für die Schlüsseltechnologie des 21. Jahrhunderts hat sich die Große Berliner Aussitzerkoalition erst im Jahre 2019 dazu durchgerungen, drei Milliarden Euro (!) bereitzustellen. Leider nicht schon für 2019, sondern für die Zeit 2019–2025. Der Finanzminister aber stellte kurz darauf klar, dass er nur 500 Millionen direkt bereitstellen wolle und die für 2019 zugesagten 50 Millionen waren zunächst »gesperrt«.[79]

Eine geradezu atemberaubende Zukunftsverweigerung. Das Verspielen der Zukunft eines Wirtschaftsstandorts zeigt nichts weniger als die ganze tumbe Konzeptionslosigkeit einer ganzen Generation von neoliberalen Politideologen und Parteibürokraten, die nur noch ihre verkrusteten Parteienrituale kennen. Denen ist in den Jahrzehnten neoliberalen Niedergangs jede Vorstellung von Wirtschaft als einem dynamischen Kreislaufsystem und eben nicht als privaten Haushalt der schwäbischen Hausfrau und von proaktiver Gewinnung der Zukunft der Nation abhandengekommen. Notwendiges elementares ökonomisches Wissen etwa eines John Maynard Keynes, der der Welt aus der Dauerkrise der 1930er-Jahre heraushelfen konnte, existiert in dieser politischen Klasse einfach nicht mehr. Die dringend nötigen öffentlichen Zukunftsinvestitionen werden zugunsten des Fetischs einer statischen »schwarzen Null« im Staatshaushalt geopfert. Da ist man dann plötzlich ganz dynamisch und zurrt den Irrsinn gleich auch in der Verfassung fest.

Vor dem Hintergrund des heimischen politischen Elends müssen deutsche Konzerne eine Abstimmung mit den Füßen vornehmen und sich im Bereich KI in Kooperationen mit amerikanischen und chinesischen Konzernen begeben. VW etwa entwickelt autonomes Fahren zusammen mit dem Unternehmen Apollo, einer Tochter des chinesischen Internetkonzerns Baidu, Audi zusammen mit Huawei.[80]

Hier geht es eben nicht um die allzeit paraten Totschlags-Narrative der neuen Antreiber eines Dritten Weltkrieges: »Die sind ja nicht marktwirtschaftlich!«, »Die sind ja nicht frei!«, »Diktatur!«, »Polizeistaat!«, »Hongkong!«, »Uiguren!«, »Corona!« und andere Sprachregelungen und Suggestionen der Staatsmedien, hier geht es nicht um Ideologie, sondern ganz schlicht um die Substanz der Zukunft der Volkswirtschaft, und man muss mit gut beobachtenden konservativen Unternehmern feststellen, dass die, die gerne das politische Personal der Großkonzerne wären, mit ihrer schlichten Unterqualifikation ihrer eigenen Klientel einen Bärendienst erweisen.

Offenbar aber hat das Thema KI ja noch die Dimension des sozialen und politischen Gebrauchs und möglichen Missbrauchs von

Big Data und Big Analysis zur Verhaltenskontrolle und -steuerung – und in der Tat zu einer potenziellen Diktatur. Wir kommen auf die verschiedenen gegenwärtigen Experimente der sozialen Verhaltenssteuerung in China natürlich noch zurück.

Beide Dimensionen hängen auch mit der IT-Industrie unmittelbar zusammen, die wir noch kurz unter industriepolitischen Aspekten betrachten.

China verstehen und uns selbst, Beispiel IT: Besonderheiten des Sektors und die zugespitzte Rivalität der US-Giganten gegen die chinesischen Giganten

Die Informations- und Telekommunikationsindustrie ist eng und fließend mit der KI-Technologie und -Industrie verbunden, da sie zum Hauptproduzenten von Big Data geworden ist und aufgrund ihrer »First Mover«-Position auch Mitentwickler und Hauptanwender von »Big Analysis« geworden ist. So hat nicht nur jeder Internetnutzer aufgrund der elektronischen »Spuren«, die er unvermeidlich hinterlässt, und die gespeichert und ausgewertet werden, ein individuelles Persönlichkeitsprofil bei Google, Facebook oder Amazon, ebenso wie bei den entsprechenden chinesischen IT-Giganten Alibaba mit Baidu, Alipay und so weiter, oder Tencent mit dem Messenger WeChat.

Und genauso wie in den USA die »großen fünf Schwestern«, Google, Apple, Facebook, Amazon und Microsoft (GAFAM), mit NSA und Pentagon vernetzt sind und ihnen die Daten zur Kontrolle der Welt liefern, ist in China der Datenfluss zwischen Alibaba, Tencent und Co. und staatlichen Agenturen sichergestellt.

Die zukunftsorientierte, gesellschaftlich sinnvolle Nutzbarkeit von Big Data und KI illustriert der US-Ökonom Baban Hasnat[81] zum Beispiel anhand von Google, das mit KI-Analysen in der Lage ist, die Arbeitslosigkeit in den USA regionalisiert allein aufgrund von Internetrecherchen und Suchkriterien seiner Nutzer sehr exakt zu prognostizieren – und in Echtzeit. Wäre der Staat in den USA sozialpolitisch handlungsfähig und -willig, könnte man sich auf bevorstehende regionale Schwerpunkte von erhöhter Arbeitslosigkeit vorbereiten und präventiv agieren.

Eine notwendige Überlegung zur Besonderheit des Sektors: Die materiellen und immateriellen Produkte (Hardware und Software) der IT-Industrie sind um digitale mikroelektronische Vorgänge herum organisiert, die man Netztechnologien nennt. Im individualistischen Weltbild der herrschenden sogenannten »neoklassischen« und neoliberalen Wirtschaftswissenschaft herrscht das Leitbild von »konkurrenzlichen« Gütern vor, die den Eigentümer berechtigen, alle anderen vom Genuss des Gutes auszuschließen, und deren Nutzen für den Eigentümer-konsumenten daher umso größer ist, je weniger andere von dem Gut besitzen. Im Gegensatz dazu ist die Welt heute voll von »kooperativen« Gütern, auch jenseits der eigentlichen kollektiven Gemeinschaftsgüter (Commons) – gerade auch auf Basis der heute dominierenden Netztechnologien. Hier ist der Nutzen des Guts für den einzelnen Nutzer umso höher, je mehr davon verfügbar ist und je mehr andere Nutzer es gibt, die dem eigenen Netzwerk zugehören und mit dem eigenen Equipment kommunikationsfähig (»interoperabel«) sind. Man spricht diesbezüglich von der »installed base« des Netzwerks.

Da diese Technologien, Güter und Dienste insoweit also »kumulativ« sind, weisen sie sogenannte Netzwerkeffekte auf. Das Wachstum eines technologischen Kommunikations-Standards führt daher im Prinzip zu einer globalen Standardisierung und macht den Hersteller dieses Standards der Tendenz nach zu einem Monopolisten, wenn er zum Beispiel ein First Mover war und seinen Standard frühzeitig gegen potenzielle konkurrierende Standards durchsetzen konnte. Vielleicht wird er sogar so mächtig, eine Interoperabilität mit anderen zu verweigern, so wie es beispielsweise fast immer die Geschäftspolitik von Microsoft war. Das erklärt auf technische Weise, warum wir in einer Welt leben, die von einer Gruppe globaler Monopole geprägt ist, die dann jeweils eine Macht gewinnen, die größer ist als die der meisten Staaten der Welt.[82]

In der alten Industriewelt wären globale Monopole von (in Spitzenzeiten) fast 90 Prozent Weltmarktanteil wie etwa beim Betriebssystem von Microsoft undenkbar gewesen. In dieser Welt wurden Wettbewerbsbehörden bereits aktiv, wenn ein Stahlkonzern vielleicht 20 Prozent nationalen Marktanteil hatte. In der Welt der Netztechnologien mit ihren massiven kumulativen Größenwachstumseffekten ist jedoch der gesamten Idee des »freien Wettbewerbs« und des »freien Marktes« die Grundlage entzogen. Deshalb kann der Westen auch keinerlei überzeugendes Konzept »funktionierender Märkte« beziehungsweise einer freien »Marktwirtschaft« mehr präsentieren, als die er sich in Abgrenzung zu China immer noch gerne bezeichnet. »Märkte« werden dann schneller als je zuvor in der Geschichte zu Machtstrukturen und entsprechend zu Umverteilungsmaschinen von unten nach oben.

Nun gibt es selten reine Monopole, und selbst Microsoft war in seinen besten Zeiten kein reines, globales Monopol. Dazu gibt es immer wieder zu viele kreative Köpfe, die mit »Open-source«-Ansätzen wie zum Beispiel der Linux-Bewegung Monopolisten untergraben und ihre Nutzer mit den Monopolprodukten »interoperabel« machen. Und ebenso gibt es konkurrierende Großkonzerne, die mit konkurrierenden Standards ebenfalls hinreichend große »installed bases« herstellen können, um selbst die Skalenersparnisse des Größenwachstums hinreichend realisieren zu können.

So ist die Welt der IT-Industrien und Netztechnologien voll von dynamischen, oft aggressiven Standardkriegen in den oligopolistischen Strukturen, die im Kern immer wieder erhebliche Volatilitäten und Turbulenzen in der de-regulierten neoliberalen »Marktwirtschaft« hervorbringen.

Vor diesem Hintergrund erklärt sich, warum die Systemauseinandersetzung zwischen Aufsteiger und Absteiger sich meist als ein Technologiekrieg um die großen Namen auf beiden Seiten, um die Apples, Facebooks, Huaweis und ZTEs dieser Welt darstellt.

China: Sektorspezifische Industriepolitik und »Sozialisierung« von Profiten

Die Verantwortlichen in China kennen natürlich diese Gegebenheiten und denken nicht daran, bei der Gestaltung der IT-Industrien und -Technologien den kindlichen Narrativen des Westens von einem idealen, de-regulierten »Markt« aufzusitzen. Die Entwicklung der Welt unter der Herrschaft des Westens hat die alten Märchen ja längst auffliegen lassen, und im Westen selbst glauben weder die jungen Generationen noch daran noch diejenigen etablierten Kräfte, die heute zu einer re-regulierten Industriepolitik übergehen. Aus der Erfahrung des Westens weiß man eben, dass eine »freie Marktwirtschaft« in einem neoliberalen finanzialisierten Kapitalismus schon allein aufgrund der Netztechnologien nichts anderes hervorbringen kann als wenige Industrie-Finanz-Giganten, die über mehr verfügen als die meisten Staaten dieser Welt.

Mit ihrem Kapital beherrschen sie Ökonomie, Gesellschaft und Politik, verfügen aber naturgemäß über einen engen Horizont und eine begrenzt-individualistische »Rationalität«. Auch in exklusiven Macht- und Elitezirkeln sind sie nicht in der Lage, eine kollektive Rationalität zu entwickeln, die das Gemeinwohl einer Gesellschaft über Generationen in den Blick nehmen könnte. Angesichts dessen ist es kaum verwunderlich, dass langfristige soziale und ökologische Impulse aus den Regierungen solcher versteinerter »freier Marktwirtschaften« fast vollständig ausbleiben und die globale Verhandlungsmaschine der Staaten (G7) seit Jahrzehnten nur belangloses Mediengetöse produziert.

Die chinesische IT-Industrie- und Strukturpolitik geht einen anderen Weg, und die verblüffenden Folgen sind bereits Realität: Wer in China in einem Hotel ankommt und nach dem Passwort für den Internetzugang fragt, erntet ein mildes Lächeln an der Rezeption. Man braucht keine proprietären (Privateigentum »schützenden«) WLAN-Codes mehr für Technologien, die bekanntermaßen »Grenzkosten« (Kosten für eine zusätzliche Nutzungseinheit) von nahezu null haben, deren Unterhaltung also so gut wie nichts kostet – gleich, wie viele Nutzer im Netz sind und wie viele Bits und

Bytes sie verbrauchen (beziehungsweise auch produzieren). Innerhalb der großen Städte ist man in China immer im WLAN und das übergangslos vom öffentlichen in den kommerziellen und den privaten Raum und zurück.

Damit wird deutlich, dass die mobile Telekommunikation in allen Bereichen weit umfangreicher ausgebaut ist als bei uns. Kein räumliches Rosinenpicken wie bei unseren Telekommunikations- und Postdiensten mit großen Funklöchern und Zustellungsmängeln im ländlichen Raum.

Am globalen Verkaufsevent »Black Friday« (oder auch an Chinas »Singles Day«), der von Alibaba ebenso wie von Amazon und vielen anderen organisiert wird, wurden bereits Ende 2017 in China 92 Prozent aller Einkäufe per Handy getätigt.[83]

In einer chinesischen Stadt können Handynutzer auf eine dichte Serviceinfrastruktur mit Ladestationen und Ladekabel zurückgreifen, ebenso wie bei Tankstellen für Elektrovehikel – Infrastrukturen, die viele Milliarden kosten und für die im Wesentlichen die IT- und Autokonzerne aufkommen müssen, weil es so staatlich vorgeschrieben ist. Die Regierung verpflichtet die privaten Konzerne, einen Teil ihrer Profite dafür aufzuwenden, die zentralen Infrastrukturen und Dienstleistungen flächendeckend bereitzustellen.

Der politisch-ökonomische »Deal« mit den großen Unternehmen: Beiträge zur nationalen Entwicklung sind zu leisten!

Der »politisch-ökonomische Deal« dahinter besteht darin, dass zum Beispiel IT-Unternehmer zwar individuell sehr reich werden dürfen (zur neuerlichen Tendenz der Kappung der Einkommen der Superreichen weiter unten), dass sie aus ihren hohen Profiten aber zur flächendeckenden Bereitstellung bestimmter Gemeinschaftsgüter (Infrastrukturen) beitragen müssen. Das bedeutet zum Beispiel auch, dass selbst das letzte Dorf in China inzwischen schnelles Netz bekommt. Wenn man es so ausdrücken will: eine staatlich vorgeschriebene Sozialisierung von Profitanteilen.

Jack Ma, ehemaliger Schullehrer und Gründer und Inhaber von Alibaba, ist nicht nur einer der reichsten Chinesen und einer der reichsten Menschen der Welt, nicht nur einer der originellsten, ideenreichsten und produktivsten IT-Unternehmer, sondern zugleich auch ein Vertreter genau dieses gesellschaftspolitischen »Deals« in China, der die Dominanz der Politik anerkennt und sich in die nationale Entwicklungsstrategie Chinas integriert, sie verteidigt und sogar nicht davor zurückschreckt, vor dem Weltwirtschaftsforum in Davos (CH) einen US-Präsidenten öffentlich hart zu kritisieren.[84]

Ma ist, wie man immer wieder liest, Mitglied der KPCh, und China lacht über seinen Satz, den jeder Ausländer von seinen chinesischen Kolleg*innen erzählt bekommt: »Ich liebe die Partei wie meine Mutter, aber mit meiner Mutter gehe ich nicht ins Bett.« Dieser Satz macht deutlich, dass auch die größten und reichsten Kapitalisten Chinas das Primat der Politik respektieren (müssen), sich nicht etwa in einer Partei der Kapitalisten politisch betätigen würden und ihre Unternehmensstrategien in kritischer Kooperation mit Staat und KPCh entwickeln. Ma ist natürlich auch, wie viele andere reiche und mächtige Unternehmer, Mitglied in einem Strategiebeirat, den die KPCh eingerichtet hat, um die nationale Entwicklungsstrategie nicht nur auf Staats-, sondern auch auf Parteiebene auch mit den größten privaten Konzernen abzustimmen, deren internationale Erfahrungen zu nutzen, sie einzubinden in den nationalen Prozess und sie immun zu machen gegen imperiale Verlockungen fremder Nationen und Geheimdienste. Die chinesischen Kapitalisten verdienen gut, haben ihre Freiheiten und ihren finanziellen und politischen Rückhalt, im nationalen und im internationalen Geschäft, aber eine Partei des Kapitals und des Kapitalismus zu gründen, das wäre ihnen natürlich nicht erlaubt. In einer dynamischen, experimentellen Ökonomie wie der chinesischen jedoch ist ihr Streben danach auch erkennbar deutlich begrenzt.

Es ist diese Konstellation, die wir hier nun bereits weitgehend kennengelernt haben, die es bisher verhindert hat und auch in Zukunft verhindern wird, dass China, trotz kurzfristig-statischer Nachteile der eigenen Hightech-Industrien (vor allem der Halbleiterindustrie) gegenüber denen der USA, der Verlierer von Trumps weltwirtschaftlicher Desintegrations-, Entkopplungs- und Chaos-Strategie werden wird. Der Verlierer werden in drei bis fünf Jahren die USA sein, nicht China.

Auch der »Phase-eins-Deal«, der im Januar 2020 mit Blick auf das US-Wahljahr abgeschlossen wurde, wird nur den *Status quo ante* für die US-Farmer wiederherstellen und sie vor dem massenhaften Bankrott retten, belässt aber China alle seine strukturellen Fähigkeiten zu technologischer Effektivierung im Innern und zur Optimierung seiner internationalen Wertschöpfungsketten, ein Scheinsieg für den Dealmaker, den er im Herbst 2020 vielleicht noch seinem Wahlpublikum als Stärke verkaufen kann, der aber Chinas strukturelle Fähigkeiten nicht beeinträchtigt hat:[85]

- China hat eine stabile, kaufkräftige Binnenökonomie mit einer Milliarde inzwischen kaufkräftiger und »treuer« Konsumenten.[86] Das generiert sogenannte Skaleneffekte mit tendenziell geringeren Stückkosten für die inländischen Unternehmen, die andere Unternehmen in ihren Heimatökonomien so nicht mobilisieren können.
- China hat in kürzester Zeit »Humanressourcen« in den Bereichen Mathematik, Informatik, Ingenieur- und Naturwissenschaften aufgebaut, die ihresgleichen suchen: 4,7 Millionen Absolventen in diesen Fächern stehen zum Beispiel knapp 600 000 entsprechenden Absolventen in den USA gegenüber.[87] China hat deshalb in einer ganzen Reihe von Technologiefeldern bereits die Technologieführerschaft übernommen.
- China ist, wie gezeigt, in der Lage, eine massive und hocheffektive staatlich koordinierte Industriepolitik, unterstützt von Geld-, Kredit-, Steuer-, Infrastruktur-, Außenwirtschafts- und fiskalischer Nachfragepolitik umzusetzen, deren Effekte sich regelmäßig und zuverlässig einstellen.[88] So hat China allein 2019 in Reaktion auf Washingtons Technologiekrieg geld- und fiskalpolitische Maßnahmen im Wert von mehr als 600 Milliarden US-Dollar getroffen, und seine Wirtschaft weiter für Investitionen und Außenhandel geöffnet.[89]

Wenn ein Land das Wettrennen um die Unabhängigkeit von US-Technologien, von denen es ausgeschlossen wird und mit denen es erpresst werden soll, aus einer anfänglich durchaus verwundbaren Position heraus (Trumps Kalkül) zu gewinnen vermag, dann China.[90] Daher, so die Quintessenz der Experten in Ökonomik, Banken und Finanzen sowie IT-Technologie, wird Trump innerhalb weniger Jahre das Gegenteil bewirkt haben von dem, was er in seiner einfachen statischen »Dealer«-Welt beabsichtigt hatte: Er wird China unabhängig von den USA gemacht haben, mit neuen geografischen und firmenbasierten Strukturen der chinesischen Wertschöpfungsketten. Die Experten sind noch uneins, ob das eher fünf oder eher zehn Jahre in Anspruch nehmen wird. Dass es eher fünf oder weniger sein werden, dürfte die Tatsache zeigen, dass Huawei bereits im Dezember 2019, schon nach einem Jahr Trump'schen Technologiekriegs ganz speziell gegen Huawei, in der Lage war, sein erstes Handy ganz ohne US-Komponenten vorzustellen.[91] Entspanntes Bankerurteil: »Die Wettbewerbsvorteile der US-Unternehmen werden nicht mehr lange Bestand haben.«[92]

Information, Fake und Emotion ... nationale Cyber-Souveränität

Fake News, Massenpsychologie, Meinungsmache und das Spiel mit medial vermittelten Wähler-Stimm(ung)en – riesige global agierende Medien- und Unterhaltungskonzerne haben heute vor allem den Zweck, die Emotionen ihrer Nutzer aufzupeitschen und die niedersten Instinkte, die in Menschen schlummern können, zu erwecken. Trump hatte seinen Wahlsieg einer gigantischen Nutzung von gekauften Facebook-Daten und der gezielten Verbreitung einer Fake-Welt zu verdanken. Stichwort »Cambridge Analytica«.[93] Wieso dies später »dem bösen Russen« in die Schuhe geschoben werden konnte, wird leider das Geheimnis der Washingtoner Demokraten bleiben müssen.[94]

Kein Wunder also, dass ein Land wie China, das sich unseren lebenslang eingeübten, täglich wiederholten, tief sitzenden und unbewussten emotionalen Erregungsmustern ganz offensichtlich entzieht (wie jeder zeitungslesende China-Reisende sofort angenehm wahrnimmt), zum Objekt aller möglichen Aufregungen und Hysterien des Medien- und Politikzirkus wird. Der chinesische IT-Sektor ist daher zur natürlichen Zielfläche emotionalisierter Kritik aus dem Westen geworden.

Explizit geht es hier stets um die Frage, ob Big Data, Big Analysis und Big Governance mit der »Freiheit des Individuums« und »demokratischen Prinzipien« zu vereinbaren seien. Doch schon die Fragestellung selbst enthält eine komplexe Verquickung verschiedenartigster Sachverhalte und Phänomene, und ein sachliches Zurechtrücken der Zusammenhänge scheint kaum möglich angesichts eines oft hochgradig emotionalen Diskurses. Insbesondere der Umgang Chinas mit »dem Internet«, »der Information«, »der Freiheit des Individuums« und »der Demokratie« ist stets unmittelbarer Kristallisationskern fundamentalster Verurteilungen von Chinas Entwicklungsweg.

Der China-Reisende wird dann aber nüchtern feststellen müssen, dass »die Chinesen« über die Welt meist besser informiert sind als der Durchschnittsdeutsche. Meist wissen sie sogar mehr über uns als wir über sie. Und sie sind interessierter an uns als wir an ihnen. Ihre Schüler schneiden auch zum Beispiel in Geografie bei den internationalen Pisa-Vergleichen besser ab als unsere. In Mathematik, Lesen, Sprachen und so weiter sowieso. Aber wie kann das alles denn sein, wenn sie doch noch nicht mal Google haben, kein Facebook und kein Wikipedia, sondern ihre Informationen vom Staat, der Partei gefiltert werden? Dumm gehaltene Sklaven jedenfalls sehen anders aus als die heutigen Chinesen …

Das chinesische Google nennt sich wie gesagt Baidu und ist neben Google eine der meistaufgerufenen Suchmaschinen und Websites der Welt. Baidu ist ebenso wie Google zu einem umfassenden Internet-Service-Anbieter geworden, mit Pendants zu Twitter (Weibo), Pinterest und Instagram (Xiaohong Shu) und so weiter. China hat im Bereich der sozialen Medien und der Internetwelt alles, was wir auch haben. Die Nutzerzahlen sind in der Regel jedoch höher, die verschiedenen Plattformen haben mehr Funktionalitäten und sie sind stärker miteinander verwoben, interoperabel und kombinierbar.

Wer in China nicht auf Google verzichten kann, zum Beispiel weil ihm als Ausländer Baidu bestimmte Seiten nicht anzeigt oder zu viele Suchergebnisse auf Chinesisch präsentiert, kann ohne Weiteres über Google Hongkong gehen oder einen VPN-Kanal zu einem Server außerhalb Chinas einrichten. Jeder jüngere Chinese weiß das und kann ausländischen Besuchern dabei behilflich sein. Sie tun dies auch, völlig entspannt und unaufgeregt, und nutzen selbst trotzdem fast ausschließlich Baidu und eben nicht Google, Facebook und Co. Letztlich ist es weniger der chinesische »Firewall«, der Nutzer von den westlichen Plattformen abhält, sondern eher das fehlende Interesse. Jedenfalls trifft ein Vergleich mit dem heimlichen Empfang von Westnachrichten in Zeiten der DDR hier ganz und gar nicht zu.

Tatsächlich haben die meisten Chinesen ihre eigene »Cyber-Souveränität« entwickelt, die sie erkennbar selbstbewusst und unaufgeregt leben. Wir kommen noch exemplarisch auf Begriffe wie »Information«, »Emotion«, »Ideologie«, »Freiheit«, »Demokratie« und auf das Erlernen sozial selbstverantwortlichen und ökologisch verantwortlichen Verhaltens zurück. Auch wenn es für viele Menschen im Westen vielleicht schwer vorstellbar sein mag: Ein digitales Leben ohne Google, Facebook und Co. ist machbar. Im Westen scheint immer noch spontan alles Glück dieser Welt, alle »Freiheit« und alle »Demokratie« oft wider besseres Wissen (beim zweiten Nachdenken) auf einer Verbindung zu »Google« zu beruhen. Noch endet am Tellerrand des Google-/NSA-Komplexes die Vorstellungswelt der meisten im Westen. Wir kommen auf Bedeutung und Praxis des Internet in China noch in verschiedenen Zusammenhängen zurück.

Kapitel 3

»Oje, Staatseigentum!« Eigentum, Unternehmertum, Sharing Economy: Vielfalt der chinesischen Eigentums- und Unternehmensformen

Unternehmerischer Nachschub? Chinas große »Sharing Economy«

Justin Yifu Lin, ehemaliger Chefökonom und Vizepräsident der Weltbank (2008–2012), heutiger Direktor des chinesischen Zentrums für »Neue Strukturforschung« bezeichnet die Strategie Chinas, die Tiefenstrukturen ihrer Volkswirtschaft zu stärken, über die wir oben bereits ein wenig berichtet haben, als »neuen strukturökonomischen Ansatz«.[1]

Der enthält unter anderem das Prinzip des regulierten, organisierten und transparenten Gebens und Nehmens auf volkwirtschaftlicher Ebene: Die großen IT-Konzerne zum Beispiel, nicht nur im Westen, sind groß geworden, weil sie auf Basis einer zunächst öffentlich bereitgestellten Netzinfrastruktur eine Plattform und Dienstleistungen bereitgestellt haben, die von Hunderttausenden von Firmen und manchmal Hunderten von Millionen Menschen genutzt werden. Auf solchen Plattformen können »Open Innovation« zwischen großen Industriekonzernen im Auto-, Flugzeug- oder Schiffbau ebenso betrieben werden wie anderes »B2B«, »B2C«, aber eben auch »C2C«-Verkauf oder -Tausch. Spezialbranchen und -plattformen konnten sich auf der Netzinfrastruktur und flächendeckenden Verfügbarkeit von Computern mit ihren Softwaresystemen etablieren, wie zum Beispiel die Unterkunftsplattform Airbnb oder die Vermittlung von Personenbeförderungs-Dienstleistungen Uber, um nur zwei der bekannteren zu nennen. Hier »teilen« Privathaushalte ihre Wohnungen oder

Autos mit anderen Privathaushalten: »Plattform-Ökonomie« als »Sharing-Ökonomie«.

Unter den spezifischen systemischen und kulturellen Bedingungen Chinas konnte sich die Plattform-/Sharing-Ökonomie anscheinend noch umfassender entwickeln als im Westen. Die Übergänge zwischen »Anbietern« und »Nachfragern« von Waren und Dienstleistungen scheinen fließender zu werden, Anbieter sind auch Nachfrager und Konsumenten als Nutzer auch Produzenten, die das Produkt zumindest mitgestalten (»Prosumers«). So werden Angebotsstrukturen differenzierter, zum Beispiel in der Personenbeförderung, in der neben dem herkömmlichen Taxigewerbe ein verbreitetes Uber-System (die chinesische Variante nennt sich DiDi, sie hat Uber in China übernommen), aber auch ein individuell-privates Car-Sharing-System entstanden ist.

Während »Sharing«-Formen in der Produktion schon immer ein Erfolgsfaktor regionaler industrieller Agglomerationen waren, so bereits im klassischen Silicon Valley bezogen auf qualifizierte Arbeitskräfte, Wissen, Maschinen und Produktionskapazitäten generell, wird heute in China alles Mögliche »ge-shared«. Individuen kaufen sich Autos, *um* sie zu teilen, ganz gleich ob sie sich selbst ans Steuer setzen oder nicht. Eine einfache Registrierung macht es möglich, im Operativen erledigen den Rest oft spezielle lokale Internet-Plattformen und ihre mobilen Apps. Ähnliches gilt für die Nutzung von Landstücken, Häusern und Wohnungen, IT-Hardware oder sogar in Erziehungsfragen (Teilen von Lehrmaterialien und Wissen).[2]

Zum Teil wird der sich anscheinend auftuende Unterschied im Sharing zwischen Europa und China mit dem bereits angesprochenen wirtschaftspolitischen Experimentalismus Chinas erklärt: Die Chinesen würden »erst tun, dann die Regeln und Standards setzen«, während die Europäer erst die Regeln definierten (und Rechtsanwälte beschäftigten zwecks Sicherung der Eigentumsrechte) und sich dann erst an die Umsetzung machen.[3] Experimentalismus und eine andere Kultur im Umgang mit Eigentumsfragen scheinen also einen Unterschied zu machen. Die chinesische Kultur der Vernetzung und des Sharing wird zum Beispiel auch als Grund genannt, dass in 20 Jahren kein Chinese mehr ein eigenes

Auto kaufen wird, wie ein hoher chinesischer Bosch-Manager behauptet.[4]

Kommt also ein Sozialismus »mit chinesischen Charakteristika« (Xi Jinping) auch über eine Sharing-Ökonomie? Eine Welt des Sharing – so etwas kannte man bisher nur aus der Esoterik-Ecke. Die in China verbreitete Sharing-Ökonomie könnte jedenfalls ein systemischer individuell-unternehmerischer »Unterbau« sein, ähnlich zu den technologischen Startups in der agilen Industriepolitik (siehe oben), für Innovationen und neue Bereitstellungs- und Nutzungsstrukturen, die, wenn sie eines Tages stärker standardisiert werden sollten, einen Schub an Innovation für den Dienstleistungssektor bedeuten können. Auch hier ist jedenfalls davon auszugehen, dass nach einigen Jahren »Wilden Ostens« Standardisierung, Regulierung und mehr gesellschaftliche Einbettung erfolgen werden, sodass das Experiment eines umfassenden Sharings in voller sozialer Integration mit dem nationalen Entwicklungsprozess stattfinden dürfte.

Wer mag, kann darin jedenfalls Anzeichen einer Vergesellschaftung »von unten« erkennen, die Bausteine zu einem späteren Sozialismus »chinesischer Prägung« beitragen könnten, basierend auf der Kultur sozialer Netze (Guanxi, Danwei und so weiter). Im dritten Teil kommen wir darauf zurück. »Chinesische Charakteristika« scheinen sich jedenfalls in verschiedenen Formen von Eigentum und Verfügungsrechten an Land und Gütern sowie Organisations- und Rechtsformen von Unternehmen anzudeuten.

Landnutzung in China: Effektivität trotz unscharfer individueller Eigentumsrechte

In China ist Land grundsätzlich im Kollektiveigentum und damit formalrechtlich dem Staate und seinen verschiedenen föderalen Behörden unterstellt (Zentralregierung, Provinzregierungen, Kommunalregierungen). Ein Privateigentum an Grund und Boden, Natur und Ressourcen ist damit nicht möglich. Nur landwirtschaftlich genutztes Land kann auch formal im Eigentum von Dörfern und Genossenschaften sein.

Privatpersonen und Unternehmen ist damit nur eine Pacht möglich, die für unterschiedliche Bodennutzungen und darauf getätigte Investitionen, für städtische Wohnungs- oder industrielle Nutzungen meist zwischen 40 und 70 Jahren beträgt. Bauernfamilien erhalten ein Landnutzungsrecht in der Regel für 30 Jahre.

Die Prognose der herrschenden »neoklassisch«-neoliberalen Wirtschaftswissenschaft für eine Ökonomie und Gesellschaft ohne ein starkes, möglichst unbeschränktes Privateigentum an Grund und Boden ist klar: Eine solche Ökonomie kann nicht funktionieren, sie wird sich in Richtung auf unbedingtes Privateigentum an Erde, Natur und Ressourcen verändern müssen oder eben hochgradig »ineffizient« bleiben und untergehen.[5]

Nun aber ist nicht zuletzt mit China offenkundig der Gegenbeweis angetreten worden. China hat seit der bürgerlichen Revolution von 1911 und vor allem der Staatsgründung der Volksrepublik 1949 verschiedenste Eigentumsformen nebeneinander praktiziert: Landverteilung an die landlosen Bauern, also individuelles Landeigentum, sodann Kollektivierung und Kollektiveigentum verschiedenster Art als Volkskommunen, Genossenschaften und Dorfgemeinschaften, städtisches und staatliches Bodeneigentum. So entstand ein historisch gewachsener »Flickenteppich« verschiedener, oft rein informeller Besitz- und Nutzungsrechte für eine Vielzahl staatlicher und privater Akteure, der in den letzten Jahren in der Literatur tatsächlich als ein »Puzzle«[6], wenn nicht sogar als Mysterium gesehen wurde und großes Forschungsinteresse auf sich gezogen hat.[7]

Selbst das sogenannte Haushaltsverantwortungssystem (Household Responsibility System, HRS), das mit der Reform- und Öffnungsphase ab 1978 zunächst lokal und experimentell eingeführt wurde, mit der Möglichkeit für die Bauern zur eigenständigen, genossenschaftlichen oder dorfgemeinschaftlichen Vermarktung, und dann ab 1981 offiziell zur Grundlage aller Landnutzungsrechte für landwirtschaftliche Betriebe und schließlich auch privater Unternehmen in ländlichen Regionen wurde, hat die »unscharf« definierten Eigentumsrechte keineswegs vollständig beseitigt. Das Eigentum blieb kollektiv, aber die Landnutzung wurde in ein Anreizsystem mit privaten Vermarktungsmöglichkeiten, aber auch klaren Verantwortlichkeiten für den Boden eingebettet.[8]

Jedenfalls haben die verschiedenen Landreformen Chinas zu einer relativ gleichen Landverteilung, genauer: Landnutzungsverteilung, geführt.[9] Einkommensverteilung (dazu weiter unten) und damit schließlich auch die politische Machtverteilung konnten ausgeglichener und die ökonomische Produktivität so langfristig verbessert werden.[10] Demnach kommt es mehr auf die Verteilung von Nutzungsrechten und natürlich auch -pflichten an, wenn Ressourcen mobilisiert und die volkswirtschaftliche Effektivität erhöht werden sollen, eine alte ökonomische Erkenntnis,[11] und nicht so sehr auf klar zugewiesene, möglichst uneingeschränkte und »ewige« Eigentumsrechte.

Im Zuge der neueren Reformen Chinas, vor allem nach 2017, der weiteren internationalen Öffnung, der Strategie des »Glaubhaften China« (Credible China) und der verlässlichen Rechtsstaatlichkeit (dazu weiter unten), wird allerdings auch mehr individuelle Sicherheit und eine einfachere Zirkulation (Verkaufbarkeit) von Landnutzungsrechten verstärkt in den Blick genommen.[12] Individuelle Nutzungsrechte werden demnach eher gestärkt. Das öffentliche, staatliche und sonst wie kollektive (dörfliche, genossenschaftliche) Eigentum steht dabei allerdings nicht zur Disposition.

Staatlich, privat oder genossenschaftlich, »for-profit« und »non-profit«: die Pluralität von Unternehmensformen in China

Auch die Unternehmensformen in China sind historisch bedingt außergewöhnlich vielfältig. Diese diverse Struktur ist auch bewußt erhalten worden, was sich typischerweise als volkswirtschaftliche, sozioökonomische, innovationsökonomische und insgesamt systemische Stärke erweist.[13] Systeme mit heterogenen Formen und Akteuren, das ist in der komplexen Systemforschung allgemein bekannt, sind in der Regel schockresistenter (»resilienter«) als homogenisierte und uniformierte Systeme, wie zum Beispiel die de-regulierten und daher hochkonzentrierten, oligopolistischen finanzkapitalistischen Märkte, in denen innovative KMU und Startups früher oder später unter die finanzielle Abhängigkeit und Regie der großen Finanzindustriekomplexe geraten, selbst wenn ihre »Firma« oder »Marke« nach außen manchmal aufrechterhalten wird.

In China sind neben den klassischen großen Staatsunternehmen große private Konzerne aktiv, von denen einige auch privatisierte ehemalige Staatsunternehmen sind. Darüber hinaus gibt es zahllose private KMU, viele davon ehemalige staatliche KMU, unzählige private Startups, einen hohen Bestand an genossenschaftlichen Produktionseinheiten, und zwar keineswegs nur in der Landwirtschaft, und an lokalen kollektiven beziehungsweise kommunalen sogenannten Township and Village Enterprises (TVE). Schließlich existiert eine Vielzahl an expliziten Non-Profit- beziehungsweise sozialen Unternehmen (Social Entrepreneurship). Durch dieses System können die Unternehmensstrukturen in China anscheinend auch eine besondere regionale Resilienz generieren.[14]

Die Vorhersage der herrschenden »neoklassisch«-neoliberalen ökonomischen Theorie würde auch hier lauten, dass sich nur die »effizientesten«, das heißt die rein privaten, profitorientierten Unternehmen im Markt durchsetzen und überleben, anderenfalls das System an »Ineffizienzen« zugrunde ginge. Und auch hier widerlegt Chinas Realität und realweltlicher *Pragmatismus* jene Gehirnkonstruktionen einer abstrakten Ideologie, die sich immer noch mit einem pseudo-exakten, in Wirklichkeit simplistischen mathematischen Modell, das die physikalische Mechanik des frühen 19. Jahrhunderts nachahmt, zu legitimieren versucht.

Wie schon dargelegt sind auch die privaten Unternehmen mannigfach in Wertschöpfungsketten, Netzwerke, (Produktions- und Finanzierungs-)Beziehungen in der Bankindustrie, ferner in informelle institutionelle Regelungen (lokale/regionale Kulturen) sowie schließlich in formelle öffentliche Regulationen eingebettet.[15] Eine maximale Profitrate ist schon von daher nicht das exklusive, manchmal sogar nicht einmal das dominierende Kriterium in der unternehmerischen »Tiefenstruktur« (in den Unternehmensbeziehungen und -interaktionen) Chinas. Oft ist die Rolle in den Wertschöpfungsketten, in der kooperativen Innovationsleistung oder in der lokalen Dienstleistungsversorgung entscheidender, um zum Beispiel die notwendige Kapital- und Kreditausstattung zu erhalten.

Exemplarisch für die realweltliche und realhistorische Effektivität (nicht etwa formal-exakte »Effizienz«) diverser, nicht standardmäßiger Unternehmensformen war die Bedeutung der kommunalen beziehungsweise genossenschaftlichen TVE (siehe oben)[16] für Chinas wirtschaftlichen Aufstieg. TVE entstanden seit Ende der 1950er-Jahre als Erweiterung ländlicher dorfgemeinschaftlicher Produktionen, Dienstleistungen und Vermarktung von Spezialprodukten jenseits der staatlich vorgeschriebenen Produktionsquoten für landwirtschaftliche Massenprodukte. Nach Beginn der Reform- und Öffnungsperiode ab 1978 waren die meisten staatlichen Unternehmen noch starr und wenig innovativ und die großen staatlichen Unternehmen geradezu Dinosaurier, die erst mit Privatisierungen, Privatisierungsdrohungen und vor allem mit der offiziell geschaffenen Möglichkeit des Unternehmensbankrotts zu strategischen Innovationen mobilisiert werden konnten. In dieser Zeit waren es die TVE, die unter anderem die Chancen der Produktdiversifizierung, Produkt- und Verfahrensinnovationen, Vernetzungen und Internationalisierung ergriffen und die Unternehmenslandschaft Chinas umkrempelten.

Unternehmensseitig kamen »Reform und Öffnung« sowie Innovation also Ende der 1970er-, Anfang der 1980er-Jahre (vorbereitet seit Ende der 1950er-Jahre) »vom Land« statt von den großen staatlichen Unternehmen in den großen Städten. Der TVE-Sektor expandierte schnell nach Firmenzahl, Beschäftigung und Wertschöpfung. Er zeigte allen anderen (staatlichen) Unternehmen, »wie es ging«.

TVE waren von der Unternehmens- und Eigentumsstruktur her keineswegs einheitlich, es entstanden genossenschaftliche, öffentliche, private Kapital- beziehungsweise Aktiengesellschaften oder auch rein private Einzelunternehmen. Ihr gemeinsamer Ausgangspunkt war lediglich ihre gemeinsame Herkunft aus den ländlichen Regionen und früheren Dorfgemeinschaften. Aus vielen wurden später Großunternehmen. Sie halfen der chinesischen Ökonomie in den 1980er-Jahren umfassend »auf die

Sprünge« und wurden zunehmend staatlich unterstützt. Am Ende war es auch ihr Verdienst, dass die großen staatlichen Unternehmen, die in strategisch wichtigen Bereichen erhalten wurden, zu modernen, innovativen, strategisch vorausschauenden internationalen Unternehmen wurden.

Kapitel 4

»Nur arme Schlucker und Milliardäre!« Einkommen, Verteilung und Rückverteilung nach unten: Armutsbeseitigung, Lohnsteigerungen, Steuersenkungen – und Druck auf die Milliardärseinkommen

China hat die größte Massenarmut der Welt beseitigt!

China ist das erste und bisher wohl auch das einzige Land der Welt, das das UN-Millenniumsziel Nummer eins, die Bekämpfung von Armut, konkret die Halbierung zwischen 1990 und 2015 des Anteils der Menschen, die weniger als einen US-Dollar pro Tag zum Leben hatten, nicht nur vorzeitig erreicht, sondern »übererfüllt« hat. Allein zwischen 1981 und 2013, in nur 32 Jahren also, hat China mehr als 850 Millionen Menschen aus der Armut befreit, deren Anzahl von 878 auf 25 Millionen Menschen gesenkt wurde.[1] Und im Jahre 2020 ist die absolute Armut in China vollständig beseitigt.

Dabei liegt die Armutsschwelle, die von der Weltbank definiert wird, heute schon bei 1,90 US-Dollar am Tag, die chinesische statistische Armutsschwelle ist noch schärfer definiert: 2,30 US-Dollar. Dabei orientiert sich China an der strengen »Lower Middle-Income Class Poverty Line.[2] Und selbst nach diesem schärferen Kriterium ist in China 2020 die Armut besiegt.

Zwischen 1990 und 2013 konnten weltweit insgesamt 1 074 Millionen Menschen aus der Armut befreit werden – diese Entwicklung ging zu 70 Prozent auf Chinas Beitrag zurück.

Während Chinas Armutsquote von 88,3 Prozent der Bevölkerung im Jahr 1981 auf 1,9 Prozent im Jahr 2013 gefallen ist (und in diesem Jahr auf 0,0 Prozent), fiel sie im Weltdurchschnitt im selben Zeitraum von 42,3 Prozent auf 10,9 Prozent.

Dabei nimmt die (absolute) Armut in einzelnen Kontinenten wie Afrika oder Lateinamerika aktuell wieder zu. Und auch Europa und die USA werden mit zunehmender Dauer der neoliberalen Austeritätspolitik, von Wachstumsstillstand und verschärfter Umverteilung nach oben zunehmend von Problemen sich ausbreitender (relativer) Armut, Abhängigkeit von Nahrungsmittelhilfen und sogar wieder deutlich sinkender durchschnittlicher Lebenserwartung (USA) geplagt.

China hat damit »von unten her« die Einkommensverteilung gleicher gemacht.

Dieser Erfolg ist, neben den technologischen Erfolgen, auch im Westen noch die am ehesten bekannte und noch halbwegs anerkannte Leistung der chinesischen Volksrepublik. Wie man allerdings konkret 850 Millionen Menschen in gut drei Jahrzehnten aus absoluter Armut befreien kann, das dürfte die Vorstellungskraft von Europäern und Nordamerikanern überschreiten. Denn nachhaltige, stabile Armutsbeseitigung für einige Hundert Millionen Menschen kann nicht über philanthropische Almosenverteilung der Reichen an die Armen oder staatliche »Sozialhilfe«, auch nicht über reinen Arbeitsdruck und Kontroll- und Sanktionsregime à la Hartz IV, sondern nur über hundertmillionenfache Arbeitsplatzschaffung funktionieren.

13 Millionen neue Arbeitsplätze pro Jahr, Entwicklung des ländlichen Raumes und größere Einkommensgleichheit

Dynamik der Arbeitsplatzschaffung

Dass hinter einer umfassenden Armutsbeseitigung eine massive Entwicklung auch des ländlichen Raumes steht, die Schaffung einer enormen Anzahl von Arbeitsplätzen und der dafür erforderlichen Infrastrukturen, massiver organisierter Strukturwandel, ferner außerordentliche Lohnsteigerungen zur multiplikativen Ankurbelung der Binnenökonomie sowie der Aufbau von Systemen von Lohner-satzleistungen, um Human- und Sozialkapital nicht wieder verfallen zu lassen, darüber besteht gemeinhin im Westen nur ein geringes Bewusstsein. Da China einen außerordentlich schnellen industriellen Strukturwandel vorantreibt, bei dem massenhaft altindustrielle, ökologisch wenig nachhaltige und wenig qualifizierte Arbeitsplätze (Kohle, Stahl, Billigproduktionen oder Müllverwertung für den Westen) beseitigt werden, müssen in China jedes Jahr schon rein rechnerisch mindestens elf Millionen neue Arbeitsplätze geschaffen werden, um die Arbeitslosigkeit nicht steigen zu lassen. Tatsächlich wurden zwischen 2013 und 2016 jährlich 13 Millionen nachhaltigere und qualifiziertere Arbeitsplätze geschaffen.[3]

Schwerpunkt für Infrastrukturinvestitionen ist heute der ländliche Raum,[4] der über seine inzwischen höheren Wachstumsraten zu den urbanen Regionen aufholt. Auf die Regionalentwicklung kommen wir noch zurück.

Fiskalische Selbstfinanzierung von Infrastrukturinvestitionen

Dass öffentliche Infrastrukturen sich nicht nur volkswirtschaftlich und sozial, sondern sogar im engeren Sinne fiskalpolitisch durch mittelfristig höhere Steuer- und Gebühreneinnahmen quasi selbst finanzieren, ist eine alte ökonomische Erkenntnis bereits aus den 1940er-Jahren, und in der Realität bestätigt bereits seit dem New Deal in den USA der 1930er-Jahre. Diese einfache makroökonomische und kreislaufwirtschaftliche Wahrheit beweist heute auch China, dessen zentraler Staatshaushalt trotz Investitionen in Billionenhöhe mit nur gut 50 Prozent des Sozialprodukts weitaus geringer verschuldet ist als die Staatshaushalte der neoliberalen »Spar«- und Austeritäts-Fetischisten in den finanzkapitalistischen Ländern, deren Strukturen in Wirklichkeit der Umverteilung von unten nach oben dienen.

Was ein SPD-Finanzminister Karl Schiller Ende der 1960er-Jahre noch wusste und womit er die erste zyklische Nachkriegskrise der Bundesrepublik Deutschland 1967 mit Bravour über Jahre hinaus bewältigte, wäre für heutige Bundes- oder Landesfinanzminister, ganz gleich welcher Couleur, vermutlich nichts anderes als ein Rauschen aus einer anderen Galaxie. Der Banker, Akademiker und Regierungsberater John Maynard Keynes, dessen Erfahrungen, Erkenntnisse, Theorien und praktischen Programme England und Teile Europas und der Welt nach der Weltwirtschaftskrise und den Weltkriegen mehrfach vor dem Schlimmsten bewahrten, der staatliche Investitionen gegen typische »Markt«-Blockaden begründete und dessen Wissensstand ein Karl Schiller noch kannte und beherzigte, ist für einen heutigen deutschen neoliberalen Finanzminister, selbst wenn er ein SPD-Parteibuch besitzt, vermutlich der wahrhaftige Gottseibeiuns; dafür ein Friedrich von Hayek, der Urvater einer extremen »Markt«-Gläubigkeit und des letztlich autoritären Umverteilungssystems, genannt Neoliberalismus, vermutlich der Stellvertreter Gottes auf Erden.

Zunächst: Landreformen

Zur Armutsbeseitigung, Verbesserung der Einkommen der Ärmsten und strukturellen Verbesserung der Einkommensverteilung Chinas haben entscheidend auch die oben schon angesprochenen Landreformen Chinas beigetragen: Eine relativ gleiche Verteilung von Land und das oben genannte HRS, mit den Möglichkeiten für die Bauern zur eigenständigen, genossenschaftlichen oder dorfgemeinschaftlichen Vermarktung, hat es Hunderten von Millionen Menschen ermöglicht, ein eigenes Einkommen zu erzielen und die chinesische Einkommensverteilung historisch längerfristig verbessert. Eine ungleichere Verteilung, die mit länger anhaltendem, schnellem Wachstum typischerweise verbunden ist (der berühmte Kuznets-Effekt, dazu unten mehr [5]) wurde damit in den ländlichen Teilen Chinas nachweislich abgeschwächt.[6]

Erhebliche Lohn- und Gehaltssteigerungen

In China sind aber im Zuge der nachhaltigen Armutsbeseitigung und vor allem des nun angeschlossenen neuen Entwicklungsmodells der »Neuen Normalität« mit seiner stärkeren Binnenorientierung notwendigerweise nicht nur die Einkommen von Selbstständigen in Stadt und Land, sondern auch die Löhne und Gehälter der Arbeiter und Angestellten sowie deren soziale Sicherungssysteme und -leistungen mitgewachsen. Anders wäre ein länger anhaltender Aufhol- und Aufstiegsprozess nicht denkbar. Die Ära der Billiglöhne als internationalem »Wettbewerbsfaktor«, jenseits der organisatorischen und größenbedingten Produktivitätsvorsprünge Chinas, wurde jedenfalls seit Ende der 2000er-Jahre beendet.

China geht nun seit Längerem also die *High Road* der Entwicklung, und die Lohn- und Gehaltsentwicklung erfolgt seitdem mindestens in Höhe des Produktivitätsfortschritts – etwas, wovon die Arbeitnehmer im Finanzkapitalismus mit seiner immer größeren Schere zwischen Lohnentwicklung und Produktivitätsentwicklung seit Jahrzehnten nur noch träumen können.

Die durchschnittlichen Stundenlöhne chinesischer Arbeiter haben sich beispielsweise zwischen 2006 und 2016 inflationsbereinigt verdreifacht, von 1,20 auf 3,60 US-Dollar (Mexiko: 2,10, Thailand: 2,20, Brasilien: 2,70, Indien: 0,70 US-Dollar). In derselben Zeit stagnierten oder fielen die realen Lohneinkommen im westlichen Kapitalismus. Die Reallohnsteigerungen allein zwischen 2013 und 2016 beliefen sich in China zwischen 6,3 und 8,8 Prozent jedes Jahr.[7] Innerhalb der zehn Jahre des 12. und 13. Fünfjahresplanes, also zwischen 2011 und 2020, haben sich die Realeinkommen verdoppelt. Dafür würde rechnerisch eine jahresdurchschnittliche Lohnerhöhung von gut sechs Prozent stehen.

Die chinesischen Mindestlöhne sind im Zuge dessen ebenfalls stetig angehoben worden und liegen inzwischen zum Teil höher als in einzelnen Mitgliedsstaaten der EU-Peripherie. Anders als im neoliberalen Kapitalismus werden allerdings die Mindestlöhne tatsächlich auch Realität, ihre Einhaltung durch öffentliche Kommissionen scharf kontrolliert und ihre Nichteinhaltung gegebenenfalls hart bestraft, ein öffentlicher Tabubereich bei uns, aber durchaus Gegenstand der Zeitungsberichterstattung in China. Über die Klagerechte des Arbeitnehmers werden wir noch berichten.

So verbessert China die Einkommensverteilung nach der Armutsbeseitigung auch von den nächsten Einkommensstufen der unteren und mittleren Lohn- und Gehaltseinkommen der Arbeiter und Angestellten her, die in die mittleren Einkommensbereiche hinein gesteigert werden.

Und daher zieht die westliche Billigproduktion weiter …

Unternehmen, die die früher niedrigen Löhne in China genutzt haben, um arbeitsintensive, meist einfache Produktion mit geringen Qualifikationsanforderungen in China billig durchführen zu lassen, wandern daher heutzutage bereits ab in andere, vor allem auch mehr westlich orientierte Länder Südostasiens mit noch niedrigen Lohnniveaus wie zum Beispiel Thailand, Vietnam,[8] Pakistan, Bangladesch, Myanmar, Laos oder Kambodscha. Auch deutsche Unternehmer äußern sich entsprechend, und von China ist das inzwischen sogar so gewollt und in der nationalen Aufwertungsstrategie eingeplant (siehe auch unten den Gastbeitrag zum Arbeitsrecht). Auf billiger Plastikware für den Massenkonsum westlicher Geringverdiener wird in naher Zukunft nicht mehr »Made in China« zu lesen sein.

Steuervereinfachungen und Steuererleichterungen für untere und mittlere Einkommen

Schließlich verbessert China, parallel zu Landreformen, Armutsbeseitigung, Mindestlohnerhöhungen sowie politischer Unterstützung von Lohn- und Gehaltserhöhungen (dazu noch mehr unten), auch die Netto-Einkommenssituation für die Masse der Arbeitenden, so erst erneut 2019 durch eine weitreichende Steuerreform. Die jüngste Steuerreform zur Einkommenssteuer wurde vom Nationalen Volkskongress 2018 verabschiedet und ist seit dem 1. Januar 2019 in Kraft.

Dabei ist das Einkommenssteuerrecht für Arbeitseinkommen weiter vereinfacht worden.[9] Für niedrige und mittlere Arbeitseinkommen gibt es sieben pauschale Steuersätze, die alle reduziert worden sind, in den unteren Lohnbereichen zum Teil auf unter

50 Prozent der bisherigen Steuersätze, zum Beispiel von 7 Prozent Steuersatz auf 3 Prozent für Lohneinkommen bis umgerechnet etwa 1300 Euro pro Monat, von 16 Prozent auf 8 Prozent für Lohneinkommen bis etwa 2800 Euro pro Monat! Der Spitzensteuersatzsatz für Monatseinkommen bis 14000 Euro beträgt 28 Prozent.

Selbst mittlere und hohe Einkommen erfahren zur Zeit Entlastungen von zwischen 35 und 8 Prozent. Mehr Menschen zahlen ab 2019 also deutlich weniger Steuern, und die Lohn- und Einkommenssteuer wird nun noch deutlicher nur eine sekundäre Einnahmequelle des Staates. Schlichte und schnelle Fakten statt jahrzehntelangem »Steuerentlastungs«-Gerede im Neoliberalismus, der sich in Wirklichkeit für seine Steuererleichterungen für die Kapitaleinkommen bei den Masseneinkommen (Lohn- und Mehrwertsteuer) schadlos halten muss. Im Gegensatz zu den neoliberalen kapitalistischen Staaten, die die Steuerbelastung über die »unmerkliche«, aber zulasten der unteren Einkommen wirkende Mehrwertsteuer ständig erhöht haben, wurde auch die Mehrwertsteuer in China in mehreren Schritten (2018, 2019) gesenkt.[10]

Im kapitalistischen Lohnsteuerstaat ist die Lohn- und Einkommensteuer typischerweise mit Abstand die Haupteinnahmequelle des Staates, Kapitalsteuern notieren unter »ferner liefen«. In China dagegen liegt die Körperschaftssteuer der Unternehmen als Einnahmequelle weit *vor* der Lohn- und Einkommensteuer, ein typisches Merkmal sozialistischer Steuersysteme und ein wichtiger systemischer Unterschied zum neoliberalen Kapitalismus (dazu mehr in Teil III).

Auf diese Weise wird die Einkommensverteilung der Nettoeinkommen weiter in Richtung von mehr Gleichheit verbessert. China verteilt auch hier nach unten um – Kontrastprogramm zum Westen. Man merkt es bereits an den Einkommensverteilungsmaßen (weiter unten).

Zusätzliche Steuersenkungen (direkte Steuern und Mehrwertsteuer) wurden auch, wie bereits angesprochen, als konjunkturelle (und vorgezogene strukturelle) Maßnahmen gegen den Wirtschaftskrieg Washingtons vorgenommen, zuletzt beschlossen auf dem zweiten Plenum des 13. Nationalen Volkskongresses im März 2019.

Chinas Reiche und wie die Einkommensverteilung auch von »oben« her gleicher gemacht wird

Ja, in China gibt es Reiche, sehr Reiche und Superreiche, sehr viele sogar: Der Besatz mit Millionären und Milliardären ist im internationalen Vergleich relativ hoch (über 600 Dollar-Milliardäre und über eine Million Dollar-Millionäre in 2016).[11] Interessanterweise sind unter den reichsten 100 Frauen der Welt zwei Drittel Chinesinnen.[12]

Das hat viele Aspekte, die am intensivsten in China selbst beforscht und diskutiert werden, im Westen dagegen gern moralisch verurteilt werden, wobei man im eigenen Land bisher nichts an Rückverteilung zulasten der Reichsten zu bewirken gewillt oder imstande war. Dazu einige neuere Aspekte der chinesischen Analysen und Maßnahmen, mit einem Blick auf das allgemeine statistische Maß der Einkommensgleichheit einer Gesellschaft, den sogenannten Gini-Koeffizienten.[13]

Die neoklassisch-neoliberale ökonomische Modelltheorie versucht stets ein Weltbild zu vermitteln, wonach eine hohe Einkommensungleichheit (und damit verbunden dann auch eine hohe Vermögensungleichheit) positive Anreize für die »Produktivsten« bewirkt, die dann das Sozialprodukt steigern mit ihren besonderen Anstrengungen und innovativen Ideen. Durch einen »Trickle-Down«-Mechanismus käme das dann über zusätzliche Arbeitsplätze und Einkommenseffekte letztlich allen zugute. Eine Verteilung, die zu ungleich sein könnte, gibt es nach dieser Ideologie nicht.

Im Gegensatz dazu wissen wir aus Realität und realistischeren ökonomischen Theorien, dass erhebliche Ungleichheit von Einkommen und Vermögen dazu tendieren, gravierende negative ökonomische Konsequenzen zu generieren, da die innovativen Ressourcen vieler Menschen brachliegen, die Gesamtproduktivität nachweisbar sinkt, die Grenzleistungsfähigkeit der Reichen (und der Konsum relativ zum Einkommen) sinken, überschüssiges Geld wegen mangelnder Nachfrage zunehmend unproduktiv und spekulativ angelegt oder oft gar gehortet wird, Kapital also in falsche Verwendungen und in Luxuskonsum fließt, viele unproduktive zeremonielle Strukturen aufgebaut werden, Korruption und Plutokratien sich ausbreiten, gesellschaftliche Frustration entsteht, allgemeines Vertrauen in der Gesellschaft degeneriert, und die Wirtschaftsgesellschaft insgesamt verknöchert.[14]

Wir kennen aber auch eine zeitliche Dynamik der Einkommensungleichheit einer anhaltend stark wachsenden Wirtschaft wie der chinesischen, den oben schon erwähnten Kuznets-Effekt, der beschreibt, dass eine anfänglich gleiche Wirtschaftsgesellschaft bei starkem Wachstum zunächst eine immer ungleichere Einkommensverteilung generiert, die sich erst mit großem Zeitverzug durch Rückverteilungskämpfe allmählich wieder abbauen lässt, wenn die Gesellschaft in Phasen langsameren Wachstums und geringerer Turbulenzen, nachholender Sozialpolitik und des Aufbaus eines Wohlfahrtsstaats gelangt.[15]

Tatsächlich lag China mit seiner Einkommensverteilung seit den 1960er-Jahren traditionell und »Sozialismus-konform« mit dem Gini-Koeffizienten stets unterhalb vergleichbarer Entwicklungsländer, hatte also eine gleichere Einkommensverteilung (um etwa 0,3 Punkte oder 30 Prozentpunkte niedriger als zum Beispiel Brasilien oder Mexiko).[16] Erst im Zuge der Reform- und Öffnungsperiode und mit anhaltend starkem Wachstum, statistisch erfassbar ab Ende der 1980er-Jahre, stieg Chinas Gini-Koeffizient merklich, sogar über den Japans und anderer bereits etablierter, entwickelter Industrieländer. Um 2010 lag er bei knapp unter 0,5, im internationalen Vergleich recht hoch. Zum Vergleich: Sehr ungleiche Länder, wie etwa südamerikanische oligarchische »Bananenrepubliken« (Brasilien, Mexiko und andere) liegen meist bei einem Koeffizienten zwischen 0,5 und 0,7, was schon extreme soziale Ungleichheit signalisiert. Die früher sozialdemokratisch geprägten, »gleicheren« skandinavischen Länder wiesen in ihren besten Zeiten (1950er- bis 1970er-Jahre), zum Teil aber auch bis heute, dagegen Koeffizienten von 0,3 und darunter auf.

Der Höhepunkt der Einkommensungleichheit in China lag tatsächlich in der Zeit zwischen 2008 und 2010, als China einen Koeffizienten von 0,49 aufwies.[17] Seitdem sinkt der Koeffizient wieder, in Richtung auf 0,43. Solche scheinbar »kleinen« statistischen Bewegungen implizieren in Wirklichkeit Veränderungen in den

Verteilungseffekten von Milliarden einzelner Austauschbeziehungen und Myriaden von Interaktionen, die systematisch »umreguliert« und institutionell neu eingebettet worden sein müssen, wenn sie hochaggregiert (»makroökonomisch«) dann eine größere Gleichheit anzeigen sollen. Das bedeutet, wenn solche scheinbar kleinen numerischen Veränderungen in einem hochaggregierten statistischen Maß systematisch über Jahre hinweg in Erscheinung treten, ist das kein Zufall, sondern hat Gründe in Strukturveränderungen der volkswirtschaftlichen Verteilungsmechanismen. Genau dies wird plausibel, wenn man sich die Gesamtheit der chinesischen Wirtschafts- und Sozialpolitik ansieht.

Wir haben einige dieser Mechanismen, die in China entwickelt und im Prozess der Entwicklung zu einer Gesellschaft »im Frühstadium des Sozialismus« (dazu unten Teil III) angewendet wurden und werden, bereits gesehen:

- Beseitigung der kolonial ererbten und durch Fehler in der frühen Entwicklung verstärkten Massenarmut (siehe oben),
- Förderung lang anhaltender, starker Lohn- und Gehaltssteigerungen, vor allem in unteren und mittleren Lohn- und Gehaltsbereichen,
- starke wirtschaftliche Entwicklung vor allem jener Regionen, in denen früher die absolute Armut konzentriert war, der westlichen und peripheren ländlichen Regionen, nicht zuletzt durch zunehmend gleichverteilende Landreformen,
- Reformen der Einkommensteuer mit stark reduzierten Steuersätzen, vor allem in unteren und mittleren Lohn- und Gehaltsniveaus.

Neue Rückverteilungspolitik gegenüber den Reichen

Seit einigen Jahren nun schlagen aber die Konsequenzen einer direkten Rückverteilungspolitik zu Buche, die eine gleichere Einkommensverteilung auch »von oben her« bewirken sollen:[18] Nach einem Beschluss der KPCh von 2013 sollte es bei einem damaligen Gini-Koeffizienten von etwa 0,45 auch an die Spitzeneinkommen gehen, die um 30 Prozent zu reduzieren wären. Wir haben schon gesehen, wie durch industriepolitische Regulierung Profite der großen Konzerne zum Teil dazu verwendet werden müssen, allgemeine Infrastrukturinvestitionen zu tätigen und damit zu den Commons beizutragen. Hinzu kommt nun, dass die Vermögen und Einkommen der reichsten Chinesen deutlich stärker besteuert werden sollen. Die Spitzeneinkommen der Milliardäre stehen nun gesellschaftspolitisch im Fokus und werden regelmäßig in einer Liste der Reichsten veröffentlicht, der sogenannten Hurun-Liste, der chinesischen Variante der US-amerikanischen Forbes-Liste. Während die gesellschaftliche Funktion der Forbes-Liste im angelsächsischen neoliberalen Finanzkapitalismus ist, die Bewunderung »der Reichen und Schönen«, die ideologische Fixierung auf die »upper class« und die Aufstiegsfantasien bei den vielen Millionen Zurückgebliebenen am Köcheln zu halten, wird bei den eher ungleichheits-aversen Chinesen durch die Liste eher der allgemeine Verdacht aktiver Korruption durch die Gelisteten beflügelt. Das hat Folgen: »Rund die Hälfte der 1 000 reichsten Chinesen konnten in den letzten Jahren – vor allem aufgrund höherer Besteuerung und dem Kampf gegen die Korruption – ihrem Reichtum beim Schrumpfen zuschauen […] Nicht wenige auf der Liste wurden in Folge ihrer Nennung wegen Korruption verhaftet.«[19]

Einer der führenden ökonomischen Regierungsberater, Chen Zongsheng, der zum Kuznets-Effekt und zur »invertierten U-Funktion« der zeitlichen Einkommensverteilung Chinas intensiv geforscht hat, erklärte auf einer internationalen Konferenz in Tianjin 2017 jenes für Ökonomen atemberaubende Ziel einer politisch initiierten Reduktion des Gini-Koeffizienten um 30 Prozent. Wie gesagt, ein äußerst komplexes Vorhaben, Myriaden von Interaktionen in ihren aggregierten Verteilungswirkungen indirekt durch Regulierungen steuern zu wollen. Der mittelfristig angestrebte Koeffizient soll damit absehbar bei circa 0,32 liegen, was heute im internationalen Vergleich eine überdurchschnittliche Gleichheit indiziert. Er läge dann in etwa auf dem Niveau Deutschlands.[20]

China dürfte damit eine der sehr wenigen wachsenden Volkswirtschaften der Welt sein (wenn nicht die einzige), in der der Gini-Koeffizient langfristig wieder gesenkt wird. Gleichheit ist historisch ein sozialer Kernwert in China. Und China ersetzt, wie an anderen Beispielen schon gezeigt, in umfassender Weise das Ziel des bloßen Wirtschaftswachstums durch ein multiples Zielsystem mit Gleichheit und Partizipation.[21] Und es ist mit ziemlicher Sicherheit das einzige Land, das die politische Beeinflussung solch komplexer Zielgrößen leisten kann.

Kapitel 5

»Alles Arbeitssklaven!« Arbeit und Soziales in Bewegung: Arbeitsrechte und Arbeitskämpfe, Sozialversicherung und Krankenversorgung, Frauenemanzipation und Bevölkerungspolitik, Wanderarbeiter und »Hukou«, soziale Mobilisierung und lokale Partizipation

UNO: »Hohe menschliche Entwicklung« Chinas – zahlreiche miteinander verflochtene Dimensionen: ganzheitliche Sozialpolitik

Die verschiedenen Bereiche der chinesischen Sozial- und Wirtschaftspolitik bilden ein Mosaik, dessen soziale Dimension, trotz der Neuheit vieler Maßnahmen und trotz des flexiblen und experimentellen Charakters fast aller Politikbereiche, zunehmend als Gesamtbild deutlich wird. Zwei übergreifende Tendenzen:

China stellt seit dem zwölften Fünfjahresplan 2011–2015 und seit Beginn der Phase Xi/Li, also seit dem 18. Parteitag der KPCh 2012 und dem zwölften Nationalen Volkskongress 2013 sowie erneut seit der zweiten Amtsperiode Xi/Li (ab 2017/2018) und dem 13. Fünfjahresplan (2016–2020) seine gesamte sozialökonomische Erfolgsbewertung vom »marktlichen« Sozialprodukt um auf qualitative Erfolgsmaße der Lebensqualität. Das Sozialprodukt ist ja in der Tat kein »soziales« Produkt, sondern bewertet verschiedenste nützliche und zerstörerische oder auch gegeneinander gerichtete Aktivitäten, die die tatsächliche Lebensqualität keineswegs unbedingt steigern, sondern sogar reduzieren können, gleich und addiert sie einfach auf, wenn (und nur weil) sie »im Markt« mit Geldeinkommen verbunden sind. Deshalb sind seit der Sozialproduktskritik und der Wachstumskritik des Sozialprodukts in den 1970er-Jahren (man erinnert sich heute wieder verstärkt des Berichts des Club of Rome: *Die Grenzen des Wachstums* von 1972) in Wissenschaft, internationalen Entwicklungsorganisationen und der UNO andere sozialökonomische Erfolgs-Indikatoren, -Maße und -Indices entwickelt worden, die meist auf einer großen Bandbreite von sogenannten Sozialindikatoren basieren. So analysiert die UNO die Entwicklung der Länder zum Beispiel mit dem sogenannten Human Development Index (HDI), auf den sich nun auch China bezieht. China bezieht sich darüber hinaus aber auch auf qualitative Erfolgsindikatoren, die der neueren Glücksforschung entstammen, und rückt qualitative Themen wie die Herrschaft des Rechts (Rule of Law) oder demokratische Mobilisierung und Partizipation stärker ins Zentrum der weiteren Entwicklung.

Laut UNO ist China gemessen am HDI seit 2010 bereits ein Land von »hoher menschlicher Entwicklung«.[1] Seine Lebensqualität wächst schneller als die der meisten Länder der Welt, die Kindersterblichkeit sinkt unter die Werte selbst mancher entwickelter kapitalistischer Industrieländer, während Lebenserwartung, Alphabetisierungsrate und der Zugang zu Arbeit, Bildung und Kultur steigen und absolute Armut wie gesagt beseitigt ist. Linke und grüne Herzen in Deutschland müssten angesichts dessen eigentlich höherschlagen.

Eine enorme Arbeitsplatzschaffung (siehe oben) sichert den Menschen grundlegend eine auskömmliche Arbeit und hinreichende Auswahlmöglichkeiten. Und eine massive Unterstützung und soziale Einbettung von Hightech-Startups bis hin zu landwirtschaftlichen Betrieben (zum Beispiel durch das HRS und die Taobao-Optionen; siehe oben) sichert umfassende Alternativen auch selbstständiger Einkommenserzielung. Erhebliche Lohn- und Gehaltserhöhungen sowie Steuererleichterungen, insbesondere für die unteren und mittleren Arbeiter- und Angestelltenschichten, erhöhen soziale Gleichheit und Gerechtigkeit. Die Mindestlöhne sind inzwischen zum Teil sogar höher als in einigen EU-Ländern. Ihre Einhaltung wird streng überwacht, unterliegt individuellem Klagerecht des Arbeitnehmers und ist sanktionsbewehrt (mehr dazu weiter unten) – soziale Menschenrechte der UNO als Kontrastprogramm zum Elend des Lohndumpings in den neoliberalen kapitalistischen Ländern.

Ergänzend berichten wir nun über

- die flächendeckende Einführung der Sozialversicherung,
- das seit 2008 geltende neue Arbeitsrecht, das die internationalen ILO-Standards umsetzt und Arbeitsbedingungen herstellt, die zum Teil über den Niveaus der Regelungen in Deutschland liegen, und das eine Arbeitspraxis und Arbeitsrechtsprechung hergestellt hat, durch die Gesetz und Realität nicht systematisch auseinanderfallen, wie das für die entwickelten kapitalistischen Staaten charakteristisch ist. Anders als deutsche Arbeitnehmer können chinesische Arbeitnehmer ihre Arbeitsrechte stets unmittelbar und individuell einklagen (dazu der Gastbeitrag von Rolf Geffken), und nicht erst nach endlosen und teuren Justizverfahren, in denen der Arbeitnehmerin typischerweise nach Jahren ein Entschädigungskompromiss angeboten wird. Bei Entlassungen wird dann oft von der inzwischen eingetretenen Zerrüttung des Arbeitsverhältnisses ausgegangen, sodass ein Arbeitsplatz per Arbeitsrecht meist nicht erhalten werden kann,
- die Gleichberechtigung der Frauen bei Entlohnung und Repräsentanz in Berufen und Führungspositionen,
- das bekannte Problem der großen Zahl an Wanderarbeitnehmern, deren Einwohnermeldesystem (Hukou) und daran geknüpfte lokale soziale Rechte,
- die Entwicklung sozialer Mobilisierung, Inklusion und lokaler politischer Partizipation der Menschen.

Zur Vertiefung empfohlen: Der Gastbeitrag von RA Dr. Rolf Geffken »Chinas Arbeiterklasse und ihr Recht«. Geffken beschreibt darin anschaulich die Entwicklung des neuen Arbeitsrechts und der Arbeitsbedingungen in China.

Online verfügbar unter www.westendverlag.de/china

Von Null auf 1,4 Milliarden in zehn Jahren: flächendeckende Sozialversicherung

Zugang zu Gesundheitsversorgung

China hatte frühzeitig alle wesentlichen epidemischen Krankheiten ausgerottet. Aber das System der Krankenversorgung, im Wesentlichen klinikbasiert, ist sicherlich noch deutlich unter dem Ausstattungsstandard entwickelter kapitalistischer Länder. Immerhin ist der allgemeine gute Zugang zu ärztlicher Versorgung gesichert, zum Beispiel mit einer Verdoppelung der Zahl der Betten innerhalb von zehn Jahren auf mehr als fünf Millionen (2015). Es wird aber inzwischen auch durch ein Landarztsystem ergänzt.[2]

Seit 2009 ist die Bevölkerung außerdem in die Anfang der 2000er-Jahre gegründete universale Krankenversicherung integriert worden. Mit fast 1,4 Milliarden Krankenversicherten ist nun die gesamte Bevölkerung erfasst. Pro Jahr sind also im Schnitt etwa 100 Millionen Menschen in die Krankenversicherung aufgenommen worden. Offiziell sollte 2020 eine Krankenversicherung für alle bestehen, das Ziel wurde aber bereits vorzeitig, 2018, erreicht.

Nicht kommerzielle Gesundheits-Apps helfen den Chines*innen täglich bei gesundheitsbewusstem Verhalten, und die neue Förderung traditionellen medizinischen Wissens in der Bevölkerung trägt ebenfalls dazu bei.[3]

Altersversicherung

Eine personenbezogene Sozialversicherung (Altersversicherung) wurde bereits 1993 beschlossen und von da an vorbereitet. Sie war erforderlich als Ergänzung der Unternehmensreformen, der Privatisierungen und der Arbeitsrechtsreform, für die die alten, ausschließlich betriebsbasierten sozialen Netzwerke und sozialen Sicherungssysteme (Danwei, siehe oben) zu eng und unflexibel waren.[4] Aber ein umfassendes Sozialversicherungsgesetz wurde erst 2011 verabschiedet. In die Rentenversicherung wurden bis 2016 bereits knapp 900 Millionen Menschen aufgenommen. Auch hier wird eine vollständige Abdeckung absehbar erreicht sein.

»Sicherheit der Arbeiterklasse«

Für den sozialen Inhalt all dessen mag exemplarisch ein zentraler Satz Xi Jinpings in seiner Parteitagsrede vom Oktober 2017 stehen: »Chinas Sicherheit ist die soziale Sicherheit der Arbeiterklasse.«[5] Man stelle sich ein solches gesellschaftspolitisches Bekenntnis von einer deutschen Bundeskanzlerin vor. Es käme uns vor wie eine Botschaft von einem anderen Stern vor, zu sehr sind wir gewöhnt an »Sparen«, Austerität, »Gürtel enger schnallen«, »marktgerechte Demokratie«, Vorrang »der Wirtschaft« und der Umverteilung nach oben.

Arbeitsbedingungen im Vergleich: Beispiele

Wir haben somit einiges über konkrete Arbeitsbedingungen in China jenseits reiner Lohnfragen gehört. Die Arbeitsbedingungen in China sind seit den 2000er-Jahren auf breiter Front in Bewegung.

Deutsche Gewerkschaftsmitglieder zum Beispiel haben 2017 nach einer Informationsreise nach China eine umfangreiche Materialsammlung und eine detaillierte Vergleichsliste der Arbeitsbedingungen in beiden Ländern aufgestellt.[6] Wie aber kann es überhaupt sein, dass jemandem ein Vergleich zwischen einem noch vor kurzem sehr armen Entwicklungsland und einem der reichsten Länder der Welt in den Sinn kommt? Nun, weil China eben auch in Sachen »Arbeit und Soziales« einen enormen »Multiplikator« vom bescheidenen durchschnittlichen Einkommen zur breiten sozioökonomisch-ökologischen Performanz entwickelt hat, sich selbst in eigener Regie von einem Ort der Billiglohn-Produktion des »Westens« emanzipiert und zu einer sozialen Führungsmacht hinaufentwickelt hat. Die bekannten medialen »Totschlags«-Argumente im neoliberalen Finanzkapitalismus: »kein Geld«, »zu teuer« oder »wettbewerbsschädlich« gelten hier einfach nicht, werden daher auch nicht akzeptiert. Befreit vom Austeritätsregime und Umverteilungspostulat (nach oben) kann man sich auf den Weg machen zu realisieren, was man für richtig hält.

So wird bei der Wochenarbeitszeit, unter aktiver Förderung des Staates, in Hightech-Unternehmen mit der Vier-Tage-Woche bei vollem Lohnausgleich experimentiert.[7] Die tägliche Arbeitszeit ist strikt auf acht Stunden begrenzt. Die Befristung von Arbeitsverträgen unterliegt strengeren Beschränkungen als in Deutschland, wo sich ein Ex-Bundeskanzler dafür lobt, dass er den »besten« Niedriglohnsektor Europas hergestellt hat. Leiharbeitnehmer erhalten in China ein absolutes »Equal Pay«, also den gleichen Lohn für gleiche Arbeit. Das Renteneintrittsalter liegt für Männer bei 60 Jahren, für Frauen bei 55, was ein Traum bleiben wird für deutsche Arbeitnehmer*innen und Gewerkschaften. »Können wir uns nicht leisten!«, »Kein Geld da …«

Und auch deshalb zieht die westliche Billigproduktionskarawane weiter

Früher haben die großen westlichen Unternehmen in China hohe Gewinne aufgrund von Billiglöhnen und lascher Umweltschutzregeln eingestrichen. Es ist also kein Wunder, dass sie heftig gegen sozialen Fortschritt und das neue chinesische Arbeitsrecht Sturm gelaufen sind – dabei sollte es den Arbeitsmarkt lediglich auf den Stand der ILO-Normen bringen, die ihre eigenen Regierungen ja auch unterzeichnet haben.[8] Genutzt hat ihnen dies in China nicht, und die Klagen über Chinas schwindende internationale Wettbewerbsfähigkeit haben dem Land nicht geschadet. Im Gegenteil: Die sozialistische High Road der Entwicklung, die eben nicht am »Kein Geld da!« scheitert, erweist sich gerade als deutlich nachhaltiger und effektiver als die »neoliberale Low Road«.

Anfang 2019 hat auch der taiwanesische IT-Großkonzern Foxconn China in Richtung USA verlassen, möglicherweise nicht ohne politischen Druck aus Washington. Allerdings sind in Wisconsin, mitten in Trumps USA, die Löhne der entrechteten und verarmten Arbeiter inzwischen auch schon geringer und die Umweltstandards niedriger als in China. [9] Aufstieg und Abstieg eben ...

Nicht nur gleiche »Berechtigung«, sondern gleiche Arbeits-, Einkommens- und Gründungsbedingungen für Frauen

Chinas weiter Weg aus Feudalismus, kolonialer Zerstörung und Rückständigkeit in ein vorbildliches, weil ILO-konformes, zukunftsweisendes Arbeitsrecht und eine entsprechende Arbeitsrealität ist auch der Weg zur Gleichheit der Frauen im Arbeitsleben.[10] Dazu nur wenige symptomatische Highlights:

- China weist eine der weltweit höchsten Erwerbsbeteiligungen von Frauen auf. Drei Viertel aller Chinesinnen im Erwerbsalter gehen einer Erwerbsarbeit nach und genießen finanzielle Unabhängigkeit: China ist laut *Global Gender Report* auf Rang 20 der Länder (Deutschland 46); bei den Verdienstmöglichkeiten für Frauen liegt China auf Rang 35 (Deutschland 49).[11]
- Eine Mehrheit der fast 30 Millionen Studierenden in China ist weiblich.
- Ein Viertel aller Unternehmer in China ist weiblich; 51 der weltweit 89 Selfmade-Milliardärinnen kommen aus China; in keinem Land der Welt haben es mehr Frauen zu so viel Reichtum gebracht[12] (zur Reichtums-Rückverteilung siehe oben).
- 55 Prozent aller Internetfirmen sind von Frauen gegründet und geleitet. In den Führungsebenen des IT-Sektors sind mehr als die Hälfte Frauen.[13]
- Mittlere und hohe Managementpositionen chinesischer Unternehmen werden insgesamt zu 44 Prozent (2013) von Frauen besetzt – auch ohne endlose, ermüdende Diskussionen mit Staatsvorschriften über »Frauen in Führungspositionen« und »Quotenfrauen«.

»Diskriminierung, Missachtung und Missbrauch von Frauen« (Art. 2, Chinesisches Gesetz über den Schutz der Rechte und Interessen von Frauen) werden in der Tat hart verfolgt und bestraft. Eine menschenfeindliche und kriminelle pornografische Schattenwelt wie im »freien Werte-Westen« mit unbegrenzter Frauenerniedrigung bis hinein in ein »Darknet«, das nur eine ziemlich kaputte Gesellschaft hervorbringen kann, nein, das alles existiert in China nicht. Armes, unfreies Land! Das Verhältnis von Frauen und Männern ist vor diesem Hintergrund auch im Alltag ganz und gar nicht sexistisch aufgepumpt, ist daher frei von Konkurrenz und Missgunst und allgemein recht problemlos und entspannt.

Chinas Versuch, einen Beitrag gegen die globale Überbevölkerung zu leisten: Von der »Ein-Kind-Politik« und ihren Nebeneffekten zur »Zwei-Kind-Politik«

Wie wir schon in einer Reihe anderer zentraler Politikbereiche gesehen haben (und noch weiterhin sehen werden), hat China auch in der zentralen Menschheitsfrage der globalen Überbevölkerung als einziges Land der Welt versucht, einen Beitrag zur Lösung der kollektiven Probleme zu leisten. Während vergleichbare Länder wie Indien ihre praktisch ungesteuerte Bevölkerungsexplosion fast 1:1 in Armut, erneut wachsenden Hunger und zunehmende Abhängigkeit von Außenhilfe »transformieren«, hat China zumindest ein weiteres großes Experiment gewagt.

Die Ein-Kind-Politik wurde 1979/80 eingeführt und offiziell 2015 endgültig wieder beendet, nachdem die Regelung schon seit einigen Jahren sukzessive abgeschwächt worden war. Die Kinder aus der Ära der Ein-Kind-Politik sind heute also im Alter zwischen fünf und 40 Jahren. Dies umfasst die gesamte jüngere und mittlere Generation.

Zur Ein-Kind-Regel gab es allerdings auch immer Ausnahmen. So durften Paare ethnischer Minderheiten und Paare in ländlichen Regionen immer zwei Kinder haben. Und schon 2004 wurde die Regelung insgesamt etwas gelockert. In Shanghai zum Beispiel durften Geschiedene und wiederverheiratete Partner Nachwuchs bekommen, auch wenn sie schon je ein Kind aus früherer Ehe hatten. Ab 2013 wurden weitere Lockerungen vorgenommen. Beispielsweise durften Ehepaare, bei denen ein Partner Einzelkind war, schon zwei Kinder bekommen. Ab 2016 war die Ein-Kind-Politik offiziell endgültig beendet. Seitdem darf jedes Paar zwei Kinder haben.

Seit 2018 wird nun sogar erwogen, eine Drei-Kind-Politik (drei Kinder als Obergrenze) einzuführen, um den inzwischen eingetretenen allgemeineren modernisierungsbedingten (oder wohlstandsbedingten) Geburtenrückgang aufzuhalten.[14] Über längere Ausbildungszeiten, neue Möglichkeiten für Berufskarrieren von Frauen sowie über die neuen Einkommens- und Konsummöglichkeiten hat sich nämlich die Wachstumsrate der Bevölkerung aus allgemein bekannten sozioökonomischen Gründen ohnehin verringert, wie es auch aus anderen wirtschaftlich erfolgreichen Ländern (die sich meist allerdings auf weit höheren Pro-Kopf-Einkommensniveaus befinden) bekannt ist, und die zum Beispiel auch in Deutschland wirken. Daher will man nun zum Teil bereits in die entgegengesetzte Richtung Anreize setzen. Auch in Deutschland, dessen Bevölkerung sich seit Längerem mit einer so geringen Rate reproduziert, dass die Bevölkerungszahl abnimmt, hat man mit flexiblen Elternzeiten und finanziellen Anreizen entgegenzusteuern versucht. Deutschlands »Geschäftsmodell« scheint aber seit den 1960er-Jahren und weiterhin eher auf der Immigration und aktiven Anwerbung junger, bereits im Ausland qualifizierter Arbeitskräfte (Italien, Griechenland, Spanien, jetzt auch Syrien und anderen) zu bestehen.

Hinsichtlich der Bevölkerungsentwicklung war Chinas Ein-Kind-Politik erfolgreich. 2012 betrug die Geburtenrate im Durchschnitt 1,55 Kinder pro Frau, damit stand China beim Bevölkerungswachstum an der 181. Stelle von 224 Ländern.[15] Nach Angaben der chinesischen Regierung hat das Experiment allein zwischen 1994 und 2004 die Zahl der Geburten um 300 Millionen verringert. Das angestrebte Ziel einer Bevölkerungszahl von 1,2 Milliarden wurde bis 2014 allerdings immer noch um etwa 150 Millionen überschritten.

Immerhin zeigt Chinas Bevölkerungskurve eine klare Stabilisierung und eine konstante Bevölkerungszahl ab 2022, insbesondere etwa im Vergleich zu Indien, dessen Bevölkerungsexplosion, bei weit geringerer öffentlicher Problemlösungsfähigkeit, unvermindert fortschreitet und das China in zwei Jahren als bevölkerungsreichstes Land der Welt abgelöst haben wird.[16]

Wichtig für die Lockerungen und die anschließende endgültige Beendigung der Ein-Kind-Politik waren aber auch die unvorhergesehenen Nebenwirkungen, die schnell zu ersten Reaktionen und Anpassungen in der chinesischen Bevölkerungspolitik führten. In China ist eine rationale und selbstbestimmte Geburtenplanung im Prinzip nicht durch religiöse Fragen oder irgendwelchen Aberglauben behindert, und damit war auch jedem Ehepaar stets frühzeitig das Geschlecht des kommenden Kindes bekannt. Eine alte Tradition in der konfuzianischen Ethik, die die Betonung auf die männliche Erbfolge legte, aber wirkte offenbar doch noch stark genug nach, sodass viele weibliche Embryonen abgetrieben wurden (im Höhepunkt angeblich bis zu 50 Abtreibungen pro 100 Geburten). Die freie, auch vorurteilsfreie, weltliche und rein wissenschaftlich orientierte Geburtenpolitik in China ließ solches wohl auch zunächst noch zu. Allerdings wurde dann eine Zeit lang doch die frühzeitige Bestimmung des Geschlechts eines Fötus von der Regierung unterbunden.[17]

Die Einseitigkeit der Wertschätzungen zugunsten männlicher Nachkommen implizierte ebenso, dass die männlichen Einzelkinder von ihren Eltern und Großeltern übermäßig beschützt und verhätschelt aufwuchsen.[18] So entstanden Generationen von Jungen – auch die kleinen Kaiser genannt –, die eine möglichst gute Ausbildung, Karrieremöglichkeiten, Einkommens- und Konsummöglichkeiten in die Wiege gelegt bekamen. Die negativen langfristigen Folgen dieser Entwicklung wurden inzwischen vielfach beklagt, die insbesondere im verstärkten Auftreten individualistischer und egozentrischer Verhaltensweisen gesehen wurden. Die »kleinen Kaiser« wiesen oft eine relativ geringe Sozialkompetenz auf, so die Kritiker. Dass sich China solche Entwicklungen nicht auf Dauer würde leisten können, lag auf der Hand.

Im Ergebnis verschob sich natürlich auch das quantitative Verhältnis von Jungen zu Mädchen, im Jahre 2009 kamen auf jedes neugeborene Mädchen 1,2 Jungen – mit dem nächsten Folgeeffekt, dass in der jüngeren und mittleren Generation heute die

Mädchen sogar im Vorteil sind und stark umworben werden. Im Sekundäreffekt entstehen also auch kleine Kaiserinnen.

Das etwa 30 Jahre andauernde bevölkerungspolitische Experiment ist dennoch nicht als gescheitert anzusehen. Es bleibt ein Beitrag zur Lösung eines der drängendsten Menschheitsprobleme. Hochgerechnet auf die Weltbevölkerung läge der oben genannte quantitative Effekt in China (300 Millionen Einwohner weniger) bei etwa 1,5 Milliarden Menschen weniger, die die Erde bevölkern würden.

Heute liegt die durchschnittliche Geburtenrate in China, allerdings mehr durch sozioökonomische Faktoren als auch durch die aktive Bevölkerungspolitik bedingt, bei 1,6 Kindern pro Elternpaar, sodass die Bevölkerung langsam schrumpft.[19]

Ganz eindeutig aber hatte die Ein-Kind-Politik auch soziale Kosten, die heute verstärkt zu Buche schlagen. Zugespitzt formuliert: Die verhätschelten Prinzen und Prinzessinnen aus der Ära der Ein-Kind-Politik gilt es heute nachträglich von Narzissmus, Egoismus, Individualismus und Konsumerismus abzubringen und zu sozialverträglicherem, ökologisch nachhaltigem Verhalten hinzuführen. Wir kommen im dritten Teil bei den Zukunftsaussichten des Landes darauf zurück.

Allerdings könnten weitere sekundäre Rückwirkungen sowohl der Ein-Kind-Politik als auch des sozioökonomisch bedingten Reproduktionsverhaltens sich auch im System der Alterssicherung niederschlagen. Die geringen Verrentungsalter in China (bei 60 beziehungsweise 55 Jahren, siehe oben) lassen sich möglicherweise so absehbar nicht mehr halten. Man darf mit Sicherheit davon ausgehen, dass dazu in China gerade intensiv gerechnet und politisch geplant wird.[20]

Umfassende soziale Mobilisierung: Inklusion, Partizipation und eine substanzielle Demokratie der Zukunft

Wir haben im Gastbeitrag zum chinesischen Arbeitsrecht und zu den Arbeitsbedingungen sowie in den Ausführungen zu den Lohn- und Einkommenserhöhungen, Steuererleichterungen, Sozialversicherungen und Maßnahmen der Rückverteilung schon gesehen, wie sehr die sozialen Bewegungen der Arbeiter und Angestellten, in der Regel unterstützt von den jeweiligen betrieblichen und gebietskörperschaftlichen Gliederungen der KPCh oder der KPCh insgesamt mit ihren 90 Millionen Mitgliedern, die soziale Entwicklung des Landes vorangetrieben haben. So ist es bei jeglichen sozialen Bewegungen durchaus üblich, dass Arbeiter und Angestellte die KPCh und die Zentralregierung auf ihrer Seite sehen, während die Unternehmensspitzen allerdings oft die lokalen und provinziellen Regierungen, deren »Champions« sie sind, auf ihrer Seite haben.[21]

Wie wir im vertiefenden Gastbeitrag von Dr. Rolf Geffken erfahren können, ist China das streikfreudigste Land der Welt.[22] Dabei sind Streiks nicht nur weniger stark reguliert als in Deutschland, ihr Themenspektrum ist auch umfassender auf die Arbeits- und Lebensbedingungen der arbeitenden Menschen bezogen. Gestreikt wird für alle möglichen Ziele: für höhere Einkommen, bessere Arbeitsbedingungen, größere Sozialversicherungsleistungen der Unternehmen und sogar für mehr Investitionstätigkeit und Innovationen der Unternehmen – in der Regel unterstützt von der KPCh.

Die beschriebene soziale Mobilisierung ist nicht nur Element der innovativen chinesischen Entwicklungsdynamik. Viele chinesische Kommentatoren sehen sie sogar als Instrument zur Steigerung der staatlichen Handlungskapazitäten.[23] Damit verweisen sie auf einen engen Zusammenhang von Gesellschaft und Staat, der aber ganz sicher keine Einbahnstraße ist.

Das Mosaik, das wir hier zusammensetzen, soll jedoch keine umfassende Harmonie vorgaukeln, es ist und bleibt eines von sozialem Konflikt zwischen Arbeitern und kapitalistischen Eliten, in dem lokale und provinzielle Behörden nur allzu gerne aufseiten eines »störungsfreien« Managementablaufs stehen.[24] Wer es so sehen will: China bleibt auf absehbare Zeit eine Klassengesellschaft, mit mehreren Hundert Millionen Arbeitern und Angestellten, Dutzenden Millionen selbstständigen Gründern und einigen Millionen großer und kleiner Kapitalisten, und die ist notwendigerweise durch Klassenkampf geprägt. Aber, wie der schon zitierte italienische Philosoph Domenico Losurdo sagt: Die Kapitalistenklasse ist nicht an der Staatsmacht und wird dies absehbar auch nicht sein.

Das mag bereits erklären, warum der chinesische Staat keine einseitige, sozial enge, strukturell bremsende, kurzfristige, sozialen und ökologischen Fortschritt verhindernde Orientierung hat. Möglicherweise genau dadurch haben die Arbeiter und Angestellten in China nach Werner Rügemer bereits »mehr erreicht als ›unabhängige‹ und ›freie‹ Gewerkschaften im Westen«.[25]

Diese hoch mobilisierte Arbeitnehmerschaft und Gesellschaft insgesamt ist, für den Ausländer in China auch durchaus spürbar, sowohl konflikt- als auch kooperationsfähig und -bereit, und lässt sich anscheinend keinesfalls mehr »die Butter vom Brot nehmen«, wie wir auch noch weiterhin illustrieren werden. Eine in den sozialen Medien und über andere Kanäle intensiv diskutierende Öffentlichkeit ist zu einem sozialen Kernakteur in China geworden, der in intensiver Interaktion mit der Politik steht und eine hohe Sensibilität zeigt in Bezug auf Ethik, Lebensqualität, Umweltschutz und zukunftsweisende Lebensplanungen.[26]

Dies kontrastiert scharf mit dem Bild, das die westlichen Medien von China als »Autokratie«, »Diktatur«, »Polizeistaat« oder »Gefängnis« malen. Ein anderer westlicher China-Beobachter kommentiert diesen Kontrast folgendermaßen: »Die [chinesischen] Bürger haben viel mehr zu sagen, wie ihr Land regiert werden soll, als jene im Westen.«[27] Wir werden noch sehen, was der chinesische Weg der sozialen Mobilisierung und Partizipation konkret auf lokaler Beteiligungsebene bedeutet.

Was wir hier aber erkennen können oder auch nur ahnen, muss in letzter Instanz auch zurückwirken auf unser eigenes Verständnis von »Demokratie«, das immer noch gefangen ist in den formalen, verknöcherten Ritualen eines weitgehend neoliberalen Parteienoligopols und eines abgehobenen Vertreterparlaments. Ein Verständnis, in dem wir uns massenhaft bereits damit abgefunden haben, uns nach jeder Wahl von den Parteien, Koalitionen und Regierungen betrogen zu fühlen, und uns abgewöhnt haben, noch irgendwelche fortschrittlichen Veränderungen von der Politik zu erwarten. Wir haben uns bescheiden gelernt und uns in unseren Lebensnischen eingenistet.

Unsere Fantasien müssen sich aber öffnen für neue, substanzielle Formen einer Demokratie der Zukunft, die ohne direkte soziale Mobilisierung und Partizipation nicht möglich sein wird. Wenn wir weiter warten, dass die G7 oder die UNO unsere Menschheitsprobleme lösen, wird die Menschheit das Ende dieses Jahrhunderts wohl kaum noch erleben. Wenn wir uns weiter unseren aus Resignation angeeigneten Tabus unterwerfen und uns einer gedanklichen Öffnung verweigern, dann werden die Energien und hoffnungsvollen Ideen unserer Kinder und Enkel, der »Fridays-for-Future«-Generation vergeblich sein. Die »Fridays-for-Future«-Schüler scheinen es gerade zu begreifen. Unsere letzte Hoffnung?

Kapitel 6

»Arme Bauerndörfer und Monsterstädte!« Regionale Angleichung und Aufholung, neuartige Kooperationsregionen, lebenswerte Megacitys, neue Wälder um neue Hochhäuser, und das »Netzwerk der 300 grünen Städte«

Infrastruktur-, Industrie- und Bevölkerungspolitik als Regionalpolitik

Eine der »großen Divergenzen«[1] auf der Welt, das Gefälle zwischen Stadt und Land und die strukturelle Unterentwicklung des Landes im Vergleich zu den urbanen Gebieten, wird in China heute beseitigt. Selbst deutsche Politiker, die ja anscheinend auch gelegentlich mal selbst nach China fahren und China nicht immer nur aus der Ferne be- und aburteilen, berichten über »bemerkenswerte Fortschritte«, die in den ländlichen Gebieten Chinas gemacht werden.[2]

Von zentraler Bedeutung sind in diesem Zusammenhang Chinas öffentliche Banken, die auch hier nicht einfach als kurzfristige Gewinnmaximierer agieren, sondern sogenanntes patient capital anbieten (müssen), »geduldiges Kapital«, das für nationale Entwicklungsvorhaben eben keine kurzfristige Maximalrendite verlangt.

Die räumliche Bevölkerungsverteilung zwischen Stadt und Land ist in der Tat unmittelbarer Gegenstand der Politik der Zentralregierung: Etwa 60 Prozent der Bevölkerung sollen mittelfristig in Städten leben. Dahinter stehen Überlegungen zu einer leistungsfähigen und nachhaltigen Raumstruktur und zu einer Angleichung der Pro-Kopf-Einkommen in den verschiedenen (ländlichen und urbanen) Provinzen.[3]

Aber auch die Verteilung der Bevölkerung zwischen den Städten und damit das gesamte Städtesystem kommen heute auf den Prüfstand. Zwischen 27-Millionen-Städten und kleinen als »unentwickelt« angesehenen Städten von im Schnitt weniger als einer Million Einwohner tun sich entwicklungspolitisch insgesamt fünf definierte Stadtebenen auf.

So wurde lange Zeit Raumplanung gemacht. Dieses System wird in China aber inzwischen als zu differenziert und eine zu große Bevölkerungskonzentration befördernd betrachtet.[4] Viele Städte werden inzwischen schlicht als zu groß erachtet, mit einer Überkonzentration an großen, vor allem staatlichen Unternehmen.

Neuartige Kooperationsregionen

Wir haben oben über die neue dezentralisierte Regierungsregion, die Kooperationsregion »Jing-Jin-Ji« mit ihren 130 Millionen Menschen in der Provinz Hebei berichtet. Eine hochkomplexe, integrierte Planung von Verkehrsströmen, Versorgungsleistungen und Infrastrukturen dezentralisiert die Siedlungsstrukturen und verringert die Verkehrsbelastung, indem Millionen von Arbeitsplätzen aus dem überlasteten Beijing hinaus verlagert werden. Beijing wird als Zentrum von Kultur und Technologie, Tianjin als Zentrum von Produktion und Handel sowie die ganze Provinz Hebei für Wohnungen, Betriebe und regionalen Lebensmittelanbau entwickelt. Hochgeschwindigkeitszüge verbinden die Zentren in maximal einer Stunde Fahrzeit, und endlose Staus und Smogalarm gehören in Beijing absehbar selbst im Winter der Vergangenheit an. Regional- und Stadtpolitik sind insoweit auch integrierte Umweltpolitik. Erst 2015 verkündet, wurde schon ab 2017 damit begonnen, Regierungssitz, Ministerien, Universitäten, Krankenhäuser und bis zu 1200 Industriebetriebe aus Beijing in neue Gebiete umzusiedeln.

Mit sogenannten polyzentrischen und funktional differenzierten Regionalstrukturen hat man seit Langem experimentiert, beginnend mit sogenannten Speziellen Wirtschaftszonen der frühen 1980er-Jahre, »Stadt-Clustern« am Perlenfluss und am Jangtse-

Flussdelta und anderen regionalen Pilotprojekten in den 1990er-Jahren. Seit Beginn der 2000er-Jahre entstehen, auch in Verbindung mit der Reform des Hukou-Systems, etwa ein Dutzend neuer regionaler Kooperationen zwischen Städten und ihren Umlandregionen auf Basis beschlossener Konzepte, Pläne und manchmal sogar nationaler Gesetze. Ein solcher Plan ist etwa der »ökologische Plan der Poyang Seeregion« für die Kooperationsregion des »Mittleren Jangtse« mit den Großstädten Wuhan und Changsha und dem kleineren Nanchang.[5]

So werden mit neuartigen Kooperationsregionen die auch bei uns bekannten negativen Seiten von isoliertem und konkurrenzlichem Lokalismus, Regionalismus und Föderalismus überwunden und die öffentlichen Handlungsstrukturen den Größenordnungen der jeweils relevanten Probleme, der räumlichen Reichweite der zu bewirtschaftenden Kollektivgüter flexibel angepasst. Gegenseitige öffentliche Blockaden von Gebietskörperschaften, wie sie prominent im deutschen Föderalismus zum Beispiel bei der Problematik des Länderfinanzausgleichs bei einer wünschenswerten »Neugliederung des Bundesgebietes« nach Art. 29 GG oder bei kommunalen Gebietsreformen (zum Beispiel in der Stadtstaatenproblematik) wirken, können so angegangen und nachhaltiger gestaltet werden.

Megacity-Management: Neuartige Stadtplanung und Stadtökologie – von »Smart Citys« zu »Wise Citys«

Während meines ersten Aufenthaltes in China traf ich auf einer Konferenz in Beijing zufällig einen britischen Kollegen wieder. Ich: »Was machen Sie hier?« Er: »Ich arbeite an der Chinesischen Akademie der Wissenschaften und lebe in Beijing.« »Kann man denn hier leben, in dieser Monsterstadt?« Er: »Sehr gut sogar. Sie sehen die chinesischen Städte falsch. Ich wohne in einem angenehmen Wohnviertel im Zentrum der Stadt, habe gute Nachbarn und neue Freunde gefunden.« »Ja, aber dieser Verkehr!? Ständig Staus!« »Ich habe kein Auto, sondern mein Sportrad. Und erschließe mir diese Stadt immer mehr und ganz bequem mit dem

Rad – ganz ohne Staus.« Er genoss sichtlich mein Erstaunen. Oha, das musste ich erst einmal verdauen … und lenkte das Gespräch um auf sicheres Terrain, auf die beiden Vorträge, die wir am Nachmittag noch zu halten hatten. Seitdem fielen mir jedenfalls die vielen breiten Fahrradwege in Beijing ins Auge, großzügig und sicher abgetrennt vom Autoverkehr. Leihfahrräder sind in der Innenstadt an jeder Straßenecke verfügbar.

Ein gutes, nachhaltiges Management von Kooperationsregionen mit mehr als 100 Millionen Menschen, aber auch der einzelnen Megastädte mit 15, 20 oder 25 Millionen Menschen, erfordert, wie bereits mehrfach angesprochen, eine neue, ganz eigene Qualität von Wissen und Analysen, vor allem von Kenntnissen des durchschnittlichen Verhaltens der Menschen im öffentlichen Verkehr, ihres Einkaufs- und Freizeitverhaltens und ihrer durchschnittlichen Zeitgestaltung im Tages-, Wochen-, Monats- und Jahresverlauf – gemeinhin als »Big Data« bezeichnet.

Die Albträume kapitalistischer Megastädte, in Südostasien etwa, mit ihren explodierenden Slums, ihrer Unregierbarkeit und ihrer teils völlig fehlenden Lebensqualität[6] kann die chinesische Stadtpolitik jedenfalls verhindern.[7] Daher werden chinesische Städte zu intelligenten, auch elektronisch verkehrsgesteuerten »Smart Citys« ausgebaut, in denen durchschnittliche Bewegungen der Menschen registriert und ausgewertet werden. Die entsprechende Cyber-Infrastruktur ist eingebettet in zahlreiche interdisziplinäre Forschungsprojekte zur Ermittlung der Raum-Zeit-Wahrnehmungen und entsprechenden Verhaltensweisen der Menschen. Erklärte Ziele sind die Verbesserung der Lebensqualität, des sozialen Zusammenhalts und der urbanen Governance.[8]

All diese Dinge werden in China in öffentlichen Debatten, wissenschaftlichen Konferenzen, öffentlich zugänglicher Literatur und bei konkreten Maßnahmen breit und kritisch diskutiert. Dennoch glauben westliche Medien offensichtlich die chinesische Wahrheit besser zu kennen und genau zu wissen, dass in China nur eine neue Überwachungsdiktatur beabsichtigt ist. Wer sich mühselig endlich von der psychologisch-emotional-suggestiven »gut-böse« Aufrührerei des westlichen Meinungsjournalismus (»Unsere Smart Citys: gut! Chinesische Smart Citys: Diktatur!«)

befreit hat, kann mit Blick auf die chinesische Entwicklung jedoch feststellen: Sogar die größten chinesischen Megastädte sind wohlorganisiert und gut gemanagt, keine der bekannten »Dritte-Welt-Moloche«, vielmehr überraschend saubere und vielfältige Städte mit guten Erhaltungsdienstleistungen und einer relativ entspannten Atmosphäre. Zu Gesichtserkennung und »Cyber-Diktatur« kommen wir noch.

Die interne Siedlungsstruktur ist geprägt jeweils durch Gruppen von Hochhäusern, jede in eigener Architektur und Farbgebung, jeweils ausgestattet mit vollständiger Infrastruktur und mit viel Grün aufgelockert. Die Hochhäuser beherbergen typischerweise eine Wohn-Gewerbe-Mischung, auch in den zentralen Stadtteilen. Neue Parks und Bäume überall, und zwar mit System. Es werden alle technischen Möglichkeiten genutzt, um Erfahrungen bei der Aufforstung und Begrünung anzuwenden. Seit 2017 entsteht so ein Green-Citys-Network aus 285 Städten im Land. Oder, wie es der Philosoph und Journalist André Vltchek beschreibt:

> »[Chinas] Städte wurden sauber, grün, ökologisch, voller öffentlicher Parks, Sportgeräte für Erwachsene und Kinder. Städtische Zentren fließen jetzt über von erstklassigen Transportgelegenheiten (allesamt ökologisch), von beeindruckenden Museen, Konzertsälen, exzellenten Universitäten und medizinischen Zentren [...] Keine Bettler, keine Slums, kein Elend. [...] Ausländer, die China zum ersten Mal besuchen, sind schockiert. China sieht viel wohlhabender aus als die USA oder England. [...] China braucht kein 50 000 $+ Einkommen, damit es ihm gut geht, um seine Umwelt zu schützen und eine große Kultur zu fördern.«[9]

Das finanzkapitalistische Prinzip der kurzfristigen Gewinnmaximierung der westlichen Bank- und Immobilienindustrie für jeden Quadratmeter Grund und Boden gilt bei so viel Aufgelockertheit und Vielfalt der städtischen Nutzungen offenbar nicht oder hat jedenfalls nicht die Oberhand.

Der ehemalige Chef-Städteplaner Barcelonas und internationale Stararchitekt David Gosset, der heute vor allem als Ideengeber für eine Ökologisierung, Humanisierung und den Rückbau von Großstädten in Erscheinung tritt, sagt bezeichnenderweise in einer Rede über mögliche Wege von AI-basierten »Smart Citys« zu ökologisch nachhaltigen »Wise Citys« beim Tianjin Forum 2017: »Das Land, in dem ich die meisten meiner Ideen realisieren kann, ist China.«[10]

Urbane Mobilisierung, Partizipation und Subsidiarität: urbane Nachbarschafts-Communities (Shequ)

Nachbarschaftlicher Austausch und Beziehungen sind in ländlichen Regionen grundsätzlich besser zu organisieren als in der eher anonymen Stadt: Das Dorf hat kleinere, besser überschaubare Netzwerke, daher traditionell ein höheres allgemeines Vertrauensniveau, und dadurch wiederum eine höhere soziale Verbindlichkeit. (Die Kehrseite starker institutioneller Kooperation kann natürlich stets soziale Kontrolle und die Verhärtung der sozialen Beziehungen sein.) Die Stadt aber ist in Wirklichkeit keineswegs eine große unstrukturierte, anonyme Masse. Auch der städtische Raum ist physisch und sozial vielfach strukturiert, in Stadtteile, Subzentren und Viertel sowieso, in Nachbarschaften und Straßen- oder Hausgemeinschaften.

In China liegt neben den familiären und Clan-Netzwerken, neben den früheren, traditionellen Arbeits- und Lebenseinheiten der Danwei und den weitläufigeren Guanxi-Netzwerken im Wohnumfeld eine weitere Ebene gesellschaftlicher (Selbst-)Organisation, Mobilisierung, Partizipation und Handlungsfähigkeit. Die urbane nachbarschaftliche Lebenswelt.

Moderne Formen von Einwohnerkomitees, die es seit Beginn der Volksrepublik gegeben hat, sind die sogenannten Shequ. Sie haben seit den 1990er-Jahren auch die Danwei ersetzt, die das gesamte Leben (einschließlich Konsum, Freizeit und sozialer Sicherheit) vom Arbeitskollektiv ausgestalteten. Die Shequ sind wohnbezogen. Ebenso wie es bei den Danwei der Fall war, ist es ihre Aufgabe und ihr Recht, staatliche Aufgaben durch gesellschaftliche Selbstorganisation zu übernehmen.

Damit lösen sich gleichsam die untersten Ebenen des Staates in die Gesellschaft hinein auf – übrigens ein gemeinsames Merkmal mit den früheren europäischen staatssozialistischen Staaten. Zivile, gesellschaftliche Organisationsformen etwa übernahmen in der DDR in Gestalt betrieblicher Komitees die untere Ebene der staatlichen Gerichtsbarkeit: Für leichte und mittlere Kriminalität wurde der Staat reduziert und tendenziell aufgelöst zugunsten von gesellschaftlicher (Selbst-) Organisation. Über Vergehen und kriminelle Handlungen im betrieblichen Kontext wurde von Komitees aus Kollegen und Kolleginnen Recht gesprochen. Die Urteile hatten typischerweise keine Gefängnisstrafen zur Folge, wie etwa in den USA, dem Land mit dem höchsten Bevölkerungsanteil hinter Gittern. Sie ermöglichten vielmehr die Fortsetzung der Arbeit, der sozialen Beziehungen und sozialen Integration. Damit konnten Bestrafte schneller rehabilitiert werden und liefen weniger Gefahr, einer lebenslangen Stigmatisierung sowie Folgekriminalität im und nach dem Gefängnis ausgesetzt zu sein.

Ähnlich verhält es sich mit den Shequ in chinesischen Städten heute, die für Beratung und Hilfe bei Geburtenplanung und Kinderversorgung, Frauengleichstellung, für ältere Menschen, Behinderte, Ärmere, für soziale Sicherung, Umwelt, Kultur und Erziehung, öffentliche Sicherheit und Konfliktmediation zuständig sind.[11] Sie sind dafür zuständig, Einkommensmöglichkeiten für Ärmere zu schaffen, und kümmern sich um Probleme von Haus- und Wohnungseigentümern (und das sind fast alle). Unterstützend sind die staatlichen Behörden in den Shequ vertreten, und die KPCh stellt parallel dazu eigene Shequ-Parteikomitees.

Möglicherweise wird hier ein Entwicklungspfad begangen, der zu weiterer sozialer Mobilisierung, erlernter Partizipation, zur Auflösung der unteren Ebene der staatlichen Bürokratie und am Ende, in einer veränderten, vielleicht einmal friedlicheren und entspannteren Weltlage zu umfassender substanzieller (direkter) Demokratie führen könnte.

Kapitel 7

»Größter Umweltverschmutzer!« Umwelt- und Klimaschutz: von der abhängigen Dreckschleuder des Westens zur ökologischen Führungsmacht – Ökorevolution an allen Fronten, Bäume, Bäume, Bäume und die »Waldameisen«-App ...

Abhängigkeit und Befreiung: von der verlängerten Werkbank des Westens zur ökologischen Emanzipation

»China, Umweltverschmutzer Nummer eins«, »Größter CO_2-Emittent« und ähnliche Meldungen aus einer vergangenen Zeit beherrschen immer noch die meisten offiziellen westlichen Medien. In der Tat ist China in seinem Aufstieg zur Nummer eins irgendwann mal in den letzten Jahren auch zum absolut größten CO_2-Emittenten (mit 28 Prozent aller weltweiten Emissionen) vor den USA (16 Prozent) geworden.

Die halbe Wahrheit kann aber eben auch eine ganze Lüge sein: Chinas Kurve der CO_2-Emissionen bricht nämlich bereits im Jahre 2011 ab, und die Emissionen erhöhen sich seitdem nicht mehr (anders als etwa im vergleichbaren kapitalistischen Indien, fester Bestandteil des imperialen Herrschaftssystems, und im weltweiten Durchschnitt).[1]

Solche absoluten Zahlen können zwar aus verschiedensten Gründen für ein Land sinken, etwa aufgrund umfassender Deindustrialisierung und umfangreicher »Offshore-Produktion« im Ausland, wie im Falle der USA und der anderen entwickelten westlichen kapitalistischen Staaten, die ihre emittierenden Industrien in Billiglohn- und Niedrigstandard-Länder ausgelagert haben, oder aufgrund drastischer Wachstumsverluste und absoluter Verringerung des Sozialprodukts, wie im Falle Russlands nach seiner prokapitalistischen Wende in den 1990er-Jahren. Bei China ist aber genau das Gegenteil der Fall, ein enormes Wachstum des Sozialprodukts und daher offensichtlich und logischerweise bereits eine Steigerung der ökologischen Produktivität, also eine Verringerung von CO_2 pro Produkteinheit. Während hier aber noch erhebliche technologische Verbesserungen möglich sind, und in großen Schritten realisiert werden, kommen wir noch auf Chinas international geringe Pro-Kopf-Emissionen zurück.

Einige Autoren behaupten sogar, China sei *der* Treiber der Klimakatastrophe und eines kommenden ökologischen Kollaps schlechthin, weil es aufsteigen und damit »unbedingt« wachsen wolle, weil es »herrschaftsbedingt« die Menschen zu massenhaftem Konsum verführen müsse, weil es einer »Investitionsmanie« folge und schließlich seine »Überkapazitäten« auch noch »exportieren« und sein Kapital in anderen Ländern anwenden müsse.[2] Die Umstellung von Kohle auf Gas in China bewirke nichts, das System sei sowieso ein Albtraum und brauche eine »echte« Revolution.[3] Statements wie aus einer anderen Galaxie, zumindest einer vergangenen Welt. Sie beruht in der Tat auf der Dissertation des Autors an der University of California Los Angeles aus dem Jahre 1989 (!). Offenbar aber immer noch brauchbar für eine Endlosschleife und verschiedenste Neuauflagen der These, dass das chinesische System nicht funktionieren werde. Gut genug auch dafür, hiesige Journals und Massenmedien mit Varianten des Narrativs zu versorgen, dort sei alles noch viel schlimmer als befürchtet. Man fragt sich unwillkürlich, wann der Mann die Erkenntnisse einer 30 Jahre alten Arbeit endlich hinterfragt und den Realitäten des 21. Jahrhunderts anpasst.

Und immer spielt auch die Projektion des eigenen Wahrnehmungshorizonts und der Entwicklungsperspektiven des eigenen Systems auf »das Andere« eine Rolle. Beispielsweise praktiziert Trumps Washington ein für alle Seiten zerstörerisches »America First«, aber viele westliche Medien gefallen sich darin, China zu unterstellen, eine »China-First-Politik« zu betreiben[4]. Sigmund Freud hätte seine helle Freude. Wir werden uns im Weiteren daher die ökologische Realität des heutigen Chinas in Fakten statt Fakes ansehen müssen.

Wollen wir den Zusammenhängen, Erklärungsfaktoren und Zukunftsaussichten der Umwelttätigkeit eines Landes näherkommen, müssen wir zunächst aussagekräftige »strukturelle« Indikatoren betrachten. Und stellen dann zum Beispiel fest, dass China bei den CO_2-Emissionen pro Kopf gerade mal auf Platz acht der Weltrangliste liegt – mit weniger als der Hälfte der Pro-Kopf-Emissionen der USA. Hier liegt es sogar hinter Deutschland und Japan und trotz seines überdurchschnittlich hohen Industrieanteils am Sozialprodukt nur noch knapp über dem Weltdurchschnitt.[5] Ein reines Dienstleisterland mit geringem Industrieanteil, wie Luxemburg oder die Schweiz, steht hier (bei der Pro-Kopf-Emission) natürlich gut da, unabhängig von der Größe der Bevölkerung.

Die mit westlicher Billigproduktion und entsprechend hohem Industrieanteil verbundene fast 30-jährige chinesische Geschichte einer kruden, abhängigen Ökonomie mit ökologisch schädlicher Massenproduktion, die Geschichte einer verlängerten Werkbank des Westens, lässt das Land gerade in großen Schritten hinter sich und weist nun einen steilen Anstieg auf das ökologische Effizienzniveau der entwickeltsten Industrieländer auf.[6] Dieser Trend ist stabil und lässt die klare Prognose zu, dass China schon in wenigen Jahren unterhalb des Emissionsniveaus (pro Produkteinheit) der reichsten kapitalistischen Länder liegen wird.

Die Energieeffizienzsteigerungen in China erkennt man unter anderem auch daran, dass das Wachstum des Energieverbrauchs auf ein Drittel des Wachstums des Sozialprodukts heruntergeschraubt werden konnte. So wird China auch im Hinblick auf den Energieverbrauch in wenigen Jahren erkennbar effizienter sein als die westlichen Industrienationen.[7]

Deren Geschäftsmodell bleibt es wohl eher, die eigene arbeitsintensive und ökologisch schädliche Billigproduktion von Massenwahren in die unterentwickelte Welt zu verlagern, um dann »an der Heimatfront« ökologisch gut dazustehen und gesündere Lebensverhältnisse zu haben. So wird etwa geschätzt, dass etwa 30 Prozent der Emissionsminderungen Deutschlands seit 1990 auf Produktionsverlagerungen nach China und in andere Länder zurückzuführen sind.[8] Soviel auch zum »Öko-Vorreiter« Deutschland.

Deutschland ist im Übrigen auch der drittgrößte Müllexporteur der Welt, nach den USA und Japan. Verbrennen sollen unsere Produktions- und Konsumreste die anderen – die CO_2-Emissionen schlagen damit auch nicht bei uns zu Buche. Aber auch damit hat China schon vor einigen Jahren Schluss gemacht.

Die führenden kapitalistischen Industrieländer, wie zunächst Großbritannien, dann die USA, haben sich im Zuge der Auslagerungsstrategie fast völlig deindustrialisiert. Aber in der Welt Trumps soll nun auch einfache Industrieproduktion wieder zurückgeholt werden, verbunden mit einer Umbewertung des Umweltschutzes: Steigerungen von CO_2-Emissionen wird man in Washington demnächst wohl wieder als Erfolgsbeweis verbuchen.

Tut man dem Kapitalismus mit dieser Bilanz Unrecht? Nein: Der die Welt beherrschende westliche Kapitalismus unter der Regie des Imperiums hat bei seiner Art der Globalisierung keine Sekunde daran gedacht, die ökologische Entwicklung global voran zu bringen. Anstatt neue, umweltschonende Technologien und Produktionsmethoden bereitzustellen, die allen hätten zugutekommen können, kümmerte man sich lieber nur um den eigenen »Vorgarten« (in US-amerikanische Hintergärten schaut man ohnehin besser nicht). In Folge dessen wurde die Welt nicht zuletzt wegen der ausgelagerten Produktionen der reichen Länder zu genau jenem ökologischen Desaster, das wir heute erleben.

Doch auch hier war China unter den Entwicklungsländern eine der wenigen Ausnahmen: Als eines der ärmsten Entwicklungsländer, war es der Logik der kapitalistischen Systeme zwar zunächst mehr oder weniger ausgeliefert. Die Rolle einer »outgesourcten« verlängerten Werkbank konnte es sogar relativ lange und relativ effektiv spielen, da es trotz Armut immerhin sozial integriert, organisiert und geordnet war und einheitlich agieren konnte. Aber China spielte die Rolle des Produktionshinterhofs eben auch »dialektisch« mit dem klaren nationalen Entwicklungsziel des Wiederaufstiegs und der Verbesserung der Lebensverhältnisse für seine Menschen: Dies sollte mit der Haltung des technischen, organisatorischen und Management-Lernens, der ständigen Weiterentwicklung von Produkten, der Verfahrensinnovationen und insgesamt der »High Road« der Entwicklung, allerdings auch mithilfe von Außenhandelsüberschüssen, gelingen.

China musste so den Westen immer stärker dazu bringen, ihm eben nicht nur einfach die schlimmste Dreckproduktion zu überlassen, sondern, in einer Gratwanderung zwischen günstigen Kosten einerseits und hoher Qualifikation und organisatorischer Effektivität andererseits, zwischen einem »Nehmen, was man kriegen kann«, und einem »Besseres Fordern«, zunehmend auch technologisch höherwertige bis hin zu spitzentechnologischer Produktion nicht nur *in* China, sondern zunehmend auch *mit* China durchzuführen. Und genau dies wurde auch immer attraktiver für westliche Technologiekonzerne, da sie mit einer qualifizierten, motivierten, gut organisierten, lernenden und, systemisch bedingt, flexiblen Arbeiterschaft, und entsprechendem Management, zu tun hatten. So etwas wissen auch westliche Großkonzerne zu schätzen, und beginnende sozialistische Entwicklung und hohe Produktionseffizienz schlossen sich in China nicht nur nicht aus, sondern auf lange Sicht und auf nationalem Niveau bedingten und bedingen sie sich sogar, wie China zeigt.

Vieles in diesem Prozess des immer aufrechteren Ganges wurde und wird China bis heute als »Technologieklau« angelastet, obgleich insbesondere ökologische Produktionstechnologien kaum nach China exportiert oder dort von den westlichen Unternehmen angewendet wurden und einige andere sensible Technologien, die nach China exportiert wurden, bewusst veraltet waren, wie der Fall der chinesischen Flugzeugindustrie zeigt, die durch die Lieferung überholter Technik bis in die 2010er-Jahre hinein um circa zwei Jahrzehnte zurücklag.

Tatsächlich haben die USA seit Beginn der VR China ein Technologieembargo über China verhängt, das China während seiner gesamten Entwicklung mehr oder weniger ausschloss von wichtigen technologischen Entwicklungen, außer vielleicht Konsumgütertechnologien.[9] China hat daher aus seiner Zeit des Aufbaus und der Kulturrevolution, wo es den Anschluss an den Beginn der Computertechnologie vorübergehend verpasste, keine eigenen Patente, vor allem im Bereich der Basis-Computertechnologie, und im Zweifel, wenn überhaupt, alle Patente und Lizenzen vom Westen teuer erwerben müssen.[10] Deshalb ist China übrigens auch heute noch einer der größten Zahler von Lizenzgebühren der Welt. Und kein westliches Unternehmen hat jemals wirklich Spitzenwissen in sensiblen Bereichen freiwillig nach China transferiert (oder auch nur transferieren dürfen).[11] Erst seit den 2000er-Jahren konnte China wieder an seine jahrtausendelange technologisch-wissenschaftliche Spitzenposition anknüpfen, und im Bereich der Spitzentechnologie wieder Anschluss finden, um demnächst in allen Technologiefeldern mit führend zu sein. Aktuell zeichnet sich bereits ab, dass das Land in vielen Bereichen die Führung übernommen hat und westliche Technologien umgeht beziehungsweise überholt.[12] Der erneute Technologiekrieg der USA soll Chinas Aufstieg zur Nummer eins nun quasi in letzter Minute stoppen, etwa durch den Ausschluss chinesischer Wissenschaftler und Unternehmen vom Internationalen Astronautik Kongress in Washington im Oktober 2019.[13] Wirtschafts- und Technologiekrieg aber bietet natürlich keine Lösungsperspektive. Das werden die USA möglicherweise noch am ehesten schmerzlich merken.

Zur einer gezielten nationalen ökologischen Emanzipation hat der Kapitalismus jedenfalls keinem einzigen Entwicklungsland jemals verholfen, obwohl Länder wie Deutschland natürlich gerne und gute Ökotechnologien verkaufen – für den Entwurf und die Umsetzung einer nationalen »Öko-Entwicklungsstrategie« in den Entwicklungs- und Schwellenländern fehlte ihm selbst allerdings wohl der Wille oder das finanzielle Motiv, und in den letzten Jahrzehnten sicher auch die nötige kollektive Handlungskapazität.

Ökologisch emanzipieren musste sich China also auf sich allein gestellt, und es hat damit schon begonnen, als es noch ein Entwicklungsland auf sehr niedrigem Niveau des Pro-Kopf-Einkommens war. Heute ist es soeben erst in den Bereich der Länder mit mittleren Pro-Kopf-Einkommen aufgestiegen, diesbezüglich immer noch nur um die Nummer 70 im Länderranking. Ökologisch musste es also zunächst tief in die Knie gehen, bevor es genügend Einkommen, Wissen, Ersparnisse, Investitionen und Handlungskapazitäten kumuliert hatte, dass es zu einem wirklichen »Sprung nach vorn«, zur »ökologischen Weltmacht Nummer eins«, wie wir sehen werden, anheben konnte.

CO$_2$-Emssionen, Regulierung, Umweltmobilisierung und eine Marktwirtschaft, wie sie funktionieren könnte

Kommen wir zurück zum (angeblichen) »CO$_2$-Emissionsweltmeister« der Vergangenheit. Wir haben schon über die ökologisch ausgerichtete Stadt- und Regionalentwicklung berichtet. Die gesamte Stadt- und Regionalentwicklung in China unterliegt heute einer »Niedrig-Kohlenstoff-Pilot-Politik« (CLCP – China Low-Carbon Pilot Policy). Regionen und Stadtgrößen, Stadt und Land werden unter dem Aspekt der Minimierung der verkehrsbedingten CO$_2$-Emissionen neu zugeschnitten und verschiedenste Akteursbereiche und Politikfelder, Mobilität (Autos, Bahn, Flugzeuge), Industriepolitik, Raumplanung und Bauarchitektur oder Konsumverhalten, unter der Maßgabe niedriger CO$_2$-Emissionen vernetzt.[14]

China zeigt dabei zum Beispiel, dass Unternehmen, die aufgrund strengerer CO$_2$-Regulierungen gezwungen sind, in größere Effektivität und mehr Innovation zu investieren, mittelfristig wettbewerbsfähiger werden.[15] Ferner erfahren jene Provinzen und Städte, die das CLCP intensiv eingeführt haben – wie immer haben die Regionen auch hier Freiheitsgrade – ein höheres regionales Wachstum.[16]

So könnte und sollte Marktwirtschaft in der Tat funktionieren, als flexibler Anpassungsmechanismus an das, was die Menschheit braucht, will und an Entscheidungen vorgibt. So gesehen hat China die Marktwirtschaft besser verstanden als die große deutsche Regierungskoalition, die seit Jahrzehnten in Brüssel regelmäßig die kurzfristigen Profitinteressen der deutschen Automobilindustrie verteidigt und Verschärfungen ökologischer Abgasstandards zu verhindern sucht.

Die Zeiten, in denen wir Billigplastik aus China in den Händen halten, sind jedenfalls demnächst vorüber. Die kapitalistische Karawane der ökologisch nachteiligen Billigproduktion für Hunderte Millionen westlicher Geringverdiener muss weiterziehen, schon wegen höherer Löhne, und nun auch wegen immer höherer ökologischer Standards – in China ist kein Platz mehr für sie.

China setzt erfolgreich auf Umwelttechnologien als Wachstums- und Produktivitätstreiber, und die Provinzen und Städte werden in ein »Race-to-the-Top« »geschubst«. So beweist es, dass »marktwirtschaftlicher Wettbewerb« keineswegs zu einem »Race-to-the Bottom« führen muss. [17] China spielt sogar Planungen durch, zur Jahrhundertmitte (also im Jahre 2050) ein Land mit einer kohlenstofffreien Wirtschaft (Zero Carbon Economy) zu sein, bei vollem Erhalt seiner Entwicklungsziele.[18] Seine Emissionswerte werden planungsgemäß im Jahre 2030 ihr Maximum erreichen. Aber schon heute ist das Land bekanntlich der weltgrößte Erzeuger erneuerbarer Energien.

Kein Import westlichen Mülls mehr

Vorbei ist, wie schon gesagt, auch die Zeit, in der China bereit war, der Müllhaufen der westlichen Welt zu sein. Unsere Produktions-, Verpackungs-, Konsum- und Abfallorgien wurden bereits treffend als »imperiale Lebensweise« [19] beschrieben, und die Illusion, ein »ökologisches Bewusstsein« zu haben, können wir uns auch deshalb machen, weil wir den größten Teil des »zu recycelnden« Abfalls in weniger entwickelte Länder exportieren. In Zukunft müssen wir also andere Abnehmer finden, denn seit 2018 importiert China keinen Plastikmüll mehr. (Andere ostasiatische Länder sind bereits gefolgt.) Der wird jetzt in andere arme Länder verfrachtet, die es sich noch nicht leisten können, sich der Verseuchung durch den Westen und seinen »sauberen« Produktions- und Lebensstil zu erwehren.

Und für all das sorgt inzwischen nicht zuletzt das in China geförderte und erheblich gewachsene ökologische Bewusstsein, die ökologische Aufmerksamkeit der Bürger gegenüber den Firmen und der erhebliche ökologische Aktivismus – und ökologische Protest wo nötig.[20]

Kohle ade, Fotovoltaik, E-Mobilität mit und ohne Batterien

Wir haben davon berichtet, dass der Kohlebergbau bereits heruntergefahren wurde und viele Kohlekraftwerke in China stillgelegt wurden. Ja, die Luft ist sauberer in Beijing, Halskratzen ade. Wir haben auch vom Fotovoltaik-Weltmarktführer gesprochen, der allein auf Beijings Dächern mehr Solarstrom generiert als die Bundesrepublik Deutschland. Der Anteil erneuerbarer und kohlenstofffreier Energien wächst in China weiter dynamisch.[21] Im Jahr 2022 wird China nach einer Prognose des World Economic Forum (WEF) 40 Prozent der weltweiten sauberen Energie erzeugen.[22]

China ist der führende Produzent im Bereich der E-Mobilität, von E-Mobilen aller Art bis hin zu E-Lkw und E-Gabelstaplern. Verbleites Benzin wurde in China in den 1990er-Jahren innerhalb von einem Jahr (zwischen Beschluss und Vollendung) aus dem Verkehr gezogen. Die vorgeschriebenen Minimumstandards für Benzineffizienz sichern heute bei den noch dominierenden Verbrennungsmotoren, dass der Flottenverbrauch deutscher Autohersteller in China geringer ist als in Deutschland selbst![23]

Kein Wunder auch, dass es in China mehr als eine halbe Million Ladestationen für E-Mobile gibt. Und bereits ab 2019 müssen Autohersteller zehn Prozent ihrer Fahrzeuge als Elektroautos verkaufen. Dem chinesischen Autokäufer stehen dabei bereits 75 Elektroauto-Typen zur Auswahl. Die Nummernschilder, die in den großen Städten verlost werden (in Beijing im Jahr 2018 nur noch 100 000 neue Nummernschilder) sind in der großen Mehrzahl grüne Nummernschilder für Autos mit alternativem Antrieb, blaue Nummernschilder für Verbrennungsantriebe werden in den größten Städten gar nicht mehr ausgestellt.

So werden pro Jahr gut 20 Millionen Autos mit Verbrennungsmotoren aus dem Verkehr gezogen. In diesem Zuge hat die chinesische Regierung 2018 auch den Bau von 553 Automodellen, die von den chinesischen Autokonzernen, meist in Joint Ventures mit westlichen Autokonzernen entwickelt wurden und für die Serienproduktion vorgesehen waren, aufgrund zu hoher Verbrauchswerte verboten. Die Liste solcher Fakten, die in Deutschland jeder für sich eine mittelgroße Sensation wäre und einen aufgrund des langsamen Fortschritts in Deutschland in der Tat an einen schleichenden »Suizid der deutschen Autohersteller«[24] denken lässt, ließe sich fortsetzen.

Dabei wird an allen Fronten geforscht und entwickelt. Wir haben berichtet von den ersten Autobahnteststrecken der batterieunabhängigen E-Mobilität mit Solarpanelen und Induktionsstrom. Wir haben auch die Alternative wasserstoffbasierter Antriebe genannt. Innerhalb weniger Jahre wird jedenfalls der Export von Fahrzeugen mit Verbrennungsmotoren nach China beendet sein, und im Jahr 2050 soll es in China Verbrennungsmotoren nur noch im Museum zu besichtigen geben.

Und erst im Dezember 2019 verbreitete eine neue strategische Entscheidung der chinesischen Regierung über künftige Mobilitätstechnologien erheblichen Stress in der deutschen Automobilindustrie: Angesichts der immer deutlicher erkennbaren Kehrseiten der Massen-Batterieproduktion (weltweit schwieriges Lithium-Sourcing, hoher dauerhafter Stromverbrauch) für die etablierte E-Mobilität, will China nun technologieoffen voranschreiten.[25] Wasserstoff, Solarplatten-Induktion und andere Techniken sind damit nun offiziell der batteriebasierten E-Mobilität gleichgestellt, und Wasserstoff-Brennstoffzellen scheinen sogar für die langen Strecken besser geeignet, während die batterieabhängigen E-Vehikel wohl nur noch Kurzstrecken effektiv werden bedienen können. Während sich die deutsche Autoindustrie also nun gerade mal, nicht zuletzt mit Blick auf den Absatz in China und die chinesischen technologischen Fortschrittsvorgaben, auf E-Automobile umzustellen begonnen hat, bezeichnen deutsche Mobilitätsfachleute diesen nächsten größeren Schritt Chinas als »absolut richtig«.[26] Inwieweit aber die deutsche Autoindustrie die Planungs-, Investitions- und Umorganisations-Kapazitäten aufbringen kann, den nächsten großen strategischen Schritt der Mobilitätstechnologie mitzugehen, ist die große Frage, auf die Deutschlands Autoindustrie und Spitzenpolitik aktuell noch keine Antwort gefunden haben.

Neuerdings wird berichtet, dass China bereits die Produktion von E-Autos umstellt, um billige E-Mobile mit geringerer Lebensdauer zu reduzieren und die Produktion auf höhere Qualitäten mit längerer Lebensdauer umzustellen – was wohl wiederum die internationale Autoproduktion erneut unter Zugzwang setzt.[27]

Allenthalben wird daher nun in Industrie, Wirtschaftspresse und vom Wirtschaftsminister, auch in Richtung EU, danach gerufen, jetzt endlich eine deutsche und EU-weite Industriepolitik zu entwickeln (wir haben das bereits oben angesprochen). Erst dann könnten Deutschland/EU in der Tat eine öffentliche Handlungskapazität entwickeln, die sie auf Augenhöhe mit China brächte und sie befähigen würde, die Dinge gleichberechtigt und kooperativ statt feindselig-konfliktorisch mit China in die Zukunft zu entwickeln, statt unschlüssig zwischen Erpressbarkeit und allseitigen Abhängigkeiten hin und herzutaumeln. Die ideologisch-mentalen Schranken im neoliberalen Musterländle der Schmidt-Kohl-Schröder-Merkel, dies zu bewältigen, und die deutschen historischen »Gene«, den »Feind« immer im »Osten« zu suchen und zu finden, dürfen hier aber nicht unterschätzt werden.

Wir haben schließlich auch hingewiesen auf das größte und leistungsfähigste schienengebundene Hochgeschwindigkeitsnetz der Welt, das mit 30 000 Kilometern Trassen mehr als zwei Drittel des globalen Hochgeschwindigkeitsnetzes umfasst, das System der »Bullet Trains«, deren Geschwindigkeitsstandard im Moment bei 350 Stundenkilometern liegt und demnächst mit der soeben eingeführten neuen Generation von Zügen 450 Stundenkilometer sein wird. Das Streckennetz wird weiter rasant ausgebaut statt abgebaut wie in Deutschland, und Zugfahren ist so attraktiv, komfortabel, stressfrei, zuverlässig (Pünktlichkeit von über 99 Prozent) und schnell, dass es zahlreiche Fahrten des Individualverkehrs und bereits zahlreiche Flüge ersetzen kann.[28]

Verkehr auf die Schiene: Eine Million Diesel-Lkw werden aus dem Verkehr gezogen

Zur ökologischen Wende setzt China also vor allem auf den elektrifizierten Schienenverkehr. So sind E-Züge inzwischen auch Haupttransportmittel für Güter und werden nicht zuletzt auch im Warentransport zwischen Asien und Europa absehbar einen Teil des unsäglichen Schiffsverkehrs ersetzen. Die umweltschädlichen Lkw-Kolonnen, die sich in Deutschland Stoßstange an Stoßstange langsam über die rechten Spuren der deutschen Autobahnen quälen, sucht man in China vergebens.

Dazu passen die fast täglich neuen Meldungen von Chinas ökologischer Front. Um die CO_2- und Rußemissionen weiter zu reduzieren, werden in China, angekündigt im Januar 2019, bis Ende 2020 etwa eine Million Diesel-Lkw stillgelegt,[29] wie sogar die deutsche ARD-Tagesschau, die ja ansonsten selten ein gutes Haar an China lässt, berichtete.[30] Die Großverteilung übernimmt wie selbstverständlich die Bahn, die lokale Kleinverteilung E-Lkw verschiedener Größen.[31]

»Recycle to Ride«: U-Bahn-Ticket oder Handy aufladen für 20 leere Plastikflaschen

China sprüht förmlich von ökologischen Ideen und Experimenten: In Beijings U-Bahn-Stationen stehen zum Beispiel 400 (2018) spezielle Recycling-Automaten, die leere Plastikflaschen als Zahlungsmittel für ein Bahnticket akzeptieren.[32] Je nachdem, wie viel Leergut man dort abgibt, erhält man auch Gutschriften für die Bahntickets oder auch für Handyaufladung oder Handynetz-Nutzung. Die Automaten werden auch in Schulen, in Wohngebieten und in Einkaufszentren aufgestellt. 5000 Automaten sollen es bald sein. Und wenn es in China heißt »bald«, dann bedeutet das übermorgen und nicht in fünf oder zehn Jahren.

So motiviert man auch die »normale« Bevölkerung, nicht Obdachlose oder arme Rentner, die den Job bei uns machen müssen, jederzeit zu sammeln und zu recyceln. Es geht um die ökologischen Verhaltensweisen der Masse der Menschen. Und das Sammeln und Recyceln von Leergut macht vielen, zum Beispiel Schülern, Spaß, wenn sie sich damit Prepaid-Minuten aufs Handy laden können.[33]

Eine bösartige ökologische Diktatur und ein hinterhältiger Polizeistaat, wie man sieht, denn vermutlich dient das alles nur der Überwachung.

Inlandsflüge ade: Magnetschwebebahn demnächst mit 600 Stundenkilometern

Einer der größten Emittenten von CO_2 ist das Flugzeug(un-)wesen. Kurz- und Mittelstrecken sind in China heute bereits nur noch marginal im Vorteil gegenüber den »Bullet Trains«, die auf Distanzen wie der zwischen Beijing und Shanghai kaum noch Zeitnachteile aufweisen. Die neuen, 450 Stundenkilometer schnellen Züge werden den Vorteil des Inlandsfliegens weiter reduzieren.

In China ist die Technologie der Magnetschwebebahn am weitesten fortgeschritten (zusammen mit Japan). 2019 wurde nun eine neue, 600 Stundenkilometer schnelle Magnetschwebebahn vorgestellt, die ab 2021 in Serienproduktion gehen soll. Bisher gibt es nur wenige Magnetschwebebahnstrecken wie die legendäre Linie in Shanghai zwischen Flughafen und Innenstadt. Die neue Strecke wird nun das Fliegen zwischen Beijing und Shanghai vollends obsolet machen: Die Reisezeit beträgt 3,5 Stunden mit allen Nebenzeiten. Das Flugzeug braucht mit allen Nebenzeiten zwischen den beiden Städten 4,5 Stunden.[34]

Die Idee ist ausbaufähig. Längerfristig sollte das Fliegen auf kurzen und mittleren (Inlands-)Strecken einem überwundenen Karbonzeitalter angehören. Und der Strom für die Bahn darf zunehmend nicht mehr aus Kohleverstromung stammen. Wenn das ein Land schaffen kann, dann ist es, so wie die Dinge liegen, China.

Bäume, Bäume, Bäume … Aufforstung im großen Stil

Erwartet man als China-Neuling bei der Ankunft in einer Megacity die üblichen Multi-Millionen-Moloche vieler Entwicklungsländer Südostasiens, Lateinamerikas oder Afrikas, so wird man seinen Augen nicht trauen angesichts der Sauberkeit und Wohlgeordnetheit der Städte und der Landschaft. Wir haben dazu bereits einiges berichtet. Keine Obdachlosen, die in Scharen in Parks und unter Brücken campieren und die Stadt bevölkern, wie zum Beispiel in San Francisco.

Bei meiner ersten Ankunft vor sechs Jahren war der erste Eindruck (tatsächlich der zweite, nach dem Halskratzen am Flughafen) die etwa 150 Kilometer lange Autobahnfahrt von Beijing nach Tianjin und die unzähligen Bäume entlang der gesamten Strecke. Relativ frisch gepflanzte Bäume in einem Streifen von 50 bis 100 Meter Tiefe auf beiden Seiten der Autobahn, jeder einzelne in einem Bambusgestell, und Baumpfleger überall am Werk. Ich fand heraus, dass die erste Pflanzaktion tatsächlich bereits 2008 begonnen hatte, anlässlich der Olympiade in Beijing und zugleich als ökologisches Investitionsprogramm nach der Finanzkrise. Meine Recherche ergab, dass in der Region Beijing im Jahr 2008/2009 ein Sechs-Milliarden-Dollar-Programm zur Pflanzung von Bäumen durchgeführt wurde. Insgesamt gab China damals gigantische acht Prozent seines Sozialprodukts beziehungsweise 550 Milliarden US-Dollar aus, wodurch es bis etwa 2015 *die* Weltkonjunkturlokomotive wurde und insbesondere Deutschland mit aus der Krise half, das in der Zeit Exportrekorde nach China verzeichnen konnte (siehe auch oben, Einleitung).

Ein nationales Aufforstungsprogramm gibt es in China tatsächlich schon seit 1978, seit 1998 sogar ein landesweites Verbot von Abholzung und seit 2000 ein weiteres Renaturierungsprogramm der Umwidmung von Agrarflächen in Wald (»Grain-to-Green«-Programm).[35]

Entsprechendes bestätigt sich auch bei einer Zugfahrt über Land: Dörfer und Felder befinden sich in einem guten und gepflegten Zustand. Das Land in »bescheidenem Wohlstand« (Xi Jinping, siehe oben) wird tatsächlich erkennbar, und man erkennt auch, was es bedeuten soll: nicht so sehr einfacher materieller Wohlstand, sondern eher ein Zeit- und Qualitätswohlstand. Menschen in den Dörfern und auf den Feldern rackern nicht, sitzen aber auch nicht in riesigen landwirtschaftlichen Maschinen, die hierzulande das Bild prägen – sie arbeiten in Ruhe, und haben Zeit, miteinander zu kommunizieren.

Die Straßenreinigungskraft, Ranger der grünen Stadt

Überall auf Straßen und Autobahnen sind Reinigungskräfte mit ihren Rikschas präsent – männliche wie weibliche. Man sieht sie häufig bei Pausen; sie sind auf Autobahnen (nach Augenschein) individuell für mehrere hundert Meter, vielleicht einen Kilometer Länge, zuständig. Da stehen sie auch schon mal halb auf der rechten Spur, machen eventuell eine Pause, und jeder Autofahrer weicht selbstverständlich in großem Bogen um sie aus. Sie sind die Autoritäten des öffentlichen Straßenraumes, und man würde nicht auf die Idee kommen, ihren Arbeitsplatz mit Abfall zu verschmutzen. Diese überall sichtbaren Agenten grüner und sauberer Städte und Straßen tragen dazu bei, die individuellen Verhaltensweisen und das ökologische Bewusstsein sogar von Autofahrern zu schulen. Ganz augenscheinlich mit Erfolg: Insgesamt wirken Chinas Städte sauber und gepflegt – die vielen Parks, Grünanlagen und Bäume tragen ebenso bei zu dem positiven Eindruck. Licht- und Luft gelangen auch in den Metropolen relativ gut durch die dezentralen Stadtstrukturen. Und frage ich Chines*innen, welche Strafe ihnen drohen würde, wenn sie Plastikabfall auf die Straße werfen würden, werde ich ungläubig angesehen. Antwort: Auf diese Idee käme ich gar nicht.

Auf welche Dinge hier Wert gelegt wird, zeigt auch etwa das Beispiel des Fernsehberichts einer chinesischen Journalistin im Jahr 2015, in dem gezeigt wurde, wie Wind die Abfallhaufen der endlos vielen Baustellen auf der Straße verteilte. Ein Aufschrei in den sozialen Medien veranlasste den Umweltminister zwei Wochen später, vor die Kameras zu treten und einen Sofortplan zu verkünden: Die Firmenhöfe und unendlich vielen Neubaustellen seien sofort aufzuräumen und Abfallhaufen jeder Art mit grünen Netzen abzudecken, andernfalls drohten empfindliche Strafen. Gesagt, getan – fortan prägen grüne Netze das Bild auf Baustellen und Firmenhöfen.

Exkurs: zwischenzeitlich zu Hause – »rot-grüne« lokale Handlungsunfähigkeit

So könnte heute jene chinesische Journalistin mal in meine deutsche Heimatstadt kommen und das Elend der Grünflächen und Straßenränder filmen: Plastikreste überall, gerne im sogenannten Stadtgrün oder auch »Straßenbegleitgrün«, auch auf Autobahnauf- oder -abfahrten, an schönen Wochenenden hinterlassen nach massenhaftem, zwanghaft-enthemmtem Kampffeiern, Kampfsaufen und Kampfgrillen. Die innerstädtischen Deichwiesen weisen mehr Kronkorken auf als Gräser. Von Flaschen, gern auch zerschlagenen, gar nicht zu reden. Viele Reste von Grill- und Feierorgien unter freiem Himmel wehen dann schon mal bereits in der Nacht ans Flussufer, danach in den Fluss und mit ihm in die Nordsee.

So trägt die fast 30 Jahre lang rot-grün regierte Stadt überproportional zum Sterben der Weltmeere bei, denn die Plastikfracht, die von den »freien« Partyzonen seiner innerstädtischen Deiche und Flussstrände kontinuierlich im Fluss landet, ist unübersehbar. Das allgemeine Umweltbewusstsein und Umweltverhalten ist hier unterirdisch.

Aber die Lokalpolitik hat Wichtigeres zu diskutieren: Sie muss Weltpolitik machen und als Dringlichkeitsantrag aller Parteien China aufs Schärfste verurteilen (so geschehen im Dezember 2019). 25 Jahre grüne Umweltsenator*innen sind an der Ökologie der Stadt und an den Verhaltensweisen einer wachsenden Szene von Obsessionsfeierern vorbeigegangen, ohne eine Spur zu hinterlassen. Die zweite lokale Staatsreligion, Fußball, liefert zum wochenendlichen Ökodesaster ihren gehörigen Beitrag.

Im neoliberalen Kapitalismus ist die Umwelt im Allgemeinen das letzte verbliebene große unregulierte gesellschaftliche Feld, in dem es zwar ein Strafrecht gibt, das jedoch niemand kennt, da es nicht wie bei anderen Gesetzen in öffentliche Hinweisschilder umgesetzt wird. Es gibt praktisch keine Vorschriften, geschweige denn die üblichen Schilderwälder des Straßenverkehrs oder der »Security«-Industrie. Die Umwelt ist, bei genauerem Hinsehen, im neoliberalen Kapitalismus und für seine gesellschaftlichen und Politikmechanismen das große gesellschaftliche Ventil, das man (gezielt) für hemmungslose individuelle Verhaltensweisen öffnet, indem man alle gesellschaftlichen Frustrationen sich »frei« austoben lässt. Denn die Natur kann sich kurzfristig und lokal nicht wehren, eine unmittelbare Rückmeldung auf das eigene Verhalten gibt es nicht. Man suggeriert dann einmal im Jahr, mit ein paar Tagen Landschaftsaufräumen durch Schulklassen im Frühling sei das Thema gelöst.

Dass die Grünanlagen in einem entsprechenden Zustand sind, muss nicht extra erwähnt werden. Und Stadtökologie findet praktisch nicht statt, da sind seit Langem wohlgeplant das »Sparen« und die fiskalischen »Schuldenbremsen« vorgeschaltet worden. Und wo niemand mehr die Stadt und ihre Grünflächen hinreichend unterhält und pflegt, da verkommt auch das Stadt- und Umweltbewusstsein der Menschen, und da bestimmt letztlich Verantwortungslosigkeit die Moral.

Den satirischen Höhepunkt von Unprofessionalität, Inkompetenz und Degradierung von Natur und Mensch liefert dann noch eine aus dem öffentlichen Sektor ausgelagerte und privatisierte »Grünpflege«, die nur noch mit Großgeräten auf die Natur zuwalzen kann, gerne auch die allseits als umweltschädlich geächteten Laubbläser (mit vielen Abgasen) und Großrasentrimmer (mit ihren abreißenden Kunststofffäden) einsetzt, mit Großrasenmähern über die Plastikabfälle im Grün walzt und sie endgültig so kleinhäckselt, dass die Chance, sie jemals wieder aus der Natur herauszubekommen, unverzüglich auf null fällt.

Die »Fridays for Future«-Generation wird schnell merken, dass sie in einem neoliberalen, finanzialisierten Aussitzer- und Schuldenbremser-Land keine Chance hat, die Strukturen zu verändern – selbst, wenn eines Tages für einige Zeit eine grüne Bundeskanzlerin Umweltschutz als politische Jonglage aufführen kann.

Chinas Forest-Citys-Netzwerk

In China werden die grün durchzogenen Städte nicht nur auf regionaler und Provinzebene ökologisch restrukturiert. 2017 wurde etwa mit dem Bau der ersten reinen »Forest City« begonnen.[36] Es handelt sich um die Stadt Liuzhou in der Provinz Guangxi. Die Stadt wird mit erneuerbarer Energie betrieben, und ihre Bäume sollen jährlich 10 000 Tonnen CO_2 sowie 57 Tonnen wassergefährdende Schadstoffe absorbieren. Entworfen vom italienischen Stadtarchitekten Stefano Boeri, ist sie zunächst nur ein »Dorf« von 30 000 Einwohnern. Die Gebäude sind begrünt mit einer Million Pflanzen von 100 verschiedenen Arten und 40 000 Bäumen, die jährlich etwa 900 Tonnen Sauerstoff produzieren.

Der Prozess der Begrünung der Städte und Gebäude schreitet aber generell voran. Seit 2004 waren an der Bewerbung um die staatliche Anerkennung als »Forest City« mehr als 200 Städte beteiligt (bis 2018); 138 Städte haben die Zertifizierung bereits erhalten. Im Durchschnitt sind damit in den letzten fünf Jahren jährlich mehr als 13 000 Hektar Waldfläche in jeder der beteiligten Städte geschaffen worden.[37] Bis 2025 werden circa 300 Städte als »Forest Citys« anerkannt und zum Zweck der gegenseitigen Stärkung in diesem Prozess vernetzt sein. Bis 2035 soll dieses Netzwerk integraler Bestandteil des »Nationalen Planes für ein schöneres China« sein.[38]

15 Prozent des Landes als Nationalparks und spezielle biologische Schutz- und Entwicklungszonen, Wiedereinführung traditioneller Agrarmethoden

China hatte bereits bis Anfang der 2000er-Jahre 1 757 Naturschutzgebiete geschaffen.[39] Darüber hinaus gibt es Tausende spezielle Schutzgebiete, ein wissenschaftlich differenziertes System biologischer Schutz- und Entwicklungszonen, von einfachen Jagd- oder Fischerei-Verbotszonen und Baumfäll-Verbotszonen über Wasserschutzzonen bis hin zu sehr Speziellem wie etwa »Baum-Protoplasma-Ressourcen-Schutzzonen«, heute insgesamt 11 000 Naturschutzgebiete.[40] 15 Prozent der Landesfläche Chinas (2016) (USA: etwa 7 Prozent) machen solche Schutz- und Entwicklungszonen bereits aus, mit steigender Tendenz.[41] So hat sich auch die Waldfläche Chinas von knapp 17 Prozent (1990) auf über 22 Prozent (2017) des Landes erhöht.[42]

Traditionelle landwirtschaftliche Methoden sind großflächig wieder eingeführt worden, um die ökologische Situation weiter aufzuwerten. So wurde beispielsweise in ganz Südchina wieder die traditionelle Fischzucht in den bewässerten Reisfeldern eingeführt, was Flora und Fauna verbessert sowie Herbizide, Pestizide und chemische Düngemittel ersetzt.[43]

UNO: China drängt als einziges Land die Wüsten zurück und kompensiert den globalen Waldverlust

China verlor bis vor Kurzem jährlich rund 2 000 Quadratkilometer fruchtbaren Landes an die Wüste, was mit erheblichen Kosten verbunden war – von den Sandstürmen bis hin zur Umsiedlung von etwa einer Million Menschen, deren Lebensraum unbewohnbar geworden war. Die Probleme waren zum Teil auch hausgemacht, aufgrund früherer industrieller und landwirtschaftlicher Übernutzungen der Böden und der Wassersysteme.

Heute ist es China als bisher einzigem Land der Welt gelungen, die sich allgemein ausbreitenden Wüsten zurückzudrängen. Da in China die Great-Wall-Idee eine historisch bedingte positive Bedeutung hat, geht es hier auch um einen nationalen Identitätspunkt, den man dementsprechend Green Great Wall nennt. 70 Milliarden Bäume sind seit 1978 allein um die Wüste Gobi gepflanzt worden, mehr oder weniger im gesamten Nordwesten Chinas.[44] Bis 2050 sollen es fast 90 Milliarden Bäume sein, die auf einer Länge von 4 500 Kilometern und einer Breite von mehreren 100 Kilometern gepflanzt werden.[45] Es handelt sich dabei um nicht weniger als »das mit Abstand umfassendste Naturschutzprogramm in der Menschheitsgeschichte«[46] und ist laut UNO ein Vorbild für Landrückgewinnungsprojekte in der Welt.[47]

China begrünt laut einem Beschluss der KPCh offiziell bis 2050 25 Prozent seines Staatsgebietes (das sind knapp 2,5 Millionen km²) und hat faktisch heute bereits 23 Prozent der Landesfläche *mit Wald bepflanzt*.[48] Selbst die US-amerikanische NASA hat Anfang 2019 bestätigt, dass China »die Begrünung der Erde dominiert«, gefolgt von Indien.[49] Dies geschieht mit dem weltweit größten Zuwachs an Wäldern, einer Mobilisierung der Bevölkerung für Baumpflanzungen, Wiederherstellung von Feuchtgebieten, der Renaturierung von Agrarflächen (»Grain to Green«-Programm) und seinen heute insgesamt 11 000 Naturschutzgebieten. Die Zahl der neuen Bäume geht auf 100 Milliarden zu, die CO_2-Bindung ist enorm, Klima und Niederschläge verbessern sich großräumig bereits, und es können Äpfel, Nüsse, Datteln oder Esskastanien geerntet werden.[50]

So gesehen kaum überraschend erfüllt China die eigenen Umweltziele seiner Fünfjahrespläne wie auch seine UN-Klimaprogramme in Sachen Luft-, Boden- und Wasserqualität, Festabfälle oder etwa der Wiederherstellung des Jangtse-Flusses, regelmäßig und oft sogar vorzeitig.[51] Ein elementares Anliegen der Menschheit, das jedoch wie zum Beispiel der Waldausbau gegen die Wüsten eine ungeheuer komplexe Kooperation interdisziplinären Analysierens, wissenschaftlichen Begleitens und des Handelns zahlreicher öffentlicher Agenturen und privater Akteure über Jahrzehnte hinweg verlangt. Die Bürger werden im Rahmen dieser Programme angeleitet, jährlich mehrere Bäume zu pflanzen.[52]

Die *Kubuqi*-Wüste zum Beispiel ist die siebtgrößte Wüste in China und liegt Beijing am nächsten. Sie war stets mitverantwortlich für große Sandstürme, die Beijing und die Provinz Hebei seit Menschengedenken heimgesucht haben. Durch jahrzehntelanges Aufforsten gelang eine Regulierung und Befriedung der Lage. Allein hier wurden 3 200 Quadratkilometer Wald geschaffen. Und auch dieses Projekt wurde vom UNEP als vorbildliches Modell hervorgehoben.[53]

Heute müssen die meisten dieser Waldgebiete nicht mehr bewässert werden, sondern sind selbststabilisierende Systeme geworden. Die Desertifikation konnte weitgehend zurückgedrängt werden, 200 Millionen Tonnen Sand weniger werden heute von Stürmen in die Städte transportiert. Davon profitieren sogar Japan und Korea, die früher ebenfalls betroffen waren. Wohngegenden, die gefährdet waren, bleiben bewohnbar.

Während weltweit durch Abholzung und Ressourcenjagd jährlich etwa 10 Millionen Hektar Wald verloren gehen, im Jahre 2019 die Regenwälder weltweit brennen, forstet China jährlich vier Millionen Hektar Wald neu auf, mit einer signifikanten Verringerung des CO_2-Gehaltes der Erdatmosphäre.[54] Die NASA (siehe oben) attestierte, dass China, aus dem Weltraum gesehen, deutlich grüner geworden ist und die Begrünung der Erde mit großem Abstand anführt.

Auch aus diesem Grund hat die Menschheit ein Interesse daran, dass China seinen Weg erfolgreich weitergehen kann. In den meisten Ländern dieser Welt wird dies zunehmend wahrgenommen und anerkannt. Auch deutsche grüne und linke Politikerherzen müssten eigentlich jubilieren, aber es ist doch einfacher, mit den Wölfen zu heulen.[55]

Die Menschen als Basis der chinesischen Öko-Revolution: Umweltmobilisierung und empfindliche Strafen für Umweltvergehen von Firmen

Die erforderliche Ökorevolution kann sicherlich nur durch eine drastische Veränderung der imperialen Lebensweise und unserer konkreten Verhaltensweisen erfolgreich werden – und wie man die Menschen für ein solches Megaprojekt gewinnt, ist in China anschaulich zu besichtigen. Hier sind alle wesentlichen Akteure, Behörden, Politik und Partei und ihre führenden Köpfe sowie Unternehmen und ihre Führungskräfte und natürlich auch private Haushalte eingebunden. Wir kommen auf die Anreizsysteme für all diese Akteure für zukunftsträchtige und ökologisch nachhaltige Verhaltensweisen, in Gestalt der Sozialkredit-Systeme, noch zurück.

Was das Unternehmenshandeln und Managerverhalten betrifft, so sind es heute immer mehr die Anwohner in der Nähe von Industriegebieten, die treibende Kräfte in Sachen Aufdeckung von Umweltvergehen geworden sind. Die chinesischen Zeitungen[56] sind heute voll von Fällen nicht nur politischen Fehlverhaltens (Korruption wird öffentlich angeprangert, ist aber vermutlich schon weitgehend eingedämmt; mehr dazu unten),[57] sondern auch von Fällen, in denen vor allem Anwohner Ökosünden von Unternehmen melden. Die Bevölkerung ist explizit aufgerufen, wachsam zu sein und Umweltverschmutzungen zu melden. Die *China Daily* etwa zitiert dazu einen führenden chinesischen Staatsvertreter mit den folgenden Worten: »Die Schutzschirme für umweltverschmutzende Unternehmen müssen weggezogen werden.«[58]

Meist wird nach solchen Meldungen auch sofort gehandelt: Kommissionen der Umweltministerien und -agenturen (Zentralstaat, Provinz, Kommune) sind schnell vor Ort, überprüfen die Angaben akribisch, sprechen gegebenenfalls Bestrafungen aus und kündigen sich für eine Überprüfung der Beseitigung der Mängel für ein halbes oder ein Jahr später an.

Ein Bericht einer entsprechenden Untersuchungskommission des Umweltministeriums für 2016 und 2017 nennt 38 000 Hinweise aus der Bevölkerung, 5 700 untersuchte Unternehmen, 4 300 bestrafte Manager, höhere Beamte und Parteiverantwortliche. Die Strafen sind typischerweise Fahr- und Flugverbote oder -einschränkungen sowie Kreditbeschränkungen, also nicht einfach Geldstrafen, die, wie bei uns, aus der Portokasse des Unternehmens bezahlt werden können, sondern den Managern wirklich wehtun. In dem Bericht wurden auch 460 inhaftierte Manager und 77 Millionen US-Dollar an Strafwert genannt.[59] Unternehmensmanager, die gegen Umweltauflagen verstoßen haben, werden also neben der möglichen Sperrung von Privatkrediten (für die Person, nicht das Unternehmen), vornehmlich auch so bestraft:

- Fahrverbot in der ersten Klasse des Bullet Trains für ein Jahr,
- Flugverbot in der Business Class für ein Jahr,
- generelles Flugverbot für ein Jahr.

Strafen also, die persönlich »wehtun« – je nach Schwere des Umweltvergehens kann natürlich auch Freiheitsentzug drohen.[60]

Zu vermerken ist auch, dass staatliche Akteure, öffentliche Verantwortungsträger von der Gemeindeebene bis zur zentralen Regierungsebene seit 2015 ebenfalls für Umweltverfehlungen verantwortlich gemacht werden können, und dass ihre Aufstiegschancen auch an ihre Umweltbilanzen (siehe auch oben zum 13. Fünfjahresplan) gekoppelt sind.[61]

Man vergleiche die Laxheit in Umweltfragen in Deutschland, wo man praktisch gar nicht merkt, dass es überhaupt so etwas wie ein Umweltstrafrecht gibt: Die Abgasmanipulationen der Autoindustrie lassen grüßen.

Von der Kreislaufwirtschaft bis zur »Blue Map«

Mit all diesen spektakulären Maßnahmen und Projekten ist China im Begriff, eine »ökologische Kreislaufwirtschaft« zu werden, und es hat genau diese Idee seit 2009 mit dem Gesetz zur Förderung der Kreislaufwirtschaft auch auf eine rechtliche Grundlage gestellt. Infolgedessen ist das Land sogar, so jedenfalls die Weltbank, auch in der Entwicklung geschlossener Materialkreisläufe bereits weiter fortgeschritten als die meisten entwickelten Industrieländer.[62]

Und die App »Blue Map« setzt hier noch den größeren Rahmen: eine sensationelle interaktive Landkarte, in der seit 2006 alle chinesischen öffentlichen Umweltstatistiken lokalisiert verfügbar sind, dazu 100 000 lokale Umweltmess- und -überwachungsprotokolle, Daten von 31 Provinzen, 340 Städten, 9 000 Unternehmen und ihrer Umweltbedeutung, 40 000 Berichte über Umweltverstöße von Unternehmen, lokale Daten zu Luft- und Wasserqualität, Wetter und vieles mehr, die alle für das lokale Verhalten der Nutzer genutzt werden können.[63]

Die App ist übrigens ein »Renner« geworden für die Umweltbewegungen weltweit. Die Umsetzung ist allerdings schwierig: Weder in den USA noch in der EU existieren Umweltdaten in dieser Quantität und Qualität auch nur annähernd, geschweige denn werden sie öffentlich zur Verfügung gestellt.

Spielerisch ökologisches Verhalten und Bewusstsein lernen: Die Baumpflanz-App »Ant Forest«

Wie gezeigt ist China Wald- und Aufforstungsweltmeister, und damit auch Weltmeister im Rahmen des Pariser Klimaschutzabkommens (aus dem die USA ausgetreten sind) und der UNO-Millenni-umsziele (der sogenannten SDG–Sustainable Development Goals).

Die bereits erwähnte Bezahl-App Alipay von Alibaba ist wie ge-sagt inzwischen zur »Finanzameise«, zur Ant Financial, geworden, die die Zahlungen von über 500 Millionen Nutzern abwickelt. So weit, so unspektakulär. Wie aber sogar die größten IT- und Inter-netkonzerne in China sich in die nationale CO_2-Strategie einbrin-gen (müssen), zeigt Alibaba mit der kleinen Schwester von »Ant Financial«, der Waldameise, Ant Forest. Die setzt gezielt Anreize für umweltbewusstes Konsum- und Alltagsverhalten.[64]

Die App wurde Ende 2016 gestartet und hatte 2019 über 300 Millionen registrierte Nutzer, die für klimafreundliches Ver-halten »Baumpunkte« sammeln können. Punkte gibt es etwa dafür,

- den Arbeitsweg zu Fuß, mit dem Fahrrad oder der Bahn zurück-zulegen und das Auto stehen zu lassen,
- Rechnungen ohne Papier zu begleichen,
- auf Plastiktüten beim Einkauf zu verzichten,
- Produkte mit einem kleineren ökologischen Fußabdruck zu kaufen: Informationen über die CO2-Bilanz und den ökologi-schen Fußabdruck einzelner Produkte lassen sich im Super-markt mit der App auslesen.

Nach einiger Zeit des Punktesammelns erhält man einen virtuellen Baumsetzling, den die Nutzer durch klimafreundliches Verhalten weiterhin »wässern« müssen. Ab einem bestimmten Zeitpunkt wird der Setzling zum realen Baum und Alibaba und seine NGO- und UNO-Partner pflanzen in ausgewiesenen Gebieten Chinas (meist im Rah-men des Kampfes gegen die Wüsten, siehe oben) einen realen Baum.

Die Spielidee erinnert an die japanischen früheren Tamagotchis oder die heutigen Pokémons von Nintendo; aber China zeigt, wie mit dem spielerischen Prinzip des Sich-Kümmerns nicht nur sinn-freies, zeittötendes »Daddeln« möglich ist, sondern ganz real die Welt verbessert werden kann: durch das Pflanzen von inzwischen mehr als 55 Millionen Bäumen (2019) auf 507 Quadratkilome-tern, mit einem Wert von 80 Millionen US-Dollar und einer gesam-ten CO2-Vermeidung von 1,5 Millionen Tonnen.

Dementsprechend hat diese App wieder das UN-Entwicklungsprogramm UNDP auf den Plan gerufen, das die Plattform »Ant Forest« als vorbildlich bezeichnet. 2017 wurde auch das UNEP, das Umweltprogramm der Vereinten Nationen, als Kooperationspartner von »Ant Forest« gewonnen.

Wir ahnen aber natürlich auch wieder die Kritik einschlägiger westlicher Medien: Alles nur, um Daten zu sammeln, um die Überwachung und die Diktatur zu perfektionieren! Was bei Pokémon-Go natürlich ein völlig abwegiger Gedanke wäre.

Everyday for Future

Sollte sich die chinesische Jugend vielleicht der weltweiten »Fridays-for-Future«-Bewegung der Schüler anschließen? Nach allem, was wir bisher zum Thema »Umwelt- und Klimaschutz« gesehen haben, würde ein solcher Gedanke absurd anmuten. China gestaltet seine ökologische Zukunft als gesamtgesellschaftliches Projekt: Die Menschen sind engagiert beim Bäumepflanzen und beim Aufdecken von Umweltsünden und denken nicht daran, ihre Umwelt zu verdrecken, und dies an jedem Tag der Woche. Chinas Jugendliche müssen nicht Schulstunden schwänzen, um endlich Aufmerksamkeit für Umwelt- und Klimaschutz zu bekommen; diese Aufmerksamkeit ist nationales staatliches Programm. Sie können durch die weit offenstehenden Türen gehen und mitmachen.

In China müssen sich Verbraucher nicht erst mühselig schlaumachen über Ökoalternativen und dafür kämpfen, dass ökologische Produkte in die Supermarktregale kommen. Hier liefern innovative Unternehmen, eingebettet in die nationale Öko- und Klimastrategie, die ökologischen Produkte und sind damit mindestens so weit fortgeschritten wie das Ökobewusstsein der Verbraucher. Unternehmen als Vorreiter. So kann ich beispielsweise im Regal schon anstatt zu Plastikprodukten zum Gebrauchsgegenstand aus biologisch abbaubaren Materialien greifen, Stroh statt Plastik ist Realität, und die App führt mich dahin.[65] Und China ist einer der größten Importeure biobasierter Produkte und Materialien.[66]

Zusätzlich schalten staatliche Agenturen und NGOs regelmäßig Großanzeigen in den Print- und Onlinemedien, um das allgemeine Bewusstsein für Ökologie, Ressourcen und Gesundheit zu erhöhen, die weitere *Nudges* (Stupser) vermitteln:

- »Leg auch mal dein Handy weg!«
- »Pass auf deine Spielsucht auf!«
- »Iss nicht zu viel, und iss dich nicht mit Fastfood fett!«[67]
- »Iss keine Schildkrötensuppe! Selbst wenn sie dir noch im Restaurant angeboten wird. Erst wenn die Nachfrage aufhört, hört auch das Töten auf.«
- »Schütze Haie und sag Nein zu Haifischflossensuppe! Erst wenn die Nachfrage aufhört, hört auch das Töten auf.«
- »Kauf kein Nashornpulver! Es ist illegal. Und erst wenn die Nachfrage aufhört, hört auch das Töten auf.«
- »Kauf kein Elfenbein. Es ist illegal. Aber erst wenn die Nachfrage aufhört, hört auch das Töten auf.«[68]
- »Sag Nein zu Schuppentierprodukten. Menschen sind die einzige Bedrohung dieser gefährdeten Tiere. Und nur Menschen können sie retten.«[69]

Meist sind es junge »Influencer«, die zeigen, wie »uncool« umweltschädigendes Konsumverhalten ist.

Dazu passt zum Beispiel, dass China mit Norwegen, Chile und Südkorea eine Allianz für die Antarktis gegründet hat, die den Krillfang dort freiwillig drastisch beschränkt.[70] An anderer Stelle wird berichtet, dass China mit anderen ökotechnologisch fortgeschrittenen Ländern gemeinsame Öko-Parks betreibe, in denen neue natürliche Materialien für Null-Energie-Häuser und -Städte erforscht und entwickelt würden.[71] 3-D-gedruckte Häuser aus recycelten und natürlichen Materialien könnten inzwischen in Serie hergestellt werden, zu geringen Kosten, in hervorragender Qualität und Ausstattung und mit ausgezeichneten Umwelteigenschaften.[72]

Die Liste ließe sich verlängern, und jede Woche kommen neue überraschende Meldungen hinzu.

UNO: China erreicht als einziges Land die Ziele des Pariser Klimaabkommens drei Jahre vorzeitig – das Ziel einer »ökologischen Zivilisation« Chinas

Laut UNO hatte China seine Ziele im Rahmen des Pariser Klimaabkommens für das Jahr 2020 bereits im Jahr 2017 erreicht.[73] Die oben zitierte Mär vom »größten Umweltverschmutzer« der Welt sollte schon insofern in die Kategorie »Verdrängen« eingeordnet werden.

Die ökologische Revolution Chinas hat inzwischen Verfassungsrang, und der Mobilisierungsgrad von Regierung, öffentlichen Verwaltungen, Unternehmen und Bürgern in Sachen »Ökologie« ist erheblich.

Diese ökologische Revolution erklärt der bekannte US-amerikanische methodistische Theologe und Philosoph John B. Cobb in seinem Buch *China and Ecological Civilization* folgendermaßen:

> »[…] ein Land, eine der ältesten Kulturen der Welt, China, stand auf und sagte: Nein! Es gibt verschiedene Möglichkeiten, voranzukommen. Wir könnten alle vom Fortschritt profitieren, ohne unseren Planeten zu kannibalisieren und vollständig zu zerstören.«[74]

Die Forderung nach einer ökologischen Zivilisation sei eigentlich weit verbreitet, sagt auch der Kanadier Arthur Hanson, Gründungspräsident und Vorsitzender des »International Institute for Sustainable Development« und Berater des »China Council for International Cooperation on Environment and Development« – (CCICED) anlässlich dessen Jahrestagung in Beijing im November 2018: »[…] China versucht die Natur wieder in den Vordergrund zu stellen und damit die Beziehung zwischen Menschen und Umwelt wiederherzustellen.«[75]

Andere internationale Experten, wie der oben schon mehrfach zitierte Anthropologe, Historiker, Ökologe und Pulitzer-Preisträger Jared Diamond, dessen bekannteste Werke auch ins Deutsche übersetzt wurden, bestätigen die »drastischen und schnell implementierten Maßnahmen des Umweltschutzes in China«.[76]

Selbst die großer China-Sympathien völlig unverdächtige *New York Times* schreibt 2018: »Vier Jahre nach der Erklärung des

Krieges gegen die Umweltverschmutzung geht China als Sieger hervor.«[77]

Und Joyce Msuya, stellvertretende Generalsekretärin der Vereinten Nationen, lobte im Juni 2019 Chinas Erfolg bei der Bekämpfung der Luftverschmutzung: »Chinas Erfolg bei der Reduzierung der Luftverschmutzung in weniger als einer Generation ist unglaublich«.[78]

China konnte als Gastgeberland des UN-Weltumwelttages 2019 über die Erfolge seiner erst 2012 beschlossenen Initiative »Blauer Himmel« schlicht berichten: In nur sechs Jahren konnte die Schadstoffbelastung der chinesischen Städte im Schnitt um über 50 Prozent reduziert werden, wie im *China Air Quality Improvement Report* dokumentiert.[79]

Kapitel 8

»Neuerfindung der Diktatur!« Alltags-verhalten und Verhaltens-»Nudging«: Philosophie, Religion, Konsumverhalten, Korruptionsbekämpfung – und das »glaubwürdige China«

Alltagsphilosophie: konfuzianische Werte, Respekt vor Differenzen, Lernen und Kooperieren

In China lässt sich heute, kaum verwunderlich, eine Wiederbelebung des Bewusstseins für die eigene Kulturgeschichte beobachten. Eine internationale Kriegs- und Eroberungsgeschichte hat China ja nicht. In Zuge dessen wird auch die Jahrtausende alte konfuzianische Philosophie und Wertelehre in China wieder in Erinnerung gerufen und weiterentwickelt. Meist dient dieser Bezug auf die eigene Geschichte als ganz praktische Orientierung für ethisches, sozialverträgliches und ökologisches Alltagsverhalten.[1] Im Kern beruht der Konfuzianismus auf einer holistischen Weltsicht: Gesellschaft als System, Rationalität und Emotion, Körper und Geist, Tradition und Innovation, Geschichte und Zukunft – alle gehören zusammen, bilden ein Ganzes und sind verbunden mit den Idealen einer gerechten und harmonischen sozialen Ordnung.

Zu den chinesischen Alltagsinstitutionen (Verhaltensweisen) und Alltagswerten gehört daher die Suche nach Möglichkeiten der Kooperation: Wo liegen Win-win-Situationen? Wo und wie können wir zum gegenseitigen Nutzen kooperieren? Damit verbunden ist auch das Streben nach permanentem Austausch und Lernen von anderen: Was können wir besser machen? Was könnt Ihr uns empfehlen?

Das chinesische Konzept von Harmonie betont ein friedliches Nebeneinander und die Akzeptanz bestehender Differenzen – und es enthält auch eine Vorstellung der Kooperation als »gegenseitiges Guttun«.[2]

Ein Beispiel der chinesischen Gegenwartsphilosophie im Bereich der internationalen Politik gab Premierminister Li Keqiangs Rede beim Weltwirtschaftsforum in Davos 2015:

> »In einer Welt verschiedener Zivilisationen sollten wir alle versuchen, in Harmonie zu leben. Kulturelle Vielfalt […] ist ein kostbarer Schatz […]. Unterschiedliche Kulturen und Religionen müssen respektiert werden und in Harmonie miteinander leben. Unter Beibehaltung der natürlichen engen Beziehungen zwischen denjenigen, mit denen wir eng zusammenarbeiten, müssen wir auch diejenigen respektieren, mit denen wir nicht einverstanden sind. Die Mitglieder der internationalen Gemeinschaft müssen zusammenarbeiten, um die gemeinsame Basis zu erweitern und gleichzeitig Unterschiede zu akzeptieren, und sich um Win-win-Fortschritte durch integrative Zusammenarbeit und gegenseitiges Lernen bemühen.«[3]

Skeptiker mögen einwenden, das klinge nach einer Sonntagsrede – schöne Worte kosteten ja schließlich nichts, »cheap talk« eben. Und wir im Westen sind es ja nur allzu sehr gewöhnt, Schaufensterreden zu hören. Dennoch wäre man doch mal froh, wenn unsere Politiker vor internationalem Publikum einmal von internationaler Harmonie, kultureller und religiöser Diversität, Respekt des Andersdenkenden, Kooperation und gegenseitigem Lernen wenigstens *reden* würden, statt »die anderen« ständig zu belehren, ihnen Vorschriften zu machen oder zu drohen. Da solche Ideen und Worte, ehrlich gemeint, uns berühren und verändern würden, hätten sie ja durchaus das Potenzial, die Welt zu einem besseren Ort zu machen.

Zukunftsoptimismus, Religionen und religiöse Toleranz

Wir hatten von der Entspanntheit der Chinesen und der Geschwindigkeit und Leichtigkeit in ihrer Bereitschaft zu Wandel und Innovation berichtet. Dies beruht auf einem verbreiteten Zukunftsoptimismus. Wir hatten schon verschiedentlich auf die soziale Eingebettetheit, die langfristig gesicherte Stabilität der Rahmenbedingungen für die individuellen Lebens- und Investitionsplanungen und beruflichen (Gründungs-)Perspektiven hingewiesen.

Und in der Tat: Entsprechend einer international vergleichenden Erhebung des Marktforschungsunternehmens Ipsos waren 2018 94 Prozent der chinesischen Jugendlichen optimistisch gestimmt (USA: 64 Prozent, Deutschland: 56 Prozent), bei den Erwachsenen waren es 88 Prozent (USA: 56 Prozent, Deutschland: 47 Prozent).[4]

Im Land existieren praktisch alle großen Religionen der Welt, meist auch mit zahlreichen ihrer Fraktionierungen. Sie leben im Wesentlichen pluralistisch, tolerant und friedlich miteinander. Und das betraf und betrifft auch den Islam, der in zentralen Städten, wie der alten Kaiserstadt Xi'an, mit seinen Moscheen und seiner friedlichen muslimischen Gegenwartskultur das Stadtbild wesentlich mitbestimmt.

Eine eigene »Staatsreligion« existiert nicht und auch keine dominierende Kirche. Moderne Chines*innen sind in der Regel nicht sonderlich religiös, haben aber ein entspanntes, pragmatisches, realweltliches Verhältnis zu den Religionen. Sie haben ihre historischen und zugleich modernen ethischen Orientierungs- und Wertsysteme und durchaus eine gewisse Spiritualität, jedoch ohne aggressiven Aberglauben, ohne Sendungsbewusstsein, ohne jeden Hang, sich wegen religiöser Konflikte gegenseitig die Köpfe einzuschlagen.

Auch deshalb hatten die blutigen Anschläge islamistischer Terroristen seit den 1990er-Jahren (siehe oben) die Chinesen so überrascht und schockiert. China war kulturell auf dieses neuartige Maß an Gewalttätigkeit und Brutalität einigermaßen unvorbereitet, obwohl man diese neue Art fundamentalistischer Milizen in Gestalt der Taliban aus den Afghanistan-Kriegen der 1980er-Jahre zweifellos schon kannte. Und die Westgrenzen von Xinjiang waren in den 1990er-Jahren anscheinend noch weitgehend unkontrolliert und durchlässig für terroristische Eindringlinge.

In den chinesischen Kernregionen hat historisch immer der alte, »normale«, relativ menschenfreundliche und tolerante Buddhismus[5] dominiert. Daher sind die meisten Tempel, die man in Städten der historischen Han-chinesischen Siedlungsgebiete besichtigen kann, buddhistisch. Und diese Tempel sind selbstverständlich offen, unbewacht und ungeschützt und immer auch noch irgendwie »in Gebrauch«.

Gespräche zu Religion und Glauben mit einigen Chines*innen ergaben sich etwa bei einer Stippvisite in einem Tempel in der Hafenstadt Tianjin. Zum Beispiel hatte ich eine ältere Chinesin in einem Tempel vorsichtig bei ihrem Tun beobachtet. Freundliche Frage, wieder vor dem Tempel: »Wer ist die Figur, der Sie soeben ein Räucherstäbchen angezündet haben?« Sie: »Es ist ein örtlicher Buddha, ein Buddha der Seefahrer.« »Haben Sie mit der Seefahrt zu tun?« »Ja, ich entstamme einer Seefahrerfamilie. Ich besuche ab und zu unseren lokalen Buddha und zünde das Stäbchen an, um die Seefahrer zu beschützen.« Die Dame lächelte, so als wüsste sie wohl, dass ich das nicht wirklich nachvollziehen konnte. Dann schob sie mit überwältigendem Charme hinterher: »Ich denke, dass Sie mein spirituelles Bedürfnis und Handeln respektieren.« Wie könnte ich anders?

Eine entspannte Spiritualität also, ohne Sendungsauftrag und Überzeugungswahn – kein Wunder, dass buddhistische Tempel in China nicht die Rolle abgehobener, menschenferner, elitärer Heiligtümer im Eigentum einer Kaste von Hohepriestern spielen, sondern integrierte Orte des Alltagslebens sind, des täglichen kleinen, spirituellen Auftankens und der Festigung humaner Werte friedlichen Zusammenlebens. Einen solch humanen Umgang mit Religiosität und Spiritualität wünscht man sich zwischen den Religionen auf der gesamten Welt.

Aber natürlich ist gerade China, der »fetteste Braten« in den Augen aller Kolonialisten, Imperialisten und religiösen Fanatiker, nicht vor der globalen religiösen Extremisierungswelle geschützt. Von Süden her schwappt zum Beispiel aus dem inzwischen religiös-nationalistischen Indien eine Welle gewaltbereiten extremistischen Hinduismus heran. Und selbst im Buddhismus, etwa in Tibet, gibt es gewaltbereite Extremisten.

Anti-Korruption und »Rule of Law«

Nach den schmerzhaften historischen Erfahrungen der Chinesen mit kolonialem Terror im »Jahrhundert der Demütigung«, zuletzt aber auch mit Rechtlosigkeit und Willkür in der »Kulturrevolution«, ist der Wunsch nach Rechtsstaatlichkeit tief in der chinesischen Bevölkerung verankert. Kein Wunder also, dass Rechtsstaatlichkeit in der öffentlichen Wahrnehmung und Diskussion eine dominante Rolle spielt.[6]

In den vergangenen Jahren wurde die chinesische Gerichtsbarkeit einem massiven Kulturwandel unterzogen. Damit verbunden waren seit den 2000er-Jahren auch erste Maßnahmen gegen die negativen sozialen und Verhaltens-Konsequenzen der Periode der De-Regulierung (»Reform und Öffnung«) ab 1978, gegen massive Bereicherung einzelner, verbreitete Korruption oder Umweltkriminalität. Ende der 2000er-Jahre begann eine zunehmend ernsthafte und umfassende Bekämpfung der Korruption. Der damalige Parteivorsitzende hatte 2007 einen dramatischen Appell in die Welt gesetzt, dass die Partei und China verloren wären, wenn sie nun nicht das Problem der Korruption in den Griff bekämen. Das war vermutlich eine äußerst realistische Einschätzung und eine politische Notbremse.

Aber erst ab 2012, unter der Leitung der Xi-Li-Administration schien diese Politik ernsthaft zu greifen. Mehrfach habe ich seit 2014 den Satz gehört: 30 Jahre lang hat man uns von Korruptionsbekämpfung erzählt, selten ist etwas passiert, aber nun merken wir zum ersten Mal, dass sich wirklich etwas tut.

Schwerpunkte der Korruptionsbekämpfung waren stets lokale und regionale staatliche Einheiten, aber auch entsprechende Parteieinheiten, vor allem auf den Provinz- und Kommunalebenen, in denen sich, angesichts der Selbstständigkeit der unteren Ebenen, korrupte Allianzen von Parteifunktionären, höheren Beamten und regionalen Unternehmen etabliert hatten. Hunderte Politiker und Unternehmer sind in den 2010er-Jahren wegen passiver und aktiver Bestechung ins Gefängnis gekommen. Darunter auch prominente Personen in höchsten Stellen der Administration.[7]

Fachkollegen bestätigen übrigens in Gesprächen, dass das wenig mit der »Beseitigung parteiinterner Konkurrenten« zu tun hatte, wie im Westen gerne kolportiert, sondern es in der Regel bereits allgemein bekannte Fälle waren, die nun endlich vollzogen wurden. Eine Ausnahme ist wohl der bekannte Fall des Bo Xilai, ehemaliger Bürgermeister, Provinzgouverneur, Minister und zuletzt Parteichef der regierungsunmittelbaren Stadt Chongqing, der 2012 wegen »schwerer Disziplinarvergehen« und »Korruption« abgesetzt und angeklagt worden war.[8] Hintergrund könnte hier die Tatsache gewesen sein, dass Bo sich gegen die Ausdehnung der marktwirtschaftlichen Elemente in der Entwicklungsstrategie Chinas gewandt, für eine Rückbesinnung auf Mao plädiert und mit Kampagnen ähnlich der Kulturrevolution begonnen hatte.

Verfahren wegen Bestechung und Bestechlichkeit, vor allem wegen nicht nachvollziehbaren und nicht erklärbaren Reichtums von Parteifunktionären, werden inzwischen in aller Öffentlichkeit diskutiert. Vorwürfen aus der Bevölkerung wird nachgegangen und eine Überführung hat in der Regel eine Freiheitsstrafe zur Folge. In der Fachliteratur besteht weitgehend Konsens darüber, dass diese kulturelle Wende und der kontinuierliche Kampf gegen Korruption entscheidend ist für das Gerechtigkeitsempfinden und die große Ungleichheitsaversion der chinesischen Bevölkerung und damit für Chinas politische Kultur und Stabilität.[9] Seit den 2010er-Jahren gelang es der chinesischen Führung offenbar, eine integrierte Ungleichheitsreduzierung und Antikorruptions-Strategie zu etablieren, wie auch der kritische Autor Zhang Fan darlegt.[10] Seitdem ist eine regelrechte Anti-Korruptions-Bewegung entstanden.[11]

Diese wird nun standardisiert, transparent gemacht und vor allem über die Rechtspolitik in gerichtliche Verfahren überführt, damit die Anzeigen aus der Bevölkerung nicht zu Rachefeldzügen gegen ungeliebte Lokalpolitiker, konkurrierende Unternehmen oder Ähnlichem ausarten.

So hat die chinesische Regierung bereits erklärt, dass die drei Stränge Verteilungspolitik, Justizpolitik und Antikorruptionspolitik, die sich in den letzten Jahren in üblichen Experimentierphasen befanden, nun zu transparenten, standardisierten und dauerhaften Elementen von Politik, Gesellschaft und Gerichtswesen gemacht würden.[12]

»Glaubwürdiges China« (Credible China)

Seit der Periode der »Reform und Öffnung« ab 1978 wurde die chinesische Bevölkerung wie schon beschrieben mit umfassenden und massiven strukturellen Veränderungen, einer allgemeinen Deregulierung, enormen Wanderungsbewegungen und damit verbundenen sozialen und räumlichen Entwurzlungen konfrontiert. Als Folge dieser gesellschaftlichen Turbulenzen sank auch das Vertrauensniveau innerhalb der chinesischen Bevölkerung seit Mitte der 1980er-Jahre.[13] Die sozial negativen moralischen und verhaltensmäßigen Auswirkungen einer fast 25-jährigen Deregulierungsperiode mussten also wieder ausbalanciert werden, um den nationalen Entwicklungspfad nicht zu gefährden. Umverteilungs- und soziale Ausgleichspolitik, Reform des Hukou-Systems, die Einführung der Sozialversicherungen, Rechtsstaatlichkeit und Antikorruptions-Politik wurden dann ab Mitte der 2000er-Jahre und endgültig ab 2012 massiv und integriert entwickelt. Insbesondere in den letzten Jahren werden die verschiedenen Initiativen unter der nationalen Entwicklungszielsetzung »Vertrauenswürdiges China« zusammengefasst.

Das Vertrauensniveau in China wurde noch einmal massiv durch den bekannten Babymilch-(Melamin-)Skandal von 2008 getrübt, bei dem sechs Babys an vergifteter Babymilch starben und Hunderte schwer geschädigt wurden. Der Skandal hatte das Misstrauen der Chinesen nachhaltig beeinflusst und wirkte auch noch zehn Jahre nach dem Ereignis in Bewusstsein und Diskussionen der Chinesen nach.[14] Ende 2018 schlug ein Todesfall nach einer Tollwutimpfung noch einmal Wellen.[15] Die Pharmaindustrie steht seitdem unter besonderer Beobachtung der Öffentlichkeit und wird in ihrer Produktion politisch nun ganz besonders auf ein »Credible China« eingeschworen.[16]

In allen diesen Fällen von Konsumentenschädigung waren die öffentlichen Untersuchungen unmittelbar, effektiv, öffentlich und transparent. Die Strafen für die führenden Manager, die teilweise sogar bewusst minderwertige Produkte in Umlauf gebracht hatten (im Melamin-Fall), waren drastisch – sogar oberhalb der Erwartungen der Öffentlichkeit. Dies wurde übrigens auch als ein Erfolg der Online-Demokratie gewertet, also der intensiven Beteiligung der Menschen an den Diskussionen in Onlineforen und sozialen Netzwerken.[17]

»Credere«: »Glauben«, »vertrauen« und »Kreditwürdigkeit«

Die Maßnahmen rund um »Credible China« umfassen bewusst die verschiedenen Dimensionen und begrifflichen Zusammenhänge von »Vertrauen« (trust) und Vertrauenswürdigkeit (trustworthiness). Das lateinische *credere* bedeutet zunächst schlicht »glauben«, allerdings auch im zwischenmenschlichen Bereich. Hier hat es die Bedeutung des Vertrauens. Credibilis bedeutet glaub- und vertrauenswürdig, Englisch: credible. Und am Ende der Bedeutungslinie steht der profane finanzielle Kredit, im Westen gerne als der Horror der »Kreditverwehrung« herausgepickt.[18] Dass das Ganze auch im Kontext der breiteren Verhaltensanreize in den neuen experimentellen Sozialkreditpunkte-Systemen steht, werden wir unten noch aufgreifen.

Für diese Kreditwürdigkeit im engeren Sinne gibt es in kapitalistischen Ländern wie Deutschland die sogenannte Schufa. Wenn man die Wohnung oder den Job nicht bekommen hat, könnte das auch an der entsprechenden Bewertung bei der Schufa liegen. Immerhin lässt sich inzwischen einsehen, wie man dort von den Banken und Versicherungen bewertet wird.

Im Westen werden wir nicht nur in unserer Schufa-Akte »bewertet«, auch in unserer polizeilichen Führungsakte (Führungszeugnis), bei unserer Bank, bei eBay, Amazon, PayPal als Käufer oder Verkäufer bewertet und sogar gerankt, in Prüfungsergebnissen, in Arbeitszeugnissen – Bewertungen und Rankings überall, zum Teil existenzieller Natur. Jeder und alles wird auch nach Kreditwürdigkeit ge-»ratet«, Unternehmen und öffentliche Gebietskörperschaften gegebenenfalls auch mit weltweiten Konsequenzen durch die

US-»Big Three«, die »drei Schwestern«, die Ratingagenturen Standard&Poors (S&P), Moody's und Fitch.

Wer privat durch gewisse Raster fällt, wird gegebenenfalls auch von Facebook, Google, Twitter, YouTube & Co. oder E-Mail-Providern ausgeschlossen, neuerdings über privatwirtschaftlich administrierte sogenannte »Uploadfilter«, auch ohne zu wissen, was wir politisch falsch gemacht haben, welche unserer Kommunikationen politisch inkorrekt waren.

Rankings und Sozialpunktesysteme sind also im Westen »entpolitisiert« und privatisiert, in die privaten Internet-Oligopole ausgelagert. Damit bestimmen IT-Konzerne schon heute unsere Verhaltens- und Kommunikationsnormen, ohne dass wir es zwingend bemerken.

Schließlich sind vor allem Einkommens- und Vermögensungleichheiten die alles dominierenden, wenngleich untergründigen, also intransparenten und »privatisierten« Sozialkredit-Systeme im Kapitalismus.[19] Inwieweit hier bereits Unterschiede zu China feststellbar sind, wäre noch genauer zu untersuchen.

Die zunehmend offene Realität dieser globalen privatisierten Zensur ist, dass die großen IT-Konzerne ohne Weiteres Internetkonten für Zehntausende sperren, wie erst jüngst wieder in Kuba, Venezuela oder Hongkong geschehen, wenn deren Meinungsäußerungen nicht mit der jeweiligen Washingtoner Geostrategie und ihren Facebook-, Google-, Twitter-, YouTube- Anhängseln konform gehen.[20] Oder dass zum Beispiel Twitter mit militärischen Propagandaeinheiten zusammenarbeitet.[21]

Auch im Westen gibt es inzwischen zunehmend die Erkenntnis und eine zunehmend breite Forschung in den Wirtschafts- und Sozialwissenschaften, auch unabhängig von Kontroll- und Zensurbestrebungen der Regierungen, dass individuelle Verhaltensweisen wieder in größeren Einklang mit den sozialen und ökologischen Gütern zu bringen wären, wenn wir nicht zusehen wollen, wie die Welt um uns herum kollabiert. Verhaltensbeispiele hatten wir erwähnt. Ökonomen nennen das das »Erlernen neuer Präferenzen«, und die Ansätze der etwas verharmlosend »Nudging« (»Stupsen«, »Schubsen«) genannten psychologischen Verhaltenssteuerungssysteme waren sogar vor einigen Jahren einen Nobelpreis in Ökonomie wert.[22] Das Konzept von Verhaltenssteuerungssystemen gilt inzwischen sogar als »international etabliertes Politikkonzept«[23] und ist alles andere als eine chinesische Erfindung.

China geht die Dinge natürlich auf seine Weise an, was, wie wir bereits mehrfach gesehen haben, zunächst grundsätzlich bedeutet: mehrere, lokalisierte, parallele Prozesse, alle zunächst experimentell, zeitlich befristet und durch intensive öffentliche Diskussion in den sozialen Netzwerken begleitet – wie wir zu den Sozialkreditsystemen unten noch genauer berichten werden.

Zwei Unterschiede zwischen dem westlichen und dem östlichen System der Verhaltenssteuerung fallen allerdings sofort auf. Erstens, das westliche Konzept des Nudging ist ein technokratisches Regierungs- beziehungsweise Behörden-Instrument, das aber oft auf die privaten IT-Konzerne ausgelagert, also privatisiert wird, von dem der Nutzer der Idee nach aber in jedem Fall möglichst gar nichts merken soll. Das hätte den »Vorteil« minimaler öffentlicher Diskussion, aber den offensichtlichen Nachteil eines naheliegenden manipulativen Missbrauchs.

Das chinesische System der Sozialkreditpunkte ist eine Parallelität zahlreicher und zum Teil sehr verschiedener lokaler Ansätze. Das jüngste System in Shanghai zum Beispiel, genannt »*Honest Shanghai*«, legt einen Schwerunkt auf hochdifferenzierte Mülltrennungssysteme. Andere Systeme setzen auf Beteiligung an lokalen Baumpflanzaktionen, wieder andere auf den Besuch von Eltern über 60 mindestens einmal im Jahr.

Und stets wird wissenschaftlich und öffentlich über die verschiedenen Kriterien diskutiert und natürlich auch zum Teil grundsätzlich gestritten:

- Welche Verhaltensweisen sind sozial und ökologisch relevant und sollen berücksichtigt werden?
- Was kommt mit welchem Punktegewicht auf mein Konto?
- Werden nur positive (Punktgewinne) oder auch negative (Punktverluste) *As*pekte gewertet?
- Wo sollen Schwellenwerte für qualitative Bewertungen (»hohe«, »mittlere«, »geringe« Kreditwürdigkeit) liegen?
- Soll es Sanktionen geben? Wenn ja, wann und welche?

Der umfassende, aber zugleich auch der experimentelle Charakter des chinesischen Ansatzes kann leicht dazu führen, dass in einzelnen Fällen auch mal schnell über das Ziel hinausgeschossen wird. Kontrollen in einzelnen kommunalen oder regionalen Ansätzen könnten leicht zu weit gehen, ebenso mögliche Sanktionen. Die westlichen Medien picken ausschließlich diesen Aspekt heraus. Auf das Gesamtbild der Sozialkreditsysteme gehen wir aber noch ein.

Wie stark zensiert ist das chinesische Netz?

Ja, das chinesische Netz ist reguliert und zensiert, wie praktisch alle Netze überall auf der Welt, öffentlich oder klammheimlich durch die IT-Konzerne kontrolliert und zensiert werden (siehe oben).[24] Dreißig Kategorien von Inhalten sind offiziell im chinesischen Netz verboten, darunter vor allem:

- Pornografie
- Gewaltverherrlichung
- Kriegsspiele
- Rassismus
- Nationalismus
- Kriegshetze
- Menschen-, Frauen- und ethnisch diskriminierende und verachtende Aussagen

Google, Facebook und Co., die diese Beschränkungen in China nicht umsetzen wollen und das vermutlich auch gar nicht könnten, und die von politischen Interventionen durch Washington auch nicht Abstand nehmen wollen (oder auch nur könnten), werden daher mit den meisten ihrer Töchter (WhatsApp, YouTube, Instagram et cetera) vom chinesischen »Great Firewall« beziehungsweise »Great Cyber Wall« geblockt. Das gilt im westlichen Medienzirkus schnell als Beweis von Zensur und Diktatur, die es im ideologischen Kriegsnarrativ natürlich auch nur in China gibt. Wie es kommt, dass Chines*innen im Schnitt besser über uns informiert sind als unser/e Durchschnittsbürger*in über China, hat noch nie einen unserer Meinungs- und »Werte«-Schreiber zum Denken veranlasst.

Die Debatte über Freiheitsgrade, Regulierungen und ihre Kriterien ist vermutlich nirgends so breit, qualifiziert und differenziert wie in China selbst. Und die Meinungen, Diskussionen und Tendenzen in den sozialen Medien werden genau beachtet in China, »ausgewertet« sagt die Fachliteratur,[25] »zensiert« sagen die westlichen Medien. So etwa bei den Auseinandersetzungen um eine chinesische Live-Streaming- und Internetethik:[26] Soll es zum Beispiel bereits 13-jährigen Mädchen erlaubt sein, als Live-Streamer und Influencer und im Zweifel mit sexistischen Inhalten auf die Jagd nach der Maximierung der Zahl ihrer Follower zu gehen? Das Risiko moralischer Entgleisungen, gerade nach den Erfahrungen von Kulturrevolution und relativ ungehemmter Deregulierung der »Reform- und Öffnungs«-Periode, schien in China in der Tat besonders groß.[27]

Flächendeckend werden auch in China sogenannte Uploadfilter eingesetzt, die unerwünschte Inhalte ausfindig machen sollen. Im Rahmen einer deutlichen und ernsthaften moralischen und verhaltensmäßigen »Re-Kultivierung« in China entsteht dann aber durchaus Raum für »sportliche« Spielchen zwischen Internet-Aufsicht und Internet-Freaks. In der chinesischen Silbensprache kann man zum Beispiel einige Regulierungen und Löschungen sprachlicher Entgleisungen (Sexismus, Fäkalsprache, Hasssprache, »Shitstorms«), an die man sich im Westen bereits gewöhnt hat, umgehen. So reicht es schon aus, bestimmte verbotene Wörter mit gleichklingenden Silben zu ersetzen, um den Filter zu umgehen: Das verbotene »Cào N M «, zu Deutsch »F*** deine Mutter« (das amerikanische »motherfucker«, ohne das kein »ordentlicher« US-Rap-Song veröffentlicht werden darf), wird dann eben schon mal zum »Gras-Schlamm-Pferd« (C o Ní M).[28] Umgehungen dieser Art sind inzwischen eine Art Sport jugendlicher Internetnutzer geworden. Das wird innerhalb gewisser Grenzen geduldet. Allerdings ist es auch schon zu harten Strafen gekommen, wenn Jugendliche ähnliche »Scherze« im Zusammenhang mit tatsächlichen Vergewaltigungen und Pornografie für angebracht hielten.

Man vergleiche die unkontrollierte Explosion von Hass- und Ge-
waltsprache in unserem Internet, deren Spirale sich zunehmend in
die Realität von rechtem Mordterror hineindreht …

Pornografie, Kriegsspiele, Niedermachen und Hetze aller Art
werden sich im Westen wohl auf absehbare Zeit nicht aus einem
»freien« Internet beseitigen lassen, im Gegenteil, es sieht eher danach aus, als würde die Züchtung von Hass-, Kriegs- und Gewalt-
kultur im Internet allmählich in die »analoge« westliche Alltags-
kultur und Politik hineinschwappen und eines Tages das, was wir
unter Liberalität und Demokratie verstanden haben, endgültig
zerstören. Lassen wir die Frage beiseite, ob unser plutokratisches
und krisenhaftes neoliberales Gesellschaftssystem solche Auswüchse sogar als Ventil der Herrschaftssicherung braucht und fördert und Teile der Eliten angesichts des Abstiegs des Westens auf
eine stärker gewaltorientierte und ultrarechte Systemvariante
nach innen und außen einschwenken, wie einige Beobachter behaupten.[29]

»Soziale Werte und Konsumverhalten werden online verhandelt und diskutiert […] Der Zusammenfluss von Big Data und Online-Diskurs bewegt Chinas Umgang mit sozialen Werten sowie mit der sozialen Verant-
wortung der Verbraucher und des Managements von Unternehmen […]
in eine sich entwickelnde Online-Gesellschaft.«[30]

Auch Internetregulierungen und -zensuren sind in Chinas Gesell-
schaft und Politik ständig »auf Wiedervorlage«, zwecks weiterer
Entwicklung. Das schließt auch und vor allem die Gefahren von
Missbrauch, Opportunismus, der Einschränkung politischer Mei-
nungsfreiheit ein, übrigens in einem Diskussionsprozess, der an
Qualität und Vehemenz seinesgleichen sucht: Die Partizipations-
raten in den sozialen Medien, die Beteiligung der Menschen als
Nutzer an der Weiterentwicklung der Produkte, und die kritischen
Anmerkungen und Vorschläge aus der Bevölkerung zu Gesetzent-
würfen sprechen eine eigene Sprache.[31]

Cyber-Space: Big Data, KI, Internet of Things – private Zensur oder eine künftige reife Demokratie?

Für den Sprung in eine künftige entwickelte, bewusste Online-Gesellschaft hält China wie gezeigt zunächst einmal eine enorme Daten-, Analyse- und Steuerungsinfrastruktur bereit, mit ganz außergewöhnlichen sozial- und technikwissenschaftlichen Analysekapazitäten, mit Hunderttausenden von Wissenschaftlern in Hunderten von nationalen, regionalen und lokalen Instituten und Universitäten. Nur so kann das Land nicht nur ein Fünftel der Menschheit in einer hochkomplexen Multikulti-Gesellschaft zusammenhalten, sondern gleichzeitig einen zukunftsweisenden Strukturwandel organisieren, der in dieser Breite, Tiefe und Geschwindigkeit seinesgleichen sucht.

Dass die neuesten Technologien der Datensammlung mittels Geräten aller Art (das IoT) und die umfassenden Datenerhebungs-, Datenanalyse- und Steuerungssysteme auch zur Beobachtung, Analyse, Kontrolle, Manipulation oder Unterdrückung von Individuen genutzt werden können, liegt auf der Hand und gilt überall auf der Welt, da alle führenden Länder über die gleichen Technologien verfügen. Technologisch gesehen kann und tut China zunächst einmal nichts anderes als das, was alle entwickelten Industrieländer können und zurzeit implementieren. In China sind jedoch zugleich die öffentlichen Finanzmittel und organisatorischen Handlungskapazitäten vorhanden, die neuesten Technologien auch *flächendeckend* anzuwenden und auszuprobieren. Genau diese Fähigkeiten sind im neoliberalen finanzialisierten Kapitalismus bei Staat und Öffentlichkeit finanziell und organisatorisch nicht mehr vorhanden und werden daher vom Staat auf private Hightech-Konzerne und die IT-Oligopolisten übertragen. Dass die Cyber-Technologie im Westen möglicherweise etwas weniger angewendet wird, scheint also zunächst an der geringeren öffentlichen Investitionskraft und keineswegs etwa an höherer demokratischer Einsicht und Zurückhaltung zu liegen.

Der chinesische Big-Data-/KI-/Cyber-/IoT-Komplex wird wie der westliche an politischer und praktischer Management-Bedeutung definitiv weiter zunehmen. Die Übergänge zu Missbrauch,

Zensur, Unterdrückung werden hier wie dort immer fließend und naheliegend sein. Und sie können niemals rein technisch entschieden werden, weder bei uns noch in China. China entwickelt und implementiert technologische Innovationen zwar stets schnell und flächendeckend und in der Regel auch schneller und umfassender als der Westen es kann, aber eben immer auch mit dem Korrekturvorbehalt des Experiments, begleitet von intensivem politischem Diskurs, der in Politik, Wissenschaft und sozialen Medien geführt wird.

Damit wird, hier wie dort, das Prinzip deutlich, nach dem es der Menschheit gelingen kann, die Gefahren der neuen Big-Data-/KI-/Cyber-/IoT-Welt eines Tages in den Griff zu bekommen, während zugleich die praktischen technischen Nutzungsmöglichkeiten ausgeschöpft werden: Eine künftige Demokratie wird sich danach entscheiden und bemessen, inwieweit es einer Gesellschaft gelingt, die nützlichen von den schädlichen Effekten einer Technologie zu unterscheiden und vor allem zu entscheiden, wann und inwieweit wir etwas, was wir technisch können, aus ethischen Gründen demokratisch entschieden genau nicht tun.

China bietet für diesen Weg in die Zukunft, den alle entwickelten Industrieländer gehen müssen, hinsichtlich Transparenz, Diskussion, experimentellem Charakter, Steuer- und Veränderbarkeit klar erkennbar keineswegs schlechtere Voraussetzungen als der Westen.

Soziales »Nudging« und Sozialkredit-Punkte: Westen gut, China böse?

Damit sind wir bei den neueren chinesischen Sozialkreditsystemen, deren konkrete Aspekte im folgenden Gastbeitrag näher beschrieben werden. Auch die Sozialkreditsysteme werden hierzulande reflexartig als Diktatur verdammt, anstatt die damit zusammenhängenden Probleme und Chancen sozialer und ökologischer Verhaltensweisen, mit denen alle Länder der Welt zu tun haben, die aber im Westen weitgehend tabuisiert werden, zu thematisieren.

Selbst einigen wenigen westlichen Medien ist die eigene verzerrte Darstellung des chinesischen Sozialkreditsystems aufgefallen.[32] Hier einige der wichtigsten und überraschenden Fakten zum chinesischen Kreditpunktesystem:

- Es gibt nicht *das* Kreditpunktesystem in China, sondern eine Vielzahl lokaler experimenteller Systeme. Die Zentralregierung hatte im Jahr 2014 lediglich ein Rahmendokument beschlossen mit Aufforderungen an die dezentralen staatlichen Ebenen, Verhaltenssteuerungs-Systeme gegen Korruption und Finanzkriminalität für mehr finanzielle Vertrauenswürdigkeit, mehr sozialverträgliche und ökologische Verhaltensweisen zu entwickeln und auszuprobieren. Es gibt dazu keine zentralen Vorschriften. Ein Standard sollte ursprünglich 2020 eingeführt werden. Davon ist man angesichts der chinesischen Diskussionen aber noch weit entfernt. Es gilt auch hier die chinesische experimentelle Politikphilosophie »Ein Land, 1000 Systeme«. Obwohl es zurzeit »nur« circa 20 lokale und regionale Systeme gibt.
- Chinas 13. Fünfjahresplan für 2016–2020 hat zwar Kriterien sozial verantwortlicher Verhaltensweisen im Internet operationalisiert, bei der Umsetzung der Kriterien in lokalen und regionalen Kreditpunktesystemen aber verstärkt auf kleine Netze gesetzt, um Mechanismen der Selbstregulierung der Internetproduzenten und -konsumenten den Vorrang zu geben.
- Die Systeme sind gar nicht in erster Linie auf private Individuen, sondern in erster Linie auf Politik, Behörden, Unternehmen, Banken, Justiz und Wissenschaft und erst danach auf natürliche Personen orientiert. Sie sind damit in erster Linie klar im Zusammenhang mit der Antikorruptionspolitik (Politik, Behörden, Unternehmen), der Rechtspolitik (Justizwesen), der Politik der Verbesserung der Arbeitsbedingungen und der Umweltbedingungen (Unternehmen), dem Banken- und Finanzsystem (Rating, Bonität, auch für das Verhalten der Kreditgeber), und so insgesamt der Politik des »glaubwürdigen China«, zu sehen.
- Die Systeme sind meist transparent gestaltet und in der öffentlichen Debatte über die verschiedenen Ziele und Qualitätsmerkmale der Systeme, insbesondere die Verlässlichkeit der Daten-

grundlagen, die Gültigkeit der verwendeten Indikatoren, die Kriterien, die in die Systeme einfließen, die Gewichte, mit denen die Kriterien einfließen, die Schwellenwerte für bestimmte Ratings und die Sanktionen bei gewissen Schwellenwerten (siehe oben).[33]

Man könnte es auch so auf den Punkt bringen:

»Die ChinesInnen wissen – im Unterschied […] zum kommerziell-geheimdienstlichen Ausspäh- und Verwertungs-Wildwuchs bei CIA beziehungsweise Facebook – über die Erfassung Bescheid und können ihre Bewertung einsehen.«[34]

Chinesische Kollegen haben mir freimütig gezeigt, wie man etwa in der Uni-Mensa an kleinen Automaten seinen Punktestand anzeigen lassen kann und erläutert, wo sie mit etwa 780 Punkten (von 1 000) stehen, was sie damit anfangen können und so weiter.

Tatsächlich werden auch in westlichen Medien gelegentlich durchaus sozialverträgliche Punktekriterien erwähnt, wie (neben »Strafen für Wohlhabende«, wie immer das konkret aussehen wird) zum Beispiel »Mithilfe beim Pflanzen von Bäumen« oder »Regelmäßiger Besuch erwachsener Kinder bei ihren Eltern«.[35] Und manchmal kann man sogar in westlichen Medien Berichte lesen wie:

»Dorfbewohner und Bauer Mu Linming […] der 62-Jährige mit dem einladenden Lächeln bittet in sein Haus, schenkt den Besuchern Äpfel und Erdnüsse. ›Unser Dorf war immer gut‹, sagt der frühere Bauarbeiter. ›Aber nach Einführung des Systems ist es noch besser geworden‹.«[36]

Oder ein 32-jähriger Unternehmer:

»[…] ich habe das Gefühl, dass sich das Benehmen der Leute im letzten halben Jahr verbessert hat.«[37]

Ja, tatsächlich, ich riskiere als Fußgänger in Beijing oder anderswo nicht mehr mein Leben, wenn ich bei Grün über die Straße gehe, weil nicht mehr, wie früher geschehen, kein Autofahrer auch nur daran denkt, auf die Bremse zu treten. Hatte ich in den ersten Jahren meiner Chinabesuche in meinen Vorträgen über China hier zu Hause noch gesonderte Folien über das Autofahrer- und sonstige Verhalten der Chines*innen (in der Öffentlichkeit), so konnte ich diese inzwischen getrost löschen. Auch das bei westlichen Touristen früher berüchtigte und in Erzählungen unter »Wessis« beliebte Spucken auf die Straße gehört inzwischen der Vergangenheit an.

> Zur Vertiefung: Der Gastbeitrag von Madeleine Genzsch »Sozio-ökologische Transformation durch Sozialpunkte?«. Genzsch untersucht darin die Gestaltung, Wirkungen und Diskussion der verschiedenen regionalen und lokalen Punktesysteme in China. Online verfügbar unter: www.westendverlag.de/china

Erregungspunkt Ai Weiwei

Der chinesische Architekt und Künstler Ai Weiwei war lange Zeit ein Dreh- und Angelpunkt der China-Kritik der westlichen Medien. Einen Versuch, die tatsächliche Geschichte von Ai Weiwei und seines Kampfes für eine Regimeänderung in China zu recherchieren, hat Christian Y. Schmidt unternommen,[38] und die Ergebnisse wollen wir hier kurz vorstellen.

Als Widerständler gegen China war Ai in den westlichen Medien schnell vielfach geadelt worden:

- zu »Chinas prominentestem Künstler« (*Tagesspiegel*) (183) und gar zum »wichtigsten Künstler der Welt« (*Stern*) (138),
- zu »Chinas Staatsfeind Nr. 1« (*Bild*-Zeitung) (139) sowie
- zum »Hoffnungsträger« und zur »Sehnsuchtsfigur des Westens« (*Süddeutsche Zeitung*) (182), oder auch gleich zum »Märtyrer-Künstler« (*Zeit*) (139).

Tatsächlich hatte er lange Zeit gute Kontakte zu lokalen Regierungen in China, chinesischen Immobilienbesitzern und Investoren und es als Architekt bereits zum mehrfachen Millionär gebracht.[39] So hatte er im Auftrag der lokalen Regierung südlich von Shanghai etwa den »Jinhua Architecture Park« errichten lassen, und das Magazin *Urbane* zeigte ihn im Januar 2008 wohlbehalten und »bester Dinge« (Schmidt) bei der Eröffnungsfeier mit Vertretern internationaler Architekturbüros und der Regierung.[40]

Im April 2011 aber wurde Ai in China vorübergehend verhaftet, was einige westliche Medien dazu verleitete, ihn zu einem Freiheitskämpfer avancieren zu lassen. Offiziell war er wegen Steuerhinterziehung verhaftet worden. Nun, Steuerprobleme kann es in der Tat schon mal geben, wenn man ein Multi-Millionen-Projekt beginnt, das dann pleitegeht. Laut Schmidt lief die Geschichte so:

Im Anschluss an den Jinhua Architecture Park entstand das Projekt »Ordos 100«. Die am Rande der Wüste gelegene Stadt Ordos in der Inneren Mongolei, deren alte Industrien zum Teil stillgelegt worden waren, wurde bekanntlich Mitte der 2010er-Jahre vorübergehend zum Mekka der chinesischen Bitcoin-»Schürfer«, bis die chinesische Regierung diesen Aktivitäten ein Ende setzte. Vorher aber hatte der Multimillionär und Immobilieninvestor Cai Jiang die Idee, in der Steppen- und Wüstenlandschaft am Rande der Stadt ein Kunstmuseum und 100 1000 Quadratmeter große Villen zu bauen, mit eigenen Pools und Quartieren für das Dienstpersonal. Projektleiter wurde Ai Weiwei, der den Masterplan erstellte und 100 westliche Architekturbüros engagierte, die jeweils eine Villa entwerfen sollten. Lokale und regionale Regierungsvertreter fuhr man in einer goldfarbenen Mercedes-Omnibusflotte zum Projektort.[41] Der Berliner Galerist Alexander Ochs erhielt für die Konzipierung des Wüstenmuseums mehr als drei Millionen Euro.[42] Die 100 Villen sollten für je 1,5 Millionen US-Dollar verkauft werden.

Wie sich allerdings herausstellte, war das Projekt im doppelten Sinne auf Sand gebaut.[43] Cai wurde verhaftet und in einer Steuer- beziehungsweise Korruptionssache angeklagt. Unter anderem war er allerdings auch ein Großzulieferer genau jenes Molkereigiganten, der 2008 den Babymilch-(Melamin)-Skandal, mit toten und vielen dauerhaft geschädigten Babys (siehe oben), verursacht hatte, von dem sich das Vertrauen der chinesischen Bevölkerung bis heute noch nicht vollständig wieder erholt hat. In diesem Kontext ist eine ganze Reihe der Verantwortlichen hinter Gitter gekommen. Und mit der Verhaftung von Cai platzte auch das Projekt von Ai. Ein paar angefangene Bauten in Ordos fielen dem Treibsand der Wüste anheim.[44]

Ai Weiwei lobte Cai dennoch, denn der könne »urbane Räume bauen«, weil er »ein Individuum und kein staatliches System« sei.[45] Nun weiß ja die ganze Welt, dass das chinesische staatliche System völlig unfähig ist, urbane Räume zu bauen.

Kurz vor seiner eigenen Verhaftung wandte sich Ai mit der Forderung an die westliche Presse, den chinesischen Staat zu stürzen. Eine große Zukunft räumte er diesem dabei nicht ein: »Für dieses 60 Jahre alte Ding [das heißt, für dessen Sturz – W.E.] könnten einige Monate nötig sein.«[46] Inzwischen (Anfang 2019) hat dieses »Ding« allerdings schon seinen 70. Geburtstag gefeiert und dabei eigentlich wenig Anzeichen eines Niedergangs erkennen lassen.

Später bezeichnete Ai in der US-amerikanischen *Newsweek* Beijing als »Stadt der Verzweiflung«, »Stadt der Gewalt« und »permanenten Albtraum«.[47] Ein Vertrauter Ais, Chen Guangcheng, war bereits vorher in die USA umgesiedelt. Als er dort von den Sprechern der DEM- und REP-Kongressfraktionen empfangen wurde, forderte er die US-amerikanische Regierung auf, etwas »gegen China zu unternehmen«.[48]

Dass Ai auch schon mal gewalttätig auf Kritik an sich selbst reagiert, sei in einem Video zu sehen, in dem er einen Professor der Pekinger Universität zu Boden schlägt, wie Schmidt dokumentiert.[49] Im Internet werde das Video diskutiert, Bloomberg berichtete ausführlich, die deutsche Presse hingegen verweigerte sich, das Thema zu erwähnen.

Und warum jemand, der in China als Stararchitekt bekannt geworden war, gleichzeitig der »wichtigste Künstler der Welt« (*Stern*) sein soll, scheint erklärungsbedürftig. Erst recht dann, wenn etablierte, international anerkannte Kunstkritiker, wie die Berliner Kunsthistorikerin Zhu Ling, Zweifel an Ais künstlerischem Werdegang anmelden und darauf hinweisen, dass er vor seinen systemkritischen Äußerungen als Künstler international gar nicht in Erscheinung getreten war. Doch solche Einschätzungen werden in den westlichen Medien, wenn nicht verschwiegen, so nur verkürzt wiedergegeben. In diesem Fall wurde der Spieß sogar herumgedreht: Zhu Ling wurde, wie Schmidt dokumentiert, der »Vorlagen« für eine »Rufmordkampagne« des »Regimes« bezichtigt.[50]

Christian Schmidt selbst hatte es gewagt, in einem Interview mit »einer großen Zeitung aus Frankfurt« auszusprechen, Ai sei als Künstler überschätzt. Das Interview wurde nicht abgedruckt.[51]

Auch der renommierte internationale Kunstkritiker und Ausstellungsmacher Hou Hanru erklärte ohne Umschweife: »Als Künstler ist er völlig uninteressant.«[52]

Schmidt zeigt anhand von Beispielen, dass solch Kritisches dann auch schon mal aus den Mediatheken öffentlicher Sender und aus Archiven von Zeitungen verschwindet.[53]

Eine weitere gängige Behauptung in der westlichen Presse, Ai habe als Künstler nie in China ausstellen dürfen, kann Schmidt ebenfalls als Fake enttarnen, da er selbst (er lebt seit 2005 in Beijing) Ausstellungen von Ai dort besucht hatte.

Dafür gibt es dann aber in Deutschland schnell eine Hochschule, die der Symbolfigur gerne eine Professur anbietet. Das aber wiederum muss schnell gehen, denn die Symbolfigur ist nur eine nützliche, solange sie in China ist und dort möglichst noch in Untersuchungshaft sitzt. Denn sobald sie in den Westen übergesiedelt ist, verkümmert sie schnell zum Normalo und wird uninteressant, wie Schmidt argumentiert.[54]

Schmidt dokumentiert noch mehr Kritiken und Kritiker der Ai-Weiwei-Welle der westlichen Medien, wir aber belassen es dabei.

China zensiert, aber wir sind frei? Au Wei!

Nachtrag Anfang 2020: Ai Weiwei kritisierte seit September 2019 wiederholt, zuletzt im Januar 2020 im britischen *Guardian*, deutsche Gesellschaft und Kultur als intolerant, autoritär, fremdenfeindlich und nazistisch.[55] Aus dem »prominentesten Künstler Chinas« und »dem wichtigsten Künstler der Welt« ist in den Medien nun flugs eine ziemlich menschliche Person geworden: »Ai Weiwei geht es vor allem um Ai Weiwei«.[56]

Kapitel 9

»Lager für Minderheiten und Polizeistaat!« Chinas Nationalitäten- und Minderheiten-Politik: Taiwan, Tibet, Xinjiang ...

56 Ethnien, davon 55 Minderheiten – Selbstverwaltung und bevölkerungspolitische Förderung

China ist seit Tausenden von Jahren ein Land von kontinentalem Ausmaß, das ein hohes Niveau von Bewirtschaftung, Bevölkerungsernährung und Infrastrukturen, unter anderem Tausende Kilometer lange Kanäle und eine kontinentale Wasserwirtschaft errichtet und gemanagt sowie einen einheitlichen Staat geschaffen hatte. Naturgemäß beherbergt das Land auch ein hohes Maß ethnischer Diversität in sich, mehr als etwa Europa. Würde es nicht eine stark wirkende Geschichte als einheitliche Großnation haben und heute eine klare und zugleich kluge nationale Entwicklungspolitik betreiben, einschließlich einer umsichtigen aktiven Ethnien- und Minderheitenpolitik, wäre es wohl längst in Dutzende von Kleinstaaten und vielleicht Hunderte sich bekriegender »Warlordschaften« zerfallen, wie sie in peripheren, Ressourcen-liefernden Herrschaftsgebieten des Westens verbreitet sind.

China besteht insgesamt aus 56 Ethnien, davon sind die sogenannten Han-Chinesen die mit Abstand größte Gruppe, die mehr als 90 Prozent der Bevölkerung ausmachen (mehr als 1,2 Milliarden). Alle anderen 55 Ethnien sind entsprechend viel kleinere, zum Teil kleinste Völker oder lokale Gemeinschaften, meist an den Rändern des chinesischen Staatsgebietes lebend. Sie sind als Minderheiten anerkannt und haben insofern einen juristischen, völkerrechtlichen Status, der mit der Garantie bestimmter Rechte wie

Bildung und Sprachförderung verbunden ist. In China leben die größten davon in autonomen Provinzen oder, falls lokal beschränkter, in autonomen Präfekturen mit je besonderen Rechten der Selbstverwaltung.

Unter den größeren und bekannteren Minderheiten befinden sich die Mandschu im Nordosten, gut zehn Millionen Menschen, die von 1644 bis zur bürgerlichen Revolution 1911/12 (Gründung der Republik) mit der Qing-Dynastie sogar ganz China beherrschten. In Europa sind neuerdings auch die Uiguren bekannt (zehn Millionen Einwohner), die zu den Turkvölkern gehören, die meist Zentralasien, bis nach Sibirien hinein, bevölkern, aber mit den heutigen Türken auch weit Richtung Westen vorgedrungen waren. In China sind sie heute mehrheitlich muslimischen Glaubens und leben, anders als zum Beispiel die Mandschu, in einer autonomen Provinz, Xinjiang Uigur. Ferner leben in China gut sechs Millionen Tibeter, meist, aber nicht nur, in der autonomen Provinz Tibet. Ihre traditionelle Religion ist der Buddhismus. Etwa sechs Millionen Mongolen leben in der autonomen Provinz Innere Mongolei.

Außerdem leben in China, aufgrund der enormen historischen Migrationsprozesse in Zentral- und Nordostasien, der umfangreichen Existenz früher nomadischer Völker und der aus der Geschichte hinlänglich bekannten gelegentlich willkürlichen Grenzziehungen, Koreaner (1,8 Millionen), Kasachen (1,5 Millionen), Kirgisen (190 000), Russen (15 000), Usbeken (11 000) und Tataren (3 500) in ethnischen Gemeinschaften, aber auch Vietnamesen und viele andere Gemeinschaften, die zum Teil so klein sind, dass von ihnen nicht mehr als anerkannten Minderheiten gesprochen werden kann. Auf Taiwan leben noch einige Kleingemeinschaften pazifischer Ureinwohner, da Taiwan die nordwestlichste Insel war, auf die pazifische (mikronesische) Seefahrer einst gelangten.

Viele große der anerkannten ethnischen Minderheiten genießen nicht nur eine relative Autonomie der Selbstverwaltung, alle Minderheiten wurden auch bevölkerungspolitisch bevorzugt; sie alle unterlagen beispielsweise nicht der Ein-Kind-Politik, damit ihre Bevölkerungsanteile nicht weiter sinken.

»Ein Land, zwei Systeme«: Taiwan-Politik

Taiwan wurde nach der Gründung der VR China 1949 bekanntlich der Rückzugsort der militärischen Kräfte der früheren bür-
gerlich-konservativen Partei Kuomintang. Diese Partei war 1919
in der damaligen Republik China gegründet worden. Ihr rechter
Flügel übernahm die Macht, nachdem die KPCh in den 1920er-
Jahren an Einfluss gewann, und führte von 1924 bis 1949 unter
dem bekannten Anführer Chiang Kai-shek den chinesischen Bürgerkrieg gegen die KPCh, die ebenfalls militärische Kräfte, die
Volksbefreiungsarmee (Rote Armee), aufbaute. Die Rote Armee
unter Leitung von Mao Zedong führte dabei in den Jahren 1934–
35 jenen berühmten »Langen Marsch« durch, bei dem sie von der
staatlichen Armee unter dem zum Generalissimus avancierten
Chiang verfolgt und immer wieder eingekreist wurde. Ein Haupt-
teil der Roten Armee musste dabei in 370 Tagen mehr als
12 000 Kilometer durch unwegsame Gebiete zurücklegen und
verlor dabei 90 Prozent ihrer Soldaten. Der Bürgerkrieg schwächte
die chinesische Frontstellung gegenüber der japanischen Invasi-
onsarmee und die Armee Chiangs terrorisierte zunehmend auch
die eigene Bevölkerung. Nach dem Sieg der Roten Armee 1949
schließlich flohen die Kräfte der Kuomintang auf die Insel For-
mosa und setzten sich dort als Republik China (Taiwan) fest, militärisch aufgerüstet durch die USA.

Die VR China hat Taiwan nie anerkannt und besteht auf der
»Ein-China«-Position, wonach es keine zwei »Vaterländer« geben kann. Taiwan wird daher als Teil der VR China betrachtet
und soll früher oder später auch wieder formal eingegliedert
werden. Die Methode der nationalen Wiedervereinigung ist bis
auf weiteres die der »funktionellen« ökonomischen Integration,
die eines Tages die politische Annäherung erleichtern soll.[1] Taiwanesen werden daher von der VR China heute als chinesische
Bürger behandelt. Sie genießen bei Einreise, Aufenthalt, Einkäufen oder Geldgeschäften in China große Vorteile und erhalten einen Pass der VR China. Die *Taipei Times* (Taiwan) schrieb
im Juli 2017:

»Die Regierung Festland-Chinas wendet sich geschickt direkt an die Taiwanesischen Bürger, unter Umgehung unserer Regierung [...] und ihre Strategie verfängt [...].«[2]

Taiwanesische Bürger verzichten in der Tat selten auf die angebotenen Vorteile, können bei Einreise aber den Pass der VR China auch nicht ablehnen, wenn sie planen, irgendwann noch einmal nach Festland-China einreisen zu wollen. Und das tun sie in Massen, zu Verwandtenbesuchen oder zwecks Einkäufen.

Die heutigen politischen Reaktionen in Taiwan sind interessant: Die alte, ehemals rechts-nationale und strikt antikommunistische Partei Kuomintang, die Taiwan die meiste Zeit seit 1949 regiert hatte, schien die Politik Chinas in den letzten Jahren zunehmend zu akzeptieren und sich mit der Regierung Chinas zu arrangieren. 2005 beschlossen die Kuomintang und die KPCh einen Fünfpunkteplan für eine friedliche Entwicklung hin zu einer Nation, bei »vollem Respekt« der KPCh für das soziale System und den Lebensstil der »Taiwanesischen Landsleute«.[3] Demonstrativ besuchte sogar der frühere Vorsitzende der Kuomintang im Juli 2018 chinesische Regierungsvertreter in Beijing zu freundschaftlichen Gesprächen, wie *China Daily* berichtete und wie entsprechende Fotos deutlich machten.[4]

Die neuere, neoliberale und sozialdemokratische und damit strikt antikommunistische Demokratische Fortschrittspartei DDP, die 2014 Regierungspartei wurde (die Mehrheiten in Taiwan schwanken stark), reagiert dagegen mit verschärfter Anti-VR Politik. Auch die taiwanesische Bevölkerung scheint gespalten in »Chinesen« und »Taiwanesen«. Alles scheint daher in Bewegung, obwohl eine formale Eingliederung Taiwans in die VR China, selbst einer längeren Koexistenz-Periode à la Hongkong, vermutlich auf schärfste Reaktionen der USA stoßen würde.

Tibet: Feudalbuddhismus, Sklavenhaltergesellschaft und Armut ade

Die Bedeutung des Autonomen Gebiets Tibet in China ist bekanntlich auch eines der Dauerthemen in westlichen Medien. Der frühere religiöse Herrscher des alten buddhistischen Feudalsystems Tibets, der Dalai Lama, ist eine der Projektionsflächen verbreiteter westlicher feudaler Prunksehnsüchte. Ein paar simple historische Fakten lassen das westliche Medienfeuerwerk mit ihren heimlich wabernden Sehnsüchten nach vordemokratischen Verhältnissen, nach dem Sklavenhalterregime des Lamaismus, allerdings schnell erlöschen.[5]

Tibet war viele Jahrhunderte lang Bestandteil der chinesischen Reiche. Erst nach der kolonialistischen Unterwerfung Chinas im 19. Jahrhundert trennten die Engländer Tibet von China ab. Mit Hilfe der Engländer konnte auch der 13. Dalai Lama 1894 die chinesische Verwaltung aus Tibet vertreiben und in der Zeit der bürgerlichen Revolution in China (ab 1911) dann im Jahre 1913 Tibet endgültig für unabhängig von China (faktisch allerdings in totaler Abhängigkeit von England) erklären. Für Großbritannien schlicht ein weiterer Schritt der Zerlegung, Fragmentierung sowie physischen, ökonomischen, sozialen und moralischen Verwüstung Chinas.

Unter der Fuchtel der britischen Kolonialisten konnte der theokratische politische Feudalbuddhismus ein barbarisches, steinzeitliches Sklavenregime errichten: Der 13. Dalai Lama und eine kleine oligarchische Kaste führender Lamas zusammen mit einer kleinen Kaste von Großgrundbesitzern, denen Tibets Grund und Boden gehörte, beherrschten ein System, das Tibet zu einem der ärmsten Länder der Welt machte, während am Sitz des Dalai ungeheure Goldschätze angesammelt wurden. Zu diesem System gehörten Sklaverei und Leibeigenschaft, Armut und Hunger des Volkes, eine Analphabetenrate von 95 Prozent (das heißt fast 100 Prozent außerhalb der Theokratie), das Fehlen jeglicher Medizin für das Volk, wodurch selbst harmlose Krankheiten zur tödlichen Bedrohung wurden sowie regelmäßige Kindesentführungen zur Rekrutierung des Mönchsnachwuchses.

Der heutige 14. Dalai Lama wurde 1940 bereits als Vierjähriger inthronisiert. Sein weltlicher »Erzieher« war der deutsche SA- und SS-Mann Heinrich Harrer. Dalais werden in völliger Isolation von der realen Welt und erst recht dem gemeinen Volk erzogen, reine Kunstprodukte, und so auch der 14. Dalai. Nach der

sozialistischen Revolution in China 1949 marschierte die Volksbefreiungsarmee 1950/51 unblutig in Tibet ein und sicherte die
Außengrenzen Tibets als chinesische Grenzen. Der britische
Statthalter wurde abgesetzt. Stattdessen wurde der Dalai als
16-Jähriger vorzeitig als politischer Führer Tibets von China
anerkannt. 1951 wurde ein 17-Punkte umfassendes Abkommen
zur Friedlichen Befreiung Tibets zwischen Beijing und Lhasa,
Mao Zedong und dem 14. Dalai, unterzeichnet, das unter anderem folgende Regelungen enthielt:[6]

- Sklaverei und Leibeigenschaft werden abgeschafft.
- Tibet erhält völlige nationale und territoriale Autonomie im
  Rahmen der Minderheiten- und Autonomiepolitik der chinesischen Nation.
- Das bestehende politische System und die politische Führungs-
  struktur des Lama-Systems, Status und Funktionen des Dalai,
  aller Lamas und ihrer theokratischen Beamten bleiben unange-
  tastet. Auch die tibetische Polizei bleibt unverändert bestehen.
- Religionsfreiheit wird garantiert, und das Besitztum der Klöster
  am Grund und Boden Tibets bleibt erhalten. Die Klöster behalten ihre Einkünfte.
- Die tibetische Sprache wird in Wort und Schrift erhalten und im
  Rahmen der Einführung eines Bildungswesens für alle weiterentwickelt.
- Soziale und demokratische Reformen führt Tibet in Eigenver-
  antwortung durch. Wenn das Volk Reformwünsche äußert, so
  soll diesen in Beratung mit der buddhistischen Führung entge-
  gengekommen werden.

Dem 14. Dalai war es gestattet, sich in den Nationalen Volkskongress Chinas wählen lassen, was auch geschah. Er wurde dort als
junger Mann sogar zum Vizepräsidenten gewählt.
 Allerdings rebellierten zwischenzeitlich die Großgrundbesitzer
gegen die Abschaffung der Sklaverei, zusammen mit einem großen Teil der theokratischen Kaste. Sie merkten, dass das tibetische
Volk sich wohl nicht mehr allzu lange in der Steinzeit halten lassen
würde. Soziale Proteste und Reformforderungen in Tibet hatten

zugenommen. Ab Mitte der 1950er-Jahre wurden daher mit Hilfe des CIA der USA in den nepalesischen Bergen heimlich bewaffnete terroristische Gruppen aufgestellt,[7] die »den Chinesen mehrere Male erheblichen Schaden zufügen konnten«, wie der 14. Dalai in seiner Autobiografie feststellte.[8] Die Volksbefreiungsarmee konnte die Terroristen allerdings besiegen, und im Gegenzug wurde eine Landreform zugunsten der Bauern durchgeführt. 1959 aber brach die Feudalkaste endgültig mit dem 17-Punkte-Abkommen und setzte sich mit erheblichen Reichtümern nach Indien ab, wo sie seitdem ein kleineres Gebiet als Ministaat mit einigen Hundert Tibetern und einer kleinen lokalen indischen Bevölkerung von einer früheren britischen Garnison aus regieren darf.

Der 14. Dalai, der sich als Vertragspartner Maos beim 17-Punkte-Programm und als Vizepräsident des Nationalen Volkskongresses Chinas ursprünglich einmal »tief beeindruckt von Mao Zedongs außergewöhnlicher Persönlichkeit« gezeigt hatte,[9] und den man 1954 als 19-Jährigen freundlich mit Mao händeschüttelnd im nationalen Volkskongress in Beijing sieht, war wohl von seiner Kaste irgendwie überzeugt worden, den Bruch mit der in Gang gekommenen fortschrittlichen Entwicklung Tibets mitzuvollziehen und ebenfalls zu fliehen. Die restliche Geschichte des 14. Dalai ist dem/der gewöhnlichen mitteleuropäischen Medienkonsument*in als esoterische, verklärte Prunk-Geschichte der heimlichen Sehnsüchte nach Führern, Fürsten, Königen und Halbgöttern hinlänglich bekannt.

Eine erneute »Befreiung« Tibets unter der Ägide des feudalen politischen Buddhismus aber, wie sie heutzutage im Internet breit und dominant zur Schau gestellt wird, frei von jedem Bezug zur realen Geschichte und zur realen sozialen Situation der einfachen Menschen unter seinem Regime, in westlicher intellektuell-gutmenschlicher Sehnsucht nach Religion, Esoterik, Verklärung und Bewunderung feudalen Prunks, dürfte einem neutralen Beobachter heute nicht mehr realistisch erscheinen.

Aber wie bei den vielen anderen westlichen medialen Hysteriepunkten scheinen die Adressaten auch der Tibet-Kampagnen des US-Internet-Oligopols kaum noch die generelle Weltöffentlichkeit zu sein, die man ja kaum noch erreicht, oder, im vorliegenden Fall, etwa die normale tibetische Bevölkerung, die man, selbst mit einer Verklärung ihrer eigenen, tragischen Feudalgeschichte, heutzutage kaum noch einfangen dürfte, sondern nur noch die eigene, westliche Bevölkerung. Und hier scheint die Verklärung einer »himmlischen«, prunkvollen theokratischen Sklavenhalter-Herrschaft noch hinreichend zu verfangen. Ein kühl-distanzierter Blick von außen auf den realen und mentalen Zustand des Westens, zum Beispiel des heutigen Europa[10], erklärt uns da einiges über die hier verbreiteten Sehnsüchte und Irrationalitäten und hält uns einen Spiegel vor, der uns zu sagen scheint: Von euch werden weltgeschichtlich auf absehbare Zeit keine Impulse mehr zu erwarten sein. Der meist hysterische und aggressive Politikansatz des Westens zu Tibet und China jedenfalls hat mit realer kultureller Emanzipation und realer Modernisierung und Wohlstandssteigerung Tibets anscheinend wenig zu tun.[11]

Eine Zwangsmodernisierung Tibets auf der anderen Seite wäre kontraproduktiv für China, ebenso wie eine Entfremdung der Tibeter von ihrer Geschichte und Kultur. Aber durch den chinesischen »Bullet-Train«, den »Qinghai«, der heute Lhasa und Beijing verbindet, ist das andere Ende des chinesischen »Kontinents« für die Tibeter*innen nur noch gut 40 Stunden entfernt.

Umerziehungslager in der autonomen Provinz Xinjiang? Neues Aufmarschgebiet des islamistischen Extremismus gegen China? Terrorismus und Fake News

Religion und Ethnizität scheinen in der Geschichte der Menschheit zwei Bereiche zu sein, die man, und heute eher mehr denn je, beliebig weit extremisieren kann, um Spannungen und Konflikte zu schaffen, Nationen zu spalten, Staaten zu zerstören oder Kriege anzuzetteln. Die Trigger »Ihr seht anders aus als wir. Also seid ihr eine Gefahr für uns. Also haben wir Angst vor euch. Also hauen wir euch die Köpfe ein, bevor ihr unsere einhaut«, scheint tief in unseren Genen aus vorhumanen Phasen verankert. Und wenn Ethnie und Religion sich als »Andersartigkeiten« kombinieren, scheint dies alles besonders nahezuliegen.

Die Ideen einer friedlichen Koexistenz, eines friedlichen Zusammenlebens, der Aufklärung und Toleranz, der Diversität und damit Resilienz sozialer Systeme, die daraus erwachsen könnten, waren in der neueren Menschheitsgeschichte, in der wir nicht mehr ausschließlich reflexartig aggressiv reagiert, sondern die Vorteile von Kooperation wahrgenommen haben (Muster, die entsprechend in unserem Neo-Cortex gesteuert werden) aber immer wieder mal auch erfolgreich, wie etwa in den beiden persischen Großreichen mit ihren friedlichen Idealen und religiösen Toleranz.

In einer Welt der Überbevölkerung, des Kampfes um die immer weniger werdenden Ressourcen, der Systemkriege und des resultierenden permanenten Stresses, scheinen sie jedoch aktuell wieder relativ chancenlos zu werden.

Wir haben einleitend bereits einiges über die Uigurische Autonome Provinz Xinjiang berichtet, die seit mehr als 2 000 Jahren (mit Unterbrechungen) Teil der chinesischen Reiche war. Nur noch gut die Hälfte der Uiguren ist religiös, die meisten von diesen sind muslimischen Glaubens. Aufgrund der toleranten chinesischen Religions-, Nationalitäten- und Minderheitenpolitik mit Religionsfreiheit und regionaler Selbstverwaltung konnte sich der Islam in Xinjiang ausbreiten. Teile dessen aber haben sich, nicht zuletzt aufgrund jahrhundertelanger europäischer und nordamerikanischer kolonialer und imperialer Unterdrückung und parallel zu den Tendenzen im vorderasiatischen und arabischen Raum sowie auch parallel zu entsprechenden Tendenzen in Christentum und anderen Religionen, politisiert, fundamentalisiert, extremisiert und zu einer gewissen Gewalttätigkeit hin entwickelt. Dass dies eine zu erwartende Reaktion auf jahrhundertelange koloniale Unterdrückung und imperialistische Ausbeutung durch den Westen ist, ist im Westen ein großes Tabu.

Im Ergebnis eines langen, immer noch nur für wenige durchsichtigen Prozesses, der 1979 mit der Gründung, Extremisierung, Gewaltschulung und organisatorischen und finanziellen Förderung der Taliban in Afghanistan durch das Imperium begann (siehe oben), ließ vor wenigen Jahren die Nachricht aufhorchen, dass 3 000 islamistische Uiguren auf Seiten der IS- und Al-Qaida-

Terroristen in Syrien kämpfen.[12] Mitunter war auch von 8 000 bis 10 000 Milizen die Rede, einige Quellen sprachen gar von bis zu 20 000 uigurischen Terroristen.

Heute, nach erheblichen Niederlagen und teilweiser Auflösung der Terrormilizen in Syrien, sind sie laut Berichten als Söldnertruppen mobil zwischen Nahem und Fernem Osten,[13] um wie üblich maximale Zerstörungen anzurichten, auf deren Basis sie dann ihre steinzeitlichen »göttlichen« Terrorregimes errichten können.

Die Bevölkerung in Xinjiang und in China insgesamt, die schon seit den 1990er-Jahren von wiederholten blutigen Attentaten uigurischer Extremisten betroffen waren, waren jedenfalls ganz offenbar lange Zeit überrascht und hilflos gegenüber den neuartigen Formen von Terrorismus und blutiger Gewalt. Es mag in Xinjiang auch sogar eine gewisse soziale Basis für religiösen Extremismus und Terrorismus gegeben haben. Schließlich zeugen die Überfälle in Xinjiang aber auch davon, dass der chinesischen Minderheiten- und Autonomiepolitik anscheinend das Ziel eines friedlichen Zusammenlebens der Völker und der Religionsfreiheit nach einheitlichen Regeln im Vielvölkerstaat China in irgendeiner Weise aus dem Ruder gelaufen war – und dass der chinesische Staat den Schutz seiner Westgrenze lange Zeit vernachlässigt hatte.

Bis zu 10 000 oder 20 000 uigurische Terroristen auf Seiten des IS und anderer steinzeitlicher Terroristen haben allerdings die »freie westliche Presse« kaum beschäftigt oder gar über den Zustand ihrer Welt reflektieren lassen. Dass der blutige Terrorismus in Xinjiang sie nicht interessiert, überrascht ohnehin kaum noch. Terrorismus wird im Westen schließlich nicht grundsätzlich verurteilt, sondern stets pragmatisch-taktisch nach macht- und geopolitischer Nützlichkeit bewertet. Wie schon US-Präsident F.D. Roosevelt über einen seiner lateinamerikanischen Henker, den nicaraguanischen Diktator Somoza, sagte:

»Er ist ein Hurensohn, aber er ist unser Hurensohn«.[14]

Islamistische Uiguren, selbst wenn sie terroristische »Hurensöhne« wären, ließen sich ja möglicherweise im neuen Kalten Krieg gegen den neuen »Herausforderer« des Imperiums, die neue Nummer eins verwenden. China dagegen ist ja leider weder ein

»Hurensohn«, noch und vor allem wäre er »unserer«. Doppelt Pech für China. Mit Sympathie oder Unterstützung durch die westlichen Leitmedien kann es da nicht rechnen.

Wir wissen nicht, ob es eine Reaktion der chinesischen Regierung auf den uigurischen Islamismus gegeben hat und wenn ja, welche. Wäre man selbst die chinesische Regierung, dann würden, könnten und dürften einen Tausende uigurische »Gotteskämpfer« in Syrien keineswegs kaltlassen. Der kluge frühere US-Außenminister Henry Kissinger, der sehr viel mehr weiß und getan hat, als er öffentlich verbalisierte, hat bereits in seinem Chinabuch 2011 von »möglichen Auswirkungen« des islamistischen Terrorismus auf die Provinz Xinjiang gesprochen.[15]

Tatsache ist, dass ein von China abgetrennter uigurisch dschihadistischer »Gotteestaat« namens Ost-Turkestan schon in einer gewissen Tradition steht. Uigurische Exilorganisation, die die Abtrennung von Xinjiang von China seit Längerem wollen, gibt es seit Beginn der VR China 1949. Unter ihnen die Turkistan Islamic Party, die bereits viele Anschläge in China verübt hat. Immerhin betrachten auch die USA und die EU sie offiziell als eine terroristische Organisation, während der CIA sie finanziert.[16] Die »Partei« hat eine Organisation in Syrien aufgebaut und hat dort mindestens mehrere Hundert (manche Quellen sprechen von bis zu 4 000) Berufskiller (»Milizionäre«, »Gotteskämpfer«).[17] In Deutschland gibt es ferner seit den 1970er-Jahren das Hauptquartier des »World Uyghur Congress« mit Sitz in München, der ebenfalls Xinjiang als »Ost-Turkestan« von China abtrennen will. Die Meinungsverbreitung geschieht hier über den US-Staatssender Radio Free Europe/ Radio Liberty ehemals mit Sitz in München, heute in Prag.[18]

Allerdings ist eine Studie des US-Militärs wohl zu dem Schluss gekommen, dass das Vorhaben dieser »Exilregierung« kaum erfolgreich sein werde, jedenfalls nicht ohne äußere Hilfe.[19] Was immer China getan haben mag, um den Terrorismus in Xinjiang zu bekämpfen, ist per se falsch, diktatorisch, unmenschlich, polizeistaatlich. Beim Kartell der Mineralölkonzerne weiß man, dass abwechselnd einer vorgehen muss, um die nächste Benzinpreiserhöhung vorzunehmen, damit die anderen nachziehen können. Ganz ähnlich verhält es sich beim Medienoligopol. Einer muss die Geschichte in die Welt setzen und die Sprachregelung etablieren, sodann setzt ein Zitationskarussell ein, an dessen Ende niemand mehr weiß, wo die »Nachricht« herkam, aber alle »wissen«, dass es die Wahrheit *ist*.

Bei den Uiguren hatte in Deutschland übrigens mal die *taz* einen großen Auftritt, die bei dem Thema den Vorteil hat, mit Felix Lee einen chinesischstämmigen Korrespondenten zu haben. Für diesen war Xinjiang urplötzlich tot, oder zumindest fast: »Grabesstille« jedenfalls herrschte laut Lee plötzlich im »großen Straflager« Xinjiang.[20]

Und dies, obwohl man hörte, dass dort jetzt die Post abgeht, die große Neue-Seidenstraßen-Trasse, mit Urumqi als einem Hauptknotenpunkt des Gütertransports und zugleich Endpunkt eines Bullet Trains, der einen in 30 Stunden nach Beijing bringt. Sicher, soviel Aufbruch und Veränderung werden nicht alle traditionellen Uiguren mögen. Aber dass man in der wirtschaftlich aufstrebenden zentralasiatischen Großregion (einschließlich Chinas westlicher Nachbarn) mal eben Lager für eine Million (es kursierten Zahlen bis zu drei Millionen, wohlgemerkt: von zehn Millionen) Uiguren baut, klingt eigentlich schon irgendwie nach Räuberpistole.

Ein halbseitiges Foto dazu in der *taz* jedenfalls machte schon deutlich, dass es in Xinjiang irgendwie immer düster zugeht oder zumindest ständig dicker gelber Smog in der Luft sein muss. Das Foto hatte man entweder bei Nebel in der Abenddämmerung aufgenommen und/oder mit einem Gelb-Grau-Filter bearbeitet. Der Science-Fiction-Filmklassiker »Die Klapperschlange«, der im posthumanen Manhattan spielte, ließ grüßen. Auch da kam nie die Sonne durch. Und da war sie: »Die weltweit größte Massenverhaftung einer Bevölkerungsminderheit«, ein bis drei Millionen im Lager, und keiner hatte es gemerkt, vermutlich, weil alle von der Neuen Seidenstraße reden und davon, wie die westlichen Provinzen nun schnelles Internet bekommen, Infrastrukturen, E-Mobilität und höhere Einkommen. Aber plötzlich war mindestens »jeder Zehnte« im »Umerziehungslager«.

Als »Quelle« war übrigens ein nicht näher überprüfbarer »Bericht einer US-Kommission« angegeben, faktisch eine nichtoffizielle Expertengruppe. Auf seiner eigenen Reise durch Xinjiang hatte Felix Lee die Massenlager jedenfalls nicht ausfindig gemacht, um authentischere Aussagen machen zu können. Aber auf solche Kleinigkeiten kommt es nicht an, wenn die Story doch so schlüssig klingt. Amnesty International meinte immerhin etwas verdruckst, die Lager seien »unsichtbar«.[21]

Auf der Suche nach verlässlichen Fakten haben erfahrene, kritische investigative Journalisten die Geschichte im Internet zurückverfolgt und Widersprüche und Inkonsistenzen aufdecken können. Wir haben darüber bereits zum Teil berichtet.[22] Zwei deutsche Journalisten zum Beispiel haben das international verfügbare Material aufbereitet und zeichnen ein gänzlich anderes Bild als Tagesschau, *taz* & Co.[23]

Es ist inzwischen wohl auch Filmmaterial vorhanden (das auch in den ARD-Archiven abrufbar ist[24]), das massive Sabotageakte und Bombenattentate der Terroristen in Xinjiang zeigt. Es ist ebenfalls belegt, dass die Dschihadisten die staatlichen Strukturen in Xinjiang zerschlagen und durch eine steinzeitliche[25] Terrorherrschaft ersetzen wollen,[26] eine Hölle, aus der im Nahen Osten, in Syrien und im Irak soeben erst Hunderttausende von traumatisierten Menschen befreit werden konnten.

China hatte weltweit Regierungsvertreter zu Besichtigungsreisen nach Xinjiang eingeladen, eine Einladung, die von westlichen Regierungen und Medienvertretern jedoch ausgeschlagen wurde. Allerdings haben zahlreiche Regierungsvertreter von Ländern, die selbst mit dem extremistischen Islamismus zu tun haben, und UNO-Vertreter die Einladungen angenommen und Ortsbesichtigungen durchgeführt. Auch sie fanden, wie Amnesty International, »keine sichtbaren« Internierungslager – allerdings auch keine unsichtbaren.

Die Empörungswellen der westlichen Medien spülen einen Journalismus nach oben, dem grobe handwerkliche Fehler unterlaufen. Dass diese im Nachgang leicht aufgedeckt werden können, scheint nicht weiter zu stören, denn es gilt die Erkenntnis der alten Griechen und Römer (zurückgehend auf Plutarch): »Audacter calumniare, semper aliquid haeret« – »Verleumde nur dreist, es bleibt immer etwas hängen.«

So posaunten die öffentlich-rechtlichen Speerspitzen zum Beispiel den Tod eines angeblich von der chinesischen Regierung getöteten uigurischen Künstlers namens Heyit hinaus, der aber am folgenden Tag sehr lebendig auf einem Video mit Tagesdatum erscheint und sagt, es gehe ihm gut.[27] Dennoch dachte man nicht daran, die Falschmeldung zu korrigieren oder sich gar für die nach unten offene Qualität der Recherche zu entschuldigen.

Die Verfolgung des Uiguren-Fake bis zu seiner Quelle ist nun international längst geleistet worden und brachte, in aller Kürze gesagt, Folgendes an den Tag:[28]

Die Quelle war jene Gay McDougall, ihres Zeichens Vertreterin Washingtons in einem nicht-offiziellen »UN-Komitee zur Beseitigung der Rassendiskriminierung«, die zudem allein und ohne Autorisierung durch das Komitee ein Interview mit der Nachrichtenagentur Reuters des Multimilliardärs Roy Baron Thomson of Fleet führte. Die Dame ist bekannt als langjähriger Protegé des Finanzspekulanten George Soros, der sich über seine zahlreichen Stiftungen und NGOs, wie zum Beispiel die Open Society, weltweit an »Farbenrevolutionen« beteiligt. In diesem Interview suggerierte sie für jenes (inoffizielle) UN-Komitee zu sprechen und nannte gewisse »Erkenntnisse« (des Komitees) von über zwei Millionen internierten Uiguren. McDougall bezog sich dabei übrigens auf das Büro Hongkong der NGO »Human Rights Watch«, einer einschlägigen, vom US-Außenministerium beziehungsweise der Washingtoner NED finanzierten Organisation. Das Dementi des Komitee-Vorsitzenden und vor allem des offiziellen Büros des Hohen Kommissars der UNO für Menschenrechte einige Tage später, dass nichts dergleichen an Erkenntnissen vorläge und es sich nicht um Aussagen der UNO handele,[29] war der westlichen Presse allerdings wiederum keine Meldung wert.[30] Die Fake-Welle konnte sich faktenfrei entfalten.

Übrigens konnte auch nachgewiesen werden, dass alle Links zu »Internierungslagern für Uiguren« nicht etwa zu UNO-Quellen führen, sondern stets auf US-Regierungsseiten als Quellen verweisen.[31]

Zwischengeschaltet sind gelegentlich Namen chinesischer Oppositioneller, die schon mal als Vertreter gewaltfreier NGOs präsentiert werden, bei genauerem Nachlesen aber gerne mal eine koloniale Eroberung Chinas befürworten, wie der Student Wong aus Hongkong, oder sich als Unterstützer von US-Kriegen und -Internierungslagern hervortun.[32]

Wenn China einen staatlichen Überlebenswillen hat, was man unterstellen darf, wird es nicht gewartet haben, bis die IS- und Al-Qaida-Welle vollends nach Xinjiang hineinschwappt und dort mit ihren Förderern ein weiteres Afghanistan-Irak-Libyen-Syrien eröffnet. Chinas Methode aber sind nicht geheime Gefängnisse und Folterzentren überall auf der Welt, sondern Entwicklung und Wohlstand, die Methode übrigens auch der bürgerlichen Gesellschaft, um zum Beispiel die Arbeiterschaft über 100 Jahre hinweg durch einen gewissen wirtschaftlichen Aufstieg zu integrieren, eine Methode sozialer Integration und nationaler Entwicklung, die der Kapitalismus heute aber längst nicht mehr realisieren kann.

Wir halten auch die folgende Überlegung der zwei deutschen investigativen Journalisten im Fake-Meer für bemerkenswert: »Eine ethnische Minderheit grundlos zu kriminalisieren, wäre das Ende eines Vielvölkerstaates [Chinas], dessen beispiellose Entwicklung die Menschen nicht nur ernährt, sondern ihnen Bildung, Selbstachtung und solide Zukunftsperspektiven vermittelt hat.«[33]

Im Gegenteil, die chinesischen Zeitungen sind voll mit der positiven Darstellung ethnischer Diversität und spezifischer ethnischer Traditionen in Provinzen oder Landkreisen.[34]

Unterdessen hat es China geschafft, mit Grenzsicherungsmaßnahmen die Zahl der Bombenattentate in den letzten zwei Jahren auf null zu bringen. Neben Infrastrukturen und Anbindung an die Neue Seidenstraße, gibt es auch eine Ausbildungsoffensive in Xinjiang, und ja, auch in Form von Zentren mit zeitweiliger Wohnpflicht. Das Ganze nennt sich Entwicklung, und Aufklärung (gegen religiösen Extremismus und alten Aberglauben) und (Berufsaus-)Bildung gehörten ja einst auch im bürgerlichen Ideal zu nationaler Entwicklung und nationalem Aufstieg.

Preußenkönig Friedrich Wilhelm I. wird in unseren Geschichtsbüchern bekanntlich dafür gelobt, dass er die allgemeine Bildungspflicht für alle Jugendlichen gegen den Willen der Unternehmer, die die Kinder als billige Arbeitskräfte behalten wollten, und der Eltern, die ihre Kinder zum Arbeiten und Geldverdienen brauchten, durchsetzte. Noch einmal genauer hinzusehen und die etwas anderen Beurteilungen der UNO und anderer zu bedenken, dürfte sich also in jedem Fall lohnen ...

Kapitel 10

»Neuer Imperialismus!« Die andere Globalisierung: Süd-Süd-Kooperation, UNO, Pariser Abkommen, Shanghaier Organisation für Zusammenarbeit, Neue Seidenstraße, Auslandsinvestitionen – und China als neues Einwanderungsland

»Ich sage nur China, China, China.«[1] Mit diesen Worten versuchte im Jahre 1969 der damalige Bundeskanzler Kurt Georg Kiesinger auf einem CDU-Parteitag, die Angst vor der »kommunistischen Gefahr« zu schüren. Dies steht in einer langen Tradition: War es im Kaiserreich noch die »Gelbe Gefahr«, die von den »Halbmenschen« aus Fernost ausging, wurde den Deutschen die Todespanik vor der »Roten Gefahr« 1919, 1933 und 1945 nachhaltig in die Gene ihres politischen Weltbildes implantiert (»Lieber tot als rot.«). Und wenn dann auch noch die kombinierte »Gelb-Rote Gefahr« wirtschaftlich erfolgreich werden würde und ein neues asiatisches Zeitalter zu langfristigen, historisch normalen internationalen Strukturen zurückführen würde ... nicht auszudenken! Und genau da sind wir heute. In welchem Sinne Kiesinger damals irgendwie recht hatte, davon hatte er selbst sicherlich keine Ahnung. Immerhin schien damals bereits klar geworden zu sein, dass China auf die Weltbühne zurückkehren und dann vermutlich die herrschenden Dominanzstrukturen der letzten 150 Jahre nachhaltig »aufmischen« würde.

Chinas Entwicklungshilfe und Süd-Süd-Kooperation

Historisch gesehen hat sich China vom ersten Tag seiner Existenz (am 1. Oktober 1949) als Entwicklungsland betrachtet (zu was es ja unter der Kolonialdiktatur gemacht worden war) und seine internationalen Beziehungen mit den anderen Entwicklungsländern, vor allem Afrikas, als Süd-Süd-Kooperation aufgebaut. Dies hatte zunächst weniger den Aspekt formaler finanzieller Entwicklungshilfe, denn als eines der ärmsten Entwicklungsländer, das selbst noch mit Hungersnöten zu kämpfen hatte, konnte China sich das nicht leisten. Es ging vielmehr um politische Kontaktaufnahmen, Kooperationen und Solidarität mit den antikolonialen und national-revolutionären Befreiungsbewegungen, den aufstrebenden, unabhängig gewordenen afrikanischen und arabischen Nationalstaaten sowie den Befreiungsbewegungen Lateinamerikas.

Obwohl jene Generationen der nationalen Befreiungsbewegungen längst Geschichte sind, scheint dies doch die Tradition zu sein, an die China seit seiner eigenen Stabilisierung in den 1990er- und 2000er-Jahren anknüpfen konnte und auch heute noch anknüpfen kann und in der es heute in Afrika und Arabien, zum Teil auch in Lateinamerika gern gesehen wird. Eine Tradition, die offenbar nie völlig abgerissen ist: Das »Forum on China-Africa Cooperation« (FOCAC) zum Beispiel gibt es nun seit 17 Jahren, und es trifft sich jährlich, stets mit konkreten entwicklungspolitischen und investiven Ergebnissen.

Erst vor Kurzem ist China offiziell vom Nehmer- zum Geberland in der finanziellen Entwicklungszusammenarbeit aufgestiegen und als solches natürlich auch nicht gerade weniger gern gesehen in Afrika, Arabien, Zentralasien oder auch Süd- und Mittelamerika. Und absehbar wird China die USA als wichtigster Geber in den Entwicklungsländern überholen.[2]

Das ist allerdings auch nicht sonderlich schwer, fahren doch alle neoliberalen entwickelten Industrieländer ihre ungeliebten, daher ohnehin immer spärlichen, weil multilateral vereinbarten, transparenten und von der UNO überprüften Ausgaben für die Entwicklungszusammenarbeit eher zurück. Es handelte sich hier wie gesagt ohnehin nie um große Beträge, verglichen etwa mit den Militärausgaben (»Militärhilfen«) in diesen Ländern. Die entwickelten kapitalistischen Länder (bis auf Schweden und Dänemark) haben jedenfalls über Jahrzehnte nie ihre bei der UNO zugesagten Anteile am Sozialprodukt (0,7 Prozent) als Entwicklungshilfe erfüllt (zum Beispiel Deutschland in 2014: 0,4 Prozent).

Chinas Strategie dessen, was es heute Entwicklungskooperation nennt, ist aber nicht primär eine Entwicklungszusammenarbeit im herkömmlichen Sinne. Die mageren Entwicklungsgelder der westlichen Länder waren ohnehin stets nur Tropfen auf den heißen Stein, »Portokassen«, vor allem angesichts der explodierenden ökonomischen, sozialen und ökologischen Probleme dieser Länder unter eben jener neoliberalen »Globalisierung«, von der nur die kapitalistischen Hauptländer profitierten. Deren »Entwicklungszusammenarbeit« war objektiv auch nie konzipiert als strukturelle Ertüchtigung zum Aufstieg oder zur Aufholung, sondern eher als Trostpflaster für die schlimmer werdenden Folgen des Status quo der globalen Machtverteilung. Und je schlimmer dieser Status quo unter dem Neoliberalismus für die Entwicklungsländer wurde, umso mehr wurde diese »Entwicklungszusammenarbeit«

- erstens als Türöffner für die Geschäfte der westlichen Unternehmen umkonzipiert und
- zweitens tendenziell umgeleitet in die Hände der nationalen, regionalen und lokalen »Eliten«, wo sie wenige Mächtige reich machten die dann wahlweise in Luxusgüter, Wall-Street-Spekulationen und gegebenenfalls Diktatursicherung investierten. Eine positive, strukturelle Wirkung für die Länder selbst blieb hingegen meist aus.[3]

China mischt diese weltweit etablierten Strukturen gründlich durcheinander und verfolgt einen gänzlich anderen Ansatz der gemeinsamen Entwicklung, wie wir noch sehen werden. Der bekannte chinesische Ökonom und frühere Chefökonom der Weltbank, Justin Yifu Lin, beschreibt den chinesischen Ansatz der gemeinsamen Entwicklung, den wir im Weiteren auch getrost als *neue Globalisierung* bezeichnen dürfen,[4] mit Begriffen wie »Offenheit für Ideen«, »experimenteller Ansatz« und »gemeinsames Lernen«, wofür neue spezielle Entwicklungsbanken und Fonds geschaffen würden, nachdem die sogenannten Entwicklungsländer dem neoliberalen »Washington Konsens« mit seinen Instrumenten Weltbank und IWF nicht mehr trauen könnten.[5] Demnach war die »Vernachlässigung elementarer Interessen der aufstrebenden Länder (gelebte westliche Geopolitik) […] der Katalysator, der China zu Aktivitäten veranlasste.«[6]

Und tatsächlich kann man sagen, dass die neue alternative Globalisierung durch Chinas Neue Seidenstraße auch eine Gegenkraft gegen die neue faktische Deglobalisierung, die erkennbare Desintegration der Weltwirtschaft und den Rückgang des Welthandels unter den Disruptionen des Trumpismus ist, also eine Art Reglobalisierung.[7] Dahinter steckt nun viel Unerwartetes und Neues, wie wir sehen werden.

Die jahrzehntelange Tradition der politischen Solidarität, des gemeinsamen Verständnisses als sogenannte Entwicklungsländer im gleichen Aufstiegskampf und zunehmend natürlich auch der finanziellen Hilfe, sind anscheinend allesamt in Afrika und selbst in der Enkelgeneration der antikolonialen Kämpfergeneration nicht vergessen. So kann es nicht wirklich überraschen, dass China in Afrika in den letzten Jahren auf offene Türen und Ohren stößt, zumal es nicht nur an billigen Ressourcen interessiert ist, wie immer wieder unterstellt wird, sondern an der Industrialisierung dieser Länder. Selbst die vom Westen gefütterten Eliten können sich anscheinend nicht der Versuchung verschließen, ihre Infrastrukturen aufgewertet zu bekommen, einen neuen Aufbruch aus der Armut vorzunehmen und endlich eine Perspektive des wirtschaftlichen Aufholens zu erlernen.

Chinas Außenpolitik: Kooperationsabkommen und Infrastrukturinvestitionen statt Militär

Im Gegensatz zu den USA mit ihren weltweit über 900 Militärstützpunkten, davon die allermeisten um Russland und China herum, mit ihren permanenten globalen Militärmanövern und -einsätzen, ihrer permanenten Vorreiterrolle beim Aufrüsten und ihrem breiten Angriff auf alle jemals erreichten internationalen Rüstungsbegrenzungsverträge,[8] arbeitet China in seiner Außenpolitik vorwiegend mit völkerrechtlichen Staatsverträgen, die praktisch ausschließlich wirtschaftliche Interessen zum Gegenstand haben und politische Einflussnahmen in die nationalen Entwicklungsstrategien ausschließen: China bietet einerseits Infrastrukturinvestitionen und Dienstleistungen im Tausch gegen Rohstoffe, im Zuge der weiteren Entwicklung der Partner aber immer mehr auch: Rohstoffe, Industriegüter und Dienstleistungen gegen Rohstoffe, Industriegüter und Dienstleistungen. Mit der Industrialisierung Afrikas mit Chinas Hilfe wird der internationale Handel zu einem inter- und intra-industriellen Handel.

So zeigen Studien für 22 größere Entwicklungsländer, dass deren Handel mit China zu ihrem industriellen Wachstum beiträgt, und dass China einer der Treiber für Wachstum des globalen Südens ist.[9] Dies hat westliche Entwicklungshilfe niemals zustande gebracht.

Vor diesem Hintergrund hat China seine jahrzehntelang gepflegte extreme diplomatische Zurückhaltung in internationalen Fragen inzwischen aufgegeben und ist zu einem seiner Bedeutung angemesseneren internationalen Handeln übergegangen. China will seinen Entwicklungsweg friedlich realisieren[10] und handelt daher nach den fünf alten Prinzipien der friedlichen Koexistenz im Völkerrecht:

- gegenseitiger Respekt der nationalen Souveränität und territorialen Integrität,
- gegenseitiger Gewaltverzicht,
- gegenseitige Nichteinmischung in die inneren Angelegenheiten eines Landes,
- Gleichberechtigung aller Länder unabhängig von der kulturellen, religiösen oder politisch-ideologischen Orientierung,
- Kooperation zum gegenseitigen Nutzen.[11]

China in den UN-Organisationen

China wurde bekanntlich erst spät (1971) in die UNO aufgenommen. Wir haben aber bereits am Beispiel Umwelt- und Klimapolitik, Wüstenzurückdrängung oder auch Minderheitenpolitik (Uiguren) gesehen, wie China sich heute in verschiedenen Entwicklungsbereichen und Politikfeldern und damit eben auch in den verschiedensten UN-Unterorganisationen (UNEP, UNDP, …) als eines der aktivsten Länder bei der Umsetzung von Beschlüssen erweist und so zum interessanten Reiseland für Diplomaten und UNO-Repräsentanten wird.

Das betrifft zum Beispiel die UNO-Klimabeschlüsse (Pariser Klimaabkommen von 2015), die China vorzeitig erfüllt hat (siehe oben), und die Millenniumsziele (SDGs) im Allgemeinen, etwa die Armutsbekämpfung, bei der China die große Masse des weltweiten Rückgangs der Armut getragen hat (ebenfalls oben), die Programme zur Eindämmung der Wüsten, die Politik der Rechte ethnischer Minderheiten bis hin zu Detailfragen wie der Bekämpfung von Organhandel, zu denen China ebenfalls mit die größten Erfolge beisteuern kann.[12]

UNO-Vertreter*innen geben sich daher in China die Türklinke in die Hand, kommen, sehen, staunen, lernen und loben.

Das Land nimmt seit 1990 auch militärisch an UNO-Friedensmissionen teil und hat in diesem Rahmen etwa 2 500 Soldaten abgestellt, die im Wesentlichen im Südsudan, in Liberia, Mali und im Libanon stationiert sind und dann auch schon mal zum Beispiel unter US-Kommando stehen können.[13] China ist außerdem einer der größten Geldgeber für diese Missionen.

So hat sich das Land in der UNO die Position einer wichtigen Stimme für die Entwicklungsländer erarbeitet, und seine Resolutionsentwürfe erhalten hier regelmäßig große Mehrheiten. Erst jüngst wurde erstmals ein Chinese überraschend, und überraschend schnell und eindeutig, gegen den Widerstand des Westens an die Spitze einer größeren UN-Organisation, der Welternährungsorganisation FAO, gewählt. Dies wurde als Spiegel der guten Beziehungen Chinas zu den anderen Entwicklungsländern gewertet.[14]

Chinas Orientierung in der UNO fokussiert heute, wie auch seine inneren Politiken, immer mehr auf die fundamentalen Menschheitsprobleme, für die sich in der UNO inzwischen das chinesische Konzept einer »Shared Future for Mankind« (»Gemeinsame Zukunft für die Menschheit«) durchgesetzt hat.[15]

UNO, die Shanghaier Organisation für Zusammenarbeit (SCO), BRICS und Kooperationen in Südostasien

Die UNO hat sich allerdings immer wieder auch als höchst unfähig zu effektiver Friedenssicherung erwiesen: Weder kann sie effektiv Frieden sichern und Kriege verhindern, noch konnte sie verhindern, dass ihre militärischen Missionen gelegentlich von »Willigen«, die diese übernahmen, für deren eigene geostrategische Interessen missbraucht wurden. Allerdings werden imperialistische Interventionskriege in ressourcenreiche Länder heute meist ohne UNO-Mandat geführt. Auch ist die UNO nicht dagegen gefeit, handlungsunfähig gemacht zu werden, zum Beispiel durch Verweigerungen der Zahlung von Mitgliedsbeiträgen (generell oder an »missliebige« Unterorganisationen). Sie ist somit seit Langem kein effektiver Garant des klassischen Völkerrechts mehr, das aus den Erfahrungen der Weltkriege geboren worden war und für etwa vier Jahrzehnte eine historische Phase des relativ gezähmten, in internationalen Fragen gezähmten und liberalen Kapitalismus reflektierte.

Chinas zentrale Negativerfahrung in der jüngsten Geschichte der UNO war in diesem Kontext seine Enthaltung im UN-Sicherheitsrat zur berüchtigten Resolution Nr. 1973 im März 2011 zu einer (unbestimmten) Art der Intervention von »Willigen« in Libyen. Daraufhin wurde das Land von einem der letzten unabhängigen und säkularen (laizistischen), allerdings dem Westen unbotmäßigen, arabischen Nationalstaaten, der seine Öleinnahmen massiv zur Entwicklung anderer afrikanischer Staaten einsetzte, von NATO-Ländern in seinen heutigen posthumanen Zustand völligen Chaos und Warlord-Despotismus gebombt. Gaddafis Todesurteil war, dass er aus dem Dollar heraus wollte, Interesse an einer Kooperation mit China entwickelte und vor allem seinen Ölreichtum zur strategischen Entwicklung Nordafrikas verwendete. Chinas Schlussfolgerung war einfach: So etwas sollte China im Sicherheitsrat nicht mehr passieren (Russlands Schlussfolgerung war ähnlich).

China hatte allerdings bereits 1996 die Initiative zur Gründung der sogenannten Shanghai Five gestartet, quasi einer UN-Lobbygruppe zur Stärkung des klassischen (UN-)Völkerrechts. Aus dieser ging 2001 die SCO hervor, mit den (sechs) euro- und zentralasiatischen Gründungsmitgliedern China, Russland, Kirgisistan, Kasachstan, Usbekistan und Tadschikistan. Zielsetzungen der SCO sind neben der Wiederinstandsetzung des Völkerrechts, die Vorstellung eines multipolaren Weltsystems, ein striktes Verbot der Anwendung oder Androhung militärischer Gewalt untereinander und in den internationalen Beziehungen im Allgemeinen, keine Unterstützung für Separatismus und Extremismus, ferner die Suche nach Win-win-Kooperationen sowie Gleichberechtigung und Respekt für kulturelle Unterschiede (siehe bereits oben zur Alltagsphilosophie Chinas). Die SCO unterhält selbstverständlich keinerlei Militärstützpunkte.[16] Im Juni 2019 führte die SCO ihre 19. Jahreskonferenz in Bischkek, der Hauptstadt von Kirgisistan, durch.

Mit Pakistan und Indien sind 2017 zwei weitere Atommächte beigetreten (die allerdings untereinander, und gerade aktuell, erhebliche Spannungen haben). Allerdings hat Indien auch mit China kein spannungsfreies Verhältnis. Unter dem nationalistischen und extremistisch-hinduistischen Premierminister Narendra Modi (seit 2014) sieht Indien für sich eher eine Rolle als Gegenmacht zu China im indopazifischen Raum und betreibt regelmäßig Marine-Manöver mit den USA, Japan und Australien im Pazifischen und im Indischen Ozean. Indische Truppen drangen anscheinend im Juni 2017 in Sikkim, Tibet, in chinesisches Gebiet ein.[17] Die offizielle chinesische Reaktion war die Berufung auf die BRICS- und SCO-Prinzipien: »Indien muss die Truppenkonfrontation im chinesischen Gebiet Donglang im eigenen Interesse beenden und sich auf die gemeinsamen Interessen besinnen.«[18]

Immerhin repräsentiert die SCO mit Indien und Pakistan inzwischen bereits die Hälfte der Menschheit. Der Iran hat Beobachterstatus erhalten und soll Vollmitglied werden, sobald die früher verhängten UN-Sanktionen beendet sind. Die SCO hält sich auch insofern offenbar strikt an UNO-Beschlüsse.

Die im Westen bekanntere BRICS-Gruppe (Brasilien, Russland, Indien, China, Südafrika) der größten Schwellenländer weist ebenfalls erkennbar deutlich unterschiedliche entwicklungspolitische und geostrategische Orientierungen auf, und auch die Entwicklungsziele, -wege und -methoden etwa zwischen dem heutigen Brasilien (unter dem Präsidenten Bolsonaro), China, Indien (unter Modi) und Südafrika sind denkbar unterschiedlich. Wie relevant kann die BRICS-Gruppe vor diesem Hintergrund weltpolitisch noch sein?[19] Immerhin schreitet die funktionale Kooperation voran, und immerhin haben sich die BRICS-Länder bereits 2014 eine eigene Entwicklungsbank, die »New Development Bank«, und einen Währungsfonds geschaffen, die beide zusammen Weltbank und IWF ersetzen.[20] Beide neuen Einrichtungen sind heute auch schon integriert in das größere Finanzierungssystem der Projekte rund um die Neue Seidenstraße. Und auch für die technische Zahlungsabwicklung setzen die BRICS-Länder nicht mehr auf das wiederholt politisch-instrumentalisierte und daher für Drittländer unberechenbar gewordene US-SWIFT-System und haben das russische SPFS-System untereinander implementiert.

Angesichts der chinesischen Politik der Nichteinmischung in innere Angelegenheiten souveräner Staaten und der Anerkennung der Diversität zwischen Ländern schließen die unterschiedlichen Orientierungen und Methoden zwischen den BRICS-Ländern offenbar nicht aus, dass zwischen den BRICS-Partnern Win-win-Potenziale gefunden und diese in die Projekte der Neuen Seidenstraßen integriert werden.

Die USA haben nun »den Pazifik« zu ihrem Interessengebiet Nummer eins erklärt. Und sind militärisch in Ostasien stärker präsent denn je. Gleichwohl erlangt China einen immer größeren Einfluss unter seinen Nachbarn, sogar den Anrainern des Südchinesischen Meeres und in ganz Südostasien, einschließlich der einst US-dominierten »Association of Southeast Asian Nations«

(ASEAN) und der neuen von China initiierten »Regional Comprehensive Economic Partnership« (RCEP), wie zum Beispiel die regierungsnahe US-Brookings-Institution untersucht hat.[21]

China – Russland: von der Notgemeinschaft zur Strategischen Partnerschaft – und das neue militärische Gleichgewicht

Mit Russland hat sich dabei eine besondere strategische Allianz ergeben, erzwungen durch die Sanktionsregime und Wirtschaftskriege des Imperiums und seiner wichtigsten Stützen EU, Kanada, Japan und Australien ab 2015, im Zuge des »orangenen« Ukraine-Maidan-Putsches und der Sezession des Donbass und der Krim vom Kiewer Putschregime ab 2015. China half, die Wirkungen der Sanktionen des Westens auf Russland schnell und effektiv zu neutralisieren. Russland konnte sich daher wirtschaftlich und technologisch schnell fangen und wurde nicht in eine Krise gestürzt. Es hat sich vielmehr zum Beispiel militärtechnologisch mit den weltbesten Defensivtechnologien noch weiter an die Weltspitze schieben können und hat insofern auch mit China, das inzwischen seinerseits die Weltspitze militärischer Defensivtechnologien definiert (siehe oben), eine strategische Partnerschaft geschlossen.

Russland kann seine Ressourcen heute mühelos in China absetzen und ist insofern nicht mehr vom Gasabsatz in Westeuropa abhängig und daher auch nicht mehr durch westeuropäische Länder oder die USA erpressbar (wie etwa bei »Nord Stream 2«). Die 3 000 Kilometer lange Gasverbindung zwischen Russland und China, mit Namen »Kraft Sibiriens«, das weltweit größte Energielieferprojekt, wurde im Dezember 2019 in Betrieb genommen. Chinas Banken haben außerdem Russlands Banken spezielle Kreditlinien eingeräumt,[22] und vieles mehr ist in dieser strategischen Partnerschaft im Entstehen. Wie man, durchaus überraschend, kleineren Meldungen zum oben erwähnten 19. SCO-Jahrestreffen im Juni 2019 entnehmen konnte, treffen sich Xi und Putin inzwischen regelmäßig, im Durchschnitt etwa alle zwei Monate. Die neu entstandenen strategischen Handelsstrukturen, Wertschöpfungsketten, Forschungs- und Entwicklungsprojekte sowie militärischen, wirtschafts-, finanz- und währungspolitischen Kooperationen, in die der »Westen« beide Länder hineingetrieben hat, wird er nicht wieder rückgängig machen können.

Auf militärtechnologischem Gebiet begegnen sich beide Länder praktisch auf Augenhöhe und haben unter der gemeinsamen militärischen Vernichtungsdrohung durch den Westen mit seinen mehr als 800 Militärstützpunkten rund um China und Russland und seinen fast permanenten Manövern an den russischen und chinesischen Landesgrenzen und Küsten zu einer perfekten strategischen Komplementarität gefunden. Angesichts der kombinierten militärtechnischen und -strategischen Verteidigungsfähigkeit beider Länder käme der Versuch einer Realisierung der aktuellen Vernichtungsdrohungen des Imperiums gegen Russland oder China einem Selbstmordkommando des Westens gleich (und wohl einer Vernichtung der Menschheit).

Dass die VR China zu ihrem 70. Jahrestag erstmals eine Interkontinentalrakete zeigte, die in Sachen Geschwindigkeit und Lenkfähigkeit zur Zeit mühelos Washington erreichen könnte, dass Russland die leistungsfähigsten Überschallbomber präsentiert, das leistungsfähigste Raketenabwehrsystem besitzt, dass China neuerdings den effektivsten Flugzeugträger (seinen zweiten) präsentiert, dass Russland, China und der Iran, drei vom Imperium existenziell bedrohte Länder, erstmals gemeinsame Marinemanöver abhalten und anderes mehr, sollte vom Imperium als glaubhafte Warnung verstanden werden, von »heißen« Abenteuern Abstand zu nehmen, die es nicht mehr gewinnen kann. Anders als noch die Sowjetunion in den 1980er-Jahren, lassen sich Russland und China heute auch nicht mehr totrüsten. Eher werden sich die USA selbst totrüsten.

Tatsächlich spricht sich auch im Westen allmählich herum, dass die kombinierte russische und chinesische Defensivtechnologie, Raketenabwehr, Kurz- und Mittelstreckenraketen, Raketen zur Vernichtung von US-Flugzeugträgern, Früherkennung von US-Stealth-Bombern und so weiter, eine vom Westen unerreichte technologische Qualität hat und etwa im Hyperschallbereich unschlagbar ist. US-Flugzeugträger, traditionell die Goldenen Kälber des imperialen Rüstungswahns des 20. und 21. Jahrhunderts, sind damit zu militärischen Dinosauriern geworden und die Billionen Dollar schwere US-Stealth-Technologie ist mit chinesischer Quantenkommunikation frühzeitig erkennbar und, bei all seiner früheren militärisch-imperialen Grandiosität, nunmehr völlig normal, verletzbar und beherrschbar geworden (siehe auch bereits oben). Das Imperium kann es sich heute nicht mehr erlauben, die kombinierten Verteidigungstechnologien Chinas und Russlands anzugreifen. Und das weiß man heute in den Rüstungszentren und Militärspitzen des Westens und hoffentlich auch in seinen Politikzentralen.[23] Chinas Hyperschallraketen sind fast durchweg Mittelstreckenraketen mit einer Reichweite von 1 000 bis 1 500 Kilometern, reichen also nicht bis in die USA, sind also keine Angriffswaffen, können aber jeden Angriff von den Hunderten von Militärbasen oder den Flugzeugträgern der USA rund um China abwehren.

Und wohlgemerkt, den Startschuss für die Entwicklung neuer Waffengenerationen haben die USA selbst gegeben, als sie 2002, schon weit vor Trump, die Rüstungsbegrenzungs-Verträge aufkündigten.[24] Damit haben sie einen Rüstungswettlauf losgetreten, wie es ihn seit dem ersten Kalten Krieg nicht mehr gab und den sie damals noch hofften, gewinnen zu können, um wieder als einziger imperialer Weltbeherrscher aufzuerstehen.

Die Kapazität, einen internationalen Rüstungswettlauf zu gewinnen, besitzen die USA und ihr NATO-Anhang heute aber nicht mehr. Die russisch-chinesische Rüstungsüberlegenheit sichert heute, dass so mancher Krieg nicht mehr geführt werden kann. Umso heftiger verlegt sich das Imperium auf Wirtschafts-, Technologie- und Sanktionskriege. Dass es dabei nichts dazugelernt hat, zeigt die große Weltbeherrscher-Geste, mit der Trump im Dezember 2019 Weltraumstreitkräfte als neue, weitere Teilstreitmacht des US-Militärs begründet hat.

Es wird den USA nichts helfen. Und dicke Backen können niemanden mehr täuschen, der sich in die Materie eingearbeitet hat. Alle aggressiven Handlungen des Imperiums, ob wirtschaftlicher oder militärischer Art, selbst die einstmals gefeierten »Siege« in Afghanistan, Irak, Libyen oder der Ukraine (siehe zum Beispiel George W. Bushs Rede »Mission Completed« im Jahr 2003), haben daher bisher nichts als dessen eigenen Niedergang auf die zweite Position in der Welt bewirkt beziehungsweise sind erkennbar so angelegt, dass sie einen weiteren Niedergang bewirken werden. Vermutlich deshalb hat US-Präsident Trump eine Reihe von, vorsichtig ausgedrückt, überraschenden und zum Teil verwirrenden Rückzugsmanövern des US-Militärs angekündigt und durchgeführt.

Das Gleichgewicht des Schreckens ist aufgrund der russisch-chinesischen strategischen Partnerschaft wiederhergestellt, wie im ersten Kalten Krieg, und es ist wie damals die zweitschlechteste Situation; die schlechteste wäre ein Ungleichgewicht des Schreckens zugunsten des Imperiums.

Wie einfach wäre es, die inzwischen unzählbaren Friedens-, Kooperations- und Verhandlungsangebote seitens Russlands oder Chinas anzunehmen. Reden, verhandeln, mit dem ernsthaften Willen, den anderen nicht zu zerstören, sondern zu einem Interessenausgleich zu kommen – da war doch mal kurzzeitig eine solche Kultur in den internationalen Beziehungen. Eine Haltung, die so einfach, aber anscheinend auch so schwer zu machen ist.

China als Initiator einer neuen Globalisierung – die Belt-and-Road Initiative oder: die Neuen Seidenstraßen

Globale Bedeutung, globale Aufmerksamkeit und begleitende Analysen

Nichts ist heute in der Welt so stark diskutiert, unter ständiger wissenschaftlicher wie publizistischer Beobachtung,[25] permanenter eigener wie fremder Dokumentation, Analyse und Kontrolle durch zahlreiche Forschungsinstitute und Beobachtungszentren weltweit wie »das vielleicht ehrgeizigste Infrastrukturprojekt der Menschheitsgeschichte«.[26] Die Rede ist von Chinas Projektverbund der »Neuen Seidenstraßen«, auch »Belt and Road Initiative« (BRI) oder »One Belt, One Road« (OBOR) genannt: »Es gibt einfach kein ähnliches umfassendes, inklusives, weitreichendes, finanziell solides Entwicklungsprogramm auf der Welt.«[27]

Die Idee wurde erst 2014 überhaupt offiziell geboren, angekündigt und begonnen. Sie hat sich in den sechs Jahren ihrer Existenz in einer atemberaubenden Geschwindigkeit von der Idee zur Realität eines weltweiten Aufbruchs, vor allem der Entwicklungsländer, gewandelt. Weltweit werden inzwischen Hunderte von Projekten zu einem neuen Weltnetz des Handelsaustauschs, des infrastrukturellen Aufbaus von Handelswegen und der infrastrukturell-wirtschaftlichen Ertüchtigung und Entwicklung der BRI-Partnerländer, insbesondere der Entwicklungsländer im weitesten Sinne, in Afrika, Lateinamerika, Zentralasien, aber eben auch in Ost- und Südeuropa, verbunden. Es wird inzwischen von Fachleuten auch als »Schlüsselelement für globales Wachstum, für Armutsbekämpfung und für größere ökonomische Stabilität« beurteilt.[28]

Ende 2019 umfasst das »Projekt des Jahrhunderts«[29] 137 Länder und 30 internationale Organisationen, verbunden durch 197 völkerrechtliche Vertragsdokumente.[30]

Wir müssen und können hier nicht auf Einzelheiten eingehen, die Zeitungen, Journale und Blogs sind täglich voll von Projektdetails und Einzelaspekten, wie objektiv oder subjektiv, korrekt oder verzerrt dargestellt auch immer. Zu umfangreich und auch zu dynamisch ist das Gesamtbild, das sich hier entwickelt. Was heute über die BRI gesagt wird, ist morgen schon überholt – wie es ja überhaupt für China gilt.

Eine der umfassendsten, detailliertesten und vergleichsweise objektiven Quellen ist das »Global Development Policy Center« (GDP) der Boston University, Massachusetts, USA, das die BRI seit Anbeginn in einem zweiwöchentlichen Newsletter (China Global Round Up) dokumentiert und weltweit Medienberichte und wissenschaftlichen Studien referiert.[31] Auch die berühmte Johns Hopkins University in Washington D.C. verfolgt die BRI, insbesondere in Afrika in ihrer »China Africa Research Initiative«.[32] Als zweifelsfrei größtes zusammenhängendes Investitionsprogramm der Welt sind die BRI/Neuen Seidenstraßen entsprechend notwendigerweise und richtigerweise das am meisten beforschte und somit transparenteste Großvorhaben der Gegenwart. Interessant, dass in diesem Fall nicht nur chinesische und amerikanische Forschungsinstitute das Projekt verfolgen, sondern sogar die größten US-Unternehmensberatungen

(McKinsey, KPMG, Ernst&Young und so weiter) und oft auch internationale Konsortien aus chinesischen, US-amerikanischen und anderen Instituten und Beratungsfirmen. Das alles schlägt sich schon jetzt in einer permanenten Anpassung, Weiterentwicklung und wachsenden Qualität der Umsetzung nieder.

Das Vorhaben könnte natürlich schon angesichts seiner bloßen Größe und Komplexität leicht zu einem großen finanziellen und/oder Ökodesaster werden, zum Beispiel wenn das gesteigerte Handelsvolumen, das mit ihm einhergeht, zu einem entsprechend umfangreichen und rücksichtslosen Ausbau von Infrastruktur-Schneisen durch viele noch unberührte Gebiete der Welt führen würde. Tatsächlich werden neue Handelswege durch Gebiete Zentralasiens, Südostasiens und Afrikas führen, die etwas in dieser Quantität und Qualität bisher nicht kannten. So ist es zentral, dass sowohl die Finanzierung, die Produktivitäts- als auch die ökologischen Effekte der Produktion, Infrastrukturen und Transportsysteme frühzeitig analysiert sowie begleitend kontrolliert, gemanagt und verbessert werden.

Chinas »Reform & Öffnung 2.0«: Kooperation mit 137 Ländern und fünf Milliarden Menschen

Man hat die Neuen Seidenstraßen mit dem »Langen Marsch« der chinesischen Volksbefreiungsarmee unter Mao Zedong 1934/35 verglichen und als das neue Entwicklungsmodell bezeichnet.[33] Es ist in der Tat ein neues Entwicklungsmodell im Sinne einer Alternative zur imperialen Globalisierung unter dem Weltherrschaftsanspruch eines Landes,[34] der alten Globalisierung, die ökologisch und sozial, aber auch selbst ökonomisch, und schließlich politisch und moralisch »vor die Wand« gefahren ist – und am Ende, in den letzten Jahren der »Trumpistischen« Washingtoner Strategie einer globalen Disruption, um China zu stoppen, sogar (vielleicht sogar konsequenterweise) wieder zu einer De-Globalisierung geführt hat (siehe oben).

Man hat die BRI auch als »Chinesische Öffnung 2.0« bezeichnet[35] um zu zeigen, dass wir es auch mit einer Leistung und Risikoübernahme Chinas zu tun haben, die vergleichbar ist mit der Wende und den Risiken, die mit der »Reform & Öffnung« 1978 eingegangen wurden. Allerdings dürften die aktuellen Öffnungen der chinesischen Industriesektoren, vor allem des Auto- und des Finanzsektors, für ausländische Konzerne und ausländisches Kapital, nun sogar ohne Joint-Venture-Pflicht, und die weiteren Senkungen der chinesischen Importzölle, wie sie seit 2018 in Reaktion auf den Washingtoner Wirtschaftskrieg und den Einbruch des Welthandels vorgenommen werden, eine tiefgreifendere und riskantere Öffnung 2.0 sein als die BRI. Aber sicher ist auch beides nicht ganz unabhängig voneinander zu sehen.

Die BRI ist im Kern ein Projekt, den eurasischen Kontinent wieder zusammenwachsen zu lassen. Hier bestanden historisch schon verschiedene Trassen der alten Seidenstraßen seit Beginn unserer Zeitrechnung, also Handelsrouten durch Zentral- und Südasien. Das Projekt geht heute aber weit darüber hinaus, bezieht Afrika, Lateinamerika und Südostasien ein, besteht aus Land- und maritimen Routen, beinhaltet neuerdings sogar eine maritime Nordmeer-Route und lässt selbst die 60 000 Einwohner Grönlands nicht links liegen.[36]

> Eine interaktive Karte zu den Projekten der BRI finden Sie unter www.bueso.de/neue-seidenstrasse

Die BRI integriert mit ihren jetzigen Projekten und Planungen bereits mehr als 137 Länder der Erde (das *Handelsblatt* sprach Anfang 2019 noch von circa 100)[37] und knapp fünf Milliarden Menschen,[38] also *mehr als die Hälfte der Menschheit*, und einen Anteil am Weltsozialprodukt von circa 40 Prozent[39], alles mit steigender Tendenz.

Man hat einzelne Seidenstraßen-Trassen in ihrer Bedeutung auch mit der historischen Bedeutung des Suez-Kanals verglichen und in Anlehnung an Xis Formel vom »neuen Sozialismus unserer Zeit« als Suez-Kanal unserer Zeit (»Suez Canal of Our Era«) bezeichnet.[40] So wurde eine »mittlere« Trasse durch die Türkei soeben eröffnet. Eine Nordmeer-Trasse wird den eurasischen Handel revolutionieren, und die neuen schnellen Güterzug-Trassen durch Zentralasien werden Zentralchina mit Duisburg und Rotterdam oder Hamburg in absehbar acht Tagen (aktuell elf Tagen) verbinden.[41] Neu eröffnete Zugtrassen oder Teilabschnitte, wie zum Beispiel eine über Rügen oder zentralasiatische Abschnitte, wurden bereits im Detail beschrieben.[42]

Staatsverträge und Infrastrukturinvestitionen statt pauschaler Zahlungen an Eliten – Kredite ohne politische Einmischung

Das Hauptinstrument des internationalen Seidenstraßen-Aufbruchs sind öffentliche, transparente völkerrechtliche Verträge. Chinas öffentliche Banken und Fonds finanzieren in diesem Rahmen primär öffentliche Infrastrukturen in den Partnerländern, dann allerdings auch die sekundären privaten Investitionen chinesischer Unternehmen (in China offiziell »outbound Foreign Direct Investment«–oFDI genannt) sowie auch private Unternehmensinvestitionen in den Partnerländern. Ein Kontrastprogramm zu den oft korrupten Strukturen, die die alte Globalisierung oft zum einseitigen Ausbeutungssystem werden ließen (Rohstoffe gegen Korruptionszahlungen an nationale oder lokale Eliten) und die daher recht wenig an wirklicher Entwicklung und wirklichem Aufstieg dieser Länder bewirkt haben.

Die Gelder werden meist als langfristige, flexibel zu tilgende Kredite mit niedrigeren als »Markt«-Zinsen an die Partnerländer ausgereicht.[43] Die regierungsnahe US-amerikanische Brookings Institution hat Chinas Kreditvergabepolitik dabei als »freundlich« beurteilt,[44] andere bezeichneten sie als »geduldig« im Sinne von »Patient Local Capital« (siehe oben).

Anders als die westlichen Länder und ihre Instrumente Weltbank und IWF, vergibt China seine Kredite in der Regel auch nicht bilateral, sondern auf anderer Grundlage, zum Beispiel Konsortium-basiert und in größeren Ländergemeinschaften gesichert, was Risiken reduzieren und Zinsen sinken lassen kann.

Vor allem aber gibt es keine wirtschaftspolitischen Vorschriften und politischen Vorbedingungen,[45] das heißt, außer einer immanenten Qualitätskontrolle der Projekte keine der üblichen neoliberalen politischen Vorgaben von IWF und Weltbank für Austeritätspolitik, Privatisierungen, Sozialkürzungen und Umverteilungsmaßnahmen zulasten der allgemeinen Bevölkerung.[46] Kooperationen ohne jegliche politische Vorbedingungen finden zum Beispiel auch mit den Ländern Mittel- und Osteuropas (MOE) statt, die ja überwiegend sogar EU-Mitglieder sind. Auch bei der BRI scheint das Prinzip der Konfuzius-Philosophie »Harmonie in Vielfalt« Realität zu werden.[47]

Positive Effekte für die Weltwirtschaft

Einige weltwirtschaftliche Beurteilungen der BRI haben wir oben schon genannt. Zur engen wissenschaftlichen Begleitung der BRI gehören natürlich auch Wirkungsanalysen. Dazu gehören Analysen der Kapazitätseffekte der Infrastruktur- wie auch der privaten Unternehmensinvestitionen, der Verteilungseffekte der Wohlstandsgewinne, der ökologischen und sozialen Wirkungen oder auch schlicht der Nettoeffekte auf das globale Handelsvolumen (zwischen »Handelsschaffung« zwischen den beteiligten Ländern und »Handelsumlenkung« zulasten von Drittländern).

So haben Forscher der Weltbank für das Handelsvolumen herausgefunden, dass sich der Handel zwischen 71 untersuchten Partnerländern der BRI bereits bis 2018 netto um über vier Prozent erhöht hat,[48] was einer Erhöhung des gesamten Welthandelsvolumens um zwei bis drei Prozent entsprechen dürfte. Chinas Investitionen in den Partnerländern der BRI sind damit, entgegen der üblichen ökonomischen Weisheit, mit mehr statt weniger Handelsvolumen verbunden, fördern also Handel, statt ihn zu substituieren, wie meist angenommen wird.[49]

Finanzielle Überforderung Chinas?

China hat in den Jahren seiner globalen Funktion als verlängerte Werkbank der Welt enorme Währungsreserven angesammelt – im

Maximum etwa vier Billionen US-Dollar. Diese sind im laufenden Jahrzehnt im Rahmen des neuen binnenwirtschaftlichen Entwicklungsmodells mit seinen geplant geringeren Exportüberschüssen und eines verstärkten finanziellen Außenengagements (oFDI) bereits heruntergearbeitet worden auf heute circa drei Billionen US-Dollar. Diese wurden früher in der Regel passiv (wenngleich in früheren Jahren relativ sicher) in US-Staatsverschuldungs-Papieren angelegt, die die US-Staatsdefizite finanzierten, im Prinzip eine rein finanzspekulative Verwendung an der Wall Street.[50]

Heute werden sie einerseits tendenziell reduziert, andererseits aber auch anders und proaktiver verwendet. Die chinesische Zentralbank kann damit im Prinzip die staatlichen Universalbanken, die diversen international und BRI-bezogenen chinesischen Spezialbanken und Fonds bankentechnisch für deren Realinvestitionen ausstatten,[51] und sie kann somit die chinesischen Währungsreserven, wie bei jeder normalen bankentechnischen Geldschöpfung, auf ein Mehrfaches an Kreditvolumen hebeln. Die Zahl von 15 Billionen US-Dollar als potenziellem Volumen für die BRI wurde bereits öffentlich genannt.[52] Allein Chinas EXIM-Bank hat jüngst die Billionengrenze an Kreditausteilungen überschritten.[53] Wir reden hier von einem Finanzierungspotenzial, das so in der aktuellen Berichterstattung selten erwähnt wird, das auch längst noch nicht mobilisiert ist, aber über die nächsten Jahre mobilisierbar sein wird. Die chinesischen Devisenreserven werden damit tendenziell auch einer höheren Realverzinsung zugeführt, als wenn man sie weiterhin nur in niedrig verzinsten US-Staatsbonds lagerte.

Wir reden damit über Größenordnungen, die die Welt noch nicht kennt, die aber auch die permanenten »Überschuldungs«-Warnungen, denen sich die westlichen Medien gern widmen, etwas entspannter erscheinen lassen. Es ist zurzeit jedenfalls nicht erkennbar, dass der internationale BRI-Aufbruch wegen irgendeiner Art von finanzieller Unprofessionalität, insbesondere irgendeiner Überschuldung Chinas, wieder in sich zusammenfallen oder ins Stocken geraten könnte, wie im Westen oft orakelt wird. Wie schon gesagt (siehe oben zum Finanzwesen Chinas) ist ein professionell geführtes und reguliertes Finanzsystem, das nicht unkontrollierte internationale Spekulationen und »Leverages« (gefährliche Hebelwirkungen durch Investment- und Schattenbanken über unkontrollierte Derivate) sprießen lässt, in der eigenen Währung verbleibt und zudem die Souveränität über die nationalen Wechselkurse behält, praktisch immer stabilisierbar.[54]

Finanzielle Stabilität ist also nicht in erster Linie eine Frage der quantitativen Hebelung chinesischer Währungsreserven in den Multi-Billionen-Bereich. Es geht aber auch nicht darum zu suggerieren, China könne nun das Schlaraffenland für die Welt ausrufen. Die Schlange der bedürftigen und an chinesischen Investitionen interessierten Länder ist bereits lang genug. Es geht vielmehr um ein transparent und kollektiv-rational geführtes nationales und in Teilen ja auch internationales Finanzsystem.

Die wichtigsten Banken, um die es bei der BRI geht, sind:

- die Asia Infrastructure Investment Bank (AIIB) (Mitglieder inzwischen unter anderem auch Deutschland und Großbritannien),
- die China Development Bank,
- die New Development Bank (die BRICS Bank),
- die China EXIM Bank.

Darüber hinaus sind eine Reihe von Spezialfonds gegründet worden:

- ein genereller Silk Road Fund,
- ein Fonds für Maßnahmen zum globalen Klima,
- ein Fonds für Süd-Süd-Kooperation,
- ein Fonds für Projekte in der Gemeinschaft der Lateinamerikanischen und Karibischen Staaten (CELAC),
- Spezialfonds für Projekte und Regionen in Afrika, Arabien, ein Eurasia Fonds und Ähnliches.[55]

Insgesamt geht es allein bei diesen Banken um Kapitalausstattungen, die denen der Weltbank und der Entwicklungsbanken der alten Globalisierung bereits überlegen sind.[56]

Die Beträge, die die westlichen Länder, insbesondere die EU, nun in Reaktion auf das chinesische internationale Networking in ihren Initiativen in Richtung Südostasien oder Afrika anbieten, zum Beispiel im Rahmen ihrer neuen sogenannten Konnektivitäts-strategie, bewegen sich dagegen im niedrigen Milliardenbereich (vier Milliarden Euro wurden beim EU-Afrika Gipfel 2017 zuge-sagt), meist gestreckt bis über die Mitte der 2020er-Jahre (123 Milliarden Euro für Asien bis 2027),[57] und sind, soweit erkennbar, nicht mit einer konkreten realwirtschaftlichen und infrastruktu-rellen Investitions-Perspektive verbunden. Vorrangig ging es der EU und vor allem den Damen Merkel und May bei ihren Afrika-Reisen vielmehr um den Stopp von Flüchtlingen.[58]

Die USA haben 2019 mit einer indo-pazifischen Infrastruktur-Initiative namens Blue Dot reagiert, von der jedoch keine konkre-ten Beträge bekannt sind. Im Wesentlichen scheint es sich um eine rein kommerziell orientierte und von Privatbanken zu finanzie-rende Initiative zu handeln, die aber auch den Anspruch verkün-det hat, die BRI-Projekte unter Qualitäts- und Nachhaltigkeits-As-pekten zu evaluieren.[59]

»Schuldenfalle« für Entwicklungsländer?

Einer der Hauptkritikpunkte westlicher Medien und Autoren ist auch die Gefahr einer »Schuldknechtschaft«, einer irreversiblen Kreditabhängigkeit der Partnerländer von China, die dann ihre Kredite nicht mehr tilgen könnten. Demnach lässt China die Ent-wicklungsländer sich in ihrer Not so hoch verschulden, dass sie mit Zins- und Tilgungslast überfordert sind und einen Kredit durch den nächsten ablösen müssen oder, alternativ, irgendwann nicht mehr Herr ihrer eigenen Infrastrukturen wären.[60]

Es scheint, die tatsächliche Realität der globalen Verschuldungs-fallen unter der alten Globalisierung und dem Regime von Welt-bank und IWF wird auch hier in ein künftiges chinesisches Horror-szenario projiziert. Manche Vertreter dieses Narrativs mögen einer solchen psychologischen Projektion aufsitzen,[61] anderen mag der Fantasiehorizont für eine »mögliche andere Welt« fehlen; sie kön-nen sich schlicht nicht vorstellen, dass Entwicklungszusammenar-beit ohne Ausbeutung gehen kann.

China hat, wie oben dargestellt, eine lange Tradition der Solidarität mit den sogenannten Entwicklungsländern, ohne dass bisher Fälle von »Schuldknechtschaft« bekannt geworden wären. Und China hat an sich selbst wiederholt bewiesen, dass es jegliche »Kreditklemme« mit internen Kreditnehmern mit seinem flexibel regulierten Finanzsystem managen kann.[62]

Zudem sind an den neuen Finanzierungsinstrumenten, den beteiligten internationalen Banken und Fonds wie der AIIB und der BRICS-Bank die betroffenen Länder überwiegend selbst mit Stimmrecht beteiligt, was es im Zweifel unmöglich machen sollte, ein System der chinesischen Schuldknechtschaft zu errichten. Wie gesagt sind die chinesischen Kredite meist transparent auf Multilateralismus aufgebaut. Umgekehrt betrachtet: Es scheint auf chinesischer Seite vielmehr ein erhebliches Vertrauen in die Gültigkeit des Völkerrechts in Bezug auf öffentliche und auch private Auslandsinvestitionen und die Staatsverträge zu existieren, in die Vertragstreue und Kooperationswilligkeit der Partner, die oft genug die EU- und/oder NATO-Mitgliedsländer sind, strategisch also eher beim Empire eingebunden sind. Die wiederholten gravierenden Erfahrungen mit internationalen Willkürakten Washingtons, Londons und ihrer weiteren Helfer in der EU, Australien, Kanada oder Japan in Sachen illegaler Konfiszierungen fremder Bankguthaben, Goldbestände und sonstigen Eigentums (etwa auch in den Fällen ZTE, Huawei oder China Mobile) bei zahlreichen »unbotmäßigen« Ländern sowie deren Unternehmen und Privatpersonen, müssten eigentlich eher China bei seinen internationalen Kapitalanlagen vorsichtiger stimmen. Allerdings ist davon auszugehen, dass vor diesem Hintergrund an den Transfers der BRI-Milliarden keine US- oder EU-Bank mehr beteiligt ist.

Die oben erwähnten Dokumentationen des GDP Centers zur BRI und anderer der zahlreichen beobachtenden Forschungsinstitute berichten von etlichen Neuverhandlungen von Kreditkonditionen, Umfinanzierungen, Stundungen und sogar ganzen Schuldenerlassen Chinas für einzelne Entwicklungsländer.[63] Und China sieht sich selbst und die Partnerländer weit entfernt von einer Schuldenfalle.[64]

Und schließlich ist die Literatur zur BRI voll von offiziellen Dokumenten, Überlegungen, Analysen und Vorschlägen, zur Verbesserung der »Governance«, um Schulden tragfähig zu halten (dazu gibt es inzwischen sogar ein internationales »Debt Sustainability Framework«).[65]

Es liegt auf der Hand, dass ein so junger, umfangreicher und komplexer Projektverbund mit den verschiedensten Projekten, Finanzierungsformen, beteiligten Banken, Fonds und Partnerländern, die oft noch geringe Erfahrung im professionellen Projektmanagement besitzen, permanente finanzielle Nachjustierungen erfordert. Und das nicht nur im Detail eines notleidenden Einzelkredits sondern auch auf der Ebene eines möglicherweise notleidenden Partnerlandes mit seinen zahlreichen Einzelkrediten, und schließlich auch auf der Ebene des Kredit-Gesamtvolumens, das China insgesamt makroökonomisch in einer bestimmten Zeitspanne leisten kann.

Auch in Finanzierungsfragen sollte es daher ein beruhigendes Zeichen sein, dass auch UN-Unterorganisationen wie UNDP, UNEP oder FAO zunehmend Partner werden, etwa bei der Qualitäts- und Wirkungskontrolle der Projekte,[66] oder eben auch beteiligt werden bei notwendigen Umfinanzierungen für einzelne Empfängerländer.

Ökologisch kontrolliert: die Grüne Seidenstraße[67]

Alle Seidenstraßen-Projekte unterliegen inzwischen auch strengen ökologischen Kriterien und ökologischer Projektkontrolle. Und generell verschieben die Neuen Seidenstraßen den Schwerpunkt des globalen logistischen »Modal Split« (die Kombination der verschiedenen Verkehrsträger entlang eines internationalen Gütertransportweges) weg vom schwerfälligen und ökologisch verheerenden Schiffstransport auf die Schiene. Sie ersetzen daher einen zunehmenden Teil des billigen, aber langsamen und vor allem ökologisch katastrophalen überseeischen Schiffsverkehrs, der für die größten Emissionskontingente im globalen Modal Split verantwortlich ist. Im Moment reden wir noch über nur 5–10 Prozent des Schiffsverkehrs, der durch die Bahn ersetzt wird,[68] Tendenz jedoch steigend. Sie ersetzen aber auch zum Teil den zwar schnellen, aber teuren und vor allem nicht minder ökologisch problematischen Luftverkehr.[69]

Zur »ökologischen BRI« gehört zum Beispiel auch das Konzept der »Smart« beziehungsweise »Wise Citys«, nun auch und vor allem entlang der Bahnrouten.[70] Wir hatten die uigurische Hauptstadt Urumqi als wichtigen Knotenpunkt erwähnt.

Die internationalen begleitenden Projektanalysen und die immer intelligenteren Steuerungsmechanismen zeigen eine zunehmend intensive Qualitätskontrolle, zum Beispiel, neben der Vermeidung von Schuldenfallen, der Korruptionsbekämpfung, und der allgemeinen Effektivitätssteigerung, einen großen Querschnitts-Schwerunkt im Bereich ökologischer Aufwertung, etwa bei der Bekämpfung von Entwaldungen, der Sicherung der Regenwälder und so weiter.[71] Das UNDP und die China Development Bank zum Beispiel haben einen internationalen Rahmen für Finanzierungsstandards für ökologisch nachhaltige Entwicklung ausgearbeitet und veröffentlicht.[72]

Man wird solche Informationen nicht nur in westlichen Medien mit der Lupe suchen müssen, es drängt sich auch die Frage auf, wo denn der Westen mit seinen ständig scharfen Kritiken an China in all diesen Menschheitsfragen oder konkret: innerhalb der Prozesse der UNO, denn überhaupt bleibt. Weit und breit sind keine vergleichbaren Initiativen zu sehen. Stattdessen Blockade auf breiter Front, wie die 25. UN-Klimakonferenz in Madrid im Dezember 2019 schauerlich demonstriert hat.

Das Beispiel China in Afrika

Chinas enge Kooperation mit den meisten Ländern Afrikas ist ebenfalls einer der großen Kritik- oder besser: Angstpunkte der westlichen Medien: »Schuldknechtschaft«, »neuer Imperialismus«, »Machtpolitik«, »Umweltzerstörung«, »Ressourcenklau«, »Land Grabbing« und so weiter bilden das bekannte Repertoire der Projektionen dessen, was man aus der eigenen kolonialen und imperialen Globalisierung aus der Vergangenheit als Normalzustand kennt.

Wie schon beschrieben hat China eine lange Tradition der freundschaftlich-solidarischen und nicht-kolonialistischen Beziehungen mit den meisten Ländern Afrikas.[73] Und heute zahlt sich offenbar aus, dass China auf der »richtigen Seite der Geschichte« stand.

Zwischen 2015 und 2018 haben chinesische Unternehmen etwa 300 Milliarden US-Dollar an Direktinvestitionen im Ausland (Foreign Direct Investments – FDI) in Afrika getätigt. China steht heute für mehr als ein Drittel aller Infrastrukturinvestitionen in Afrika, und es wurde errechnet, dass die chinesischen öffentlichen Infrastrukturinvestitionen ganz überwiegend Entwicklungsengpässe (»Bottlenecks«) fokussieren.[74]

Auch Untersuchungen aus US-amerikanischen Quellen haben zu Chinas Engagement in Afrika Bemerkenswertes zutage gefördert. So schlussfolgert zum Beispiel der genannte China-Afrika-Projektverbund an der Johns-Hopkins-Universität: »Das chinesische Engagement in Afrika betont die Infrastruktur-Bedürfnisse.«[75]

Auch die amerikanische Carnegie-Stiftung kommt zu dem Schluss, dass Chinas Afrika-Engagement zur nachhaltigen Bekämpfung der Armut beiträgt.[76]

Die amerikanische Unternehmensberatung McKinsey, völlig unverdächtig jeglicher Sympathie für Chinas System und Politik, hatte 2017 bereits 1 000 chinesische Unternehmen in Afrika (von insgesamt etwa 10 000 chinesischen Unternehmen, die in Afrika aktiv sind) untersucht und befragt und Überraschendes ans Licht gebracht:[77]

- Bereits knapp 90 Prozent der Beschäftigten in den chinesischen Unternehmen in Afrika waren lokale Beschäftigte, also Afrikaner.
- Chinesische Unternehmen beschäftigen insgesamt bereits mehrere Millionen Afrikaner (hochgerechnet auf die 10 000 Unternehmen: bis zu zehn Millionen).
- Zwei Drittel der Firmen sorgen für Aus- und Weiterbildung ihrer afrikanischen Beschäftigten.

- Ein Drittel der Unternehmen haben bereits neue Technologien ins Land gebracht.
- Schon 44 Prozent der Manager in chinesischen Firmen sind Afrikaner (bei einzelnen Unternehmen bis zu 80 Prozent).
- »Chinesische Unternehmen in Afrika bedienen die Bedürfnisse der afrikanischen Märkte, statt für Exporte zu produzieren.«
- »74 Prozent der chinesischen Firmen in Afrika haben Investitionen vorgenommen, die sie langfristig an Afrika binden, statt bloßer Handelskontrakte oder Bauprojekte.«

McKinsey zusammenfassend:

> »Insgesamt sind wir der Meinung, dass Chinas zunehmendes Engagement für die afrikanischen Volkswirtschaften, Regierungen und Arbeitnehmer sehr positiv ist.«

Entsprechende Feststellungen gibt es auch in anderen Studien:

- Circa 400 000 Afrikaner*innen studieren bereits in China, und mehr als 160 000 Afrikaner*innen haben inzwischen einen chinesischen Hochschulabschluss.[78]
- Chinesische Agrarunternehmen und Agrarexperten sichern und erneuern die afrikanische Landwirtschaft.
- China konkurriert mit afrikanischen Ländern bestenfalls im Bereich der Textilproduktion, produziert vor Ort aber ansonsten vor allem komplementäre Güter wie Elektronik für den lokalen Markt, zu günstigeren Preisen als die der amerikanischen und europäischen Angebote, was die Kaufkraft vor Ort erhöht.[79]
- Chinesische Entwicklungshilfen (ODA) haben die fiskalische Autonomie in den afrikanischen Empfängerländern erhöht und damit erhöhte Ausgaben dieser Länder in ihre Gesundheits- und Erziehungssektoren ermöglicht.[80]
- Das Label »Made in China« soll bei Produktion in Afrika sukzessive durch das Label »Made in Africa« ersetzt werden.[81]

US-amerikanische Studien zum angeblichen chinesischen Land Grabbing kommen unter anderem zu folgendem Ergebnis:[82]

- Chinesisches Land Grabbing ist nicht nachweisbar. China belegt nur Platz 19 unter den nichtafrikanischen Ländern mit Landbesitz in Afrika, und zwar weit hinter den Haupt-»Landgrabbers« USA, GB, Saudi-Arabien, Singapur, Niederlande, Indien, Malaysia ...
- Statt der im Westen behaupteten sechs Millionen Hektar waren nur 240000 Hektar im Besitz chinesischer Unternehmen nachweisbar.

Zum angeblichen Ressourcenklau:

- Afrika ist bei Weitem nicht der wichtigste Partner Chinas, um seinen Ressourcenbedarf zu decken; der Afrikahandel (einschließlich Rohstoffe) macht weniger als zehn Prozent des chinesischen Außenhandels aus.[83]
- Der Großteil der öffentlichen Investitionen Chinas in Afrika fließt daher auch nicht in Ressourcengewinnung (nur knapp 30 Prozent fließen in Ressourcenabbau im weitesten Sinne), sondern in Infrastruktur, Informationstechnologie und Bildung.[84]
- Die meisten öffentlichen Investitionen Chinas fließen in ressourcenarme Länder wie Sambia oder Tansania.[85]

Dies alles erklärt schließlich, warum Chinesen in Afrika gern gesehen sind:

- Eine repräsentative Studie von Afrobarometer[86] in 36 afrikanischen Staaten im Jahr 2015 hatte bereits ergeben, dass 63 Prozent der befragten Afrikaner*innen die wirtschaftliche und politische Rolle Chinas in Afrika begrüßen und einen positiven Einfluss Chinas auf Afrika sehen. Neben den Investitionen in Infrastruktur und Entwicklung wird als Grund »die andere Art des Umgangs miteinander« genannt (sowie »Verhandlungen auf Augenhöhe«).[87]
- Die Vertretung der Konrad-Adenauer-Stiftung der CDU im Senegal berichtete dementsprechend nach Hause:
  »China genießt im Senegal einen guten Ruf und wird für seine Effizienz und seinen Einsatz gelobt […] die Medien berichten

sehr positiv über die chinesische Präsenz [...] [Dagegen näh-men insgesamt] antiwestliche Grundstimmungen zu«.[88]

»Afrika im Aufstieg« (»Africa on the rise«) ist heute überall zu le-sen, und über den »aufwachenden Kontinent« und seine Ressour-cen und Potenziale wird heute fiebrig spekuliert. Aber wer hilft Afrika, sich industriell zu entwickeln, nach Jahrzehnten des War-tens und des Zurückfallens, nach der Phase nationaler antikolo-nialer Befreiungen in den 1950er- und 1960er-Jahren, unter der Dominanz der neoliberalen, imperialen Globalisierung seit den 1980er-Jahren? China.

Und hilft damit nicht zuletzt auch der EU mehr und effektiver, Armutsmigration zu bekämpfen und sich künftige Flüchtlinge »vom Hals zu halten«, als es die EU selbst tut,[89] die mit Abfangla-gern und libyschen Polizeibooten agiert und ansonsten mit hehren Worten, aber wenig Ideen, Projekten und vor allem wenig Geld nun EU-Afrika-Konferenzen abhält. Natürlich geht man dort als afrikanischer Minister hin. Aber auch ein kenianischer oder nige-rianischer Außenminister versteht die »Festung Europa« und weiß, dass Merkel vor allem aus innenpolitischem Druck nach Afrika reisen muss – und weiß, wo und mit wem wirklich Fortschritte zu machen sind.

BRI-»Governance«: Foren, analytische Begleitung, laufende Korrekturen

China organisiert seine internationalen Beziehungen nicht wie die USA zunehmend bilateral (zum Beispiel TTIP & Co.), unter Umge-hung des einst selbst geschaffenen Multilateralismus im Rahmen der WTO, sondern zunehmend multilateral, in der Finanzierung, aber auch in Gestalt von Kooperationsforen und jährlichen Konfe-renzen. So finden nicht nur jährliche Koordinationsrunden mit den BRI-Partnern in Afrika, Europa oder Lateinamerika statt, son-dern auch für die gesamte BRI. Im April 2019 etwa fand das zweite BRI-Forum in Beijing statt.[90] Und mit den MOE-Ländern zum Bei-spiel gibt es das 16+1-Format (mehr dazu weiter unten).

Neben der oben angesprochenen Frage der permanenten flexiblen Nachjustierung von Finanzierungen muss allerdings auch kritisch darauf hingewiesen werden, dass das chinesische und Völkerrechts-Prinzip der Nichteinmischung in die inneren Angelegenheiten zusammen mit vorgefundenen alten korrupten Strukturen und Kulturen und mit zu weicher Kontrolle punktuell auch dazu geführt hat, dass Arbeits- und Umweltstandards vor allem zu Beginn nicht immer eingehalten wurden.

Chinesische Untersuchungen selbst haben darauf hingewiesen, dass 90 Prozent der 10 000 chinesischen Unternehmen kleine und mittelständische Privatunternehmen sind, deren Inhaber oft keine hinreichende Qualifikation für ihre Auslandstätigkeit besaßen und die geforderten Arbeits- und Sozialstandards oder lokale Regelungen nicht hinreichend kannten oder beachteten.[91]

Die Entwicklung vor allem afrikanischer Länder zu wettbewerbsfähigen Industrieländern und lokale Produktionspotenziale langfristig zu fördern, statt sie aufgrund eigener Überlegenheit schnell und einfach zu verdrängen, ist angesichts der produktiven Überlegenheit auch kleiner chinesischer Unternehmen ein entwicklungspolitischer Balanceakt, den kein westliches Industrieland bisher je auch nur angedacht hat. Die afrikanische Bevölkerung wird kurzfristig günstig durch chinesische Unternehmen auch mit hochwertigen Elektronikprodukten versorgt, aber gleichzeitig wird eine eigene hochwertige Produktion aufgebaut.[92]

Einzelne ökologische Probleme im Kontext der Öl-, Kupfer-, Kobalt- und Goldgewinnung in den Ländern Angola, Ghana, Tschad und der Volksrepublik Kongo sind durch die westlichen Medien gegangen.[93] Aber die Schlussfolgerung, dass die BRI rundherum aus verlustreichen chinesischen Investments bestünde, die bereits die chinesische Inlandswirtschaft überstrapazieren würden, und daher nun die »BRI-Blase« bald platzen würde,[94] dürfte sich inzwischen als Wunschdenken herausgestellt haben.

China hat seine Regeln für überseeische Investments nach solchen und anderen Erfahrungen kontinuierlich verschärft,[95] und die BRI-Investitionen in Afrika zum Beispiel werden seit einiger Zeit von einem China-Afrika-Institut begleitend analysiert und kontrolliert.[96]

China in der EU

China in Afrika und, übrigens, in Lateinamerika[97] und Südostasien (dazu bereits oben)[98], scheint für die EU schon schlimm genug. China in der EU allerdings scheint perfekt geeignet, jedwedes Register der Panik(mache) zu ziehen. So wird zum Beispiel der gesamte Werkzeugkasten des Angst-Narrativs »China treibt einen Keil in die EU!«[99] aus dem Schrank geholt.

Als ob sich die EU durch ihre verkorkste neoliberale und monetaristische Kopfgeburt einer Währungsunion ohne Wirtschafts- und Sozialunion, die jeglichen elementaren ökonomischen Wissens entbehrt, also durch das ideologie- und machtgetriebene Aufzäumen des integrationsökonomischen Pferdes von hinten, nicht schon selbst genug gespalten hätte! Die Kopfgeburt »Währungsunion« wurde erwartungsgemäß zu einer monetären »Streckbank« für die schwächeren (oder »undisziplinierten«, nicht genügend neoliberal-austeritätspolitisch Lohndumping betreibenden) Mitglieder gemacht. Mit einem Euro-Außenwert und einem einheitlichen Diskontsatz, die beide zu hoch sind für die Mehrheit der Schwachen und zu niedrig für Deutschland und die wenigen anderen Starken. Natürlich hat Deutschland für diesen fundamentalen Nutzen immer gern Kompensationszahlungen in die »Strukturfonds« geleistet, das war schließlich das eigentliche Grundgeschäft der EU-Integration von Anbeginn, schon seit den Zeiten der Zollunion (ab 1957), das Gegengeschäft für die deutsche Exportwalze.

Und als ob sich diese EU nicht auch durch ihre bürokratisch-autoritären fiskalischen und sozialpolitischen Anweisungen an die schwachen Mitgliedsländer, durch ein diktatorisches fiskalisches »Europäisches Semester«, durch die oktroyierte humanitäre Katastrophe in Griechenland als Folge einer arroganten »Troika«-Autokratie, durch eine »EU der zwei Geschwindigkeiten«, eine »Nord-EU« versus eine »Süd-EU«, die Verweigerung von Minimal-Ausgleichsmechanismen durch Deutschland und so weiter, nicht selbst bereits hinreichend desintegriert hätte.

Und da stehen sie nun, die abgehängten Länder der EU in Mittel-, Ost- und Südeuropa, peripher und ohne wirtschaftliche

Handlungsfähigkeit, ohne Headquarter- und Zentralitäts-Funktionen, dominiert von deutschen Konzernen, denen wie selbstverständlich zum Beispiel die griechische Telekom (Deutsche Telekom), die griechischen Flughäfen (Fraport) oder die osteuropäischen Automobilindustrien gehören.

So ist es aber ja auch bereits innerhalb Deutschlands: Der »eigene« Osten kann strukturell nicht aufholen, egal wie viele Solidaritätszuschläge wir auch die nächsten 30 Jahre noch zahlen und wie viele Finanzpflaster für Dorfkernsanierungen, Autobahnen und Umgehungsstraßen wir noch leisten. Die Berliner Strippenzieher stehen vor dem Desaster einer 40-jährigen neoliberalen Borniertheit, in Deutschland und in der EU.

Und da kommt nun China mit dem Angebot langfristiger Kooperationen auf Augenhöhe, mit transparenten völkerrechtlichen Verträgen, attraktiven langfristigen Krediten, Infrastrukturinvestitionen und Arbeitsplatzschaffungen, mit realökonomischer Entwicklung statt EU-Strukturfonds-Geldern, die oft genug in einem Korruptions-Orkus verschwanden, mit der Perspektive eines »Upgrading« der Abgehängten, ihrer Hoffnung auf eine neue »High Road« ihrer Entwicklung. Und so werden mal eben unter anderem

- eine Ost-West-Tangente durch Mazedonien gebaut[100],
- ein öffentliches Verkehrswesen in Skopje entwickelt,
- der griechischen Netzbetreiber ADMIE (mit 24 Prozent Anteil chinesischer Unternehmen) saniert,
- ein Stahlwerk und Wärmekraftwerke in Serbien errichtet,
- die Hochgeschwindigkeitsstrecke zwischen Belgrad und Budapest gebaut,
- der darniederliegende Hafen von Piräus saniert (den die EU-Troika Griechenland gezwungen hatte zu privatisieren, für den sich aber kein westlicher Investor gefunden hatte). Der Hafen wurde nun von der chinesischen COSCO gekauft (51 Prozent), mit massiven Investitionen (mindestens vier Milliarden US-Dollar) modernisiert und höchst erfolgreich betrieben. Heute ist Piräus der größte Container-Umschlaghafen im Mittelmeer, mit einer Vervielfachung des Warenumschlags,

mit Arbeitsplatzschaffung, Revitalisierung der gesamten Region und demnächst der ersten Schnellbahnverbindung zwischen Piräus und Athen.[101]

Die Liste lässt sich in den EU-Kernländern ohne Weiteres fortführen:

- Italiens Häfen Triest und Genua wurden als weitere Endpunkte der Neuen Seidenstraße ausgebaut,[102]
- der Binnenhafen Duisburg wurde zu einem Knotenpunkt der Neuen Seidenstraßen in Europa ausgebaut, mit wöchentlich über 200 chinesischen Containerzügen,[103] die auf über 11 000 Kilometern Bahnstrecke heranrollen[104] und die nun auch allmählich wieder voll zurückfahren (und so hoffentlich irgendwann vollständig die schrecklichen Containerschiffe ersetzen[105]),
- sogar der Deutschen Bahn wurde im Güterverkehr, den DB und Berlin unter dem neoliberalen Regime heruntergewirtschaftet hatten,[106] wieder ein Aufschwung gebracht.[107]

China und chinesische Unternehmen haben so zwischen 2015 und 2018 circa 380 Milliarden US-Dollar privat und öffentlich in Europa (auch jenseits der EU) investiert. Selbst die Bertelsmann Stiftung hat aber jüngst in einer Studie die übliche Panikmache in der EU gegenüber chinesischen Auslandsinvestitionen gedämpft, mit dem Argument, westliche Staaten investierten zusammen international immer noch mehr als China, wenngleich anders und vielleicht auch weniger gezielt und effektiv.[108]

Die EU-Kommissions- und Ministerrats-Bürokratien reagieren darauf so, wie man sie kennt, defensiv, autoritär und arrogant. So eröffnete die EU-Bürokratie zum Beispiel ein Wettbewerbsverfahren gegen Ungarn wegen der »freihändigen« Vergabe des Auftrags für die Hochgeschwindigkeitstrasse Budapest – Belgrad an China.

Politisch fällt damit das funktional unfähige, »divergent« aus dem Ruder gelaufene und politisch-administrativ missratene Integrationsprojekt den EU-Spitzen auf die Füße: Da verhindert Griechenland plötzlich die alljährliche EU-einheitliche Verurteilung

Chinas in der UN in Menschenrechtsfragen, langjähriges Ritual der EU – ein »Tabubruch«.[109] Portugal und Ungarn gesellten sich in den Folgejahren dazu. Ungarn verweigerte gleich mehrmals die Unterschrift unter plakative gutmenschlich-imperiale und menschenrechtelnde EU-Deklarationen gegen China.[110] Und als erstes G7-Land schloss sich Italien 2019 in aufmüpfiger Weise der BRI an. Da wird natürlich Druck gemacht auf diese Länder, und »[e]rste osteuropäische Vertreter haben sich bereits darüber beklagt, dass Brüssel sie von China entfremden wolle«.[111]

Wie gesagt haben sich China und die mittel-, ost- und jetzt auch südeuropäischen BRI-Teilnehmer im Format »16+1« organisiert (die meisten der 16 sind EU-Mitglieder), das regelmäßige Jahrestreffen durchführt und sich zu Investitionen koordiniert. Griechenland hat sich 2019 hier nun mit eingefunden (mit Griechenland nun 17) und Italien wird vermutlich dazustoßen. Das bereits siebte Treffen des 16+1-Mechanismus fand 2018 in Sofia statt, im Ergebnis mit 20 neuen gezeichneten Projekten,[112] 2019 das achte in Dubrovnik.

Das 16+1-Format ist multidimensional und »asiatisch-fließend« statt starr, formal und »europäisch-mechanisch«, es kombiniert flexibel Multilateralität und Bilateralität,[113] etwas was die europäischen Partner anscheinend wertschätzen, nicht zuletzt im Vergleich zu den formalen Integrationsstrukturen der EU.

Und schließlich hat sogar die brave, konservative, reiche und neutrale Schweiz, kein Untertan der Brüsseler fiskalischen Daumenschrauben-Bürokratie, felix helvetia, ihr Interesse bekundet, Partnerland der BRI zu werden.[114]

Möglichweise ein Grund zur Panik für die, die »Europa« in Sonntagsreden zelebrieren, aber Europas reale eurasische Interessen mit Füßen treten und »europäische Integration« immer nur als die eigenen partiellen Machtinteressen gegen die Schwächeren, gegen ihren »Hinterhof«, die »Faulen« im Süden und Osten, gegen effektive und auch ausgleichende Kooperation verstanden haben.

Wer sorgt nun in Wirklichkeit in der EU für ein Aufholen der Peripherie, für echte Konvergenz und somit für eine mögliche langfristige Stabilisierung der EU? Der chinesische Ministerpräsident Li Keqiang hat es beim EU-China-Gipfel 2019 auf den Punkt gebracht: Chinas Kooperation mit den MOE-Ländern sei »vorteilhaft für eine ausgewogene Entwicklung innerhalb der EU [und] dient auch der Geschlossenheit der EU [...]«[115] und reiste daraufhin zum achten 16+1-Jahrestreffen nach Dubrovnik weiter.

China in Deutschland

Wir haben an einer Reihe von Beispielen gezeigt, wie sich der technologische Spieß nun herumdreht: In Zukunft werden deutsche Konzerne immer mehr von Chinas technologischem Wissen profitieren. Wir haben über das Beispiel *Bosch China* berichtet. Die regierungsoffizielle und mediale Panikmache in Bezug auf die chinesischen »Outbound Direct Investments« (ODI) beziehungsweise oFDI in der EU und in Deutschland wirkt nicht nur deshalb rückwärtsgewandt und, wie so oft, aus ideologischen Gründen und/oder aus Hilflosigkeit, gegen die Interessen der eigenen Wirtschaft gerichtet und irgendwie aus der Zeit gefallen. Sie ist auch schlicht kontrafaktisch.

Was sie aber bereits bewirkt hat, ist, dass die chinesischen FDI in Deutschland im Jahr 2019 bereits deutlich zurückgegangen sind und England mehr als doppelt so viele chinesische FDI erhält. Die bekannten Fälle Aixtron, Kuka, 50 Hertz oder Leifeld Metal Spinning wurden zum Teil staatsautoritär, also alles andere als »marktwirtschaftlich«, verboten.[116] Die starke politische Fraktion der »Transatlantiker«, die sich in den letzten Jahren neu formiert hat, S. Gabriel, H.J. Maas, J.-C. Juncker ..., und dann auch nachfolgende deutsche Wirtschaftsminister (P. Altmeier), haben schnell neue protektionistische Instrumente der Unterbindung chinesischer Investitionen, also eine moderne kapitalistisch-nationalistische Investitionskontrolle, nun schon bei Verkäufen ab zehn Prozent eines Firmenwertes,[117] in die Welt gesetzt.

Aus dem spontanen protektionistischen Reflex könnte sich, wie bereits oben diskutiert, durchaus eine mögliche spätere rationalere, proaktive und produktiv-strukturorientierte Industriepolitik entwickeln, die wieder die staatliche, kollektive Handlungskapazität hätte, mit China über Win-win-Kooperationen auf breiter Front und auf Augenhöhe zu verhandeln und zu kooperieren. Voraussetzung dafür wäre jedoch eine offene, selbstbewusste, zukunftsorientierte, problemlösende und kooperative Grundeinstellung.

Die Fakten chinesischer Investitionen in Deutschland jedenfalls sprechen ihre eigene Sprache:

- In China waren 2018 fast 8 000 deutsche Unternehmen mit einem Kapitalstock von circa 60 Milliarden Euro vertreten, während nur etwa 2 000 chinesische Unternehmen in Deutschland vertreten waren.[118] 2016 betrugen die chinesischen Investitionen etwa zehn Milliarden Euro (2018: gut elf Milliarden Euro).[119] Die aktuell etwa 25 Milliarden Euro Kapitalstock machen aber immer noch nur gut ein Prozent der Kapitalanlagen ausländischer Unternehmen in Deutschland aus. Deutschland und auch die EU insgesamt investierten bis vor Kurzem stets ein Vielfaches in China von dem, was China in der EU investierte.[120] Dies hat sich erst 2018 etwas auszugleichen begonnen. Am Börsenwert der börsennotierten deutschen (DAX-)Unternehmen besitzen chinesische Unternehmen weniger als drei Prozent, die USA dagegen circa 35 Prozent, also mehr als zehnmal so viel[121] (alle asiatischen und pazifischen Anleger zusammen halten am DAX 3,5 Prozent, nur diese Zahl ist ausgewiesen): »Chinesische […] Investoren spielen, anders als der mediale Alarmismus erwarten lässt, […] [im DAX–W.E.] nur eine untergeordnete Rolle.«[122]
- Die Fokussierung der deutschen und EU-Interventionsinstrumente gegen chinesische Direktinvestitionen hat also nachweislich keine objektiven, sondern wohl ideologische Gründe, liegt also eher in tiefsitzenden, instinktiven Wahrnehmungen eines »Überlebenskampfes« mit »dem Osten«. Bei eingefleischten Transatlantikern wie dem damaligen Wirtschaftsminister Gabriel (SPD) ist »der (kommunistische) Osten« natürlich Feindbild, denn diese Feindschaft steckt der SPD spätestens seit 1918 und weit mehr als vielen »Bürgerlichen« in den politischen Genen.
- Die realökonomischen Wirkungen der meist produktiven, realinvestiven chinesischen Unternehmensbeteiligungen sind

grundsätzlich höher als die meist spekulativ motivierten Finanz-investitionen amerikanischer Investmentbanken, Hedgefonds oder Private-Equity Unternehmen, die oft nur Firmen zerlegen, um die Filetstücke teurer weiterverkaufen zu können; Arbeits-platzentwicklung dabei typischerweise negativ. Dementspre-chend positiv fallen die Beurteilungen der Kenner der Lage in den deutschen Unternehmensverbänden aus. So äußerte zum Beispiel der Chef der Firma Voith und Vorsitzende des Asien-Pazifik-Ausschusses der deutschen Wirtschaft, Hubert Lien-hardt: »Den deutschen Firmen, die von chinesischen Unterneh-men übernommen worden sind, geht es sehr gut.«[123]

Entsprechend kritisierte die Deutsche Schutzgemeinschaft für Wertpapiere (DSW) den (damaligen) Wirtschaftsminister (Gabriel), der im Fall Aixtron auf eine Forderung der USA hin schnellstmöglich aktiv wurde, ohne Umschweife als »Erfül-lungsgehilfen von US-Wirtschaftsinteressen«.[124] Hier hatten be-kanntlich die USA Sicherheitsinteressen geltend gemacht.

BDI-Präsidiumsmitglied Jürgen Heraeus (Heraeus Group) wurde im Falle Kuka zitiert mit den Worten: »Wenn Kuka für Deutschland so enorm wichtig wäre, dann hätten sich eben vor-her ein paar deutsche oder europäische Konzerne darum bemü-hen müssen, sich größere Anteile zu sichern […] Ich kenne eine Reihe von Unternehmen, an denen sich die Chinesen beteiligt haben. Die angesprochenen Befürchtungen konnte ich bisher nicht beobachten. Im Gegenteil. Schauen Sie sich die Über-nahme von Putzmeister [Betonpumpen – W. E.] an. Die Firma entwickelt sich unter chinesischer Führung sehr gut.«[125]

Und Hubert Lienhard noch mal, ähnlich: »Die Befürchtung, die Chinesen hätten es allein auf das Knowhow abgesehen, hat sich nicht bewahrheitet. Im Gegenteil: Chinesische Investoren haben sich in vielen Fällen als verantwortungsbewusst und weitsichtig erwiesen.«[126]

Und aus Arbeitnehmersicht wird sogar gesagt: »Betriebsräte in Deutschland freuen sich inzwischen, wenn keine US-›Heu-schrecke‹, sondern ein Investor aus China kommt.«[127]

■ Wie eine Studie des Münchener Ifo-Instituts 2019 zeigte, »über-nehmen Unternehmen aus der Volksrepublik […] höher verschuldete Firmen als Investoren aus anderen Staaten. [...] die Verschuldungsquote liege um 6,5 Prozentpunkte höher und die durchschnittliche Profitabilität zum Zeitpunkt der Übernahme nahe null, während sich andere Investoren auf Unternehmen mit positiven Erträgen konzentrieren. [...] Die Vorliebe für höher verschuldete und weniger profitable Unternehmen könne [...] mit einem längerfristigen Anlagehorizont oder besseren Finanzierungsmöglichkeiten durch staatliche chinesische Banken erklärt werden.«[128] Diese Studie zeigt:

Chinesische Unternehmen kaufen oft sogar deutsche Unternehmen mir höheren Schuldenständen und geringerer Produktivität.

Sie zahlen nicht mehr für Unternehmen als Käufer aus anderen Ländern, sind also nicht etwa von der chinesischen Regierung für strategische Käufe subventioniert, wie oft behauptet wird.

Firmen, die von chinesischen Unternehmen gekauft wurden, haben oft sogar ein geringeres Wachstum der Kapitalproduktivität, dafür aber ein stärkeres Wachstum der Löhne.[129]

Oft also waren die chinesischen Investoren überhaupt die einzigen, die bereit und in der Lage waren, analog zum Fall Piräus, deutsche Firmen zu kaufen, zu retten, zu sanieren, langfristig in sie zu investieren und sie zu erhalten. Und Chinas Industrieinvestitionen dienten wie gesagt fast immer der Sicherung, Stabilisierung und der Aufwertung der jeweiligen deutschen Firma. Chinesische Unternehmen scheuen sich in der Regel eben nicht, unterkapitalisierte deutsche Unternehmen mit erheblichen langfristigen Investitionsbedarfen zu kaufen, für die es ansonsten keine (westlichen) privaten Käufer gibt, eben weil chinesische Unternehmen, da systemisch eingebettet, in der Regel langfristiger planen und sich ihre deutschen Unternehmen oft als technologische Komplemente zu den eigenen Fähigkeiten langfristig aufbauen. Etwas Besseres kann dem deutschen Industriebestand nicht passieren, als engagierte Partner zu bekommen, die technologisch interessiert sind und langfristig kompetent agieren und investieren können.[130]

Chinesische private Auslandsinvestitionen im Allgemeinen: statt Technologieklau ein wechselseitiger Technologie-Transfer – Abschied von »unvernünftigen« Investments

So wendet sich das Blatt der alten »Technologieklau«-Geschichten hin zu einem Geben und Nehmen, bei dem der Westen absehbar in wachsenden Bereichen sogar mehr von Chinas führender F&E profitieren könnte als umgekehrt.[131] Wir haben hier zahlreiche Beispiele behandelt, in denen westliche Länder von Chinas Vorsprung profitieren. China ist inzwischen vom Image der »Copycat« losgekommen. Das »Kopieren« war im Übrigen weder in China noch in irgendeinem anderen aufsteigenden Land jemals so simpel, weil dazu immer der eigene Lernaufwand, die schon mehrfach genannte »Absorptionskapazität« erforderlich ist.

China ist jedenfalls zum Innovationsexporteur geworden und könnte in Kooperationen mit den entwickelten kapitalistischen Industrieländern heute ideal zu einer gemeinsam genutzten globalen Innovation beitragen,[132] so wie es bereits in Kooperation mit den »Entwicklungsländern« der »Dritten Welt« und den Partnerländern der Neuen Seidenstraßen mit seinen ODI nicht nur zu deren Industrialisierung beiträgt, sondern, nach internationalen Studien, auch zum Förderer von deren institutioneller Qualität auf dem Weg zu nachhaltiger Modernisierung und Entwicklung geworden ist.[133] Hier geht es zum Beispiel um die Einführung der Rechtsstaatlichkeit (»Rule of Law«) und einer regulatorischen Handlungskapazität in diesen Ländern, Qualitäten, an deren Förderung der Westen ganz offenbar in Jahrzehnten von »Entwicklungshilfe« nicht interessiert oder dazu nicht in der Lage war.

Die chinesischen privaten oFDI (ODI) unterliegen nun generell seit dem 19. Parteitag der KPCh im Oktober 2017 einer inhaltlichen Korrektur, die sowohl dem eigenen Land als auch den Zielländern nutzen und so die Beziehungen zu den Zielländern der oFDI verbessern können: Chinesische FDI sollen nur noch stattfinden zum Zweck des wechselseitigen Technologie-Transfers, eines gemeinsamen Innovierens und Lernens, in Technologie-Bereichen, in denen China einerseits eigene Rückstände identifiziert hat, in denen es aber andererseits mit erheblichen Investitionen auch eigenes Knowhow aus anderen Bereichen einbringen kann.

Chinas Portfolio an Auslandsinvestments wird daher aktuell umstrukturiert, weg von spekulativen, unangemessen riskanten, ideologisch eingefärbten und »irrationalen« Investments. Chinas Zentralregierung geht nun gegen »unvernünftige« (»unwise«) und »riskante« Auslandsinvestitionen chinesischer Unternehmen und Investoren vor. Beispiele sind der bloße Kauf von Immobilien, Hotels, Fußballklubs, Kinoketten, Hollywood-Studios, Medienunternehmen oder Unternehmen aus der Unterhaltungsbranche[134] und natürlich rein spekulativer Finanzinstrumente wie komplexe Derivate-Papiere (»Securities«). So wurde zum Beispiel gemeldet, dass die chinesische Investitionsgesellschaft HNA ihren 26-Prozent-Anteil an der Hilton-Hotelgruppe verkauft und auch ihren Anteil an der Deutschen Bank reduziert habe.[135] Dafür nimmt man in China sogar Kurseinbrüche derjenigen chinesischen Unternehmen in Kauf, die sich nun aus solchen Engagements zurückziehen müssen.[136]

Dies hat die chinesischen Auslandsinvestitionen in bestimmten »irrationalen«, »unvernünftigen«, spekulativen und ideologienahen Bereichen bereits reduziert und wird in den »rationalen«, produktiveren industriellen Investmentbereichen zu einer Erhöhung führen.[137] Das Auslandsportfolio Chinas wird so verbessert, und chinesische Unternehmen ziehen sich aus im Westen mehr symbolträchtigen, ideologisch relevanteren und damit potenziell konflikträchtigen Investitionsbereichen (vor allem Medienunternehmen) zurück, was auch dazu beitragen könnte (und sollte), Spannungen mit den Zielländern über chinesische Investments zu reduzieren.[138]

Ist China imperialistisch?

Bei diesem im Westen beliebten Vorwurf, auch von der linksliberalen Intelligentsia gern genommen, sei noch einmal daran erinnert, dass die Internationalisierung der chinesischen Investitionen, sowohl im Bereich der öffentlichen Infrastrukturen als auch dem privaten Unternehmen, ohne jegliche militärische Dimension, Begleitung oder Drohung vonstattengeht, eine Tatsache, die man in ihrer Bedeutung, auch für das Imperialismus-Narrativ, nicht hoch genug bewerten kann.

Nach dem obigen Lackmustest China in Afrika sollte auch deutlich geworden sein: Chinas Außenaktivitäten sind ökonomisch anders, von anderen Zielen und Mechanismen getragen als das, was wir von Imperialismus wissen.[139] Chinas private Auslandsinvestitionen sind offenbar eben nicht schlicht durch eine Überproduktion von Kapital erzwungen, das nun händeringend im Ausland eine profitträchtige Anlage suchen muss, um seine Maximalrendite zu sichern. Chinas private Renditen können im Gegenteil jederzeit variiert werden, sie sind reguliert und unterliegen dem *Primat des Politischen*, wie bereits in mehreren Feldern gezeigt. Chinas privates Kapital muss sich daher im Zweifel auch im Ausland einfügen in Prinzipien, sich an Gemeingütern und Infrastrukturen beteiligen, investieren, lokal beschäftigen und ausbilden (Beispiel Afrika), wie auch das Beispiel des Abstandnehmens von »irrationalen« nichtproduktiven Investitionen zeigt.

Chinas private Renditen sind die abhängige Variable und nicht die unabhängige. Die unabhängige Variable ist die politische Entscheidung über die konkrete Ausgestaltung internationaler Beziehungen im Sinne einer langfristigen, international kooperativen nationalen Entwicklung. Wenn ein afrikanisches Land unter freundschaftlichen oder staatsvertraglichen Bedingungen gefördert und wirtschaftlich entwickelt werden soll, hat sich das chinesische Privatunternehmen dem unterzuordnen und kann nicht seine eigene Außenpolitik machen, um seine private Renditemaximierung zu betreiben – der »die Politik« dann zu folgen hätte. Die Gegenwart des chinesischen Staates im Ausland ist umgekehrt eben *nicht* dazu da, den eigenen Champions den Weg zu bereiten (oder im Zweifel eben auch mal freizuschießen).

So sehen es auch eine Reihe kritischer Analytiker weltweit. Ali Kadri von der London School of Economics (LSE) beispielsweise meint, China sei eben kein Empire und handele auch nicht imperialistisch. Dies sei eine Konstruktion der westlichen Intelligenz, die, oft pseudoradikal, nicht die Breite der Auseinandersetzungen um die chinesische Entwicklung wahrnehme, die tatsächliche imperialistische Aggressionen als »demokratisch« und »humanitär« darstelle und ansonsten »reinen Sozialismus oder gar nichts« postuliere.[140]

Die heutige Stärke Chinas fördere wieder eine globale Bewegung hin zu nationaler Unabhängigkeit. Ein um China vergrößertes Kreditangebot stärkt die Nachfragemacht und Wahlfreiheit der Entwicklungsländer gegenüber den etablierten Industrieländern.

Kadri geht noch weiter: China repräsentiere eine lang ersehnte zivilisatorische Wende in den internationalen Beziehungen. Und es agiere eben ohne jegliche Kriegsdrohungen und ohne Militäroperationen in anderen Ländern. Und die US- und EU-Kriege und -Interventionen im Nahen Osten, in Ukraine, Krim und Schwarzmeer, Afghanistan und so weiter dienten nicht zuletzt der Störung des Seidenstraßen-Projektes.

Auch das erwähnte GDP Center der Boston University hat die »Imperialismus«-These zu den Seidenstraßen thematisiert und kommt zu dem interessanten Schluss, die BRI sei nicht primär ein geopolitisches Instrument. Sie sei mehr wirtschaftlich als politisch orientiert und sei »weniger geopolitisch« als entsprechende USA-Programme.[141]

Wir haben es bei Chinas BRI und Auslandsinvestitionen wohl eher zu tun mit einer Entwicklung ohne den systemischen Zwang zur Verwertung von produziertem Kapitalüberschuss durch Kapitalexport, und damit wird auch die Option einer »Entwicklung ohne Einmischung« möglich.[142] Oder in den Worten eines pragmatischen Bankers: »China ist anders als die USA eben nicht bekannt für Regime-Change, sondern dafür, Wirtschaftsprojekte umzusetzen.«[143]

China als neues Einwanderungsland

In diesem Zusammenhang abschließend ein spezieller Aspekt, der bis vor Kurzem überrascht hätte, angesichts der oben diskutierten Entwicklungen aber nun gar nicht mehr überraschend erscheint. Es sind wie schon gesagt inzwischen Hunderttausende afrikanischer junger Menschen als Studierende in China, aber eben auch nicht nur die. Als deutscher Hochschullehrer, der jahrzehntelang seine

Studierenden zum Auslandssemester oder -jahr in die USA geschickt hat, weiß man, dass China irgendwann für deutsche Studierende, die ins Ausland wollten, plötzlich »da« war, eine Option wurde und attraktiv war, ohne dass man selbst hinreichend wahrgenommen hätte, wann und wie dieser »Wertewandel« geschehen war.

In der Tat ist China inzwischen zu einem Einwanderungsland geworden. Nicht nur kommen viele qualifizierte ethnische Chinesen, insbesondere aus den USA, inzwischen wegen guter Berufschancen (und vielleicht auch wegen eines aufkommenden Klimas des Misstrauens gegen sie in den USA) wieder in ihr Heimatland zurück. Hunderttausende von jungen Leuten aus vielen Entwicklungsländern und mehreren Kontinenten studieren inzwischen in China. Aber auch jenseits vorübergehender Studienaufenthalte kennt man in China inzwischen ganze afrikanische »Communities«. Hier handelt es sich auch um Arbeitnehmer mit längeren, teilweise unbefristeten Aufenthaltsperspektiven. Und nach amerikanischem Vorbild vergibt inzwischen auch China »Green Cards« für Daueraufenthalts- und -arbeitsberechtigungen. Die eigene dynamische Wirtschaftsentwicklung und die abgeschwächte demografische Entwicklung machen es sicher möglich und nötig. Und nicht zuletzt nimmt China inzwischen auch Flüchtlinge aus aller Welt auf.

Obwohl das Land statistisch gerade eben erst ein Land mit global gesehen mittlerem Pro-Kopf-Einkommen geworden ist – damit hatten wir oben begonnen –, macht das, was dieses Land daraus macht, auf die besonderen Arten und Weisen, die wir hier versucht haben zu beleuchten, zu analysieren, zu erklären und zu verstehen, in technologischer, beschäftigungsmäßiger, ökologischer, wohlstands- und wohlfahrtsmäßiger Hinsicht, aus China inzwischen ein globales Gravitationszentrum auch für Migranten.

Ein uraltes und wieder neues Zentrum der Welt, einer hoffentlich wieder multipolaren Welt, öffnet sich für uns, um zu kommen, zu sehen, zu lernen, zu verstehen, zu verhandeln und zu kooperieren. Die Hanse lässt grüßen. Wenn wir diese besten Eigenschaften und Traditionen menschlichen Zusammenlebens international wieder entwickeln könnten, hätten wir eine Chance, das Ende dieses Jahrhunderts noch halbwegs menschlich zu erleben.

Teil III

»It's the system, stupid!«

Der frühere US-Präsident Clinton soll seinen Wahlkampf 1992 gewonnen haben mit der Parole »It's the economy, stupid!«, die er seinem Kontrahenten, dem als Kriegsheld des Kuwait-/Irak-Krieges ursprünglich favorisierten Präsidenten Bush Sen., einfach aber effektiv entgegenhielt: »Es geht um die Wirtschaft, (Blöd-)Mann!« Wir halten hier niemandem etwas entgegen, sondern halten dafür, einfach, und hoffentlich ebenso effektiv: »Es geht ums System, Mensch!«

Kapitel 1

Viele Baustellen, viele Bauklötze: »Mosaik« und »System« – ein hochdynamisches Etwas

Machen wir also »die Sache rund«, »das Bild (das Mosaik) komplett« oder, psychologisch ausgedrückt, verstehen wir die »Gestalt« der vielen Einzelphänomene, erkennen wir deren Sinn, inneren Zusammenhang und Zukunftsaussichten.

Das scheint zunächst einfach, die Realität schlicht auf einen Punkt gebracht. Es verweist aber zugleich auf etwas sehr Komplexes: Ein »System« ist mehr als die Summe seiner Teile, Elemente, Komponenten, Dimensionen. Darin stecken Nichtlinearitäten aller Art, Schwellenwerte beim Entstehen und in der weiteren Entwicklung, bei denen es plötzlich »ruckt«, und gegebenenfalls etwas entsteht oder auch zusammenbricht. Selbst wenn wir ganz mechanisch an zusammengesteckte Bausteine à la Lego denken: Erst wenn genügend davon richtig zusammengesteckt sind, erkennen wir, was die Konstruktion darstellen soll. Wir könnten dann einen Klotz nach dem anderen wieder entfernen und sähen immer noch die Gesamtkonstruktion. Aber nur ein einziger weiterer Klotz, der entfernt wird, kann die Konstruktion zusammenbrechen lassen, und wir erkennen keinerlei Mosaik, Bild, Gestalt, »System« oder Sinn mehr, nur noch »Chaos«.

Fragen wir also, was das System »China« sein könnte, nach zehn Kapiteln voll von zum Teil überraschenden Fakten. Ist da was? Ein Zusammenhang? Ein Ziel, ein Sinn, etwas trotz viel Fremdheit Verstehbares?

Kapitel 2

»Alles Kommunismus!« Was ist das für ein »System«?, »Kommunismus«, »sozialistische Marktwirtschaft«, »Turbokapitalismus«, »Diktatur« oder was? Im begrifflichen Gewusel sortieren

Was für ein »System« ist nun dieses China heute, das eines der geografisch größten, längsten und stabilsten Hochkulturen hatte, die Masse des menschlichen Wissens generierte, das nach extrem wechselvoller jüngerer Geschichte zwischen Fast-Zerstörung durch fremde Mächte, Massenarmut und Hungersnöten noch Ende der 1950er-Jahre, nach internationalem Boykott und internationaler Behinderung durch ein dominantes Empire, nach bürgerkriegsartigen inneren Turbulenzen, Regime-Change-Revolten (Tian'anmen), globalen Stellvertreterkriegen an seinen Grenzen (Vietnam) irgendwann doch noch die Kraft und mentale Klarheit besessen hat, sich selbst (um anno 1978) neu zu erfinden, existenzielle Risiken und Chancen einzugehen, sich extremem Wandel und Spannungen auszusetzen, sich am eigenen Schopf aus Armut und Unterentwicklung zu ziehen, sich seit den 2000er-Jahren ein weiteres Mal neu zu erfinden und Schritte in eine unbekannte Zukunft zu gehen auf Wegen, die noch kein Land gegangen ist?

Was ein Einzelner nicht kann, außer eventuell ein Baron von Münchhausen, sich nämlich am eigenen Schopf aus dem Sumpf ziehen, kann ein »System« mit seinen kumulativen Zirkularitäten durchaus.

Aber dieses Land, dieses System ist ganz offenkundig jahrzehntelang »auf einer Klinge geritten«, wie deutlich geworden ist.

Was ist diese jahrtausendelange und nun neue und kommende Nummer eins, die sich ständig neu zu erfinden scheint, sich enorm schnell umstrukturieren kann, sich selbst und einen großen Teil der Welt aufrüttelt, aufweckt und durchschüttelt, dabei zugleich überraschend bescheiden bleibt, wenngleich zum eigenen Weg entschlossen?

Dazu haben wir oben nun eine Menge Faktenmaterial, Literatur, eigene Überlegungen und Bewertungen zusammengetragen. Wir haben die »Tiefenstrukturen« des Systems in den wichtigsten Entwicklungsbereichen und Politikfeldern betrachtet. So können wir es am Schluss bei kürzeren und knapperen Überlegungen belassen.

Hunderte von Autor*innen haben sich daran versucht, dieses System auf »den Punkt«, auf einen Begriff zu bringen, und je 1 000 Autoren haben je 1 001 Antworten gegeben.

Also, ist China nun

- Kapitalismus? Gar ein »Turbokapitalismus«? Oder ein »Staatskapitalismus« (was auch immer das sein könnte)? Gar ein »staatsmonopolistischer Kapitalismus« (»Stamokap«), wie Marxisten den Kapitalismus in den 1980er-Jahren charakterisiert hatten? Ist China etwa aufgestiegen »zu einem neuen kapitalistischen Zentrum«?[1]
- ein »kommunistischer« beziehungsweise »kommunistisch geführter Kapitalismus« (der dann aber doch gegenüber dem westlichen Kapitalismus in praktisch allen Fragen besser wegkommt)?[2]

  oder etwa etwas ganz speziell Chinesisches: ein »Sino-Kapitalismus«?[3]
- oder schlicht eine »Diktatur« (auch gern in Kombination mit den üblichen Qualifikationen »totalitär«, »autokratisch«, »Partei«- und so weiter)?
- gar ein ganz ureigener »Chinismus«?[4]
- oder etwa eine »sozialistische Marktwirtschaft«?
- oder eher ein »marktwirtschaftlicher Sozialismus«?
- oder überhaupt ein Sozialismus, wenn auch in einem Frühstadium, und »mit chinesischen Charakteristika«?
- oder etwas gänzlich anderes, etwas »Drittes«? Ein »gemischtes System«, gleichberechtigt zusammengesetzt aus sozialistischen und kapitalistischen Elementen?[5]

Kapitalismus?

Wenn Kapitalismus ein System ist, das unter anderem auf die Erzielung und Sicherung von Maximalgewinn durch Kapitaleinsatz, Ausbeutung von Arbeitskraft und Akkumulation von Kapital in Konkurrenz der Einzelkapitale ausgerichtet ist und dessen Institutionen, Parteien, Politik und Staatsbürokratien der Logik folgen, diesen Maximalprofit zu sichern, nach innen und nach außen, dann wäre China, nach allem, was wir oben gesehen haben, kein wirklich guter Kapitalismus.

Die chinesischen Kapitalisten werden nämlich, wie wir in den verschiedenen Bereichen gesehen haben, deutlich reguliert, unterliegen den Vorgaben der dominanten Politik, müssen sich den nationalen Entwicklungszielen unterordnen, zu den Gemeingütern beitragen, zum Teil hohe Lohnsteigerungen, Sozialversicherungsleistungen, Verbesserungen der Arbeitsbedingungen, die politisch gewollt sind, hinnehmen, ihre Technologien im Zweifel mit anderen teilen, eine progressive und disruptive ökologische Strategie mitmachen, Teile ihres Profits für Infrastrukturen aufwenden und im Zweifel im Ausland auf Maximalgewinn in »irrationalen« und »unseriösen« Investitionsfeldern (die es ja massenhaft gibt) verzichten und stattdessen den entwicklungspolitischen Kooperationszielen dienen, statt andere Länder optimal auszubeuten, international gefälligst da investieren, wo es sich am besten in die internationale Kooperationsstrategie Chinas einpasst, und von ideologienahen Investitionen im westlichen Medien- und Entertainment-Sektor Abstand nehmen, selbst wenn dies der Rendite schadet.

Und die reichsten Unternehmer müssen sich heute auch einer Einkommens-Rückverteilungsstrategie unterwerfen, die das Ziel verfolgt, die Einkommensverteilung wieder gleicher zu machen.

Unter diesen Umständen sind sie dann allerdings auch gut eingebettet und vernetzt, nehmen an der rasanten Innovationsentwicklung der Nation und ihrer Wissenschaft und Forschung teil, bekommen für ihre Vorhaben gesicherte Kredite zu guten Konditionen, ihnen werden ständig neue, gute Investitions- und Expansionsfelder eröffnet, und ihre Unternehmer können persönlich immer noch sehr reich werden. Ein idealer Kapitalismus, könnte man sagen.

Realer Kapitalismus aber sah immer anders aus. Auch der klassische Kapitalismus konnte nie eine langfristige systemische Erhaltungs- und Entwicklungsrationalität umsetzen, mit hinreichendem sozialem Ausgleich, stabiler Akkumulation, guter wirtschaftlicher und sozialer Infrastruktur und gegebenenfalls der Zurückweisung der Einzelinteressen großer Kapitale und der Organisationen ihrer Gemeinschaftsinteressen (Kartelle, Verbände), denn im Zweifel war auch der Staat alles andere als rational-neutral und langfristig handelnd. Langfristige Erhaltungsrationalität scheiterte immer an den realen Machtstrukturen, die kurzfristige Einzelinteressen immer wieder dominant werden ließen.

Für den niedergehenden neoliberalen Kapitalismus der letzten gut vier Jahrzehnte, der eine faktische plutokratische Herrschaft des obersten Promilles etabliert hat, gilt das verstärkt. Eine Dominanz langfristig rationaler Politik über die Profitrate oder eine langfristige nationale Entwicklungskonzeption sind da angesichts der Größenordnung der einzelnen industriell-finanziellen Kapitalgruppen, die Staaten im Staate geworden und international größer als die meisten Staaten geworden sind, gänzlich unmöglich geworden. Inzwischen hat sich das Minimum an kollektiver staatlicher Rationalität, die im Interesse der Leistungsfähigkeit und des Überlebens des Gesamtsystems einzelne Konzerne oder Industrien mal an die Kandare nehmen müsste, zugunsten der Profitinteressen und der Finanzierungsmöglichkeiten der 0,1 Prozent verflüchtigt. Wie in fast allen niedergehenden Imperien in der Geschichte sehen wir Formen privater Finanzierung von Politikern und Politik und die Privatisierung großer Teile des (idealerweise neutralen und über den Einzelinteressen stehenden) Staates. Bei anderen Ländern würden unsere Medien von Korruption als System sprechen …

Kapitalismus als System, wie wir ihn kennen, ist China also wohl nicht. Nicht einmal ist er irgendwo als das dominante Merkmal des chinesischen Systems erkennbar, obwohl es ja ganz offenbar privates Kapital, Kapitalisten, privaten Profit, private Kapitalverwertung und Kapitalakkumulation und sogar Mehrwertschöpfung aus der Anwendung von Arbeitskraft gibt. All dies bleibt ganz offensichtlich nur das Instrument der Produktivkraftentwicklung im Interesse einer langfristigen nationalen und sozialen Entwicklung. China generell als Kapitalismus zu charakterisieren, würde uns also in eine völlig falsche Richtung galoppieren lassen.

Und wenn »Stamokap« sogar die enge Koordination zwischen Regierung und den größten Oligopolkonzernen (»Monopolen«) zwecks Sicherung der Maximalrendite gerade dieser größten Unternehmen wäre, ja geradezu die vollständige Instrumentalisierung des Staates durch diese Oligarchie, dann würde China in diese Schublade nun ganz und gar nicht passen. Denn in China sind die meisten der größten und strategisch wichtigsten Unternehmen staatlich. Ein Fokus liegt sodann aber auf deren Wettbewerb mit den Privaten, damit sie nicht träge und bürokratisch, eben gerade nicht zu Oligarchien und politischen Machtzentren werden. Wenn sie das nicht schaffen, lässt man sie auch schon mal eiskalt bankrottgehen. In China ist eben nichts und niemand »too big to fail«. Und nichts und niemand kann sich auf ein »Bailout« durch die Steuerzahler*innen verlassen.

Der Wettbewerbs- und Innovationsdruck selbst für große Staatsunternehmen geschieht etwa durch Förderung von KMU und von millionenfachem, von den Konzernen dauerhaft unabhängigem Unternehmertum, Existenzgründungen, Spin-offs, und durch die Organisierung eines gesellschaftsweiten, offenen Innovationsprozesses – und das bei fast zehn Millionen Naturwissenschafts- und Ingenieur-Studierenden.

Exklusiver staatlicher Schutzraum für Großkonzerne, für die »Too-big-to-Fails« also weit gefehlt! Private Großkonzerne, die scheitern oder sich in Korruption begeben haben, können nicht nur pleitegehen, sondern werden auch schon mal verstaatlicht. Und sogar reiche und kapitalmächtige Oligopolisten können hinter Gittern landen, während sich gegen oligarchische Kriminalität im Neoliberalismus selten einmal ein Staatsanwalt findet. »Closed Shops« für Oligopole? Dieselkartelle? Stahlkartelle? Zementkartelle? Regierungsmäßig und staatlich abgeschirmte Autoindustrien? Nein, in China weht der Wind des Strukturwandels, der Innovation, der nationalen Entwicklung oder auch der

Einkommenserhöhung für breite Massen durch alle Ritzen der Konzerne. »Stamokap« geht offensichtlich anders.

Eine Marktwirtschaft, wie sie sein könnte, als langfristiges *Instrument* der Produktivkraftentwicklung, ja, das wurde oben immer wieder gezeigt. Aber eine Marktwirtschaft unter der Herrschaft eines kapitalistischen Systems degeneriert schnellstmöglich zu einem oligopolistischen und dann eben auch oligarchischen Machtsystem. Im chinesischen System wird das dem Markt nicht erlaubt. Hier bleibt er untergeordnetes Instrument und wird nicht Selbstzweck. Hier hat er Anpassungsleistungen zu erbringen, sonst kann er auch schnell durch andere systemisch verfügbare Mechanismen ersetzt werden. Staat und Gesellschaft haben sich nicht dem Markt anzupassen, sondern umgekehrt.

Ist China ein Turbokapitalismus? »Turbo«, ja, irgendwie, angesichts der Geschwindigkeiten des Strukturwandels und der von der Politik vorgegebenen Schlagzahl für die Wirtschaft. Das ist wohl in Wirklichkeit das Phänomen, das die Vertreter der These vom chinesischen Turbokapitalismus zum Ausdruck bringen wollen, und das die Herrschenden im Westen nervös macht. Systemisch kann China eben etwas leisten, an Geschwindigkeit, Anpassungsleistung oder auch Allmende-Entwicklung, das der Kapitalismus, wenn man ihn sich entwickeln lässt, ganz schnell eben nicht mehr kann, weil er degeneriert, an Leistung verliert und sich von einem einst historisch fortschrittlichen System zum restriktiven Machtsystem transformiert.

Also, »Turbo« wäre ein durchaus richtiger Aspekt, aber, da kein Kapitalismus, also auch kein »Turbokapitalismus«, auch wenn, oder gerade weil, China die früheren Turbo-Potenziale der kapitalistischen Marktwirtschaft in sich »aufgehoben« und weiterentwickelt hat.

Insgesamt wird China also nicht vom kapitalistischen Tiger geritten, es reitet den kapitalistischen Tiger, aber als streng regulierten und »instrumentalisierten«, der Volksrepublik nützlich gemachten Markt. Und es sieht nicht danach aus, als würde sich das irgendwann noch einmal zu einem Kapitalismus, wie wir ihn kennen, rückgängig machen lassen. Wir würden China daher auch nicht als »Marktwirtschaft« charakterisieren, aber der folgende

Satz hat genügend wahren Kern: »Der Westen wird lernen müssen, diese Form der Marktwirtschaft zu akzeptieren.«[6]

»Diktatur«? »Regieren durch Netzwerke«? »Guanxi Economics«?

Diejenigen, die China für Kapitalismus halten, aber *für* den Kapitalismus sind, sind oft zugleich diejenigen, die China für eine Diktatur halten. Bei den Klassikern des Altliberalismus und sogar denen des Neoliberalismus und des Kapitalismus hören wir aber, dass »die Marktwirtschaft« eine Gewähr für politische Demokratie böte. Kenner werden hier differenzieren: Die ideale Marktwirtschaft der Originalklassiker des 18. Jahrhunderts, bestehend aus KMU und Mittelstand, ohne Oligopole und Kartelle und deren wirtschaftlicher, Medien- und politischer Macht, und eben nicht der Kapitalismus, könnte politische Demokratie unterstützen. Kapitalismus dagegen war, gerade nach der Erfahrung kapitalistischer Terrorregimes wie der Nazidiktatur, auch und gerade bei den späteren Liberalen sehr wohl mit politischer Diktatur vereinbar. Das hatten die sogenannten Ordoliberalen noch der CDU in ihr erstes Nachkriegsprogramm (Ahlener Programm 1947) hineinformuliert.

Nun haben wir gesehen, dass und wie China die Märkte mobilisiert und auf Trab bringt, flexibel und innovativ macht, fördert und für die nationale Entwicklung nutzt wie keines der entwickelten kapitalistischen Länder, die sich Marktwirtschaften nennen, in denen die Märkte aber tatsächlich von immer nur wenigen und immer wenigeren Oligopolen dominiert sind, deren Einkommens-, Vermögens- und Machtpositionen unter allen Umständen geschützt werden. Enteignungen, Verstaatlichungen? In den Bankrott schicken? Gefängnis oder auch nur Kreditverweigerung bei Korruption? Oder bei Umweltverbrechen? Wohl eher Fehlanzeige. Die politischen Vorgaben für die Märkte sind es, die die Märkte in China flexibel, innovativ, funktionsfähig und nützlich machen, so wie wir das im realen Kapitalismus seit dem amerikanischen New Deal oder der kurzen Phase des deutschen Keynesianismus Ende der 1960er-, Anfang der 1970er-Jahre nicht mehr erlebt haben.

Also: China als eine neuartige Marktwirtschaft des 21. Jahrhunderts ... und trotzdem eine Diktatur? Passt nicht, und zwar aus eigener Sicht der China-Kritiker. Mittelstand und Unternehmertum in China boomen und das politisch gewollt, eine »Mittelstandsgesellschaft« im Sinne guter, mittelständischer Einkommen für Millionen Selbstständige und KMU. Und ein Systemzusammenbruch aufgrund seiner Marktwirtschaft, seiner Mittelständler und seiner Millionen neuer Unternehmer steht in China auch nicht gerade vor der Tür.

Politische Diktatur? Meinungsfreiheit? Wir haben gesehen, wie die chinesische Gesellschaft auf Netzwerk-Strukturen beruht, von der Familie über den Clan, die Dorfgemeinschaft, das persönliche berufliche Netzwerk (Guanxi), die älteren arbeitsplatzbezogenen Netzwerke (Danwei) oder die modernen nachbarschaftlichen Netzwerke (Shequ), und natürlich darüberliegend die digitalen sozialen Netzwerke, und wie damit eine außergewöhnliche soziale Mobilisierung und politische Partizipation in einwohnerbezogenen, arbeitsplatzbezogenen, sozialpolitischen und eben auch allgemeinen politischen Fragen hervorgebracht und systematisch gefördert wurde.[7]

Man hat sogar davon gesprochen, dass das chinesische System mit seiner umfassenden sozialen und physischen »Konnektivität« ein System des »Regierens durch Netzwerke« sei.[8] Keine schlechte Charakterisierung.

Andere haben als Kerncharakteristik des chinesischen Systems vorgeschlagen, dass seine mikroökonomische Basis eine »Guanxi-Ökonomie« sei, die bei manchen sogar als eine eigene Produktionsweise, wie Kapitalismus oder Sozialismus, vorgestellt wird.[9] Dabei sind, so wird betont, sogar die Parteigruppen in den Firmen die entscheidenden Triebkräfte für mehr F&E-Investitionen, für breites partizipatives Innovationsverhalten, entsprechende soziale Mobilisierung und bessere Firmenergebnisse.[10] Eine weitere Kerncharakteristik, die aber aufgrund ihrer »Mikroperspektive« sicher nicht hinreicht, das chinesische »System« umfassend zu charakterisieren und auf den Punkt zu bringen.

In jedem Fall dürfte gelten, was ein China-Experte der deutschen Gewerkschaft IG Metall schreibt: »Die westliche Beschreibung der jetzigen Führung [...] Chinas als Diktatur von oben wird diesen komplexen Aushandlungsprozessen zur Steuerung von China [...] nicht gerecht.«[11]

Die Chinesen haben nämlich in zahllosen Fällen, von Arbeitskämpfen (siehe ausführlich oben) über Stadtentwicklungskonflikte bis zu sozialpolitischen Aktionen, vom Melamin-Skandal bis zu Shitstorms in den sozialen Netzwerken bei Umweltskandalen, von den Anzeigen gegen Unternehmen, die Umweltsünden begehen, bis hin zu Zehntausenden von Eingaben zu Gesetzentwürfen und bis zur »Baum-App« gezeigt, dass sie teilhaben wollen und sich »nicht die Butter vom Brot nehmen lassen«.[12] Und oft steht »die Partei« fördernd dahinter. Die Diskussionsfreudigkeit ist enorm, und was sie zu bewegen vermag, ebenfalls. Das hat natürlich Potenzial, und wer am Ende die bessere substanzielle Demokratie der Zukunft entwickeln kann, ist zwischen niedergehendem Kapitalismus und chinesischem »System« längst nicht mehr ausgemacht, wie wir bereits oben vielfach illustriert haben, nicht zuletzt an den meist offen diskutierten Sozialpunkte-Systemen.

Diktatur? Würden wir die chinesische Verfassung befragen oder das Parteiprogramm der KPCh, wäre die Antwort klar: ja, natürlich Diktatur. »Die Diktatur des Volkes«, ist da zu lesen. Über wen? Über die Kapitalisten? Jack Ma würde sagen: Ja, die Regierung diktiert mir Etliches, aber ich liebe die Partei trotzdem, aber eben wie meine Mutter (siehe seine berühmte, oben zitierte Aussage). Heißt: Ich respektiere die Partei. In Amerika wäre ich vielleicht noch viel reicher, trotzdem bleibe ich mit all meinem Kapital in China, weil ich hier insgesamt sehr viel mehr bewegen kann, von Taobao, über »Ant Financial« bis hin zu den gigantischen Baumpflanzungen durch meine Baum-App »Ant Forest«.

Denn auch superreiche Unternehmer können Ideale haben und etwas bewegen wollen hin zu einer besseren Welt, und das können sie im System Chinas anscheinend besser. Und deshalb ist der Multimilliardär Ma mit anderen Kapitalisten auch Mitglied in einem Beraterkreis der KPCh. Aber eine Chance, sich mit anderen Kapitalisten als Partei für einen Kapitalismus zu organisieren, hat er sicher nicht.[13]

Und bei Korruption, anhaltend »irrationalen« Auslandsinvestments oder anderem Missbrauch von Kapital und Macht wird auch im chinesischen System die klassische Diktaturmaßnahme »Enteignung« beziehungsweise »Nationalisierung« praktiziert, manchmal auch ein Zwangsverkauf, manchmal sogar als Überführung in die Kontrolle der Belegschaft, tatsächlich in China parate Instrumente. Allein 2018 wurden mehr als zehn private Firmengruppen gezwungen, ihre Firmen an staatliche Unternehmen zu verkaufen.[14] Nach den ersten Wellen des Anti-Korruptionskampfes in China ab 2007 und verstärkt 2012 scheint die Regierung heute deutlicher gewillt und besser darin geübt, das »Rent-Seeking« großer Unternehmen einzudämmen und »Corporate Power« zu beschränken.[15]

Wie verhält sich das Gesagte zu individueller Meinungsfreiheit? Dass einer meiner chinesischen Kollegen, der in Beijing und Shanghai lehrt, seine Regierung kritisieren kann, Applaus im Hörsaal bekommt und am nächsten Morgen als Berater mit Regierungsleuten zusammensitzt, hatten wir berichtet. Dass er das kann, mag aber mit seiner relativen Prominenz zusammenhängen. Ein schlauer Beobachter der Systeme DDR und Bundesrepublik Deutschland hat mal den Systemunterschied in Sachen Meinungsfreiheit für den »gemeinen Mann« treffend mit folgender Metapher charakterisiert: Im Sozialismus der DDR durftest du zu deinem Chef und Unternehmensleiter sagen: »Du bist ein A …« Aber wenn du gesagt hättest, »Honecker ist ein A …«, wärst du im Knast gelandet. Im Kapitalismus der BRD darfst du sagen: »Merkel ist ein A ..« Aber wenn du das zu deinem Chef sagst, stehst du am nächsten Tag auf der Straße. Die Metapher sagt viel aus über jeweilige soziale Bewertungen und Herrschaftsmechanismen in den entgegengesetzten Systemen. Demokratie – Diktatur? Wer – wen?

»Freiheit«, »Meinungsfreiheit«, »Demokratie«, »Diktatur«, … sind also höchst relativ und als pauschale Begriffe ohne konkreten Realitätsbezug eigentlich nur noch geeignet als Allzweckwaffen in ideologischen Kriegen. Welche und wessen Rechte und Freiheiten sind besser, welche wichtiger? Die am Arbeitsplatz, die auf dem Marktplatz, die des Zeitungseigentümers, die des Kapitalisten, der Menschen einstellen oder entlassen kann, die Freiheit, im Internet die »Sau rauszulassen«, oder auf dem Fußballplatz? »Die Freiheit« oder konkrete Freiheiten? Nur private Meinungsfreiheit oder der gesamte Katalog der UNO-Menschenrechte? Was macht die Systeme und die Tiefenstrukturen ihrer »Freiheiten« aus? Rechte und Pflichten, Rechte der einen als Einschränkungen der Rechte der anderen … Die Systemfrage entscheidet sich nicht abstrakt, sondern nur konkret anhand solcher konkreter Fragen

Aus einem anderen Blickwinkel angenähert: Ich nehme die Chinesen im Alltag, ähnlich zur oben zitierten Studie zu den international vergleichenden Alltagskulturen, als relativ angstfrei, selbstbewusst, optimistisch, gut informiert und ziemlich »aufrecht gehend«, als heftig und vorwärtstreibend Diskutierende wahr. Sie sehen, wie Korruption beseitigt wird, mehr Gleichheit eingeführt wird und Rechtsstaatlichkeit Einzug hält, während sie andernorts eher wegdriftet. Heute glauben sie es, wenn ein Staatspräsident sagt: »Die Macht muss im Käfig der Institutionen begrenzt werden.« (Xi Jinping)[16] Aber was alles sagt uns das über »das System«, über die in der Welt existierenden Systeme?

»In Asien zählen Ergebnisse«

Die Verunsicherung über die eigene Demokratie und die eigenen Werte greifen im Westen um sich. Was war und was ist »unsere Demokratie« eigentlich, und was wird aus ihr? Dazu hat die *WirtschaftsWoche* im Januar 2020 ein geradezu zeitgeschichtliches Interview mit dem Politikwissenschaftler Parag Khanna aus Singapur veröffentlicht.[17] Er stellt für die »Wessis« die kulturellen und politischen Werte der »asiatischen Kulturen« dar. Demokratie versus Technokratie? »So einfach ist das nicht« in Asien. Die Leute bringen sich intensiv und permanent ein. Und sie wollen handfeste Ergebnisse sehen von einer Regierung. Parteiendemokratie und -wahlen nach westlichem Modell? Es gibt bessere Methoden, die Bedürfnisse und Wünsche der Bevölkerung zu erfassen. Und Asiens »Staatsoberhäupter sind populärer als die Regierenden in Europa, Amerika und Afrika.« Pragmatische Regierungen erscheinen den Asiaten als Garanten des Wohlstands. »Sie stützen sich auf Daten, nicht auf politische Dogmen, gehen planvoll, strategisch, klug vor.«

Der Weg ist das Ziel? Ja, der alte esoterische Spruch scheint ja einst aus Asien gekommen zu sein. Er gilt auch, aber eben nicht nur. Und der parteien- und vertretungsdemokratische Weg im Westen überzeugt viele im Westen nicht mehr so recht, und in der sonstigen Mehrheit der Länder der Welt sowieso nicht mehr.

Und China?:

> »China will ausländische Ressourcen, keine Kolonien, will nicht expandieren, sondern sein Inneres stärken. Es agiert neomerkantilistisch, nicht übergriffig. Und es verfolgt mit der neuen Seidenstraße in erster Linie defensive Ziele (...) China will seine Versorgungsketten streuen.«

Wie relativ die eurozentrierten, westlich-kapitalistischen Perspektiven und Werte plötzlich werden, wenn wir uns umsehen, uns die Augen reiben und erkennen, wie sehr sich die Welt verändert hat ... und offenbar nicht *nur* zum Schlechteren. Und China ist auf diese neuartige, den Europäern noch weitgehend unbekannte Weise pragmatisch – und zugleich »kommunistisch«. »Food for thought«, Stoff zum Nachdenken ...[18]

»Kommunistisch geführt«?

Ganz gewiss. Die KPCh hat 1000-mal an existenziellen Punkten gestanden, an existenziellen Wenden ihrer selbst und der Volksrepublik insgesamt, vom Langen Marsch über die Gründung der VR, vom Großen Sprung nach vorn über die letzte Hungersnot, von der Kulturrevolution zum großen Wagnis »Reform & Öffnung«, von der Tian'anmen-Wende zum WTO-Beitritt, vom westlichen Technologieboykott zur Technologieführerschaft, von der großen Korruptionsbekämpfung und tatsächlich existenziellen Selbstreinigung zur unternehmerischen und Gründer-Revolution, von der ökologischen Revolution zur Neue-Seidenstraßen-Initiative. Als eine der großen Daumenschrauben des Westens musste China sich zum Beispiel bei seinem WTO-Beitritt, anders als vorher Japan, Südkorea oder Taiwan, die alle kulante Übergangsfristen erhalten hatten, sofort und weitgehend für ausländische (US-amerikanische) Investitionen öffnen.

Die jüngsten Herausforderungen sind der Kampf gegen die verzweifelten weltwirtschaftlichen Disruptionen des Imperiums und seiner Verbündeten in Europa, Japan, Australien und Indien, dessen existenzielle militärische Bedrohung, die fundamentalistische islamistische Bedrohung, der Angriff des Coronavirus ... China muss den kapitalistischen Tiger reiten, um nicht von ihm geritten zu werden und befand sich dabei, wie gesagt, stets auf Messers Schneide.

Diese Partei mit ihren 90 Millionen Mitgliedern ist vermutlich eine der ältesten und historisch erfahrensten Parteien der Welt, die anscheinend immer irgendwie die internen intellektuellen Kapazitäten hatte, ihre geschichtlichen Erfahrungen aufzubereiten und ihr Handeln neu auszurichten. Auch diese Partei scheint sich mehrere Male in der Geschichte neu erfunden zu haben, ohne ihr »großes Ziel«, ein Sozialismus in Wohlstand und auf hohem kulturellem und ökologischem Niveau, aufzugeben. So hat sie anscheinend auch heute die Kraft, dieses riesige Land zusammenzuhalten, räumlich, ethnisch und über die verschiedenen politischen Ebenen (Kommunen, Provinzen, Nation, internationale Ebene). Und nach allem, was man in China vom Professor bis zum Taxifahrer hört, hat diese Partei mit ihrem nunmehr endlich glaubwürdigen Kampf gegen die Korruption heute wieder deutlich mehr Autorität als noch vor circa 15 Jahren.

»Kommunistisch geführt«, was heißt das für ein System, das so effektiv vorführt, wie Märkte sein könnten das Unternehmertum und Mittelstand, KMU und Spitzentechnologien fördert? Es scheint, dass da etwas anderes im Entstehen ist als alles, was wir in unserem eurozentristischen Denken bisher kannten. Und genau auf dieses Gedankenabenteuer haben wir uns ja mit diesem Buch eingelassen.

Falls es noch eines Zeugen bedarf, dass es sich hier um etwas »kommunistisch Geführtes« handelt, dann kann für den, der es mag, der damalige BDI-Präsident Kempf bemüht werden, der die oben genannte Guanxi-Ökonomie auch wahrnimmt, aber natürlich anders bewertet: In China baue die politische Führung ihre Macht immer weiter aus. Die Tatsache, dass die kommunistische Partei in den Firmen »ihre Gefolgsleute installiere« und Einfluss auf Unternehmensentscheidungen nehme, hatte ihn und seine Mitgliedsfirmen aufgeschreckt.[19]

Kein Grund zu irgendeiner Schadenfreude, aber viel Grund, immer wieder aufeinander zuzugehen, die Panik und Feindseligkeit aus den Interessenkonflikten zu nehmen, Kompromisse zu finden und Vertrauen nicht völlig zusammenbrechen zu lassen. Von Chinas neuen Wissensbeständen kann Europa nur profitieren. Die Unternehmen haben das weitgehend verstanden, es bliebe die Aufgabe von Politik, die mögliche Kooperation nicht durch zunehmende ideologische und militärische Feindseligkeit zu zerstören. Beobachter meinen, China könnte zusammen mit Russland und anderen Seidenstraßen-Ländern vermutlich auch ohne uns, wir könnten aber vermutlich nicht mehr ohne China.

»Mit chinesischen Charakteristika« oder »chinistisch«?

Zum Glück hat nie jemand behauptet, dass der chinesische Weg, das chinesische System ein allgemeingültiges, ein Exportprodukt Chinas für andere Länder wäre. Schon gar nicht die chinesische Partei und Regierung selbst, wie oben gezeigt, was manchmal sogar in westlichen Publikationen gewürdigt wird.[20]

Imperialistische Beglückung anderer Länder war eben typisch eurozentristisches Denken, sowohl bei den alten und aktuellen Imperialisten wie bei den gutmenschlichen (Neo-) Liberalen oder den ebenso gutmenschlich sein wollenden Linken. China hat Schluss gemacht mit solchem verkappten Wertuniversalismus, hinter dem ja immer allzu leicht europäisches Herrenmenschentum und Imperialismus lauern.

Das haben China, seine Partei, seine Regierung, seine Menschen verstanden und internalisiert: Dieses System gilt nur für uns. Es ist nur unser Weg, beruht auf unserer Geschichte und unseren Erfahrungen. China betreibt keinen Modellexport. Ihr System geht eben nur »mit chinesischen Charakteristika«, wie alles, was heute in China probiert wird.

Beispielsweise basierend auf der 2 000-jährigen Geschichte eines rational planenden Beamtenstaates, auf den spezifisch chinesischen Netzwerkstrukturen, die, modernisiert, ein großes Potenzial der Kooperation und Innovation sind, basierend auf der Idee des Schutzes vor Invasionen aller Art, also auf der Bedeutung der »Großen Mauern«, aber auch der Erkenntnis, sich nie wieder gegenüber der Welt so abzuschotten, wie es durch die eigene Zerstörung der großen Drachenflotten geschehen war.

»Chinistisch« aber ist das alles nicht, jedenfalls nicht in dem Sinne, dass es so sehr »chinesisch« ist, dass wir nur noch »chinesisch« verstehen, beziehungsweise Bahnhof. Im Gegenteil, wir können China verstehen, auch sein System, weil es zwar chinesische Charakteristika hat, aber keineswegs »chinistisch« im Sinne von egozentrisch und introvertiert oder unverständlich und von außen unbegreifbar ist.

Ein »gemischtes« System?

Eine kommunistische Partei einerseits, Unternehmertum, Gründerwellen und hochflexible Märkte andererseits, wenn das kein »gemischtes« System ist …

Seit Deng Xiaoping wird ja in deutschen Medien die »gemischte« Formel von der sozialistischen Marktwirtschaft verwendet. Ob Deng hier wirklich richtig übersetzt wurde, kann ich nicht beurteilen. Ich könnte mir vorstellen, dass er in Wirklichkeit einen »marktwirtschaftlichen Sozialismus« gemeint hat. Aber die »sozialistische Marktwirtschaft« hatte sich im Deutschen seit Titos, von vielen europäischen Intellektuellen sympathisch aufgenommenem »jugoslawischen Modell« nach dem Zweiten Weltkrieg so fest eingebürgert, dass man schnell dabei war, den Begriff auch mal eben auf China anzuwenden.

Wie aber nicht zuletzt eben jenes Nachkriegs-Jugoslawien der »Arbeiterselbstverwaltung« gezeigt hat, wäre eine »gemischte Wirtschaft«, die idealerweise ja sozialistisch-zentralplanerische und kapitalistisch-marktwirtschaftliche Elemente (beides in sich wie gezeigt bereits äußerst komplexe Konzepte und Phänomene) »gleichberechtigt« zusammenbringen soll, ein in sich inkonsistentes und daher labiles Konglomerat, das über kurz oder lang in eine Richtung kippen müsste.

China aber geht überraschend stabil einen Weg zu technologischer Innovation, Einkommens- und Wohlfahrtswachstum, radikalem Umwelt- und Klimaschutz und wachsender internationaler Vernetzung – und zu erheblicher marktwirtschaftlicher Dynamik unter starken Formen staatlicher Planung, eigentumsrechtlicher Vielfalt, wachsender Sharing-Ökonomie und sozialer Mobilisierung. Vielen mag das auf den ersten Blick als eine recht wilde Mischung erscheinen. Dass diese systemische Vielfalt und Komplexität funktioniert, muss an dieser Stelle nicht mehr belegt werden.

Also, »gemischt« ja, aber als Ganzes eben keine »Marktwirtschaft«, damit auch keine »sozialistische Marktwirtschaft«, bestenfalls noch ein »marktwirtschaftlicher Sozialismus«, ein *Sozialismus mit Märkten*, wie beschrieben. Keine der oben genannten Systemcharakterisierungen oder Systemmerkmale, auch keine vereinfachte »Mischung« wäre in der Lage zu erklären, wie China so lang anhaltend und stabil, gegen alle äußeren Widrigkeiten, nachholen und aufsteigen konnte.[21]

Kapitel 3

»Kenn' ich nicht, weiß ich nicht, brauch' ich nicht!« Ein neuartiger Sozialismus für das 21. Jahrhundert, wichtig für dich und dich und mich: anders, als wir glaubten, anders als alles, was wir kannten, anders, als wir erzählt bekommen …

Nochmal: einige »Bauklötze«

Lassen wir noch einmal einige markante Phänomene Revue passieren, die das chinesische System ausmachen und uns letzte Hinweise auf die Frage des Systems geben:

■ Die Unternehmen sind vielfältig institutionell eingebettet.[1] Ihre Renditen unterliegen dem Primat der Politik und sind mehr abhängige als unabhängige Variablen im System. Teile der Gewinne sind zu verwenden für höhere F & E-Aufwendungen, den Aufbau von Infrastrukturen, die Sicherung der natürlichen Gemeinschaftsgüter, die Erhöhung von Löhnen und steigende Sozialversicherungs-Leistungen.[2]

■ Chinas Entwicklung ist »verbunden mit einer kontinuierlichen Umorganisation des Verhältnisses von Staat zur Privatwirtschaft«, wobei der »Staat mit einer immer größeren Rolle in wichtigen Industriesektoren und im Finanzsektor« agiert.[3]

■ Es finden eine »Koordination und Sozialisierung der Investitionen« sowie »neue und höhere Formen ökonomischer Planung« statt.[4]

■ Strategische Teile der Industrie- und Dienstleistungssektoren sind in Staatseigentum; die Kreditvergabe ist staatlich kontrolliert.

- Dabei sind die Besitzformen (nicht Eigentumsformen, sondern nur Pachtformen) vielfältig und flexibel, wie schon beschrieben, sogar »fuzzy«, wie manche sagen.[5] Die verschiedenen Bündel von Rechten und Pflichten, die »Landbesitz« ausmachen können, rangieren, wie bereits beschrieben, von Individualbesitz, städtischem Developer-Besitz, Firmenbesitz über Genossenschaften, Dorfgemeinschafts-Eigentum bis zum beschriebenen ländlichen HRS der einzelnen Bauernfamilie.[6] Öffentliche und private Formen des Besitzes mischen sich flexibel, wenngleich im Einzelfall jeweils vertraglich klar definiert.

- Ebenso sind die Unternehmensformen vielfältig und variabel, wie ebenfalls schon beschrieben. Folgende Unternehmensformen mischen sich im »System«: Unternehmen in Staatsbesitz, Unternehmen in Kollektivbesitz, Kooperativen, »Joint-ownership«-Unternehmen, Äquivalente von GmbHs und AGs, Einzelunternehmen, Selbstständige und ausländische Beteiligungen.[7] Seit 2013 sind auch private Kapitalbeteiligungen an staatlichen Unternehmen möglich.[8]

- Über verschiedene Formen der sich ausbreitenden chinesischen *Sharing-Ökonomie*, auch in privaten P2P- beziehungsweise C2C-Bereichen, haben wir ebenfalls berichtet. Ein Indikator für gewisse Sozialisierungsprozesse von unten.

- Eine große Rolle spielt die Strategie der Rückverteilung, zum Beispiel über erhebliche Steuererleichterungen für untere und mittlere Einkommensklassen und stärkere Heranziehung der Superreichen.

- Wir hatten auch auf das hohe Maß sozialer Mobilisierung, Partizipation, und Aktivierung in den verschiedenen Arbeits- und Lebensbereichen hingewiesen.

- Eine neue Gesellschaft scheint auch in Alltagsphilosophie und Alltagsverhalten erkennbar, mit systemischem Denken, Streben nach sozialer Harmonie und Interessenausgleich, Kooperationsstreben, Akzeptanz von Diversität, Lern- und Kommunikationsfreude, Interesse an Fremdem, freundlicher Entspanntheit auch im Geschlechterverhältnis, Aufgeschlossenheit und ohne

Hektik (siehe oben). Es existiert eine große Gelassenheit aufgrund einer fundamentalen sozialen Sicherheit, wachsender Einkommensaussichten und überdurchschnittlichem Zukunftsoptimismus (siehe oben). Die meisten Chinesen legen auch eine deutliche Aversion gegen Ungleichheit an den Tag. Zu demonstrativer Konsum und zu massive Reichtumspräsentation stoßen weitgehend auf Ablehnung.

- Im öffentlichen Leben gibt es keine Anzeichen von Armut, Deprivation oder sozialer Exklusion.
- Überschüssiges Kapital muss nicht zwecks Renditemaximierung exportiert werden, chinesische Investitionen im Ausland spielen daher eine andere Rolle in Entwicklungsländern und sind auch nicht mit militärischen Mitteln zu sichern.
- Für China gilt keine militärische Erstschlags-Doktrin.[9] Es erscheint vielmehr als ein führendes, »sich selbst genügendes« System.[10]
- Beenden wir die exemplarische Liste von oben schon näher Beschriebenem mit der bereits zitierten Aussage von Xi aus seiner letzten Parteitagsrede, »Die Sicherheit der Arbeiterklasse ist Kern der nationalen Sicherheit«, den wir interpretiert hatten als Indikator für den sozialen Kerninhalt des Systems.

Und so erklären sich Existenz, Dynamik und Effektivität der Märkte im chinesischen System – »Produktivkräfte« und »Produktionsverhältnisse«

Es erklärt sich damit auch das besondere »systemische« Verhältnis von Markt und Staat im chinesischen System. China hat die wesentliche Phase der kapitalistischen Entwicklung von einem armen Entwicklungsland zu einem sich entwickelnden führenden Industriestaat und aktuell zur neuen Nummer eins im Wesentlichen zwischen 1978 und 2012, also in weniger als 35 Jahren durchlaufen, wofür die entwickelten kapitalistischen Industriestaaten ohne vergleichbaren Druck etwa 200 Jahre Zeit hatten. Der Markt wurde in China mobilisiert wie nirgends anderswo und zuvor, mit allen bekannten, zum Teil noch nachwirkenden negativen Erscheinungen. Er war das zentrale Instrument der Produktivkraftentwicklung genauso wie bei den kapitalistischen Ländern. Ohne diese Produktivkraftentwicklung hätten die Produktionsverhältnisse im bereits formal und machtpolitisch bestehenden Sozialismus nicht zu einem substanziellen Sozialismus mit steigendem Wohlstand aller und nationalem Aufholprozess weiterentwickelt werden können.

Was aber unter sozialistischen Rahmenbedingungen aus den Märkten an Innovation, Unternehmertum und sozialer Mobilisierung dauerhaft herausgeholt werden konnte, konnten die entwickelten kapitalistischen Industriestaaten nur in kurzen Phasen ihres Aufstiegs, zuletzt in den zwei Jahrzehnten des Wiederaufbaus nach dem Zweiten Weltkrieg, leisten.

Was China aus einem immer noch niedrigen Pro-Kopf-Einkommen bereits an vieldimensionalem Wohlstand, an technologischer, ökologischer, sozialer, bildungsmäßiger und kultureller Performanz herausholt, sucht in der Geschichte seinesgleichen. Der Beweis, »dass eine Marktwirtschaft unter der Hand des Staates effizient arbeitet«, so der Vizepräsident der Peking-Universität,[11] scheint damit erbracht. Es zeigt sich mithin, was unter entsprechenden Produktionsverhältnissen an Produktivkraftentwicklung möglich wird, wenn also die Gesamtentwicklung einer Nation nicht mehr primär durch das Nadelöhr maximaler Kapitalrenditen hindurch muss.

Solche Produktivkraftentwicklung geht längst nicht mehr als Kapitalismus, wie wir ihn kennen, aber auch niemals als »kommunistische Diktatur«, nicht als »sozialistische Marktwirtschaft« und auch nicht als irgendwie anders »gemischtes System«, oder gar als »Chinismus«. Wer sich solche vermeintlichen Kerncharakteristika des chinesischen Systems herauspickt, verstellt sich den Blick auf die Realitäten.

Der Ökonom Eike Kopf hält daher die eigene chinesische Charakterisierung als eines Anfangsstadiums des Sozialismus für richtig und argumentiert, dass das von China bis 2049 konzipierte und »bisher gemeisterte Anfangsstadium des Sozialismus« eine ähnliche weltgeschichtliche Reformation wie die bürgerlich-protestantische Reformation des 16. Jahrhunderts darstellt, und damit nicht weniger als eine »Übergangsetappe zu einem höheren Zivilisationstyp« sei.[12]

Und die chinesischen Kapitalisten?

Der marxistische Philosoph Domenico Losurdo konkretisiert noch, dass sich die Frage der Charakterisierung des Systems als »Sozialismus« anhand der politischen Macht erklärt und der »innere Klassenkampf« in China vorläufig entschieden sei (der »äußere«, internationale noch keineswegs). Die chinesischen Kapitalisten seien politisch völlig, ökonomisch aber nur teilweise enteignet. Sie seien jedenfalls nicht mehr in der Lage, ihre ökonomische Macht in politische zu verwandeln, hätten sich den nationalen sozialistischen Entwicklungszielen unterzuordnen, die Regulierungen und Vorgaben zu befolgen und könnten Monopolrenten nur noch begrenzt realisieren. Die Arbeiterschaft verlange zum Beispiel von Firmeneigentümern, einen festen Teil der Profite in die technologische Entwicklung zu investieren.[13]

Sozialismus in China? – Eine Nagelprobe

In aller Kürze sei rekapituliert, was in der Summe, nachdem alle übrigen Testabfragen oben verworfen werden mussten, die Charakterisierung als ein »Frühstadium des Sozialismus« am plausibelsten erscheinen lässt:

- kein Privateigentum an Boden, Natur und Ressourcen,
- ein großer, moderner, strategisch ausgerichteter staatlicher Produktionssektor als »Antreiber« der (und in partiellem Wettbewerb mit den) Privaten,
- ein ebenfalls großer, moderner, strategisch ausgerichteter staatlicher Finanz- und Kreditsektor, unabhängig und währungspolitisch geschützt vor dem internationalen Spekulationssektor,
- die chinesischen Kapitalisten haben keinen organisierten Zugang zur politischen Macht,

- die Arbeiterschaft wird politisch gefördert und in ihren betrieblichen Forderungs- und Mitbestimmungs-Aktivitäten politisch unterstützt und organisiert,
- soziale Mobilisierung und artizipation auf Arbeits- und Wohnebene,
- große politische Bedeutung der Willensbildungsprozesse in den sozialen Medien,
- Rückverteilungspolitik und entsprechende Steuerpolitik,
- Sozialisierung und »sharing« von IT-Infrastrukturen und IT-Diensten, aller Informationen, offene Informationsflüsse,
- umfangreiche und wachsende physische Sharing-Ökonomie,
- massive Ökologisierung aller nationalen und internationalen Entwicklungs- und Aktivitätsbereiche,
- Steuerung der realökonomischen Nützlichkeit von Investitionen: gegen »irrationale«, rein spekulative oder ideologisch-relevante Investitionen,
- öffentliche Diskussionen über sozial und ökologisch verantwortliche Ethik und Verhaltensweisen.

Im »Frühstadium des Sozialismus« … eines Sozialismus, den wir noch nicht kennen … der aber nicht der alte, europazentrierte ist

Und so landen wir da, wo China sich offiziell selbst verortet: in einem »Frühstadium des Sozialismus, mit chinesischen Charakteristika«.

In diesem Sinn könnte man vielleicht noch von einem »gemischten« System sprechen, mit diversen Formen von Eigentum und Besitz, mit verschiedensten Unternehmensformen und Lösungsformen für die Produktionsorganisation und mit Märkten in staatlicher Rahmenplanung.

Es ist hier ein effektiveres Modell vor unseren Augen entstanden, sowohl gegenüber dem niedergehenden neoliberalen Finanzkapitalismus als auch gegenüber dem alten, eurozentrierten Sozialismusentwurf, der überwiegend staatlich und »top down« angelegt war und historisch wenig Möglichkeiten hatte, sich weiterzuentwickeln, der damit, wenn auch unter ungünstigsten äußeren Bedingungen, relativ bürokratisch und wenig dynamisch endete, die Menschen nicht mehr mobilisieren konnte, sondern eher demobilisierte und seit seinem militärisch-finanziellen Niederringen durch den Westen endgültig diskreditiert und tabuisiert werden konnte.

Anders als China heute war das eurozentrierte staatssozialistische Modell nicht frei von der Idee des Modellexports. Auch hier hat China aus der Geschichte gelernt.

Einige Beobachter im Westen sehen die neue Systemherausforderung daher nicht mehr nur mit einer steigenden Attraktivität Chinas in den Entwicklungsländern, sondern auch in den Kernländern des Westens verbunden.[14] Anerkannt wird dabei zunehmend die Bedeutung Chinas für die Sicherung von Frieden und Sicherheit sowie für technologischen, sozialen und ökologischen Fortschritt in der Welt.

China ist heute fähig, die jahrzehntelange Diskreditierung und Tabuisierung jeder Idee von realem Sozialismus wieder aufzubrechen, vor allem weil es zeigt, dass Sozialismus im 21. Jahrhundert kein statisches, bürokratisches Armutssystem mehr ist, sondern diesbezüglich den real existierenden Kapitalismus sogar überflügeln und die menschlichen Perspektiven erweitern kann.

Kapitel 4

Und ja, eine kritische Abwägung: Problembereiche und Aussichten

Bestrafungen und Todesstrafe

Nehmen wir die Haltung eines naiven, jeder Detailinformation baren äußeren Beobachters ein, statt eines Medienvertreters, der ohnehin a priori weiß, dass Chinas System diktatorisch und »falsch« ist. Dann würden wir uns zum Beispiel fragen: Wozu braucht China noch die Todesstrafe? Kann man so was nicht dem Empire überlassen? Die Zeiten der blutigen Besatzungen durch Europa, die USA und Japan, die Zeiten des schlimmen blutigen Bürgerkrieges gegen die marodierende Kuomintang-Soldateska sind lange vorüber. Das Land ist stabiler denn je. Die schlimmen, auch blutigen Auswüchse der Kulturrevolution und die Krisen, in denen gewalttätige Umstürzler führend mitmischen, brauchen in Zeiten von Ausbildungsoffensiven (selbst für Dschihadisten) und Infrastrukturoffensiven keine Todesstrafe mehr.

Fragt man die Chinesen »Warum noch Todesstrafe?«, erfährt man etwas über konfuzianische Ethik, wonach ein Mörder eben mit dem Leben bezahlen müsse, seit dreitausend Jahren. Aber an der Stelle darf man sich auch ethisch weiterentwickeln. Würde ich in China um Rat gefragt, würde ich empfehlen: weg damit. Aus Gründen der größeren bereits existierenden Sicherheit ebenso wie aus ethischen Gründen. Der Uninformierte, in einer solchen Frage Unbedarfte, kann manchmal den richtigeren Impuls geben als der stärker Involvierte.

Strafen in China wirken, im Spiegel unserer Medien, fast immer hart und ungerecht. Genau genommen wissen wir aber fast nichts über Strafrecht und Rechtsprechung in China, erst recht nicht unter der neuen strategischen Ausrichtung des Justizwesens am Leitbild des »Credible China« und unter den neuen Sozialkreditsystemen. Wir hatten berichtet, wie neuartig, originell, flexibel und wirksam Sanktionen und Strafen in China heutzutage sind für Manager, Beamte, Politiker und Normalos bei Korruption, Finanz- oder Ökovergehen: Kreditsperren, Flugsperren, Sperren für die erste Klasse des Bullet Trains. Da kann kein Manager mal eben aus der Portokasse sich schnell und leicht freikaufen.

Aber auch eine Rehabilitation ist schnell und nachhaltig erreicht. Denn auch der Makel des Gefängnisses sitzt nicht auf dem Ex-Bestraften. Schon gar nicht kann er durch Gefängnisaufenthalt endgültig ins Kriminelle abdriften.

Aber auch hier das Argument des außenstehenden Laien: Die Auswüchse in den Spätwirkungen der »Wild-Ost«-Phase der ersten »Reform & Öffnungs«-Periode 1978–2007, spätestens 2012 beendet, mit wildwuchernder Korruption und Kriminalität, Internet-, Kredit- und Finanzbetrug, schlimmen Umweltverhaltensweisen, sind schon weitgehend überwunden beziehungsweise im Griff. Hier kann man weiter lockerlassen, auch wenn gerade in den letzten zehn Jahren einige Tausend ins Gefängnis mussten (korrupte regionale und lokale Parteifunktionäre eingeschlossen), die das Land moralisch und sozial beschädigt hatten.

Ferner: Kann man die künftigen Verhaltenslenkungs-Punkte-systeme schwerpunktmäßig auf positive Anreize basieren und negative, bestrafende Anreize zur Rettung und Sicherung der Zukunftsfähigkeit von Umwelt und Gesellschaft eher abbauen? Die spielerische Baum-App-Methode eben, mit positiven Anreizen für alle Bereiche ökologischer und sozialer Zukunftssicherung.

Der langfristige Modernisierungs-Zyklus

Kein Land der Welt hat in den letzten Jahrzehnten auch nur annähernd so viel investiert wie China. Infrastrukturen, Bauten, Firmen, Maschinenparks, technologische Systeme, alle noch weitgehend am Beginn ihrer längerfristigen Produkt-Lebenszyklen. Eine hochmoderne Republik mit neuer bis neuester Infrastruktur und Bausubstanz aus den letzten null bis 35 Jahren. Wir haben über entsprechende Stadtbeschreibungen und »West«-»Ost«-Vergleiche von Megastädten berichtet.

So waren die USA auch einmal, und heute leben sie von der infrastrukturellen Substanz, vom Kern der Infrastrukturen, die im New Deal der 1930er-Jahre errichtet wurden.

Kaum ein Land hat es bisher geschafft, systematisch die langfristigen, jahrzehntelangen Lebenszyklen von Gebäudebeständen, Infrastrukturen oder zentraler Basistechnologien aus ihren Aufstiegsjahren vorausschauend, wenn überhaupt, zu ersetzen, dann so zu managen, dass sie über die lange Frist verstetigt werden konnten, ohne dass man in die üblichen »langen Wellen« als Echos des ersten Investitionsschubes geraten wäre. Wenn sich Abschwungphasen langer Zyklen mit Abschwungphasen mittlerer und kurzer Konjunkturzyklen kombinieren, kann es sehr unangenehm werden für ein Land. Krisen können dann sehr massiv werden.

Konjunkturzyklen kann das chinesische System definitiv abfangen beziehungsweise verhindern; das hat es in der Vergangenheit immer wieder bewiesen. Krisen könnten von außen aufgedrückt werden, etwa durch einen Wirtschaftskrieg à la Trump. Aber auch dagegen ist China strukturell zunehmend gewappnet und unanfällig, wie wir argumentiert haben. Aber einen langfristigen Modernisierungs-Zyklus zu verhindern, um nicht irgendwann »altindustriell« zu werden, das hat bisher noch kein Land geschafft, auch und gerade nicht das Leuchtturm-Land des Westens, die USA, die mit den Folgen jahrzehntelanger Desinvestition und Überalterung ihres Kapitalstocks zu kämpfen haben.[1]

China wird sich frühzeitig dieses Investitionszyklus-Problems stellen müssen, und den zuständigen chinesischen Forschungsinstituten und Regierungsverantwortlichen wird man hier keine Neuigkeiten verkünden können: Gigantische Erneuerungszyklen sind in den nächsten 30 bis 50 Jahren absehbar. Kann die Zeitstruktur der Infrastruktur- und Bauinvestitionen rechtzeitig aufgelöst und gleichmäßiger über die Jahrzehnte verteilt werden? Aber wenn ein Land einen langfristigen Alterungs- und Niedergangsprozess aufheben, die Zeitstruktur seines Kapitalstocks verstetigen kann, dann wird es China sein.

Klimaschutz und Atomkraft

Die Energiewende ist in China nicht nur da, sie eilt vor unseren Augen dahin. Sonne statt Kohle. Gas her, aber auch nur vorübergehend. Auch Öl und Benzin werden absehbar raus sein aus der Mobilität, wie beschrieben. Aber Atomkraft als Ersatz? Nur kurzfristig oder auch langfristig? Atomkraft scheint noch ausgebaut und technologisch weiterentwickelt zu werden: Miniatomkraftwerke in Containergröße für die Dörfer im Westen, zwecks beschleunigter ländlicher Entwicklung?

Atomkraft wird ihre technische Besonderheit nie verlieren, die darin liegt, dass die Wirkungsreichweite bei technologischem Versagen mit menschlichen Fähigkeiten nicht mehr überschaubar und nicht mehr beherrschbar ist, weder individuell noch gesellschaftlich. Die zeitlichen Reichweiten der Technologie (Halbwertzeiten der Strahlung) sind typischerweise länger als sogar das kollektive menschliche Gedächtnis und überschaubare menschliche Geschichtsperioden. Da kann, systemisch oder technologisch ermöglicht, das Risiko noch so weit reduziert worden sein.

Es scheint also keine Alternative zu geben zur Reduktion des Energieverbrauchs, vor allem durch weiteren Kollektivverkehr statt Individualverkehr, Webinars statt physischer Mobilität, Wasserstoff, Solar, Wind und Wellen, erneuerbare Energien statt der alten Energiewelt, und schließlich Bevölkerungsreduktion statt weiterer globaler -explosion.

Nach allem, was wir berichtet haben über China, kann man davon ausgehen, dass in China auch das alles bekannt und bewusst ist und in den Pipelines für die nächsten Fünfjahrespläne liegt.

Bevölkerungsentwicklung nach der Ein-Kind-Phase

Wir haben oben die Ein-Kind-Phase beschrieben und ihre Auswirkungen diskutiert. Der bisher einzige relevante Versuch eines Landes in der Geschichte der Menschheit, einen Beitrag zur Lösung der globalen Bevölkerungsexplosion zu leisten, bevor die Naturgesetze zuschlagen und dann krisenhaft Millionen Menschen in

Naturkatastrophen und regionalen Überbevölkerungskrisen dahinraffen. Allerdings sind wir global auf dem besten Wege zurück in solche prä-kulturellen, vorgeschichtlichen Zustände.

Kein anderes Land außer China hat eine angemessene Handlungsfähigkeit für eine vorausschauende Bevölkerungspolitik, außer dass etwa Verhütungspillen an die Armen in Indien, Afrika und Lateinamerika verteilt würden.

War die Ein-Kind-Politik ein Fehler? Sie hat massive Strukturveränderungen der chinesischen Bevölkerung verursacht, namentlich eine Überalterung. Dieses Problem von außen aber wird meist panikartig verzerrt. Eine im Durchschnitt ältere Population kann eine sehr vitale Gesellschaft und Ökonomie bilden. Da ist viel Wissen angesammelt, das bis ins hohe Alter nutzbar ist, auch für die Ökonomie. Arbeiten und Ruhestand müssen als starre Systeme aber in unseren Köpfen aufgelöst werden. Und Alte sind ja immer auch »produktive Konsumenten«, wie man seit J. M. Keynes weiß, in der IT-Ökonomie sogar aktive »Prosumenten«, wenn man sie nicht abhängt und zur Seite stellt.

So gesehen ist die Bevölkerungsproblematik in China nach der Ein-Kind-Politik viel kleiner und qualitativ anders als im Westen meist dargestellt. Und die Zielsetzung Chinas, die Bevölkerung weiter zu reduzieren, sollte und muss keineswegs aufgegeben werden. Auch dann nicht, wenn sie eine ganze Reihe von Umstrukturierungen von Ökonomie und Gesellschaft, Technologien und Infrastrukturen verlangt. Aber welche tiefgreifenden Strukturrevolutionen hätte China bisher gemieden?

Die »natürliche« (in Wirklichkeit kulturell bedingte) Abschwächung der Bevölkerungsreduktion im Zuge von Produktivitätserhöhung der Arbeit, Einkommenserhöhung sowie geänderten Karrierewegen und Familienplanungen ist dabei auch keine Katastrophe für China, sondern ein potenziell positiver Faktor, der für die Bevölkerungsreduzierung durchaus genutzt werden kann.

So wird China also in Zukunft zwischen Ein-, Zwei- und Drei-Kind-Politiken, Rentenalter und organisierter Einwanderung justieren müssen, um seine Bevölkerung ohne größere ökonomische, soziale oder kulturelle Disruptionen noch etwas weiter zu reduzieren. China bleibt dann das bevölkerungspolitische Modell für eine hilflos staunende restliche Welt. Und wie immer wird die UNO unterstützen und lernen.

Die Mittelstandsfalle

China organisiert anhaltend ganz außergewöhnliche Erhöhungen der Lohnniveaus, wie wir gezeigt haben. Aus Gründen des Wachstums, der Binnenorientierung, des Aufholens beim Wohlstand und einer gleicheren Verteilung. Das technologisch gestützte Produktivitätswachstum ist in China ebenfalls sehr hoch, daran wird massiv gearbeitet, kann nun aber eben möglicherweise nicht garantiert stets oberhalb der Einkommenssteigerungen gehalten werden.

Wenn so etwas längerfristig eintreten sollte, gerät ein aufsteigendes Land in die berühmte Mittelstandsfalle (Middle-Income Trap), wie wir gezeigt haben. Viele neoliberale und oligarchisch strukturierte Länder wie Brasilien, Südafrika, Indonesien, die Philippinen, die Türkei (aber zum Teil auch Russland) sind zum Teil seit Jahrzehnten in dieser Falle.[2] Nur wenige wie Südkorea oder Taiwan haben diese Falle (für längere Zeit) überwunden.

Kann China die »Falle der Mittelstands-Gesellschaft«, des Zurückbleibens von Produktivitätssteigerung und Innovationsfähigkeit gegenüber den Einkommenssteigerungen der arbeitenden Bevölkerung, des Verlusts der ursprünglichen Vorteile durch überproportional steigende Einkommen, dadurch schließlich eine Stockung und ein »Gefangenbleiben« in mittleren Einkommensniveaus, überwinden?

In China ist ja die allgemeine Wachstumsabschwächung des Sozialprodukts auf unter sechs Prozent im laufenden Fünfjahresplan durchaus geplant. Und auch der Strukturwandel von der wachstumsintensiven Industrieproduktion zur weniger wachstumsintensiven Dienstleistungsgesellschaft wird gezielt vorangetrieben. Experten wie der Yale-Professor Stephen Roach meinen daher: »China vermeidet die Falle des mittleren Einkommens. [...] In dem Maß, in dem diese Umstellung das beabsichtigte Ergebnis der strategischen Neuausrichtung Chinas ist, ist eine Wachstumsverlangsamung deutlich weniger besorgniserregend.«[3]

Entscheidend dafür wird aber die Förderung des »intensiven Wachstums«, des Produktivitätswachstums bleiben. Roach ist mit Blick auf das gut ausgebildete »Humankapital« und den stark modernisierten und stets aktiv investierten Sachkapitalstock optimistisch für China.

Andere sehen den Kampf noch nicht als gewonnen an: »Wie China die Mittelstandsfalle überwindet, ist wahrscheinlich eines der größten Probleme für Politiker und Entwicklungsökonomen gleichermaßen.«[4]

Die Mittelstandsfalle, in die die großen lateinamerikanischen Länder geraten sind, wurde jüngst allerdings auch eher als ein Problem der wirtschaftlichen Abhängigkeit dieser Länder nach erzwungener Neoliberalisierung, mit überhöhten Zinsraten und Überbewertung ihrer Währungen analysiert.[5] So gesehen wird China wiederum gute Chancen haben, die Mittelstandsfalle zu vermeiden.

Konsumerismus, Mittelstandsideologie und Elitismus

Das Ganze ist allerdings nicht nur eine Frage der Produktivitätserhöhung, sondern auch eine soziale, kulturelle und *sozialpsychologische* Frage des Verhältnisses der Menschen zum Wachstum insbesondere ihres eigenen Einkommens und Konsums. Eine Frage des Konsumerismus, die wir bereits diskutiert haben, und des Strebens nach individuellem Aufstieg in den Mittelstand sowie der dahingehenden politischen Versprechen. Dies alles kann nicht wildwuchernd sich selbst überlassen bleiben. Nicht zuletzt, weil eine entsprechende riesige Konsumökonomie westlichen Stils (imperiale Lebensweise, siehe oben) mit 1,3 Milliarden Menschen die Erde nicht aushalten würde.

Die Frage des Wachstums der Löhne und Einkommen wird also auch auf den Tisch kommen, früher oder später, und eine Stellvariable zwischen extensivem Sozialproduktswachstum, Produktivitätswachstum, Konsum- und Ersparniswachstum, Bildungs- und Sachinvestitionen (Kapitalstockwachstum) sein.

Mit Aufstiegs- und Mittelstands-Träumen gehen zudem oft

auch elitäre Einstellungen im Hinblick auf Bildung, Ausbildung und Studium der Kinder einher. Das Problem elitärer Einstellungen und Überanpassungen reicht in China vom Kindergarten bis hinauf zu Fragen des Vergleichsrankings der Universitäten nach US-Kriterien, ein weites Feld, das wir hier aber nicht beackert haben.

Wir haben aber gesehen, dass und wie China auch diese Frage der mentalen Modelle in den Köpfen und der Träume und Sehnsüchte seiner Menschen angeht. Als bisher einziges Land, das auch hier massiv ackert. Es geht um den allmählichen Abschied vom individuellen Verbrennungsmotor-Vehikel, von Konsummustern insgesamt bis hin zu den Erfolgskriterien und Werten des Lebens. Es geht um Umwelt, Gerechtigkeit, Glück und die nationalen und sozialen Träume von einem »wohlhabenden, schönen Land« (Xi), wie wir gezeigt haben, um Rückverteilung zur Abschwächung des im Kapitalismus üblichen »rat race«, und um die Etablierung neuer Verhaltensweisen bezüglich der ökologischen und sozialen Gemeinschaftsgüter. Die Rolle der neo-konfuzianischen Moral ist ebenfalls hier zu sehen. Personalisiert auf Xi, könnte man in der Tat sagen: »Xi Jinping hat dem Land eine neue Identität verordnet.«[6]

Diese Aussage des ehemaligen Leiters des Goethe-Instituts in Beijing bezieht sich in der Tat auf Konsumerismus, Mittelschichtsideologie und Wertewandel. In den Worten von Xi Jinping selbst: »Wir wollen kein luxuriöses, verschwenderisches Leben. Wir wollen ein gutes Lebens für alle.«[7]

... auf Wegen, die wir noch nicht kennen

China geht, wie wir in vielen Bereichen gesehen haben, Wege, die die Menschheit noch nie gegangen ist. Es organisiert ein großes und unendlich viele kleine Experimente, wertet Erfahrungen aus, lernt und ändert gegebenenfalls und gegebenenfalls sehr schnell. Es leistet Enormes für die globalen ökologischen Gemeinschaftsgüter, international weitgehend bekannt und anerkannt, nur leider kaum im Westen.

Seine nationale Souveränität, territoriale Unversehrtheit, Stabilität, Langfristigkeit und Planmäßigkeit, soziale Inklusion und Mobilisierung nach innen, seine breiten Kooperationen nach außen sind daher hohe und existenzielle Güter, nicht nur für China.

Wir tun daher gut daran, zu beobachten und zu verstehen und selbst zu lernen, wie Zukunft aussehen könnte, uns selbst klarer zu machen, wie unsere Zukunft aussehen soll. Offensichtlich ist traditionelle eurozentrierte Überheblichkeit völlig fehl am Platz, stattdessen sind Bescheidenheit in der Kritik von außen und möglichst Kooperation und gemeinsames Lernen von und mit China angebracht.

Wenn ein Land die Quadraturen all dieser Kreise, vor denen alle Länder heute global stehen – Wohlstand und Stabilität bei Inklusion, gerechter Verteilung und Sicherung der Ökologie der Erde – bewältigen und so die ältesten Menschheitsträume realisieren kann, dann, so sieht es heute aus, hat China hier sehr gute Karten. Und wir noch nicht.

Aber niemals könnten 20 Prozent der Weltbevölkerung die 80 Prozent mitziehen. Alleingelassen würde sogar China scheitern. Das hat das Land erkannt und geht deshalb in die Welt mit seinen neuen Ideen und Vernetzungen. Mit fünf Milliarden Menschen im BRI-Aufbruch könnte einiges von dem gerettet werden, wofür unsere Fridays-for-Future-Kids heute auf die Straße gehen.

Aber egal, welchen Weg der Westen einzuschlagen gedenkt, wie groß die Feindseligkeiten und Disruptionen des internationalen Systems noch sein werden, die neue Nummer eins wird weitergehen müssen und auch führen. Das bezeichnet der Chefökonom der New Development Bank (BRICS-Bank) und Professor an der renommierten Tsinghua Universität in Beijing als größte Herausforderung für China:

»Peking muss lernen, in einer Zeit zu führen, in der die USA konfus und paranoid sind. Dazu mag gehören, Angriffe von einigen US-Politikern zu tolerieren, während man heimische Reformen durchführt und den Klimaschutz vorantreibt [...] Ignoriert den Lärm und tut es einfach!«[8]

Kritische Solidarität? Ja, bitte.

Beim Recherchieren fand ich zufällig auf der Webseite einer kleinen deutschen kommunistischen Gruppe in einem längeren, informativen Beitrag über China am Schluss folgenden erfrischenden Satz:

> »[..] das sozialistische China hat in diesem Kampf [um den Sozialismus –
> W. E.] wahrlich mehr verdient als unwillig grummelnde Zuschauer, die
> etwas von einem ›nächsten Anlauf‹ murmeln. Der findet nämlich unter
> unseren Augen statt und verdient im eigenen Interesse Sympathie und
> Unterstützung – internationale Solidarität.«[9]

Nun, offensichtlich ein Appell von Linken an Linke. Mein Appell wäre ähnlich, vielleicht etwas weniger pathetisch, mehr der eines alten Pragmatikers, der zehn Jahre lang außerhalb Academia »Wirtschaftsförderung« gemacht hat, täglich auch mit Unternehmern unter vier Augen gesprochen hat und zu wissen glaubt, was Unternehmer können und was nicht, was »der Markt« kann und was nicht, was der finanzialisierte neoliberale Kapitalismus kann und vor allem, was *der nicht* kann. Es wäre ein Appell an die pragmatischen Facharbeiter, Techniker, Ingenieure oder Programmierer, die Mittelständler, selbstständigen Dienstleister, auch an Konzernmanager, und die Wissenschaftler-Kolleg*innen, die ich alle in den Flügen nach und von China, in den Aufzügen und Lobbys der Hotels in China getroffen habe und in den Zügen in Deutschland, wie einleitend beschrieben – aber auch ein Appell an die Student*innen und Schüler*innen und ihre Lehrer*innen, an die Nachbarin und den Nachbarn:

China hat in der Tat mehr verdient als Missachtung, Fake-Kampagnen, Häme und Feindschaft. Es verdient, wahrgenommen und verstanden zu werden, auch und gerade in unserem eigenen Interesse, dafür, dass es Wege geht und ausprobiert, die noch nie jemand gegangen ist, dass es auf diesen Wegen Risiken eingeht, Fehler macht und korrigiert. Und damit, ja, natürlich, hat es auch kritische Solidarität verdient.

Literatur

Berthold, Rolf, 2009. *Chinas Weg. 60 Jahre Volksrepublik*. Berlin: Wiljo Heinen.

Brand, Ulrich; Wissen, Markus 2017. *Imperiale Lebensweise. Zur Ausbeutung von Mensch und Natur im globalen Kapitalismus*, Wien: Oekom.

Bröckers, Mathias; Schreyer, Paul 2019. *Wir sind immer die Guten. Ansichten eines Putinverstehers oder wie der Kalte Krieg neu entfacht wird*, Frankfurt/Main: Westend Verlag.

DAI Shuanping, LIU G. 2017. »Emergence of new Products and agile Production Innovation Conjucture: Evidence from Low-Speed Electric Vehicle Industry in Shandong Province, China.« Präsentation auf der EAEPE Jahreskonferenz, Budapest.

DAI Shuanping, YANG Guangzhong 2017. »Does social inducement lead to higher open innovation investment? An experimental study«, *Working Papers on East AsianStudies*, No. 112/2017, University of Duisburg-Essen, Institute of East Asian Studies.

CHAI Shijun u.a. 2018. »Social Networks and Informal Financial Inclusion in the People's Republic of China«, *ADBI Working Paper 802*.

Diamond, Jared, 2005. *Collapse: How Societies Choose to Fail or Survive*, London, New York: Penguin Books, insbes. Kap. 12: »China, Lurching Giant«.

Diamond, Jared, LIU Jianguo, »China's environment in a globalizing world«, *Nature* 435, 2005, 1179-1186.

DING Xiaoqin, 2018. »Entwicklung ohne Einmischung«, *junge Welt* 7.2.2018.

Elsner, Wolfram, 2010. »The process and a simple logic of ›meso‹. On the co-evolution of institutional emergence and group size«, *Journal of Evolutionary Economics* 20(3), 445-477.

Fitzthum, Robert, 2018a. *China verstehen. Vom Aufstieg zur Wirtschaftsmacht und der Eindämmungspolitik der USA*, Wien: Promedia.

Fitzthum, Robert, 2018b. »Der nächste Feind«, Rubikon 31.10.2018; online unter: rubikon.news; besucht 9.4.2019.

Frank, Andre Gunder, 1998. *ReOrient. Global Economy in the Asian Age*, Oakland, CA: University of California Press.

Frankopan, Peter, 2019. *Die neuen Seidenstraßen: Gegenwart und Zukunft unserer Welt*, Berlin: Rowohlt.

FU, Tong, »What determines firms' access to credit in the absence of effective economic institutions: evidence from China«, *Economics. The Open-Access, Open-Assessment E-Journal* 11(31), 2017.

Funk, Andrea S. 2019, *Crowdfunding in China. A New Institutional Economics Approach*, Cham, CH: Springer.

GUO Wenbo, FENG, Jing, MCKENNA, Brad, ZHANG, Pengzhu, 2017. »Inter-Organizational Governance and Trilateral Trust Building: A Case Study of Crowdsourcing-Based Open Innovation in China«, *Asian Business & Management* 16(3), 187-207.

Handbook on Urban Development in China, 2019. YEP Ray, WANG June, Johnson, Thomas (Hg.), Cheltenham, UK, Northampton, MA, USA: Edward Elgar.

Hardy, Jane, Imani, Yassamin, Zhuang, Beini, 2017. »Regional resilience and global production networks in China: An open political economy perspective«, *Competition and Change* 22(1).

Herrmann-Pillath, Carsten, 2017. *China's Economic Culture. The ritual order of state and markets*, London, New York: Routledge.

Höring, Uwe 2018. *Der Lange Marsch 2.0. Chinas Neue Seidenstraßen als Entwicklungsmodell*, Hamburg: VSA.

Hudson, Michael, 1972. *Super Imperialism: The Origin and Fundamentals of U.S. World Dominance*, 2. Aufl., London, Sterling, VA: Pluto Press.

Hudson, Michael, 2015. *Finance as Warfare*, Bristol, UK: World Economics Association.

International Handbook on Responsible Innovation, ed. by R. von Schomberg, J. Hankins, Cheltenham, UK, Northampton, MA, USA: E. Elgar, 2019.

Ireland, Paddy, MENG, Gaofeng, 2017. »Post-capitalist property«, *Economy and Society* 46(3–4), 369–397.

Kadri, Ali, 2017. »The Saudi palace coup, the oil market, China and the US«, *real-world economics review* 82.

Kirner, Florian, 2018. »Es geht um Asien, verdammt! Der westliche Blick übersieht das Wesentliche der globalen Realität«, 5. Mai 2018; online unter: www.rubikon.news.

Kissinger, Henry A. 2011. *China. Zwischen Tradition und Herausforderung*, München: C. Bertelsmann/Random House.

Krenz, Egon, 2018. *China. Wie ich es sehe*, Berlin: Verlag Das Neue Berlin.

Kronauer, Jörg, 2019. *Der Rivale. Chinas Aufstieg zur Weltmacht und die Gegenwehr des Westens*, Hamburg: Konkret Verlag.

Kunzmann, Marcel, 2018. *Theorie, System und Praxis des Sozialismus in China*, Berlin: Verlag Mirco Kolarczik (2. Aufl.).

LI Kai, LONG Cheryl, WAN Wei, 2019. »Public interest or regulatory capture: Theory and evidence from China's airfare deregulation«, *Journal of Economic Behavior & Organization* 161, 343–365.

LI, Minqi, 2008. *The Rise of China and the Demise of the Capitalist World Economy*, London: Pluto Press.

LIN Justin Yifu, WANG Yan, »China's Contribution to Development Cooperation: Ideas, Opportunities and Finances«, in: Shahid Yusuf (Hg.), *China and the Global Economy*, Cheltenham, UK, Northampton, MA, USA: Elgar, 2017, 826–851.

LIU, Qunyi, 2018. »Rethinking Land Reform in East Asia: Egalitarian or Inegalitarian?«, *Journal of Economic Issues* 52(3), 694–716.

Luik, Arno, 2019. *Schaden an der Oberleitung. Das geplante Desaster der Deutschen Bahn*, Frankfurt: Westend Verlag.

Mackinder, Halford J. 2019. *Der Schlüssel zur Weltherrschaft. Die Heartland-Theorie*, Frankfurt: Westend Verlag.

Negri, Antonio, Hardt, Michael, 2002. *Empire – die neue Weltordnung*, Frankfurt/M., New York: Campus.

Poppe, Melchior 2019. »Warum in spätestens 20 Jahren kein Chinese mehr ein Auto kaufen wird«, 19.12.2019; online unter: www.focus.de, besucht 19.2.2020.

Rasmus, Jack, 2018. »Trump's Déjà Vu China Trade War«, *World Review of Political Economy* 9(3), 346-363.

Rügemer, Werner, 2018. *Die Kapitalisten des 21. Jahrhunderts. Gemeinverständlicher Abriss zum Aufstieg der neuen Finanzakteure*, Köln: PapyRossa.

Scheuer, Stephan 2018. *Der Masterplan: Chinas Weg zur Weltherrschaft*, Freiburg: Herder.

Schmid, Fred, 2017. »China im globalen Kapitalismus«, in: Institut für sozial-ökologische Wirtschaftsforschung, Report Nr.109, *Krise des Globalen Kapitalismus. Und jetzt Wohin?*, München.

Schmid, Fred, 2018. »Trumps Wirtschaftskrieg gegen China«, in: *Globaler Wirtschaftskrieg. Der Aufstieg Chinas. Zerbricht der Westen?*, isw Report Nr. 115, München, 22-39.

Schmidt, Christian Y., 2009. *Allein unter 1,3 Milliarden. Eine chinesische Reise von Shanghai bis Kathmandu*, Reinbek: Rowohlt Taschenbuch Verlag.

Schmidt, Christian Y., 2010. *Bliefe von dlüben. Der China-Crashkurs*, Reinbek: Rowohlt Taschenbuch Verlag.

Schmidt, Christian Y., 2011. *Im Jahr des Tigerochsen*, Berlin: Verbrecher Verlag.

Schmidt, Christian Y., 2013. *Im Jahr des Hasendrachen*, Berlin: Verbrecher Verlag.

SHEN, Zhenjiang; LI, Miaoyi (Hg.), 2018. *Big Data Support of Urban Planning and Management, Advances in Geographic Information Science*, CH: Springer.

Sieren, Frank, 2018. *Zukunft? China! Wie die neue Supermacht unser Leben, unsere Politik, unsere Wirtschaft verändert*, München: Penguin/Random House/Bertelsmann.

Singh, Ajit, 2018. »No, the UN Did Not Report China Has ›Massive Internment Camps‹ for Uighur Muslims«, 23.8.2018; online unter: thegrayzone.com, besucht 19.6.2019.

Williamson, Dermot, 2017. »China's Online Consumerism: Managing Business, Moral Panic and Regulation«; ssrn.com, besucht 15.6.2019.

YEP, Ray u.a. (Hg.), 2019. *Handbook on Urban Development in China*, Cheltenham, UK, Northampton, MA, USA: E. Elgar.

ZHANG Fan, 2018. *The Institutional Evolution of China, Government vs Market*, Cheltenham, UK, Northampton, MA, USA: Edward Elgar.

ZHANG Lanying, LI Guanqi, HE Huili, 2018. »Controlling Corporate Power in China: Case Studies of Seed Companies and Water Distribution«, *American Journal of Economics and Sociology* 77(2), 511–540.

ZHAO Hongjun, 2018. *China's Long-Term Economic Development. How have Economy and Governance Evolved since 500 BC?* Cheltenham, UK, Northampton, Mass.: Edward Elgar.

Anmerkungen und Quellen

China, die Chinesen und ich

1 Die Literatur zur chinesischen Geschichte ist heute kaum mehr überschaubar; eine hervorragende, aktuelle Analyse von 2 500 Jahren Wirtschafts- und Technologiegeschichte Chinas liefert zum Beispiel Zhao, Hongjun, *China's Long-Term Economic Development. How have Economy and Governance Evolved since 500 BC?* (Zhao 2018).

2 Ich verwende den Begriff »Imperium« oder »Empire« in Anlehnung an den früheren Weltbestseller »*Empire – die neue Weltordnung*« (Negri, Hardt 2002), der die Phase der monopolaren Weltordnung unter der praktisch unumschränkten Herrschaft der USA vor allem vom Zusammenbruch der Sowjetunion 1989 bis zur Weltfinanzkrise 2008 ff., reflektiert. »Empire« meint im Kern ein nationales System mit exklusivem Weltherrschafts-Anspruch (Monopolarität), wie ihn die USA seit dem Eintritt in den Zweiten Weltkrieg vertraten und seit dem Ende der Sowjetunion bis in die letzten Jahre hinein mit ihrem militärischen Gefolge (NATO) und ihren internationalen Organisationen (Weltbank, Weltwährungsfonds usw.) praktizieren konnten. Exemplarisch dazu: Zbigniew Brzezi ski, *The Grand Chessboard: American Primacy and Its Geostrategic Imperatives*, New York: Basic Books, 1997, deutsch: *Die einzige Weltmacht: Amerikas Strategie der Vorherrschaft*, 4. Auflage, Frankfurt/M.: Fischer, 2001.

3 Wir werden »Westen« und »westlich«, als die tägliche, weitgehend unreflektierte umgangssprachliche Denkfigur in den entwickelten kapitalistischen Ländern, nicht ständig in Anführungszeichen benutzen, obwohl es sich nicht um einen wirklich geklärten oder nützlichen Begriff handelt. Global gesehen sind Himmelsrichtungen ja höchst relativ. So sind die USA für China ja »Osten«, ist Russland der »Westen«, oder bestenfalls der »Osten des Westens«, von uns aus gesehen dagegen der »Westen« des »Ostens«. Differenzierte geografische und regionalökonomische Studien haben seit jeher mit Metaphern wie dem »Süden des Nordens« und so weiter gearbeitet, um bestimmte sozial-

ökonomische Merkmale von Regionen zu kennzeichnen. »Westen« wird, ebenso wie die stereotype Metapher vom »Ostblock«, bis heute offensichtlich unreflektiert verwendet bis bewusst ideologisch eingesetzt. Es bleibt eine Metapher, deren wirklicher Inhalt sowie Denk- und Handlungswirkungen, vor allem für hiesige Symbolpolitik, Identitätsstiftung, uniformes Kollektivdenken und entsprechende Alltagseinstellungen der Menschen, noch genauer zu klären wäre. Aktuell hat man die Metapher sogar in herrschenden Kreisen infrage gestellt, nachdem die Leitstudie zur sogenannten Münchener Sicherheitskonferenz im Februar 2020 den »Niedergang«, die »Auflösung« oder gar den »Verlust des Westens« diagnostiziert hatte.

4 Ausführlich aufbereitet werden konnte die Geschichte des Einflusses von CIA, NED (National Endowment for Democracy der US-Regierung) und von ihnen finanzierter NGOs (es waren zu Höchstzeiten etwa 7000 ausländische NGOs in China aktiv) natürlich erst sehr viel später; zum Beispiel Fitzthum 2018a, b. Weitere Quellen unten.

5 Der ehemalige US-Außenminister Henry Kissinger erzählte in seinem reflektierten altersweisen China-Buch (Kissinger 2011, 419 ff.), ausführlich die offiziöse diplomatische Geschichte zwischen den USA und China um die Tian'anmen Ereignisse herum, die die Brisanz der Lage einigermaßen deutlich macht. Seine geheimdienstliche Geschichte wäre sicherlich noch einmal aufschlussreicher gewesen.

6 Siehe vor allem Halford J. Mackinder, *Der Schlüssel zur Weltherrschaft. Die Heartland-Theorie*, Frankfurt/M.: Westend, 2019: eine Ausarbeitung aus dem Jahre 1904, die als der Beginn westlicher Geostrategie gilt; neu herausgegeben und mit einer aktuellen Anwendung versehen von Willy Wimmer.

7 Zum Beispiel: Wolfram Adolphi, »Chinas Planwirtschaft als dialektische Aufhebung der sowjetischen«, *Das Argument* 286/2010, S. 1–11.

8 So in einem Vortrag im Mai 2018; zit. n. Brigitte Queck, »China heute«, *Neue Rheinische Zeitung*; online unter: www.nrhz.de; besucht 14.4.2019; s. a. Berthold 2009.

9 P. Frey, »Das Fake-Massaker. Westliche Geheimdienste testeten damals Regime-Change-Strategien auf dem Tian'anmen-Platz in China«, online unter: www.rubikon.news; besucht 14.4.2019; ähnlich die Recherche »Der Testfall Tian'anmen-Platz«, online unter: peds-ansichten.de; besucht 22.4.2019.

10 Siehe ebd.

11 Jeffrey T. Richelson and Michael L. Evans: »Tian'anmen Square, 1989: The Declassified History«, online unter: nsarchive2.gwu.edu, besucht 19.2.2020.

12 »Latin American Diplomat Eyewitness Account of June 3–4 events on Tian'anmen Square«, online unter: wikileaks.org, besucht 19.2.2020.

13 Zum Beispiel Hannes Fellner, »Zu weit oder zu zaghaft? Zu den Hintergründen des Tian'anmen- Zwischenfalls«, online unter: www.un sere-zeit.de, besucht 1.6.2019.

14 Der bekannte Ökonom und Analytiker des Finanzsystems, Michael Hudson, einer der wenigen, die die Weltfinanzkrise ab 2008 exakt vorhersagten, zeigt diese Zusammenhänge im Detail (zum Beispiel Hudson 2003, 2015).

15 Zitiert nach F. Lu, »Die Demütigung eines uralten Reichs«, *Zeit Online*, 18.2.2019. Zitiert wird in diesem Artikel die *New York Times*, die in zwei Podcasts vom Dezember 2018 noch einmal umfassend aufarbeitet, wie sich »der Westen« nach 2000 über China geirrt hat: »What the West Got Wrong About China«, online unter: nytimes.com, besucht 19.02.2020.

16 Zitiert nach Christian Y. Schmidt, »Endlich bald Krieg«, in: ders., *Im Jahr des Hasendrachen* (Schmidt 2013), 85f.

17 Minqi LI: *The Rise of China and the Demise of the Capitalist World Economy* (LI 2008).

18 Zum Beispiel der Klassiker: André Gunder Frank, *ReORIENT. Global Economy in the Asian Age* (Frank 1998).

19 Wir verweisen schon an dieser Stelle einmal auf die, vorsichtig ausgedrückt, überraschende, eigentlich aber atemberaubende (deutsche!) Website *Ecological China*, https://genzsch.wordpress.com/, kommen aber noch ausführlich auf diese vielleicht überraschendste Dimension des heutigen China, die Ökologie, zurück. Wir werden aber natürlich auch auf Arbeit, Einkommen, soziale Sicherungssysteme, Rückverteilung nach unten usw. eingehen.

20 H.-J. Jakobs, *Handelsblatt Morning Briefing* 15.4.2019.

21 C.Y. Schmidt, *Bliefe von dlüben. Der China-Crashkurs* (Schmidt 2010).

22 C.Y. Schmidt, *Allein unter 1,3 Milliarden, Eine chinesische Reise von Shanghai bis Kathmandu* (Schmidt 2009); ders., *Im Jahr des Tigerochsen* (Schmidt 2011); ders., *Im Jahr des Hasendrachen* (Schmidt 2013).

23 Dazu als Hintergrund zum Beispiel: Mathias Bröckers, Paul Schreyer, *Wir sind immer die Guten. Ansichten eines Putinverstehers oder wie der Kalte Krieg neu entfacht wird*, Frankfurt/Main 2019.

24 Zum Beispiel Schmidt 2013, 177–186.

25 Schmidt 2010, S. 69.

26 Zum Beispiel ebenda, S. 157

27 Ebd. S. 157.

28 Komplexitäts-Ökonomen verstehen die Ökonomie als ein System aus

differenzierten Netzwerk- und Machtstrukturen, in denen verschiedenartige unsichere und suchende Akteure immer wieder verschiedenartige Problemstrukturen zu bewältigen haben, in denen unzählige mehr oder weniger koordinierte Interaktionen stattfinden. Ein System in ständiger, oft überraschender, vielfach krisenhafter, oft nicht vorhersagbarer Dynamik sowie in ständiger Entwicklung, und nicht immer zum Besseren, befindlich, jenseits aller neoliberalen Behauptungen von »Marktwirtschaften« als »optimalen«, in »Gleichgewichten« und in perfekter Koordination befindlichen simplen Systemen von »Angebot« und »Nachfrage«, die angeblich »perfekte« Preise generieren. In der tatsächlichen Systemevolution können konstante Strukturen wie Machtstrukturen oder soziale Verhaltensregelmäßigkeiten (informelle »Institutionen«) entstehen, die individuell und kollektiv förderlich, später irgendwann aber auch hinderlich, und selbst als hinderliche sehr langlebig sein können.

29 Zur technologischen, ökonomischen und sozialen Katastrophe »Deutsche Bahn« zum Beispiel: Arno Luik, *Schaden in der Oberleitung. Das geplante Desaster der Deutschen Bahn*, Frankfurt/Main 2019.

30 Thorstein Veblen, *The instinct of workmanship and the state of the industrial arts* (Veblen 1918).

31 »Black terror. Mainland Chinese are being attacked in Hong Kong«, *The Economist* 9.11.2019; online unter: www.economist.com, besucht 29.11.2019.

32 Siehe zum Beispiel: Shane Quinn, »Seventy Years of U.S. Destabilisation in China«, *Global Research* 23.12.2019; online unter: www.global research.ca, besucht 30.12.2019.

33 Zum Beispiel W. Rügemer, »Hongkong – Der neue Systemkonflikt«, online unter: www.nachdenkseiten.de, besucht: 15.10.2019.

34 Zum Beispiel R. Geffken »Im Sinne der Konzernbosse«; online unter: www.neues-deutschland.de, besucht: 15.10.2019.

35 Ausführlich zum Beispiel auch: A. Vltchek, »Manche fühlen sich in Hongkong frustriert, da ihre Stadt gegen Festlandchina verliert«, online unter: einarschlereth.blog spot.com, besucht: 23.10.2019.

36 Zum Beispiel: Peter Koenig, »Hong Kong – Pure Western Insanity«, *Global Research* 3.12.2019, online unter: www.globalresearch.ca, besucht 10.12.2019.

37 P. Koenig, ebd.

38 *Solvecon Forex Report* 16.12.2019, S. 7.

39 Shane Quinn, »Seventy Years of U.S. Destabilisation in China«, *Global Research* 23.12.2019; online unter: www.globalresearch.ca; besucht 30.12.2019.

40 Zum Beispiel Stephen Lendman, »China Retaliates Against Hostile US

Legislation«, 3.12.2019, online unter: www.globalresearch.ca, besucht 10.12.2019.

41 Matthias Gebauer, Severin Weiland: »Maas steht zu Wong, die Union zu Maas«, 12. 09.2019, online unter: www.spiegel.de, besucht 18.02.2020.

42 Es liegt einem als abgewandelte Songzeile auf der Zunge: »First we take Hongkong, then we take Beijing«. Aber sorry, Leonard, für die Anleihe; das hast du natürlich nicht gemeint und daher nicht verdient.

43 Zum Beispiel Pascal Abb, »The Hongkong Protests: A Hybrid Governance Failure«, Austrian Study Centre for Peace and Conflict Resolution, *ASPR Policy Brief* 2/2019; online unter: www.friedensburg.at, besucht 15.10.2019.

44 Rügemer, ebd.

45 Zum Beispiel Vltchek, ebd.

46 Zum Beispiel Rügemer, ebd.

47 Ausführlich zum Hintergrund: R. Geffken über das Auslieferungsabkommen: »Im Sinne der Konzernbosse«, online unter: www.neuesdeutschland.de, besucht: 15.10.2019.

48 Ausführlich zum Beispiel der Bericht von Andre Vltchek, der Xinjiang seit langem mehrfach bereist hat, »The Uyghur Issue: How Can the U.S. Dare Lecturing China About the Rights of the Muslims?«, *Global Research* 11.12.2019; www.globalresearch.ca, besucht 13.12.2019.

49 Wir beziehen uns im Weiteren auf zahlreiche neuere Studien, die im Netz leicht zu finden sind, unter anderem: Ben Norton, Ajit Singh, »No, the UN Did Not Report China Has ›Massive Internment Camps‹ for Uighur Muslims«, *The Grayzone Project* 23.8.2018; www.globalresearch.ca, besucht 26.12.2019; Sara Flounders, »Behind the U.S. anti-China campaign: The facts about Xinjiang«, *Workers' World* 18.12.2019; online unter: www.workers.org, besucht 7.2.2020.

50 Ben Norton, Ajit Singh, »No, the UN did not report China has ›massive internment camps‹ for Uighur Muslims«, *The Grayzone* 23.8.2020; online unter: thegrayzone.com, besucht 7.2.2020.

51 Flounders, ebd.

52 Ebd. (eigene Übersetzung)

53 Ebd.

54 Ebd.

55 Ebd.

56 Andre Vltchek, »City of Xi'an and Why the New Chinese Silk Road terrifies the West«, *Dissident Voice* 25.22019; online unter: dissidentvoice.org, besucht 7.2.2020.

57 Zum Beispiel S. Flounders, ebd.

58 Ebd.

59 Ausführlich ebd.

60 Zum Beispiel: André Vltchek, »Wer gibt den USA das Recht, China Rechtsverstöße vorzuwerfen?«; online unter: www.luftpost-kl.de, besucht 7.2.2020.

61 Zum Beispiel »Keine friedliche Koexistenz«; Dokumentation; www. german-foreign-policy.com, besucht 1.12.2019.

62 Eine halbwegs vollständige Dokumentation der Blutspur des uigurischen islamistischen Terrorismus von Syrien über Zentralasien, Xinjiang und Beijing bis in südostasiatische Länder hinein, mit Hunderten von Attentaten und Anschlägen und Tausenden von Opfern liefert zum Beispiel: Jörg Kronauer, German Foreign Policy (London), »Terror in Xinjiang«, *junge Welt* 5.12.2019.

63 Ausführlicher zum Beispiel: Wolfram Elsner, »Eine neue Runde im Fake-Krieg des absteigenden Imperiums gegen die neue Nummer Eins«; online unter: www.westendverlag.de, besucht 1.12.2019.

64 Zum Beispiel: »China verlangt Auslieferung von Guantanamo-Häftlingen« 02.01.2014; online unter: www.spiegel.de, besucht 10.12.2019.

65 Nach so viel Medienkritik, wie ich sie bisher bereits vornehmen musste, ist ein Wort zum Medienvertrauen im Westen, insbesondere in Deutschland, überfällig. *Steingarts Morning Briefing* meldet am 27.1.2020, dass das Vertrauen der Deutschen in »ihre« Medien auf einer Ebene mit den entsprechenden Werten in Kolumbien, was keineswegs als Kompliment gelten darf. Jeder dritte Deutsche hält die über die dominanten, offiziösen Medien verbreiteten Informationen für unglaubwürdig. Der Medienwissenschaftler Norbert Bolz analysiert als Grund den in Deutschland wuchernden »Gesinnungsjournalismus«, der die klassische Trennung von Information und Meinung(smache) aufgegeben hat. *Die Neue Zürcher Zeitung* spricht in diesem Kontext von einer medialen »Parallelwelt« (zitiert in *Steingart*, ebd.). Was hier diagnostiziert wird, gilt für den Gesinnungsjournalismus über China, den von deutschen »Leitmedien« ins Auge gefassten »Systemfeind«, in ganz besonderer Weise. Ich werde daher im Weiteren konsequent den Finger in diese Wunde bürgerlicher Liberalität und Objektivität legen – schon allein weil der Gesinnungsjournalismus auf kurzfristigen Effekt setzt, aber längerfristig für unsere (Er-)Kenntnis der Welt kontraproduktiv ist – und für einen Wohlstand, der nur in Verstehen, Frieden und Kooperation gedeihen kann, sowieso.

66 Zum Beispiel: Lucas Leiroz de Almeida, »Coronavirus Is Becoming a Western Excuse for Sinophobia and ›China-Bashing‹«, 10.2.2020; www.globalresearch.ca, besucht 15.2.2020.

67 Zum Beispiel: *Handelsblatt*, *Finance Briefing* 4.2.2020, mit ersten Schätzungen durch den Vize-Chef der chinesischen Nationalen Ent-

wicklungs- und Reformkommission und durch westliche Bankenökonomen. Allerdings ist man allzu oft irreführenderweise auf nominelle Aktienkursverluste fixiert, die erst einmal nur fiktive Verluste der »1 Prozent« beziehungsweise Umschichtungen in deren Portfolios sind und deren Transmission in die Realökonomie höchst indirekt und unsicher sind. Entscheidend wird die stattfindende Disruption der realen Lieferketten sein. Washington nimmt die Epidemie erwartungsgemäß zum willkommenen Anlass, seine De-Coupling-Strategie gegen eine friedliche, integrierte, kooperative globale Wirtschaft voranzutreiben und vor allem gegen oder auch mit Europa durchzusetzen. China diversifiziert mit der Seidenstraßen-Initiative seine Wertschöpfungsketten ohnehin, um sich durch Washington, Berlin oder Brüssel weniger zerstörbar zu machen.

68 Zum Beispiel: Larry Romanoff, »China's Coronavirus: A Global Health Emergency is Launched. What are the Facts?«, 31.1.2020; online unter: www.globalresearch.ca, besucht 4.2.2020.

69 Dies ist ein notgedrungen durchgängiges Thema auch auf den folgenden dreihundert Seiten. Andere Publikationen haben diesen Aspekt ganz in den Mittelpunkt gerückt, so zum Beispiel: Jörg Kronauer, *Der Rivale. Chinas Aufstieg zur Weltmacht und die Gegenwehr des Westens*, Hamburg 2019. Jüngst im Zeitungsformat hervorragend auf einen kurzen Punkt gebracht: Renate Dillmann, »Feindbild und Feindschaft. Medienkampagnen gegen China haben einen simplen Grund. Die Volksrepublik ist zu einem ernsthaften Konkurrenten um Weltmarktanteile herangewachsen«, 4.2.2020; online unter: www.jungewelt.de, besucht 4.2.2020.

70 L. Romanoff, siehe oben.

71 Zum Beispiel: Michel Chossudovsky, »Coronavirus Pandemic: Economic Disruption. China Bashing and Hate Campaign against Chinese-Americans«, 4.2.2020; online unter: www.globalresearch.ca, besucht 5.2.2020.

72 Stand: 17.2.2020.

73 Zum Beispiel: Tom Clifford, »5 Million Cases Worldwide, 650,000 Deaths Annually: The Seasonal Flu Virus is a ›Serious Concern‹, But the Wuhan Coronavirus Grabs the Headlines«, 27.1.2020; online unter: www.globalresearch.ca, besucht 4.2.2020.

74 Zum Beispiel: Nike Heinen, »Dieses Virus ist überraschend anders«, Interview mit dem Virologen Christian Drosten, 2.2.2020; online unter: www.zeit.de, besucht 4.2.2020.

75 Zum Beispiel: Padraig McGrath, »WHO Impressed by Chinese Response to Coronavirus Outbreak«, 30.1.2020; online unter: www. globalresearch.ca, besucht 4.2.2020; Pepe Escobar, »China's Virus Re-

sponse Has Been ›Breathtaking‹«, 30.1.2020; online unter: www.
asiatimes.com, besucht 4.2.2020.

76 Zum Beispiel: Peter Koenig, »China – Western China Bashing – vs.
Western Biowarfare?«, 9.2.2020; online unter: www.globalresearch.
ca, besucht 15.2.2020.

77 Lucas Leiroz de Almeida, ebd.

78 »Können wir den Chinesen vertrauen?« 4.2.2020; online unter: www.
bild.de, besucht 4.2.2020.

79 »Dschihadisten-Kleriker: ›Betet für die Auslöschung Chinas durch das
Coronavirus‹«, 4.2.2020; online unter: deutsche-wirtschafts-nachrich
ten.de; besucht 5.2.2020.

80 Zum Beispiel P. McGrath, siehe oben; siehe WHO-Originalquellen
dort.

81 Ebd.

82 Ebd.

83 P. McGrath, ebd. (eigene Übersetzung).

84 Ebd. (eigene Übersetzung).

85 P. Escobar, siehe oben.

86 Ebd.

87 Ebd.

88 Zum Beispiel: »WHO: Chinas Vorkehrungen und Kontrollmaßnahmen
haben zahlreiche Erkrankungen vermieden«, online unter: www.nach
denkseiten.de; besucht 20.2.2020

89 Ebd.

90 Ebd.

91 Zum Beispiel: Lucas Leiroz de Almeida; vgl. auch Romanoff 2020, mit
weiteren detaillierten Angaben von Originalquellen, Studien und so
weiter.

92 Ebd.

93 Zitiert nach Tagesschau.de: »56 Tote, fast 2000 Infizierte«, 26.1.2020;
besucht 5.2.2020.

94 Ich gehe auf Alltagsverhalten ja noch ausführlich ein, aber bereits an
dieser Stelle sollte mit einem der dümmsten Vorurteile im Westen aufgeräumt werden, das jeder China-Tourist als Fake enttarnen kann: Chinesen essen, außer vielleicht in sehr wenigen, entlegenen und noch
sehr traditionellen ländlichen Gebieten, keine Hunde, Katzen oder gar
Fledermäuse, wie im Internet aktuell gern »gefakt« wird. Spricht man
etwa das berüchtigte Hundefleisch an, wird man in China heutzutage
freundlich ausgelacht; zum Beispiel: Lucas Leiroz de Almeida, ebd.

95 Zum Beispiel: May Hokan, »Coronavirus: China verbietet Handel mit
wilden Tieren«, 28.1.2020; online unter: blog.wwf.de, besucht
15.2.2020.

96   Auf Deutsch erstaunlicherweise erst sehr viel später erschienen: A. G. Frank, *ReOrient: Globalgeschichte im Asiatischen Zeitalter*, Wien: Promedia, 2016.

97   Florian Kirner, »Es geht um Asien, verdammt!«, 29.5.2018; online unter: www.free21.org, besucht 29.11.2019.

98   David Ruch, »Steckt Henry Kissinger hinter Trumps Russland-Strategie?«, 26.7.2018; online unter: www.t-online.de, besucht 15.4.2019.

Teil 1

1 Was einem China-Reisenden so auffällt ...

1   Zum Beispiel Sara Flounders, »Planning Can Save the Planet: China Chooses Renewable Energy«, 24.4.2019; online unter: www.workers.org, besucht 27.4.2019.

2   So zum Beispiel eine Studie der London School of Economics, nach Jörg Kronauer, »Klimapolitik in USA und China«, *junge Welt* 7.8.2019.

3   Siehe etwa F. Schmid, »China im globalen Kapitalismus« (Schmid 2017), S.43; ausführlich auch Flounders, ebd.

4   Zum Beispiel Flounders, ebd.

5   Vergleiche etwa: Mark Preen, »The Beijing-Tianjin-Hebei Integration Plan«, 26.04.2018; online unter: www.china-briefing.com, besucht 16.4.2019.

6   Taobao.com ist im globalen Vergleich unter den zehn meistbesuchten Internetseiten. Die wirtschaftlichen Aktivitäten der Bauern in China haben eine jahrtausendealte Tradition. Während in der VR China die Distribution der landwirtschaftlichen Massenprodukte staatlich geregelt ist, dürfen die Bauern, Genossenschaften und Dörfer Spezialprodukte eigenständig vermarkten, was die ländlichen Provinzen wirtschaftlich schon seit Langem aktiviert und vielen bereits einen erheblichen Wohlstand verschafft hat.

7   Siehe zum Beispiel den Bericht in *Focus-online*, einem jeglicher China-Sympathien unverdächtigen Wirtschaftsmagazin: Melchior Poppe, »Trip der Superlative: In Shanghai erlebe ich, wie die Stadt der Zukunft aussieht«, 17.12.2018; online unter: www.focus.de, besucht: 2.12.2019.

2 Gemischte Motive im Westen: Zwischen Anerkennung sowie Lernenwollen und heimlichem Neid sowie offenem Wutgeheul

1   Zum Beispiel: Jörg Kronauer, *Der Rivale: Chinas Aufstieg zur Weltmacht und die Gegenwehr des Westens*, Hamburg, 2019.

2   Zum Beispiel Franka LU, »Die Demütigung eines uralten Reichs«, 18.2.2019; online unter: zeit.de, besucht 19.2.2020. Man stelle sich

vor, es fiele der empörte Satz: »Die USA stellen sich der chinesischen Marine im Golf von Mexiko entgegen …«

3 »Keine friedliche Koexistenz«, 28.11.2019; online unter: www.german-foreign-policy.com; besucht 1.12.2019.

4 Zum Beispiel: Jörg Kronauer, »Fronten gegen China«, *junge Welt*, 21.11.2019, S. 8.

5 »Keine friedliche Koexistenz«, ebd.

6 Thorstein Veblen, *The Instinct of Workmanship and the State of the Industrial Arts*, New York, N.Y.: Macmillan, 1914, S. 25.

7 Beispielhaft für zahlreiche ganz- und mehrseitige Artikel in großen Zeitungen: H. Ankenbrand, »Ehrgeiz vernetzt Berge«, *FAZ*, 4.2.2018.

8 Siehe zum Beispiel: A. Vltchek, »Wer gibt den USA das Recht, China Rechtsverstöße vorzuwerfen?«, a.a.O. (online unter: www.luftpost-kl. de, besucht 7.2.2020).

9 Zum Beispiel F. Lee, »Der Größenwahn der chinesischen Führungsriege. Im Weltall, auf der Straße, im virtuellen Raum: High-Tech-Produkte aus China lauern überall«, *taz* 14.1.2019; aus Dutzenden von ähnlichen Beispielen: H. Steltzner, »Chinas Weg zur Weltherrschaft«, *FAZ* 7.1.2018.

10 F. Sieren, *Zukunft? China! Wie die neue Supermacht unser Leben, unsere Politik, unsere Wirtschaft verändert,* München 2018 (Sieren 2018).

11 »Xi-Jinpings neues, aggressiveres China und die deutsche Naivität«; online unter: www.jjahnke.net; besucht 27.4.2019. Als ähnliches Beispiel: C. Giesen, K. Strittmatter, »Wie Peking deutsche Stiftungen drangsaliert«, *Süddeutsche Zeitung* 9.7.2018.

12 Peter Koenig, »China's Vision for the Future: ›Give Peace a Chance‹«, 8.11.2019; online unter: www.globalresearch.ca, besucht 3.12.2019.

13 S. Scheuer, *Der Masterplan: Chinas Weg zur Weltherrschaft*, Freiburg 2018 (Scheuer 2018).

14 Zum Beispiel H. Ankenbrand, W. v. Petersdorff, »Ist die Zukunft noch ein Ami?«, *FAZ* 7.4.2018.

15 Zum Beispiel: Ha-Joon Chang, *Kicking Away the Ladder. Development Strategy in Historical Perspective*, London, New York: Anthem Press, 2002.

16 Zum Beispiel *Steingarts Morning Briefing*, news@news.gabor steingart.com, *9.10.2019; Handelsblatt Morning Briefing* morning_briefing @redaktion.handels blatt.com, 24.10.2019.

17 Zum Beispiel: Vincent J. Geloso, Alexander W. Salter, »State capacity and economic development: Causal mechanism or correlative filter?«, *Journal of Economic Behavior and Organization* 170(2020), S. 372–385.

18 Eine Kurzfassung der inzwischen 26 Bände umfassenden Dokumenta-

tionen des britischen Naturwissenschaftlers und Cambridge-Professors *Joseph Needham*, an der seine Schüler immer noch arbeiten, liefert zum Beispiel: Robert K.G. Temple, *The Genius of China: 3,000 Years of Science, Discovery, and Invention*, New York: Simon & Schuster, 1986.

19 Larry Romanoff, »History of Chinese Inventions. The Present and the Future«, *Global Research* 24.10.2019.

20 Ausführlich ebd.

21 Man beachte das Beispiel der Firma *Bosch China*, die ein zentraler Forschungs-Hub ist, von dem Bosch insgesamt lernt; zum Beispiel: Melchior Poppe, »Warum in spätestens 20 Jahren kein Chinese mehr ein Auto kaufen wird«, 19.12.2019; online unter: www.focus.de, besucht 19.2.2020. (Poppe 2019)

22 Zum Beispiel H. Ankenbrand, »Ehrgeiz vernetzt Berge«, *FAZ* 4.2.2018.

23 Zum Beispiel: *Solvecon Forex Report* 16.12.2019, S. 12.

24 Ebd.

25 Als Beispiel einer nach Afghanistan, Irak, Libyen, Syrien usw. weiteren medialen Kriegsvorbereitung die *Süddeutsche Zeitung*, 26.11.2019, die hier mal wieder alle Hemmungen (oder besser: Hüllen?) fallen lässt: »Was zum Teufel hat Volkswagen in diesem Polizeistaat verloren?«, 26.11.2019; online unter: www.sueddeutsche.de; besucht 3.12.2019.

26 »Globus unter dem Zepter Chinas?«, 29.1.2019; online unter: www.gerojenner.com, besucht 17.4.2019.

27 Siehe F. Böge, »Europas Kotau vor China«, 12.3.2018; online unter: faz.net, besucht 17.4.2019.

28 »Menschenrechte: Grüne fordern Aufklärung im VW-Werk Urumqi«, *Süddeutsche Zeitung* 29.11.2019.

29 Zum Beispiel: Lea Deuber und Simon Book: »Wie Peking mit Geschenken sein Bild in der Welt formt«, 25.3.2018; online unter: www.wiwo.de, besucht 17.4.2019.

30 Die De-Coupling-Politik der USA und ihres abhängigen Gefolges zeigt inzwischen alle Merkmale eines Wirtschaftskrieges: Zerstörung der bisherigen Liefer- und Wertschöpfungsketten, Ausschluss der nichthörigen Länder (China, Russland u.a.) aus dem US-dominierten internationalen Finanzsystem, einschließlich Weltbank und IWF, Beschränkung der Reisefreiheit für Chinesen im Westen, Abwürgen des Wissenschaftsaustauschs mit China und anderen, Druckausübung auf andere Länder, keine chinesischen Technologien zu importieren, eine neue US-Agentur zur Druckausübung auf Unternehmen aus Drittländern, keine chinesischen Technologien anzuwenden usw. (zum Beispiel: Wolfgang Müller, »US-Wirtschaftskrieg, EU-Ambivalenz – Wie der Westen den Aufstieg Chinas stoppen will«, *isw-Report* 119, München, Dezember 2019, S. 18 ff.

Das bleibt nicht ohne Gegenreaktionen: China schließt in den nächsten drei Jahren US-Technologien aus seinen öffentlichen IT-Systemen aus, baut neue, effektivere internationale Wertschöpfungsketten mit der nicht US-abhängigen Welt auf, Huawei präsentiert binnen Jahresfrist ein neues Handy ohne jegliche US-Komponenten usw. Wirtschaftskrieg statt Reden und Verhandeln … die Verursacher werden erkennbar auf mittlere Frist die Verlierer sein. Niemand schießt die USA so schnell ins Abseits wie Trumps Washington.

31 Kai Strittmatter, *Die Neuerfindung der Diktatur. Wie China den digitalen Überwachungsstaat aufbaut und uns damit herausfordert*, München 2018.

3 China verstehen lernen heißt auch, uns selbst verstehen

1 Nützlich scheint in diesem Kontext zum Beispiel das Buch von S. Baron, G. Yin-Baron, *Die Chinesen. Psychogramm einer Weltmacht* (2018), das sich um eine Erklärung und ein Verständnis von Kultur und Sozialpsychologie Chinas bemüht.

2 Kissinger 2011, 16f.; ähnlich zum Beispiel: Crome 2017.

3 Frank 1998.

4 Henrik Müller, »Überleben im Handelskrieg: Von China lernen«, 8.7.2018; online unter: www.spiegel.de, besucht 18.4.2019.

5 Martin Wolf zit. nach: F. LU, »Die Demütigung eines uralten Reiches«, 18.2.2019; online unter: www.zeit.de; besucht 18.4.2019.

6 morning-briefing.gaborsteingart.com; besucht 18.4.2019.

7 Ebd.

8 R. Fitzthum, *China verstehen. Vom Aufstieg zur Wirtschaftsmacht und der Eindämmungspolitik der USA,* Wien 2018 (Fitzthum 2018a).

9 Ausnahmen sind ferner das schon erwähnte Buch von Jörg Kronauer, *Der Rivale* (Kronauer 2019). Auch der schon zitierte Rolf Berthold hat ein Büchlein in ähnlicher Zielsetzung geschrieben, allerdings mit dem Fokus auf Geschichte und Dokumente von Staat und KPCh, und auch nicht mehr ganz taufrisch, da weit vor der aktuellen »China-Welle« erschienen: R. Berthold, *Chinas Weg* (Berthold 2009). Ähnlich wie Berthold kann authentische Außen- und zum Teil auch Innenansichten von China auch der letzte DDR-Staatsratsvorsitzende Egon Krenz mit seinem Bändchen *China. Wie ich es sehe* (Krenz 2018) beisteuern. (Es sei dazu kurz vermerkt, dass die DDR-Führung ein großes Interesse an Chinas »anderem« als dem sowjetischen Weg entwickelt hatte. Erich Honecker selbst wollte daher offiziell China bereisen, was ihm allerdings von Michail Gorbatschow in Moskau gleichsam »untersagt« wurde. Stattdessen reiste der damalige FDJ-Vorsitzende Krenz noch

im Oktober 1989 nach China, später dann des Öfteren privat.) Schließlich eine klare analytische, dabei sehr kompakte Darstellung von Geschichte, jüngster wirtschaftlicher und sozialer Entwicklung, der chinesischen Konzeption des Sozialismus, der Rolle der Staatsbetriebe sowie der exemplarischen Politikbereiche Umweltschutz und Außenbeziehungen: Marcel Kunzmann, *Theorie, System und Praxis des Sozialismus in China* (2. Aufl. 2018). Wir kommen darauf zurück.

10 Siehe zum Beispiel das Interview mit Michael Hudson; »Was das US-Imperium stürzen könnte – Marxist und US-Ökonom Michael Hudson EXKLUSIV«, 27.1.2019; online unter: de.sputniknews.com; besucht 15.5.2019.

11 Siehe Markus Wissen, Ulrich Brand, *Imperiale Lebensweise. Zur Ausbeutung von Mensch und Natur im globalen Kapitalismus*, Wien 2017.

12 Frank 1998, S. 322.

13 So zum Beispiel das Mitglied der »fünf Weisen«, Isabel Schnabel, bei einem Vortrag im Dezember 2018, »Warum Deutschland den Strukturwandel durch die Digitalisierung zulassen muss« Dez. 2018, S. 7; pdf online unter: zew.de; besucht 18.4.2019.

14 »Innovationsindikator 2018 – Deutschland tritt bei Innovationen auf der Stelle«, 21.12.2018; online unter: www.zwe.de, besucht 27.4.2019.

15 Zu verschiedenen internationalen Studien zum »Standort Deutschland«, zum Ruf von »Made in Germany« und zum internationalen Vertrauen in deutsche Unternehmen zum Beispiel *Steingarts Morning Briefing*, 9.10.2019; *Handelsblatt Morning Briefing*, 24.10.2019.

16 *Solvecon Forex-Report* 23.4.2019, S. 4.

17 Poppe 2019.

18 ebd.

19 *Solvecon Forex-Report* 23.4.2019, S. 4.

20 Tageszeitungen vom 8.2.2019; zum Beispiel Gerd Appenzeller, »Deutsche vertrauen China mehr als den USA«; online unter: www.tagesspiegel.de, besucht 26.3.2019.

21 Zum Beispiel *Weser-Kurier* 28.5.2019, S. 17.

22 Laura Silver et al., »People around the globe are divided in their opinions of China«; online unter: www.pewresearch.org, 30.9.2019; besucht 25.10.2019.

23 Zur Diskussion der Ergebnisse zum Beispiel: André Vltchek, »Der Grund, weshalb der Westen entschlossen ist, Chinas Erfolg zu ignorieren«, linkezeitung.de; 22.07.2019, besucht 25.10.2019.

1 »Oje, Planwirtschaft!« Ja, aber anders: wo Pläne nicht nur Wahlkampfklamauk sind – der 13. Fünfjahresplan (2016–2020), aufregende Zukunftsideen in allen Bereichen mobilisieren Kräfte

1 »China Update 6/2018«, 9. bis 22.3.2018; online unter www.merics. org, besucht 20.5.2019.

2 Ausführlich ZHANG 2018, S. 221 ff.

3 Ebd., S. 218 ff.

4 Zum Beispiel: David Li, »70 Jahre Volksrepublik China: Spektakuläres Laboratorium für Entwicklungspolitik«, *Weltwirtschaft und Entwicklung* 9/2019, S. 2–3.

5 Zitiert nach: Georg Fahrion, »Die Bahn kommt – in China wirklich«, 14.12.2019; online unter: spiegel.de, besucht 19.12.2019.

6 Ebd.

2 »Oje, Wirtschaft und Geld!« Ja, aber auch anders: Wirtschaft, Geld, Finanzen, Technologie und die Tiefenstruktur robusten Wachstums – agile Industriepolitik, Entrepreneurship und Kreditversorgung, Regulierung und Deregulierung, Staat und Markt

1 Konkret zu China: GUO Wenbo u.a., »Inter-Organizational Governance and Trilateral Trust Building: A Case Study of Crowdsourcing-Based Open Innovation in China« (GUO 2017).

2 Carsten Herrmann-Pillath (2017), S. 309–340, 520 ff.

3 Poppe 2019.

4 LI Kai u.a., »Public interest or regulatory capture: Theory and evidence from China's airfare deregulation« (LI u.a. 2019).

5 CAO Yin, »Courts' IP decisions win respect«, *China Daily* 13.7.2018, S.1; in diesem Fall ging es um die Marke »Michael Jordan« und die chinesische Firma musste die chinesische Silben-Schreibweise ihres Produkts ändern, um auch sprachliche Ähnlichkeiten zur US-Marke zu vermeiden. Dies wurde von der Vizepräsidentin des höchsten Gerichts Chinas angeordnet und öffentlich mit dem Ziel »Credible China« in Verbindung gebracht. »Michael Jordan« musste entschädigt werden.

6 DAI Shuanping, YANG Guangzhong 2017.

7 LI Chenhui, LIAN Xubei, ZHANG Zhi, »Public education expenditure, institution development, and regional innovations: an empirical evidence from China«, *Economics e-journal* 3/2018; online unter: www.economics-journal.org, besucht 22.5.2019.

8 Bernhard Ganglmair, »Geschäftsgeheimnisse besser zu schützen, kann dem Gemeinwohl entgegenstehen«, *ZEWNEWS* März 2019, S. 9.

9 YAN Shuo, »Corporate Political Connections and the Finance-Growth

Nexus: Evidence from China«, 2018; online unter: papers.ssrn.com, besucht 19.5.2019.

10 ZHANG Lanying u.a., »Controlling Corporate Power in China: Case Studies of Seed Companies and Water Distribution« (Zhang u.a. 2018).

11 Rügemer 2018, S. 265–269; Falk Hartig, »China: Das Reich der E-Autos«, *Blätter für deutsche und internationale Politik* 6/2018, S. 25–28.

12 *China Daily* 11.7.2018, S. 6.

13 Poppe 2019.

14 Ausführlich: DAI, Shuanping, LIU, G. 2017.

15 Ebd.

16 Ebd.

17 In bestimmten Bereichen, wie der Batteriezelle, ist man ohnehin auf chinesische Technologie angewiesen, wie die Diskussion um eine geplante europäische Batteriezellenfabrik in Deutschland gezeigt hat (zum Beispiel F. Hubik, M. Fasse, »Nach BMW prüft auch Daimler den Kauf chinesischer CATL-Batteriezellen«, *Handelsblatt* 3.7.2018). Der chinesische Wissensvorsprung ergibt sich schlicht daraus, dass in Ostasien 80 Prozent aller E-Mobilitäts-Batterien hergestellt werden.

18 »Intelligente Solar-Autobahn« 26.5.2018, online unter: genzsch.word press.com, besucht 20.5.2019.

19 »China setzt auf Wasserstoff-Technologie«, 6.2.2019; online unter: genzsch.wordpress.com, besucht 21.5.2019.

20 Poppe 2019 (ähnlich auch: AHK Greater China, »Kurzanalyse und Strategiepapier ›Smart and Connected Mobility im Sichuan Becken‹«, herausgegeben vom BMUB, Berlin 2018).

21 Ebd.

22 Ebd.

23 »Strengere Regeln: China geht den Lastwagen an den Kragen«, *FAZ* 6.1.2019.

24 Ebd.

25 D. Fockenbrock, »Volvos Tempolimit regt zum Nachdenken an – Doch Nachahmer wird es kaum finden«, *Handelsblatt* 6.3.2019.

26 Zum Beispiel *Solvecon Forex-Report* 19.12.2018, S. 13 f., 16.12.2019, S. 12.

27 Zum Beispiel: Gerald Braunberger, »Bei einer Finanzkrise: Warum China besser vorbereitet ist als der Westen«, *FAZ* 26.1.2019; Kadri 2017.

28 Als eine der informativsten aktuellen Studien über die Entwicklung des chinesischen Finanzsektors, vom formellen Bankensektor über frühere informelle Finanzierungsformen, den neuen, internetbasierten und neuerdings in den nationalen Entwicklungsprozess »eingebet-

teten« und regulierten Crowdfunding-Sektor, die Verbindungen des Finanzierungssektors mit den großen IT-Unternehmen und ihren Plattformen, und die Rolle des Finanzsektors als kostengünstige Förderung neuer Technologien, Infrastrukturen und privaten Unternehmertums (Gründungen), ist: Andrea S. Funk, *Crowdfunding in China*, Cham (CH) 2019.

29 Seit 1990 begann man, kleinere, strategisch nicht wichtige Staatsunternehmen zu verkaufen (privatisieren), während die strategisch wichtigen größeren Staatsunternehmen modernisiert und effektiviert wurden; zum Beispiel: Zhang Fan 2018, S. 106 ff.

30 Zum Beispiel Kunzmann 2018, S. 67 ff.

31 Zum Beispiel: Schmid 2017, S. 45; Canfei HE, Jiangyong LU, Haifeng QIAN, »Entrepreneurship in China«, *Small Business Economics* 52 (2019), S. 563–572.

32 Zum Beispiel: Doris Fischer, »Neuartige Innovationsmuster in der chinesischen Industrie – Entrepreneurship in China«, in: J. Freimuth, M. Schädler (Hrsg.), *Chinas Innovationsstrategie in der globalen Wissensökonomie*, Wiesbaden: Springer Gabler, 2017, S. 179–204; Y. Lai, N.S. Vonortas, »Regional entrepreneurial ecosystems in China«, *Industrial and Corporate Change* 28(4), 2019, S. 875–897.

33 Zum Beispiel: *Solvecon Forex-Report* 8.4.2019, S. 3.

34 Zum Beispiel: FU Tong, »What determines firms' access to credit in the absence of effective economic institutions: evidence from China« (FU 2017).

35 Zum Beispiel: XU Jianguo, »China's Internet Finance: A Critical Review«, *China & World Economy* 25(4), 2017, S. 78–92.

36 Zum Beispiel: CHAI Shijun u.a., »Social Networks and Informal Financial Inclusion in the People's Republic of China«, *ADBI Working Paper* 802, 2018; online unter: www.adb.org, besucht 16.5.2019.

37 Zum Beispiel: XU 2017 (siehe oben).

38 Zum Beispiel: *China Daily* 11.7.2018, S. 14.

39 Zum Beispiel: Garrick Hileman, Michael Rauchs, *Global Cryptocurrency Benchmarking Study*, Cambridge Centre for Alternative Finance, Cambridge, UK, 2017. Ordos wird uns weiter unten noch begegnen als die Stadt, in der der Architekt Ai Weiwei seine Siedlung mit Millionärsvillen gebaut hatte.

40 Zum Beispiel: »China kontrolliert zwei Drittel des globalen Bitcoin-Netzwerks«, *Deutsche Wirtschaftsnachrichten* 15.12.2019.

41 Zum Beispiel: Stephen Engle, »China $10 Trillion Shadow Bank Crackdown Has Long Way to Go«, *Bloomberg News* 29.5.2018.

42 Zum Beispiel: S. Chai u.a. 2018.

43 *Solvecon Forex Report* 16.12.2019, S. 12.

44 Für die Jahre 2012–2017 zum Beispiel *Steingarts Morning Briefing* 16.5.2019, S.6 ff.

45 *Handelsblatt* 20.11.2017: »… keine Goldgräberstimmung bei Auslandsbanken … im chinesischen Finanzsektor [ist] kaum Geld zu verdienen«.

46 Ausführlich: ZHANG Fan, *The Institutional Evolution of China, Government vs Market* (Zhang 2018), S. 227 ff.

47 Ausführlich: Zhang 2018, S. 217 ff.

48 Zum Beispiel: F. Bensch, »Chinas Notenbank soll Finanzregulierung auf Vordermann bringen«, Reuters 19.7.2017; ferner: »China verschärft offenbar Kontrollen«, *Handelsblatt* 28.10.2017.

49 Rasmus 2018.

50 Zum Beispiel: *Solvecon Forex Report* 16.12.2019, S. 3.

51 Zum Beispiel: Jörg Kronauer, »Londons Geschäfte mit China«, *junge Welt* 8.11.2019, S. 3.

52 Ausführlich zum Beispiel: Rasmus 2018.

53 Zum Beispiel: Larry Romanoff, »History of Chinese Inventions. The Present and the Future«, 24.10.2019; online unter: www.globalresearch.ca, besucht 19.2.2020.

54 Fred Reed, »China Tech: Interesting Bits and Pieces«, 29.6.2019; online unter: www.unz.com, besucht 13.12.2019.

55 Zum Beispiel: Mahmood Shubbak, »The technological system of production and innovation: The case of photovoltaic technology in China«, *Research Policy* 48(4), 2019, S. 993–1015; ders., *Forging Ahead. Technology Development and Emerging Economies*, Bremen 2018.

56 Ebd.

57 Zum Beispiel: Juan R. Perilla Jimenez, »Mainstream and evolutionary views of technology, economic growth and catching up«, *Journal of Evolutionary Economics* 29(3), 2019, S. 823–852; Yandong ZHAO, Miao LIAO, »Chinese perspectives on responsible Innovation«, in: *International Handbook on Responsible Innovation*, hg. von R. von Schomberg, J. Hankins, S. 426–440, Cheltenham, Northampton 2019.

58 Schon 2014 meldete China über 800 000 Patente an im Vergleich zu 285 000 der USA, siehe G. Jenner, »Globus unter dem Zepter Chinas?«, 2019; online unter: www.gerojenner.com; besucht 21.5.2019.

59 So zum Beispiel HU Albert G., Gary H. Jefferson, »A great wall of patents: What is behind China's recent patent explosion?«, *Journal of Development Economics* 90 (2009), S. 57–68.

60 Zum Beispiel: Larry Romanoff, »History of Chinese Inventions. The Present and the Future«, *Global Research* 24.10.2019.

61 *Solvecon Forex-Report* 23.5.2019, S. 3.

62 Fred Reed, »China Tech: Interessante Kleinigkeiten«, dt. Übersetzung auf: einarschlereth.blogspot.com; besucht 21.5.2019.

63 Zum Beispiel: Baban Hasnat, »Big Data: An Institutional Perspective on Opportunities and Challenges«, *Journal of Economic Issues* 52(2), 2018, S. 580–588.

64 *Steingarts Morning Briefing* 9.4.2019.

65 Ebd. Man beachte, dass die EU im Vertrag von Lissabon (2000) erklärt hatte, die EU zum »dynamischsten wissensbasierten Wirtschaftsraum in der Welt« machen zu wollen. Heute sagt ein führender Unternehmer und Inhaber einer Technologiefirma über Deutschland im Kontext von KI: »Wir sind ein lebendes Museum« (ebd.).

66 Eine Umrechnung der Ausgaben pro Kopf wäre hier übrigens nicht angemessen, da die Erkenntnisse, ob patentiert oder nicht, anwendungsseitig in alle relevanten Bereiche einer Ökonomie strömen, also »Commons« (Gemeingüter) werden, und da China herstellungsseitig als ein Land, das soeben erst dem Status des Entwicklungslandes entwachsen ist, noch einen überdurchschnittlichen Anteil von Menschen mit einer großen Distanz zu Wissen und Wissenschaft »mitziehen« muss.

67 *Steingarts Morning Briefing* 9.4.2019.

68 Wolfgang Buechele, »Wir müssen China nicht fürchten«; online unter: www.linkedin.com, besucht 11.11.2019.

69 Ebd.

70 Ebd., S. 584 f.

71 Zum Beispiel: Hasnat, »Big Data: An Institutional Perspective on Opportunities and Challenges« (Hasnat 2018).

72 So etwa definiert Wikipedia »Governance«.

73 Ausführlicher zum Beispiel: Larry Romanoff, »History of Chinese Inventions«, 24.10.2019; online unter: www.globalresearch.ca, besucht: 19.02.2020.

74 Tom Huddleston, »Carly Fiorina Says the Chinese ›Don't Innovate‹«, 26.5.2015; online unter: time.com, besucht 26.12.2019 (eigene Übersetzung).

75 Eva Dou: »Chinese Innovation: Now Comes the Hard Part, Says Study«, *Wall Street Journal,* 22.10.2015.

76 Larry Romanoff, »History of Chinese Inventions«, 24.10.2019; online unter: www.globalresearch.ca, besucht 26.12.2019. (eigene Übersetzung).

77 Noch einmal das Beispiel KI: Das führende IT-Unternehmen *Alibaba* zum Beispiel hat ein Budget in Höhe von 16 Milliarden Euro für KI aufgestellt; die Stadt Tianjin allein stellt knapp 13 Milliarden Euro für KI zur Verfügung. In China kann man bereits mehr als 70 KI-Studien-

gänge studieren (siehe Jörg Kronauer, »Planlos in die Zukunft«, *junge Welt* 19.3.2019).

78 A. Vltchek, »Der Grund, weshalb der Westen entschlossen ist, Chinas Erfolg zu ignorieren«, 22.07.2019; online unter: linkezeitung.de, besucht 1.11.2019.

79 Zum Beispiel: Jörg Kronauer, »Planlos in die Zukunft«, *junge Welt* 19.3.2019.

80 Ebd.

81 Hasnat 2018, S. 584 f.

82 Im Jahre 2020 sind unter den 100 größten wirtschaftlichen Einheiten der Welt nur noch 22 Staaten, aber 78 Konzerne. 78 Konzerne sind also im Wesentlichen so groß wie die 22 größten Länder der Welt.

83 »Onlinehändler erzielen beim »Singles Day« neue Rekorde«, 11.11.2017; online unter: www.handelsblatt.com, besucht 25.5.2019.

84 Mehr darüber und über Jack Ma zum Beispiel bei Rügemer 2018, S. 278f.

85 So zum Beispiel deutlich und kritisch der frühere Weltbankchef Robert Zoellick, siehe Simon Zeise, »Trumps Parallelwelt«, *junge Welt* 15.1.2020; oder der bekannte US-Ökonom Dean Baker im Interview, siehe »Die chinesische Wirtschaft wurde kaum getroffen«, *junge Welt* 15.2.2020.

86 Siehe zum Beispiel die Analyse zu Trumps Technologiekrieg bei: Finn Mayer-Kuckuk, »Zartbittere Zeiten für Chinas Technikbranche«, 11.11.2019; online unter: www.golem.de, besucht 16.2.2019.

87 Ebd.

88 Ebd.

89 *Solvecon Forex Report* 16.12.2019, S. 12.

90 Mayer-Kuckuk (siehe oben), ebd.

91 Zum Beispiel: Denise Bergert, »Erstes Huawei-Smartphone ohne US-Komponenten«, 5.12.2019; online unter: www.computerwoche.de, besucht 16.12.2019.

92 *Solvecon Forex Report* 16.12.2019, S.12.

93 Zum Beispiel: Ingo Dachwitz, Tomas Rudl, Simon Rebiger, »Was wir über den Skandal um Facebook und Cambridge Analytica wissen«, 21.3.2018; online unter: netzpolitik.org, besucht 15.12.2019.

94 Kaum nötig zu erwähnen, dass im Zweiten Kalten Krieg des »Westens« »der Russe« für die imperiale Medien- und Politikindustrie wieder der Inbegriff des Bösen schlechthin ist. Trumps Fake-Maschinerie aber den normalen Menschen als »Russiagate« zu verkaufen, ist ein Fake, der Trumps Fakerei selbst schon übertrifft. Natürlich ist im Mega-Getöse kaum aufgefallen, dass auch kein Sonderermittler je etwas Substanzielles dazu präsentieren konnte. Dass hiermit noch viele Menschen

außerhalb der »westlichen« Zentren eingefangen werden können, kann bezweifelt werden. Der König steht immer nackter vor der Welt.

3 »Oje, Staatseigentum!« Eigentum, Unternehmertum, Sharing Economy: Vielfalt der chinesischen Eigentums- und Unternehmensformen

1 Zum Beispiel: Lin 2017.

2 Zum Beispiel: LI Qiangzhi, »Institutional Innovation and Sharing Economy Development«, Vortrag auf dem Tianjin Forum »Innovation and Cooperation«, 8.7.2017, mimeo.

3 So ZHANG Xinhong, »Status and Trends of Chinese Sharing Economy«, Vortrag auf dem Tianjin Forum »Innovation and Cooperation«, 8.7.2017, mimeo.

4 Poppe 2019.

5 Ausführlich kritisch dazu: Peter HO, »In defense of endogenous, spontaneously ordered development: institutional functionalism and Chinese property rights«, *Journal of Peasant Studies* 40(6), 2013, S. 1087–1118.

6 Zum Beispiel: HO 2013, ebd.; Paddy Ireland, Gaofeng MENG, »Postcapitalist property«, *Economy and Society* 46(3–4), 2017, S. 369–397.

7 Die neuere Literatur zur Nutzung von Gemeinschaftsgütern (Commons) bestätigt, dass die ökonomische Effektivität ihrer Nutzung tatsächlich von den konkreten Merkmalen der Nutzungsarrangements abhängt, und individualistische Eigentumsrechte in »Märkten« im Großen und Ganzen keineswegs eine Lösung sind.

8 Ireland, MENG 2017, ebd.

9 »Post-kapitalistisches Eigentum«, so argumentieren Ireland und Meng (2017), muss tatsächlich nicht nur durch klar definierte kollektive Eigentumsformen charakterisiert sein, sondern ist sehr wohl mit einer großen Breite institutioneller Möglichkeiten vereinbar.

10 Qunyi LIU, »Rethinking Land Reform in East Asia: Egalitarian or Inegalitarian?«, *Journal of Economic Issues* 52(3), 2018, S. 694–716.

11 John R. Commons, *Institutional economics. Its place in political economy*. New York: Macmillan. 2 Bde., Erstveröffentlichung 1934. Neuauflage: New Brunswick, N.J.: Transaction Publishers, 1990.

12 Zum Beispiel: Yanlong ZHANG, »Rise of Contract: On the Institutional Account of Rural Land Titling in China«, mimeo., Chinese Academy of Social Sciences, Beijing 2018.

13 Zum Beispiel: Fan ZHANG 2018, S. 110 ff.

14 Zum Beispiel: Hardy, Jane, Imani, Yassamin, Zhuang, Beini, »Regional resilience and global production networks in China: An open political economy perspective«, *Competition and Change* 22(1), S. 63–80.

15 Siehe aber auch ebd.

16 Siehe auch zum Beispiel:»Township and Village Enterprises«; online unter: en.wikipedia.org, besucht 27.5.2019.

4 »Nur arme Schlucker und Milliardäre!« Einkommen, Verteilung und Rückverteilung nach unten: Armutsbeseitigung, Lohnsteigerungen, Steuersenkungen – und Druck auf die Milliardärseinkommen

1 Zum Beispiel: Le Tian:»What you should know about China's poverty alleviation campaign«, 17.10.2018; online unter: news.cgtn.com; besucht 28.5.2019.

2 Zum Beispiel: Kunzmann 2018, S. 76 ff.; Schmid 2017, S. 49.

3 Zum Beispiel: Schmid 2017, S. 44–45.

4 Siehe dazu den »Rural Vitalization Strategy Plan 2018–2022«; *China Daily* 6.7.2018, S. 3.

5 Kuznets, Simon,»Economic Growth and Income Inequality«, *American Economic Review* 45(1), 1955, S. 1–28.

6 LIU 2018, S. 703–715.

7 Ebd., S. 45–47.

8 Zum historischen Phänomen von Vietnams Entwicklung vom Kriegsopfer der USA zum neoliberalen Modell und zum militärstrategischen Partner der USA: Michel Chossudovsky,»Neoliberalism and ›The Vietnam Model‹. Who Won the Vietnam War?«, *Global Research* 9.3.2019.

9 KPMG,»One giant step forward in Chinese IIT reform«; 10.12.2018; online unter: www.internationaltaxreview.com; besucht 28.5.2019.

10 Zum Beispiel:»China reduziert die Mehrwertsteuerbelastung«, 29.3.2018; online unter: www.roedl.de, besucht 30.5.2019.

11 Zum Beispiel: Schmid 2017, S. 49.

12 Zum Beispiel: Kathrin Gerlof,»Frauen in China. Die Rolle der Erde«, *Neues Deutschland* 2.10.2019.

13 Der *Gini-Koeffizient* wird folgendermaßen berechnet: Auf einer horizontalen Achse werden in gleichen Schritten die einkommensärmsten (meist) zehn Prozent der Bevölkerung, dann die zweitärmsten zehn Prozent, die drittärmsten usw. bis zu den reichsten zehn Prozent abgetragen, auf einer vertikalen Achse werden die jeweiligen Prozentanteile der Einkommen dieser Bevölkerungsgruppen am gesamten Sozialprodukt (Volkseinkommen) kumulativ abgetragen. Es ergibt sich im Falle einer perfekten Gleichverteilung der Einkommen (zehn, 20,

30 … Prozent der Bevölkerung besitzen exakt zehn, 20, 30 … Prozent Anteil am Gesamteinkommen) eine Diagonale durch das Quadrat, das von den beiden Achsen gebildet wird. In der Realität nicht-perfekter Gleichverteilung ergibt sich eine »Kurve« unterhalb der Diagonalen, die erst schwach ansteigt (die untersten zehn Prozent haben zum Beispiel ein Prozent am Sozialprodukt), dann steil endet (die obersten zehn Prozent haben zum Beispiel 30 Prozent am Sozialprodukt). Der Gini-Koeffizient ist das Verhältnis der Fläche zwischen Kurve und Diagonalen zur Fläche des gesamten Dreiecks. Er ist =0 bei perfekter Gleichverteilung und =1 bei perfekter Ungleichverteilung (nur eine Person erhält das gesamte Einkommen).

14 Chris Dillow, »Eight Reasons Why Inequality Ruins the Economy«, Mai 2019; online unter: evonomics.com, besucht 28.5.2019; ausführlich zum Beispiel auch: Richard Wilkinson, Kate Pickett, *Gleichheit ist Glück: Warum gerechte Gesellschaften für alle besser sind*, Berlin: Haffmans und Tolkemitt, 2013.

15 Über eine horizontale Achse des Pro-Kopf-Einkommens (auf der sich eine längerfristig wachsende Ökonomie dann mit der Zeit nach rechts bewegt) würde sich dann eine umgekehrte U-Kurve des Gini-Koeffizienten zeigen.

Dieser Ansatz ist für China intensiv empirisch und theoretisch beforscht worden, insbesondere von einem führenden chinesischen Ökonomen, Chen Zongsheng, dem Dekan des China Fortune Economic Research College, der diese sogenannte »Inverted U-Theory« für China entwickelt und empirisch ermittelt hat.

16 LIU 2018, S. 712 ff.

17 Zum Beispiel Kunzmann 2018, S. 82–83. Zhang 2018, S. 167–171.

18 Chee Zongsheng, *Keynote*, Tianjin Forum, Juli 2017, mimeo.

19 Kunzmann 2018, S. 83 f.

20 Internationale Vergleiche und Ranking-Listen variieren je nachdem, welche konkreten Datengrundlagen und Variablen (zum Beispiel laufende Einkommen oder Vermögensbestände, Bruttosozialprodukt oder Volkseinkommen, Bruttoeinkommen, Einkommen nach Steuern oder verfügbares Einkommen usw.) zur Berechnung herangezogen werden. In einigen statistischen Berechnungen steigt der chinesische Gini-Koeffizient seit 2016 sogar wieder an: https://www.ceicdata.com/en/china/resident-income-distribution/gini-coefficient; besucht 17.12.2019.

21 Zum Beispiel: Kequing HAN, »China's Social Transition and Social Welfare Reform«, in: *Social Welfare in Transitional China*, Heidelberg et al.: Springer, 2019, S. 17–47.

5 »Alles Arbeitssklaven!« Arbeit und Soziales in Bewegung: Arbeitsrechte und Arbeitskämpfe, Sozialversicherung und Krankenversorgung, Frauenemanzipation und Bevölkerungspolitik, Wanderarbeiter und »Hukou«, soziale Mobilisierung und lokale Partizipation

1 Kunzmann 2018, S. 77 ff.

2 Zum Beispiel: Kunzmann 2018, S. 79 f.

3 Zum Beispiel: Andrea Bernardi, Francesco Grillo, Donni Wang, *The Innovation Paradox Versus Innovation with Chinese Characteristics: Through the Lens of Healthcare and Economic Policy*, Präsentation auf der Jahrestagung der *European Association for Evolutionary Political Economy*, Warschau 2019.

4 Zum Beispiel: ZHANG Fan 2018, S. 109 ff.

5 Zitiert nach Kadri 2017, S. 41.
Zur Unterstützung der Arbeiterschaft durch die KPCh zum Beispiel auch: Schmid 2018, S. 37, unter Bezug auf einen entsprechenden Beschluss der KPCh von 2013.

6 Stiftung Asienhaus in Zusammenarbeit mit dem Forum Arbeitswelten e.V. und express (Hg.), »Chinesische Arbeitswelten – in China und in der Welt«, Pdf online unter: www.forumarbeitswelten.de, besucht 30.5.2019; siehe auch Küsters 2018, S. 18 f.; mehr auch unter: Internationaler Gewerkschaftlicher Arbeitskreis Köln IGAKK, besucht 31.5.2019.

7 Zum Beispiel: Rügemer 2018, S. 277–280.

8 Werner Rügemer, »Die Volksrepublik China und ihre globale Bedeutung. Teil 2«, 20.5.2019; online unter: www.world-economy.eu, besucht 31.5.2019.

9 Ebd.

10 Bennett Guillaume, »Der Weg zur Gleichheit«, 8.3.2018; online unter: www.unsere-zeit.de, besucht 30.5.2019.

11 Kathrin Gerlof, »Frauen in China. Die Rolle der Erde«, *Neues Deutschland* 2.10.2019

12 *Handelsblatt* 31.5.2019.

13 Kathrin Gerlof, »Frauen in China. Die Rolle der Erde«, *Neues Deutschland* 2.10.2019;.

14 Zum Beispiel: *China Daily* 10.7.2018, S. 5.

15 »Ein-Kind-Politik«, Eintrag unter de.wikipedia.org; besucht 1.6.2019.

16 Siehe zum Beispiel: *Steingarts Morning Briefing*, 25.2.2020.

17 Ausführlich ebd.

18 Dabei ist aber unter anderem auch herausgefunden worden, dass Einzelkinder durchaus höhere Bildungserfolge haben als Kinder mit Ge-

schwistern: LAO Yehui, DONG Zhiqiang, »The only child, birth order and educational outcomes«, *Economics e-journal*, 2019–7.

19 Eine gleichbleibende Bevölkerungszahl verlangt eine Geburtenrate von ca. 2,1 Kindern pro Elternpaar.

20 Zum Beispiel: CAI Yong, CHENG Yuan, »Pension Reform in China: Challenges and Opportunities«, *Journal of Economic Surveys* 28(4), S. 636–651.

21 Teresa Wright, »Labour protest in China's private sector: responses to Chinese communism with capitalist characteristics«, *Economy and Society* 47(3), S. 382–402.

22 Den Gastbeitrag von Dr. Rolf Geffken können Sie unter www.westend-verlag.de/china abrufen. Ergänzend zum Beispiel: Rügemer 2018, S. 275 ff.

23 Zum Beispiel: GAO Jia, SU Yuanyuan, *Social Mobilisation in Post-Industrial China. The Case of Rural Urbanisation*, Cheltenham, UK, Northampton, MA, USA: E. Elgar, 2019, insbesondere S. 184 ff.

24 Zum Beispiel: YANG Xuehui, CHEN Feng, »Seeking solutions: how local governments handle collective labour disputes«, in: Ray Yep u.a. (Hg.), *Handbook on Urban Development in China*, Cheltenham, UK, Northampton, MA, USA: E. Elgar, 2019, S. 313 ff.

25 Rügemer, »Die Volksrepublik China und ihre globale Bedeutung. Teil 2«, *World Economy* 20.5.2019 (siehe auch Fußnote weiter oben), S. 2.

26 Zum Beispiel: Y. Zhao, M. Liao, »Chinese perspectives on responsible innovation«, in: *International Handbook on Responsible Innovation*, 2019, insbesondere und mit Beispielen: S. 429–431, 436–438.

27 A. Vltchek, »Der Grund, weshalb der Westen entschlossen ist, Chinas Erfolg zu ignorieren«, 22.7.2019; online unter: einarschlereth.blog spot.com, besucht 1.11.2019.

6 »Arme Bauerndörfer und Monsterstädte!« Regionale Angleichung und Aufholung, neuartige Kooperationsregionen, lebenswerte Megacitys, neue Wälder um neue Hochhäuser, und das »Netzwerk der 300 grünen Städte«

1 Losurdo 2017.

2 Veranstaltungshinweis der Rosa Luxemburg Stiftung, »Impressionen aus China – Aktuelle Entwicklungen nach dem 18. Parteitag der KPCh«.

3 CHEN Zongsheng, Keynote, Tianjin Forum 2017, mimeo.

4 ZHENG Yongnian, National University of Singapore, Keynote, Tianjin Forum 2017, mimeo.

5 Zum Beispiel: Yao, Changcheng, »Research on the Formation of Functionally Polycentric Structures from the Perspective of Knowledge Col-

laboration: A Case Study of Eight City Clusters in China«, Jilin University, School of Economics, 2018, mimeo.

6 Zur Beschreibung der Großstädte Südostasiens zum Beispiel: A. Vltchek, »China's Belt and Road (BRI) Could Save Destroyed Southeast Asia«, 12.8.2019; online unter: www.globalresearch.ca, besucht 1.11.2019.

7 15 der 20 Städte mit der weltweit schlechtesten Luftqualität liegen nach dem *Energy Policy Institute* der Universität Chicago im pro-»westlichen«, kapitalistischen Indien (so Jörg Kronauer, »Klimapolitik in USA und China«, *junge Welt* 7.8.2019).

8 Zum Beispiel: SHEN Z., »Overview: Big Data Support for Urban Planning and Management in China«, in: SHEN Z., LI, M. (Hg.), *Big Data Support of Urban Planning and Management, Advances in Geographic Information Science*, Cham, CH: Springer, 2018.

9 A. Vltchek, »Der Grund, weshalb der Westen entschlossen ist, Chinas Erfolg zu ignorieren«; online unter: einarschlereth.blogspot.com, besucht 1.11.2019.

10 David Gosset, Keynote, Tianjin Forum 2017, mimeo.

11 Zum Beispiel: Thomas Heberer, »Urban neighborhood communities (*shequ*) as new institutions of urban governance«, in: *Handbook on Urban Development in China*, 2019, S. 360–391.

7 »Größter Umweltverschmutzer!« Umwelt- und Klimaschutz: von der abhängigen Dreckschleuder des Westens zur ökologischen Führungsmacht – Ökorevolution an allen Fronten, Bäume, Bäume, Bäume und die »Waldameisen«-App …

1 Alle Zahlen entnommen aus: Joachim Jahnke, »Klima-Notstand: Was würde eine grüne Regierung ändern?«, 29.05.2019; online unter: www.jjahnke.net, besucht 4.6.2019.

2 So der Historiker Richard Smith, zum Beispiel in seinem Artikel »China's drivers and planetary ecological collapse«, *real-world economics review* 82, 2017.

3 Ebd., S. 23 ff., S. 27 f.

4 Siehe auch bereits oben Teil I.

5 Jahnke 2019 (siehe oben), ebd.; Kunzmann 2018, S. 87 ff.

6 Jahnke 2019, ebd.

7 Zum Beispiel: Kunzmann 2018, S. 88.

8 Kunzmann 2018, S. 95.

9 Ausführlich: Larry Romanoff, »History of Chinese Inventions. The Present and the Future«, *Global Research* 24.10.2019.

10 Ebd.

11 Ebd.

12 Ebd.

13 Ebd.

14 Zum Beispiel: Niu Honglei, Lekse, William, »Carbon emission effect of urbanization at regional level: empirical evidence from China«, *economics* e-journal, 2018–44, 12.7.2018.

15 Yang FEI u.a., »Can reducing carbon emissions improve economic performance? Evidence from China«, *economics* e-journal 2019–13, 12.2.2019.

16 Ebd.

17 Zum Beispiel: ZHUANG Miao, Tomas Balezentis et al., »Environmental Performance and China's Atmospheric Pollutant Emissions: Evidence from ›Three Regions and Ten Urban Agglomerations‹«, *Environmental and Resource Economics* 74 (2019), S. 211–242.

18 Zum Beispiel: WANG Mingjie, »Report claims China can fully develop and also cut its emissions to zero«, *China Daily*, 26.1.2020.

19 Ulrich Brand, Markus Wissen, *Imperiale Lebensweise: Zur Ausbeutung von Mensch und Natur in Zeiten des globalen Kapitalismus*, München: oekom Verlag, 2017.

20 Zum Beispiel: Thomas Johnson, »Environmental protest in urban China«, in: *Handbook on Urban Development in China*, 2019, S. 329–342.

21 Zum Beispiel: Simon Göß, »Erneuerbare Energien in China 2019«, 9.9.2019; online unter: blog.energybrainpool.com, besucht 1.11.2019.

22 Zum Beispiel: Jörg Kronauer, »Klimapolitik in USA und China«, *junge Welt* 7.8.2019, Beilage S. 3.

23 Zum Beispiel: Jared Diamond, Liu Jianguo, »China's environment in a globalizing world«, *Nature* 435, 2005, S. 1179–1186.

24 Madeleine Genzsch, »Suizid deutscher Autohersteller«, *Ecological China*, 29.10.2018.

25 Zum Beispiel: *Steingarts Morning Briefing* 16.12.2019.

26 Ebd.

27 Frank Schumann, »China produziert hochwertigere E-Autos«, *junge Welt* 23.12.2019, S. 3.

28 Zum Beispiel auch: Madeleine Genzsch, »350 km/h ohne Verspätung«, 28.11.2019; online unter: genzsch.wordpress.com, besucht 29.11.2019.

29 Zum Beispiel: »Strengere Regeln: China geht den Lastwagen an den Kragen«, *FAZ* 6.1.2019.

30 tagesschau.de am 5.1.2019; besucht 5.6.2019.

31 Ebd.

32 »U-Bahn fahren kostet 20 Plastikflaschen«, 20.11.2018; online unter: genzsch.wordpress.com; besucht 6.6.2019.

33 Ebd.

34 Werner Pluta, »Schneller Magnetschwebezug in China vorgestellt«, 27.5.2019, online unter: www.golem.de; besucht 5.6.2019.

35 Diamond LIU 2005.

36 Karla Lant: »China Has Officially Started Construction on the World's First ›Forest City‹«, 27.06.2017; online unter: futurism.com, besucht 7.6.2019.

37 »China to have 300 forest cities by 2025«, 9.7.2018; online unter: www.chinadaily.com.cn, besucht 7.6.2019.

38 Ebd.

39 Diamond, LIU 2005.

40 »China trägt am meisten zur globalen Grünflächenausdehnung bei«; 28.2.2019; online unter: german.china.org.cn, besucht 1.11.2019.

41 Aktuellere und detaillierte Listen aller allgemeinen und spezialisierten Schutz- und Entwicklungszonen: »List of protected areas of China«; online unter en.wikipedia.org, besucht 7.6.2019.

42 Zum Beispiel: Kunzmann 2018, S. 94.

43 Diamond, Liu 2005.

44 »Die Grüne Mauer«, 4.10.2018; online unter: genzsch.wordpress.com; besucht 8.6.2019.

45 Ausführlich zum Beispiel auch: Georges Hallermeyer, »Klimaschutz auf Chinesisch: Große Grüne Mauer – Chinas Jahrhundert-Projekt«, *Neue Rheinische Zeitung* 13.8.2019; auch: Hartmut Barth-Engelbart, »Klimaschutz auf Chinesisch«, 1.9.2019; online unter: www.barth-engelbart.de, besucht 1.11.2019.

46 *Süddeutsche Zeitung* 22.12.2016.

47 So das UN Environment Program UNEP: »China's desert greening efforts inspire world: UNEP chief«, 10.7.2017; Video online unter: you tube.com und UN Environment, »List of Projects under Implementation as at 30 September 2018«; online unter: wedocs.unep.org, beide besucht 7.6.2019.

48 Ausführlich zum Beispiel: Uwe Kerkow, »Chinas Grüne Große Mauer«, 16.1.2020; online unter: www.heise.de, besucht 16.2.2020.

49 NASA: »Human Activity in China and India Dominates the Greening of Earth, NASA Study Shows«, 11.2.2019; online unter: www.nasa.gov, besucht 1.11.2019.

50 Zum Beispiel U. Kerkow, ebd.

51 Zum Beispiel: »China erfüllt die Ziele für 2018«, 21.1.2019; online unter: german.china.org; besucht 1.11.2019.

52 Zum Beispiel: Kunzmann 2018, S. 94.

53 »Grünes Wunder in der Kubuqi-Wüste« 20.5.2019; online unter: german.china.org.cn, besucht 8.6.2019., siehe auch: United Nations En-

vironment Programme, »Review of the Kubuqi Ecological Restoration Project: A Desert Green Economy Pilot Initiative«, 2015; online unter: wedocs.unep.org, besucht 29.01.2020.

54 Ebd.

55 Bei solchen Metaphern müsste man sich eigentlich regelmäßig bei der Natur entschuldigen. Wölfe zum Beispiel sind ja kluge, soziale und kooperierende Lebewesen.

56 Ich beziehe mich meist auf die Zeitung *China Daily*, die, ähnlich der *USA Today* in den USA, im Vergleich zur Durchschnittspresse relativ sachlich und mit Blick auf ein internationales Publikum auch relativ materialreich berichten.

57 *China Daily* 6.7.2018, S. 5; 13.7.2018, S. 4.

58 *China Daily* 6.7.2018, S. 8.

59 *China Daily* 10.7.2018, S. 5. Zahlreiche weitere spektakuläre Beispiele der umfassenden Ökorevolution in China sind etwa auf der Website Ecological China (genzsch.wordpress.com) nachlesbar.

60 In China zieht »der Knast« keine lebenslange Stigmatisierung oder gar endgültiges Erlernen von Kriminalität nach sich. Die Rehabilitation steht im Vordergrund: Wird die Beseitigung der Mängel nach einem Jahr nachgewiesen, ist auch die Person des Managers wieder vollkommen rehabilitiert, was dann übrigens auch in der Zeitung stehen kann.

61 Zum Beispiel: Kunzmann 2018, S. 91.

62 »China Circular Economy Promotion Law«, 27.1.2017; online unter: ppp.worldbank.org, besucht 8.6.2019.

63 »Blue Map – UmweltApp«, 14.8.2018; online unter: genzsch.word press.com, besucht 8.6.2019; Die Karten sind hier einsehbar: wwwen. ipe.org.cn.

64 Zum Beispiel: »App belohnt nachhaltiges Konsumverhalten«, 21.3.2019; online unter: genzsch.wordpress.com, besucht 9.6.2019.

65 »Stroh statt Plastik«, 12.11.2018; online unter: genzsch.wordpress. com, besucht 11.6.2019.

66 Zum Beispiel: *prognos newsletter* Mai 2019, S. 14 f.

67 *China Daily* 11.7.2018, S. 17.

68 *China Daily* 6.7.2018, S. 16; 14./15.7.2019, S.7.

69 *China Daily* 7./8.7.2018, S. 7.

70 *China Daily* 11.7.2018, S. 10.

71 Zum Beispiel in riesigen Öko-Parks der Hafenstadt Qingdao: Frank Schumann, »Vorreiterrolle in Ökologie angestrebt«, *junge Welt* 23.12.2019, S. 3.

72 Zum Beispiel: Larry Romanoff, »History of Chinese Inventions. The Present and the Future«, 24.10.2019; online unter: globalresearch.ca, besucht 20.2.2020.

73 »China Meets 2020 Carbon Target Three Years Ahead of Schedule«, 28.3.2018; online unter: unfccc.int, besucht 8.6.2019.

74 John B. Cobb, Jr., *China and Ecological Civilization*, in conversation with Andre Vltchek, Jakarta, Indonesia: Badak Merah Semesta, 2019 (eigene Übersetzung).

75 Zitiert nach: »Grüne Innovationen beim Jahreskongress des CCICED«, 4.11.2018; online unter: genzsch.wordpress.com, besucht 8.6.2019.

76 Jared Diamond, *Collapse: How Societies Choose to Fail or Survive*, London, New York: Penguin Books, 2005, S. 377 (eigene Übersetzung).

77 Michael Greenstone, »Four Years After Declaring War on Pollution, China Is Winning«, 12.3.2018; online unter: nytimes.com, besucht 20.2.2020 (eigene Übersetzung).

78 Zitiert nach: »Blauer Himmel über Chinas Metropolen«, 11.6.2019; online unter: genzsch.wordpress.com, besucht 11.6.2019.

79 Hou Liqiang, »Major cities experience drop in air pollutants, greenhouse gases«, 6.6.2019; online unter: www.chinadaily.com.cn, besucht 11.6.2019.

8 »Neuerfindung der Diktatur!« Alltagsverhalten und Verhaltens-»Nudging«: Philosophie, Religion, Konsumverhalten, Korruptionsbekämpfung – und das »glaubwürdige China«

1 Zum Beispiel: *China Daily* 10.7.2018, S. 4.

2 Ausführlich zum Beispiel: ZHANG Fan, *The Institutional Evolution of China*, 2018, S. 243 ff.

3 »Chinese Premier Li Keqiang's speech at Davos 2015«, 23.1.2015; online unter: www.weforum.org, besucht 13.6.2019.

4 Viola ZHOU, »China is the world's most optimistic country. Here's why«, 2.10.2018; online unter: www.inkstonenews.com, besucht 13.6.2019.

5 Zum Beispiel ein großer Beitrag über Buddhismus in: *China Daily* 13.7.2018, S. 10.

6 Zum Beispiel: Zhang, *The Institutional Evolution of China: Government Vs Market* 2018, S. 221 ff., S. 242 f.

7 Ebd., S. 171 f.; Zahlen nennt *Merics China Update* 6/2018: In fünf Jahren (2013–2017) wurden 1,5 Millionen Parteikader bestraft, davon 440 in hohen provinziellen und ministeriellen Ämtern.

8 ZHANG 2018, S. 213.

9 Ebd., S.172; zum Beispiel auch: »Bo Xilai«; online unter: de.wikipedia.org; besucht 22.12.2019.

10 ZHANG 2018, S.212 f.

11 Zum Beispiel auch: Rügemer 2018, S. 281 f.

12 Ebd., S. 218–221.

13 Als »allgemeines Vertrauen« (engl. general Trust) wird in der weltweiten Sozial- und Werteforschung, so auch in China, etwa die durchschnittliche Zahl der »Ja«-Antworten gewertet auf die Frage »Glauben Sie, Sie können dem nächstbesten Menschen, dem Sie begegnen, vertrauen?« Der sogenannte »World Value Survey«, unterstützt durch die Weltbank, erhebt allgemeines Vertrauen standardisiert und repräsentativ in den meisten Ländern der Welt, zumal es in der Tiefenstruktur einer Sozioökonomie hochgradig korreliert mit wirtschaftlichem und sozialem Erfolg eines Landes (zum Beispiel: S. Dai, W. Elsner, *Declining Trust in Growing China*, 2015); auch andere Institutionen, wie die University of Michigan (Ann Arbor, USA) bauen entsprechende Datensätze und Analysen zum allgemeinen Vertrauensgrad in der Gesellschaft auf.

14 *South China Morning Post* v. 22.1.2019, unter Berufung auf Bloomberg: »China's parents still mistrust country's brands 10 years after lethal milk powder scandal«, 22.1.2019; online unter: scmp.com, besucht 14.6.2019.
Es ist auch bekannt, dass Babymilchpulver ein beliebtes Importgut Chinas aus Deutschland ist. Chinesische Touristen in Deutschland kaufen immer noch die Regale von Babymilchpulver leer und füllen damit ihre Koffer für die Heimreise. (Vielleicht sollten die jungen Mütter in China wieder mehr lernen zu stillen.)

15 *China Daily* 17.10.2018.

16 *China Daily* 14./15.7.2018, S. 6.

17 E-Mail-Kommunikation mit Prof. Dr. S. Dai vom 13.11.2018.

18 Julia Rotenberger, »China verwehrt Bürgern mehr als 11 Millionen Flüge – wegen schlechten Benehmens«, 25.5.2018; online unter: www.handelsblatt.com, besucht 15.6.2019.

19 Zum Beispiel: Florian Rötzer, »Sozialkreditsysteme im Kapitalismus«, 29.8.2019; online unter: www.heise.de/tp ; besucht 1.11.2019.

20 Zum Beispiel: Sebastian Carles, »Völkerentzweier des Tages: ›Soziale Netzwerke‹«, 24.8.2019; online unter: www.jungewelt.de; oder Steve Sweeney, »Digitale Eskalation«, 20.11.2019; online unter: www.unsere-zeit.de, beide besucht 27.10.2019.

21 Zum Beispiel: »Führender Twitter-Manager steht im Dienst der britischen Einheit für Informationskriege«, 5.10.2019; online unter: deutsche-wirtschafts-nachrichten.de, besucht 27.10.2019.

22 Die Preisträger waren Richard H. Thaler und Cass R. Sunstein; zum Beispiel: dieselben, *Nudge: Improving Decisions About Health, Wealth and Happiness*, London, New York 2008.

23 Deutsches Institut für Wirtschaftsforschung, »Stupsen und Schubsen (Nudging): Ein neues verhaltensbasiertes Regulierungskonzept«, *Vierteljahreshefte zur Wirtschaftsforschung* 87(1), 2018.

24 Ferner zum Beispiel: Monika Ermert, »China: Viele Regierungen filtern das Netz«, 14.5.2009; online unter: www.heise.de/newsticker, besucht 15.6.2019, vgl. auch Williamson 2017.

25 Zum Beispiel: Feng YANG et al., »Internet Governance in China: A Content Analysis«, *The Palgrave Handbook of Local Governance in Contemporary China*, Singapore: Palgrave Macmillan Springer Nature, 2019, S. 441–463.

26 M. Ermert, a.a.O., ebd.

27 So zum Beispiel auch Williamson 2017.

28 »Zensur & Das Gras-Schlamm-Pferd«, 11.2.2019; online unter: genzsch.wordpress.com, besucht 15.6.2019.

29 Zum Beispiel: »Der beginnende Abstieg des Westens«, 11.2.2020, über den »Munich Security Report zur Münchner Sicherheitskonferenz 2020; online unter: www.german-foreign-policy.com, besucht 12.2.2020.

30 Williamson 2017 (eigene Übersetzung).

31 Zum Beispiel: *Merics China Update* 6/2018.

32 Zum Beispiel: Louise Matsakis, »How the West Got China's Social Credit System Wrong«, 29.7.2019; online unter: www.wired.com, besucht 1.11.2019.

33 Zum Beispiel Williamson 2017.

34 Rügemer 2018, S. 285.

35 H. Steltzner, »Chinas Weg zur Weltherrschaft«, *FAZ* 7.1.2018; H. Ankenbrand, »Ehrgeiz vernetzt Berge«, *FAZ* 4.2.2018; Andreas Landwehr, »China schafft digitales Punktesystem für den ›besseren‹ Menschen«, 1.3.2018; https://www.heise.de/newsticker, besucht 17.6.2019.

36 A. Landwehr, ebd.

37 Ebd.

38 Christian Y. Schmidt, *Im Jahr des Hasendrachen*, 2013, S. 42, 52–54, 60, 72, 99, 138–141, 177–186 (Seitenzahlen im obigen Text beziehen sich hierauf).

39 Schmidt 2013, S. 98–99.

40 A.a.O., S. 180.

41 Ebd., S. 178–180.

42 Ebd., S. 180.

43 Ebd., S. 179.

44 Ebd., S. 180.

45 Ebd.

46 Ebd., S. 42.

47 Ebd., S. 72.

48 Ebd., S. 139.

49 Ebd., S. 139–141.

50 Bernhard Bartsch: Ai Weiwei – »Fünfsternelakai des Westens«, *Neue Züricher Zeitung*, 19.04.2011, online unter: www.nzz.ch, aufgerufen am 31.01.2020, siehe auch: Schmidt, S. 52–54.

51 Ebd., S. 54.

52 Ebd., S. 182.

53 Ebd., S. 60–62, 183.

54 So bei Schmidt, a.a.O., S. 183 passim.

55 Siehe zum Beispiel: Christiane Peitz, »Der Nazismus existiert im deutschen Alltag«, *Der Tagesspiegel* 22.1.2020.

56 Christiane Peitz, »Ai Weiwei geht es vor allem um Ai Weiwei«, *Der Tagesspiegel* 22.1.2020.

9 »Lager für Minderheiten und Polizeistaat!« Chinas Nationalitäten- und Minderheiten-Politik: Taiwan, Tibet, Xinjiang ...

1 Zum Beispiel: Gang LIN, *Taiwan's Party Politics and Cross-Strait Relations in Evolution (2008–2018)*, Palgrave Macmillan Springer Nature, Singapore, 2019, S. 137–180.

2 *Taipei Times* 20.7.2017 (eigene Übersetzung).

3 *China Daily* 14./15.7.2018, S. 3.

4 *China Daily* 14./15.7.2018, S. 1.

5 Siehe zum Beispiel die Dokumentation von Printquellen und Internetlinks bei R. Fitzthum 2018b, S. 8–10.

6 »Abkommen zur friedlichen Befreiung Tibets«; online unter: de.wikipedia.org, besucht 11.6.2019.

7 Ausführlicher zum Beispiel: Shane Quinn, »Seventy Years of U.S. Destabilisation in China«, 23.12.2019; online unter: www.globalresearch.ca, besucht 30.12.2019.

8 Sebastian Carlens: »Mittelalter beendet. Vor 60 Jahren floh der Dalai Lama aus China. Er konnte die Modernisierung Tibets nicht aufhalten«, 16.3.2019; online unter: www.jungewelt.de; besucht 11.6.2019.

9 Ebd.

10 Andre Vltchek, »Europe in Irreversible Decay, EU Elections are Proof of It!«, 30.5.2019; online unter: journal-neo.org, besucht 11.6.2019.

11 Nochmal zur umfangreichen Dokumentation von R. Fitzthum 2018b, S. 8–10.

12 »Syrer Sehr geehrte Frau Bundeskanzlerin' – Offener Brief eines syrischen Flüchtlings 31.01.2019«; online unter: www.muetter-gegen-den-krieg-berlin.de, besucht 11.6.2019.

13 Volker Bräutigam, Friedhelm Klinkhammer, »Es bleibt immer was hängen. ARD-aktuell setzt die antichinesische Propaganda über angebliche Folterlager in Xinjiang fort«, 16.3.2019; online unter: publikumskonferenz.de, besucht 20.02.2020.

14 Zum Beispiel: Wolfgang Lieb, »Er ist ein Hurensohn, aber er ist unser Hurensohn«, 3.2.2011; online unter: www.seemoz.de, besucht 20.2.2020.

15 Kissinger 2011, S. 506.

16 Ausführlich: Shane Quinn, »Seventy Years of U.S. Destabilisation in China. U.S. Sponsored Uyghur Insurgency in Xinjiang«, 23.12.2019; online unter: www.globalresearch.ca, besucht 30.12.2019.

17 Zum Beispiel: »Turkistan Islamic Party in Syria«; online unter: en.wiki pedia.org, besucht 28.10.2019.

18 »Ost-Turkestan im Visier (I)«, 15.11.2019 und »Ost-Turkestan im Visier (II)«, 26.11.2019; online unter: www.german-foreign-policy.com, beide besucht 11.6.2019.

19 Ebd.

20 Felix Lee, »Grabesstille über Xinjiang«, *taz* 17.7.2018, S. 1, 4–5.

21 Felix Lee, »Xinjiang: Im Land der unsichtbaren Lager«, 10.5.2019; online unter: www.amnesty.de, besucht 11.6.2019.

22 Zum Beispiel die Dokumentation von Ben Norton und Ajit Singh, »No, the UN Did Not Report China Has ›Massive Internment Camps‹ for Uighur Muslims«, 23.8.2018, online unter: thegrayzone.com, besucht 19.6.2019.

23 Bräutigam, Klinkhammer, »Es bleibt immer was hängen«, s.o.

24 Siehe etwa: »Anschlag in China: 31 Menschen sterben bei Bombenexplosion in Urumqi«, 22.5.2014; online unter www.tagesschau.de, besucht 20.2.2020.

25 Ich sollte mich auch bei den Steinzeitmenschen für diesen ständigen Vergleich entschuldigen, die wohl im Allgemeinen nicht halb so schrecklich und gewaltlüstern waren wie neuzeitliche religiöse Fundamentalisten (aller Spielarten).

26 Vgl. Bräutigam, Klinkhammer, ebd.

27 Vgl. Quellenverweise ebd.

28 Mit weiteren Quellenlinks: V. Bräutigam, F. Klinkhammer, »Der Sudeljournalismus. Die ARD verbreitet Fake News gegen China«, 20.8.2018; online unter: www.linkezeitung.de, besucht 12.6.2019.

29 Ben Norton und Ajit Singh, »No, the UN Did Not Report China Has ›Massive Internment Camps‹ for Uighur Muslims«, 23.8.2018, online unter: thegrayzone.com, besucht 19.6.2019.

30 Ebd.

31 Ebd.

32 Ausführliche Dokumente und Links ebd.

33 Bräutigam, Klinkhammer, »Es bleibt immer was hängen«, s.o., ebd.

34 *China Daily* 13.7.2018, S. 19.

10 »Neuer Imperialismus!« Die andere Globalisierung: Süd-Süd-Kooperation, UNO, Pariser Abkommen, Shanghai Kooperations-Organisation, Neue Seidenstraße, Auslandsinvestitionen – und China als neues Einwanderungsland

1 Karen Andresen, »Ich sage nur China, China, China«, 16.11.2004; online unter: www.spiegel.de, besucht 19.6.2019.

2 *Merics China Update* 6/2018; online unter: www.merics.org, besucht 19.6.2019.

3 »Deutsche Entwicklungshilfe landet in den Geldkoffern afrikanischer Eliten«, *Deutsche Wirtschaftsnachrichten* 23.2.2020.

4 So zum Beispiel CHEN Xiangming, »Globalisation redux: can China's inside-out strategy catalyse economic development and integration across its Asian borderlands and beyond?«, *Cambridge Journal of Regions, Economy and Society* 11(1), 2018, S. 35–58.

5 LIN Justin Yifu, WANG Yan, »China's Contribution to Development Cooperation: Ideas, Opportunities and Finances«, in: Shahid Yusuf (Hg.), *China and the Global Economy*, Cheltenham, UK, Northampton, MA, USA: E. Elgar, 2017, S. 826–851.

6 Solvecon, *Forex-Report* 19.3.2019.

7 GAO Bai, »China's Belt & Road Initiative: A Counterforce to Globalisation Reversal«, in: WANG Huiyao, LU Miao (Hg.), *Handbook on China and Globalization*, Cheltenham, UK, Northampton, MA, USA: E. Elgar, 2019; Vassilis Fouskas, Bulent Gokay, *The Disintegration of Euro-Atlanticism and New Authoritarianism: Global Power-Shift*, London, Cham (CH): Palgrave-Macmillan, 2019.

8 Diese Fakten können seit Jahrzehnten regelmäßig jährlich nachgelesen werden in den Berichten des Stockholmer Friedensforschungsinstituts SIPRI; jüngst zum Beispiel unter: »Die westliche Rüstungsgemeinschaft«, 13.12.2019; online unter: www.german-foreign-policy.com, besucht 10.12.2019.

9 Zum Beispiel Tam Nguyen Huua, Deniz Dilan Karaman Örsal, »A new benign hegemon on the horizon? The Chinese century and growth in the Global South«, *economics e-journal* 2019–60, 13.11.2019.

10 Ausführlich zum Beispiel Kunzmann 2018, 95 ff.

11 Ebd., S. 98.

12 Zum Beispiel *Merics China Update* 6/2018.

13 Zum Beispiel *China Daily* 7./8.7.2018, S. 17.

14 Zum Beispiel Jörg Kronauer, »Beijings Einfluss wächst«, *junge Welt* 26.6.2019, S. 6.

15 Zum Beispiel Kunzmann 2018, S. 99.

16 Zum Beispiel Werner Rügemer, »Varianten des Kapitalismus – Ein Ver-

gleich des westlichen mit dem chinesischen Kapitalismus«, 7.10.2017; online unter: www.nachdenkseiten.de, besucht 21.6.2019.

17 *China Daily* 14.7.2017.

18 Ebd. (eigene Übersetzung).

19 So zum Beispiel: ZHAO Huanyu, »China and Global Economic Governance: Does BRICS Matter?«, in: WANG Huiyao, LU Miao, (Hg.), *Handbook on China and Globalization*, Cheltenham, UK, Northampton, MA, USA: E. Elgar, 2019, Kap. 20.

20 Zum Beispiel Crome 2017, S. 10.

21 Jonathan Stromseth, »The testing ground: China's rising influence in Southeast Asia and regional responses«, Report, Brookings, November 2019; online unter: www.brookings.edu, besucht 28.12.2019.

22 Zum Beispiel ebd.; Küsters 2018, S. 30f.

23 Als Beispiel: Thomas Stötzel, »Chinas und Russlands Hyperschall-Raketen alarmieren Militärstrategen«, 2.12.2019; online unter: www.wiwo.de, besucht 10.12.2019.

24 Ebd.

25 Generell zum Beispiel: Peter Frankopan, *Die neuen Seidenstraßen. Gegenwart und Zukunft unserer Welt*, 2019; Jörg Kronauer, *Der Rivale. Chinas Aufstieg zur Weltmacht und die Gegenwehr des Westens*, 2019.

26 Jörg Lichter, »Chinas Neue Seidenstraße: Das Versagen des Westens«, 1.3.2019; online unter: www.handelsblatt.com, besucht 25.6.2019.

27 Pepe Escobar, »Xi's road map to the Chinese Dream«, *Asia Times/The Brief* 21.10.2017; www.asiatimes.com, besucht 22.6.2019 (eigene Übersetzung).

28 *Solvecon Forex Report*, Jahresausblick, 16.2.2019, S. 1, 12.

29 Stephanie Olinga-Shannon, Mads Barbesgaard, Pietje Vervest, »The Belt and Road Initiative (BRI). An AEPF Framing Paper«, *Transnational Institute*, 29.10.2019; online unter: www.tni.org, besucht 28.12.2019.

30 Zum Beispiel Pepe Escobar, »A ›Blue Dot‹ Barely Visible from China's ›New Silk Roads‹«, 9.11.2019; online unter: www.globalresearch.ca, besucht 28.12.2019.

31 Global China Round Up Newsletter, online unter: www.bu.edu/gdp, besucht 22.6.2019.

32 www.sais-cari.org; besucht 22.6.2019; siehe zum Beispiel auch Schmid 2017, S. 51–55; Schmid 2018, S. 30 f

33 Zum Beispiel: Uwe Höring, *Der Lange Marsch 2.0. Chinas Neue Seidenstraßen als Entwicklungsmodell*, Hamburg 2018.

34 Zum Beispiel CHEN Xiangming, »Globalisation redux: can China's inside-out strategy catalyse economic development and integration across its Asian borderlands and beyond?«, *Cambridge Journal of Regi-*

ons, Economy and Society 11(1), 2018, S. 35–58; online unter: www.academic.oup.com, besucht 22.6.2019.

35 David Gosset, *Keynote*, Tianjin Forum 2017, mimeo.

36 Zum Beispiel Werner Rügemer, »Grönland: US-Militär gegen chinesischen Ausbau der Infrastruktur«, 16.10.2018; online unter: www.nachdenkseiten.de, besucht 27.6.2019.

37 Jörg Lichter, »Chinas Neue Seidenstraße: Das Versagen des Westens«, *Handelsblatt* 1.3.2019; 100 Staaten hatten bereits am ersten BRI-Gipfeltreffen in Beijing im Mai 2017 teilgenommen.

38 Zum Beispiel P. Escobar, »Xi's road map to the Chinese dream«, *Asia Times* 21.10.2017.

39 Zum Beispiel Michael Dunford, *Whither globalisation?*, Tianjin Forum 7/2017, mimeo.

40 Geoffrey Aronson, »China Just Opened ›the Suez Canal of Our Era‹: China's Eurasian Rail ›Middle Corridor‹. The Belt and Road Initiative comes to Turkey in a big way, but the West is too distracted to notice or care«, 10.12.2019; online unter: www.globalresearch.ca, besucht 29.12.2019.

41 Britta Kuhn, »Chinas Neue Seidenstraße«, *Wirtschaftsdienst* 12–2019, S. 880 ff.

42 Zum Beispiel Jörg Kronauer, »Fernost, ganz nah«, 20.11.2019; online unter: www.jungewelt.de, besucht 29.12.2019; Pepe Escobar, »New Silk Roads in Action at China-Kazakh Border«, 5.12.2019; online unter: www.globalresearch.ca, besucht 29.12.2019; Valentin Raskatov, »›Neue Seidenstraße‹: Erster Warenzug aus China in Mecklenburg-Vorpommern angekommen«, 13.11.2019; online unter: de.sputnik news.com; siehe auch: Jochen Dieckmann, *Ferner Osten auf der Überholspur*, Frankfurt 2020.

43 Details zum Beispiel bei Kunzmann 2018, S. 100 ff.

44 Ebd., S. 100.

45 So Mick Dunford, *Whither globalisation?*, Tianjin Forum, 7/2017, mimeo.

46 Zum Beispiel: Kunzmann 2018, S. 101; Jörg Kronauer, »Von wegen Kolonialmacht«, *junge Welt* 2.5.2019.

47 Zum Beispiel ZHENG Chongwei, XIAO Ziniu, ZHOU Wen, CHEN Xiaobin, CHEN Xuan, *21st Century Maritime Silk Road: A Peaceful Way Forward*, Singapur: Springer Nature Singapore, 2018.

48 Suprabha Baniya, Rocha Gaffum, Nadia Patrizia, Michele Ruta, »Trade Effects of the New Silk Road: A Gravity Analysis«, World Bank, *Policy Research Working Paper* WPS 8694, 10.1.2019.

49 Zum Beispiel Philipp Harms, Konstantin M. Wacker, »The special issue

on FDI and multinational corporations: an introduction«, *Economics e-journal*, Discussion Paper 2019–15, 12.2.2019.

50 Zum Beispiel: Rasmus 2018.

51 Ebd.

52 So David Gosset, *Keynote*, Tianjin Forum 2017, mimeo.

53 Zum Beispiel: *China Global Round Up* 25.4.2019.

54 Zum Beispiel: Rasmus 2018; Kadri 2017, S. 40 f.

55 Zum Beispiel M. Dunford, *Whither globalisation?*, Tianjin Forum 7/2017, mimeo.

56 Ebd.

57 Zum Beispiel: J. Lichter, »Chinas Neue Seidenstraße: Das Versagen des Westens«, *Handelsblatt* 1.3.2019.

58 Zum Beispiel J. Kronauer, »Von wegen Kolonialmacht«, *junge Welt* 2.5.2019.

59 Pepe Escobar, A »Blue Dot« Barely Visible from China's »New Silk Roads«, 9.11.2019; online unter: www.globalresearch.ca, besucht 29.12.2019.

60 Zum Beispiel Uwe Hoering, *Der Lange Marsch 2.0. Chinas Neue Seiden-straßen als Entwicklungsmodell*, Hamburg 2018.

61 »Bisher hat der Westen ja genau das gemacht, was man hier China un-terstellt.« (*Solvecon Forex-Report* 19.3.2019, S .3.)

62 Außerdem zum Beispiel Jörg Kronauer, »Von wegen Kolonialmacht«, *junge Welt* 2.5.2019; siehe auch Kronauer 2019; Willy Sabautzki, »Res-pekt vor staatlicher Souveränität oder: die Mär der chinesischen Schuldenfalle«, *isw* München 22.5.2019.

63 Eine aktuelle Übersicht über 40 solcher Fälle seit 2015 liefert: Agatha Kratz, Allen Feng, Logan Wright, »New Data on the ›Debt Trap‹ Ques-tion«, 29.4.2019; online unter: www.rhg.com, besucht 26.6.2019.

64 Zum Beispiel *China Global Round Up* 1.8.2018, S. 2.

65 Zum Beispiel *Global China Round Up* 18.7.2019, S. 2; 31.7.2019, S. 2.

66 Zum Beispiel *China Global Round Up* 15.11.2018.

67 Ausführlich zum Beispiel ZHOU Lihuan, Sean Gilbert, WANG Ye, Mi-quel Munoz Cabre, Kevin P. Gallagher, *Moving the Green Belt and Road Initiative from Words to Actions*, BU-GDP *Working Paper*; October 2018; www.bu.edu, besucht 25.6.2019.

68 Zum Beispiel Valentin Raskatov, »›Neue Seidenstraße‹: Erster Waren-zug aus China in Mecklenburg-Vorpommern angekommen«, *sputni-knews* 13.11.2019.

69 Zum Beispiel: Kunzmann 2018, S. 100.

70 Zum Beispiel David Gosset, *Keynote*, Tianjin Forum 2017, mimeo.

71 Zum Beispiel *Global China Round Up* 31.7.2019, 14.8.2019, 28.8.2019.

72 UNDP China and China Development Bank (CDB), *Harmonizing In-*

vestment and Financing Standards towards Sustainable Development along the Belt and Road; online unter: www.cdb.com, besucht 29.12.2019.

73 Zusätzlich zu den schon zitierten Quellen zum Beispiel Eom, Janet, Hwang Jyhjong, Atkins, Lucas, Chen Yunnan, Zhou Siqi, »The United States and China in Africa: What does the data say?«, *China-Africa Research Initiative*, Johns Hopkins University, Washington D.C., *Policy Brief* 18–2017.

74 Zum Beispiel LIN Wang, »China's Contribution to Development Cooperation …«, 2017, S. 10ff.

75 Janet Eom et al., s.o.; ferner: Mthuli Ncube, Charles L. Lufumpa, George Kararach, »Infrastructure, political economy and Africa's transformational agenda«, in: M. Ncube, C.L. Lufumpa (Hg.), *Infrastructure in Africa*, Bristol, UK, Chicago IL, USA: Policy Press, 2017, S. 662–664.

76 Nach Kunzmann 2018, S. 104f.

77 Kartik Jayaram, Omid Kassiri, Irene Yuan Sun, »The closest look yet at Chinese economic engagement in Africa«, June 2017; online unter: www.mckinsey.com, besucht 24.6.2019.

78 Zum Beispiel »Drache zu Gast bei Löwen -- Warum Chinas Einfluss in Afrika expandiert«; online unter: www.deutsch.rt.com, besucht 25.6.2019; ferner zum Beispiel Marianna Schauzu, »Land Grabbing: China als neuer Kolonialherr in Afrika?«, *Marxistische Blätter* 2–2018, S. 114–121.

79 Schauzu, a.a.O.

80 Zum Beispiel Matilda Dunfjäll, »Sino-African Relations and ODA in the Twenty-First Century: Chinese Aid and Public Expenditure in Education and Health Sectors of Sub-Saharan African Nations«, *Chinese Political Science Review* 4(3), S. 375–402.

81 »Drache zu Gast bei Löwen …«, a. a. O.

82 Zitiert nach Schauzu, ebd.; siehe auch Jörg Kronauer, »Von wegen Kolonialmacht«, *junge Welt* 2.5.2019; Kunzmann 2018, S. 104, unter Verweis auf die Quelle »*Landmatrix. Web of Transnational Deals*«; online unter: www.landmatrix.org, besucht 24.6.2019.

83 Zum Beispiel: Kunzmann 2018, S. 103 f.

84 Ebd.

85 Ebd.

86 Eine jeglicher China-Sympathien unverdächtige Institution, eingebunden in und finanziert von »westliche(n)« staatlichen und privaten Zentren (Bertelsmann, US-State Department), etwa analog »Eurobarometer« der EU.

87 Schauzu 2018, ebd.

88 Zitiert nach Kronauer, »Von wegen Kolonialmacht«, *junge Welt* 2.5.2019.

89 So zum Beispiel auch: *Solvecon Forex-Report* 26.4.2019, S. 3.

90 Aus diesem Anlass gab es übrigens zahlreiche Hintergrundanalysen; ausführlich zum Beispiel GDP Center, *China Global Round Up*, 24.4.2019 und 25.4.2019; André Vltchek, »Belt and Road Forum in Beijing and How Western ›Reports‹ Are Smearing China«, *Global Research Newsletter* 26.4.2019.

91 Zum Beispiel DING Xiaoqin, »Entwicklung ohne Einmischung«, 2018.

92 Ebd.

93 Zum Beispiel ebd.; oder: David G. Landry, »The Belt and Road Bubble Is Starting to Burst«, 27.6.2018; online unter: www.foreignpolicy.com, besucht 25.6.2019.

94 Ebd.

95 Zum Beispiel: Kunzmann 2018, S. 103 f.

96 *Global China Round Up* 25.4.2019.

97 Wir haben hier Lateinamerika und die Karibik (LAC) im Rahmen der BRI nicht behandelt, obgleich auch hier die chinesischen Investitionen der China Development Bank und der EXIM-Bank die Kredite von Weltbank, IWF und der Interamerikanischen Entwicklungsbank (ebenfalls in der Regie der USA) bereits übersteigen. Ausführlich zu LAC in der BRI zum Beispiel »GDP Center Dialogue – China-Latin America Finance« 21.2.2019.

98 Ergänzend und als Eindruck zum Beispiel Thomas Berger, »Bahn frei für Schnellzüge. Laos, Thailand und China unterzeichnen beim BRI-Forum in Beijing Abkommen über Hochgeschwindigkeitsstrecke«, *junge Welt* 29.4.2019, S. 9.

99 Zum Beispiel »Chinas Geld treibt einen Keil in die EU«; online unter: www.orf.at, besucht 25.6.2019.

100 Zum Beispiel: *Süddeutsche Zeitung* 17.10. 2017.

101 Ausführlich zum Beispiel Fred Schmid, »EU – China: Künftig mehr Rivalen als Partner«, *isw* München 14.4.2019, S. 3 f.; *Solvecon Forex-Report* 26.3.2019, S. 3.

102 Ausführlich etwa »Kampf um die Seidenstraße; online unter: www.german-foreign-policy.com, besucht 25.6.2019.

103 Ebd.

104 Zum Beispiel Michael Verfürden, »Chinatown Duisburg – Wie das Ruhrgebiet von der Seidenstraße 2.0 profitieren will«, *Handelsblatt* 24.9.2018; Marcel Joppa, »Von China ins Ruhrgebiet: Erfolgskonzept ›Neue Seidenstraße‹? – Duisburgs OB exklusiv« 6.4.2019; online unter: de.sputniknews.com, besucht 25.6.2019.

105 Die Verdreckung der Welt übernimmt dann natürlich gerne weiterhin

die explodierende Kreuzfahrtindustrie, die die europäischen und US-amerikanischen Rentner zu den Pinguinen und in die letzten Winkel von Arktis und Antarktis bringt, zwecks Infizierung der Pinguine mit Essensresten und Abfällen sowie nahest möglicher Beobachtung des Eisbären-Sterbens und proaktiver Beschleunigung der Polabschmelzung.

106 Zum Beispiel: Luik, *Schaden an der Oberleitung. Das geplante Desaster der Deutschen Bahn,* Frankfurt 2019, a.a.O.

107 Zum Beispiel Jens Kastner, »German rail group bets on Belt and Road with more trains to China«; 29.6.2019; online unter: asia.nikkei.com, besucht 1.11.2019.

108 Zum Beispiel Thorsten Mumme, »Die Angst vor Chinas Neuer Seidenstraße ist unbegründet«, 2.9.2019; online unter: www.tagesspiegel.de, besucht 31.10.2019.

109 Zum Beispiel: Jens Bastian, »Chinas Einfallstor«, *Süddeutsche Zeitung* 17.10.2017.

110 Zum Beispiel »Chinas Geld treibt Keil in die EU«, a. a. O.

111 Mercator Institute for China Studies, Berlin, *merics China Update* 6/2018, S. 9.

112 Zum Beispiel HU Yongqi, »China to boost economic links with CEE nations«, *China Daily* 9.7.2018, S. 3.

113 SONG Lilei, Dragan Pavlicevic, »China's Multilayered Multilateralism: A Case Study of China and Central and Eastern Europe Cooperation Framework«, *Chinese Political Science Review* 4(3) 2019, S. 277–302.

114 Zum Beispiel *Global China Round Up* 25.4.2019.

115 Zitiert nach »Volksrepublik fördert europäische Integration«, *junge Welt* 9.4.2019, S. 9.

116 Zum Beispiel *Handelsblatt* 2.8.2018; ausführlich auch Schmid 2017, S. 50 f.; oder: »Neue Industriestrategie: Staat fordert mehr Kontrolle bei Firmenverkäufen«, *Deutsche Wirtschaftsnachrichten* 8.12.2019.

117 Zum Beispiel Jens Bastian, »Chinas Einfallstor«, *Süddeutsche Zeitung* 17.10.2017.

118 Zum Beispiel: *China Daily* 11.7.2018, S. 1.

119 Zum Beispiel: *Steingarts Morning Briefing* 26.3.2019 und 6.6.2019.

120 Zum Beispiel: Holger Steltzner, »Chinas Weg zur Weltherrschaft«, *FAS* 7.1.2018.

121 Zum Beispiel: *Steingarts Morning Briefing* 3.6.2019.

122 Ebd.

123 *Handelsblatt* 10.6.2016, alle Zitate nach Schmid 2017, S. 50 f.

124 Schmid 2017, ebd.

125 Ebd.

126 Ebd.

127 W. Rügemer, »Die Volksrepublik China und ihre globale Bedeutung«, Teil 2, *World Economy* 20.5.2019.

128 Zitiert nach »Volksrepublik fördert europäische Integration«, *junge Welt* 9.4.2019, S. 9.

129 Clemens Fuest, Felix Hugger, Samina Sultan, Jing Xing, »What Drives Chinese Overseas M&A Investment? Evidence from Micro Data«, *EconPol Working Paper* 33, November 2019.

130 Zum Beispiel: Christian Rusche, »Chinesische Beteiligungen und Übernahmen in Deutschland«, *Wirtschaftsdienst* 2-2020, 144–146.

131 Die großen internationalen Verlage haben in den letzten Jahren allesamt große Buchreihen der chinesischen Ingenieurs- und Naturwissenschaften eröffnet, und spezialisierte chinesische Bücher sind inzwischen die meistverkauften Titel. Zum Beispiel Springer Nature, Engineering and Applied Sciences, Celebrate Chinese New Year with Springer, 15.2.2019; online unter: www.springer.com, besucht 25.6.2019.

132 So zum Beispiel KE Dickie Liang-Hong, Enrique de Diego, »Chinese Innovation and Entrepreneurship Going Abroad: From Counterfeits and Copycats to Innovation Exporters«; ZHAO Weilin, »China's Innovation-Driven Growth and Its Emerging Impact on Global Innovation«, beide in: WANG Huiyao, LU Miao, (Hg.), Handbook on China and Globalization, Cheltenham, UK, Northampton, MA, USA: E. Elgar, 2019, Kap. 3, 10.

133 Zum Beispiel PAN Chunyang, WEI William, Etayankara Muralidharan, LIAO Jia, Bernadette Andreosso-O'Callaghan, »Does China's Outward Direct Investment Improve the Institutional Quality of the Belt and Road Countries?«, *Sustainability* 12(1), 2020, S. 415 ff.; online unter: www.mdpi.com, besucht 16.2.2020.

134 Ausführlich zum Beispiel: *Reuters Wirtschaftsnachrichten* 19.7.2017.

135 Zum Beispiel *Handelsblatt* 5.7.2018. Zum Engagement bei der Deutschen Bank war zuvor spekuliert worden, die HNA-Gruppe hätte anscheinend eine Kreditklemme.

136 Ebd.

137 Zum Beispiel »China says ›irrational‹ outbound investment curbed« 14.9.2017; online unter: www.reuters.com, besucht 23.6.2019.

138 Zum Beispiel: *China Daily* 14.7.2017, S. 1.

139 So zum Beispiel Crome 2017, passim; ferner: Ncube, Lufumpa, Kararach, »Infrastructure, political economy and Africa's transformational agenda«, in: Mthuli Ncube, Charles Leyeka Lufumpa (Hg.), *Infrastructure in Africa* (2017), a. a. O., S. 662–664.

140 Ali Kadri, »The Saudi palace coup, the oil market, China and the US«, *real-world economics review* 82, 2017, 29–46, insbesondere S. 34 ff.

141 Global Development Policy Center der Boston University, *Working Paper*, 27.3.2018.

142 DING Xiaoqin, »Entwicklung ohne Einmischung«, 2018.

143 *Solvecon Forex-Report* 26.3.2019.

Teil 3

2 »Alles Kommunismus!« Was ist das für ein »System«? »Kommunismus«, »sozialistische Marktwirtschaft«, »Turbokapitalismus«, »Diktatur« oder was? Im begrifflichen Gewusel sortieren

1 So Felix Wemheuer, *Chinas große Umwälzung. Soziale Konflikte und Aufstieg im Weltsystem*, Köln 2019.

2 Werner Rügemer, »Varianten des Kapitalismus. Ein Vergleich des westlichen mit dem chinesischen Kapitalismus«, *isw* München 25.10.2017; online unter: www.isw-muenchen.de, besucht 20.2.2020

3 Uwe Hoering, *Der Lange Marsch 2.0. Chinas Neue Seidenstraßen als Entwicklungsmodell*, Hamburg: VSA, 2018.

4 Grzegorz Kolodko, »Socialism, capitalism, or Chinism?«, *Communist and Post-Communist Studies* 51(4), 2018, S. 285–298.

5 Ähnlich etwa Schmid 2018, S. 37 ff.

6 David D. LI, »70 Jahre Volksrepublik China: Spektakuläres Laboratorium für Entwicklungspolitik«, *Weltwirtschaft und Entwicklung* 9–2019, S. 3.

7 Ergänzend zur oben schon genannten Literatur zum Beispiel: HE Shenjing, »Two waves of gentrification and emerging rights issues in Guangzhou, China«, *Environment and Planning A*, 44, 2012, S. 2817–2833.

8 Stephan Krüger, »Epochenwechsel auf dem Weltmarkt und in der Weltwirtschaft?«, 29.3.2019, S.60; online unter: www.mez-berlin.de, besucht 29.6.2019.

9 Zum Beispiel Manfred Nitsch, »Von China lernen«, FU Berlin, Lateinamerika Institut, 2019; online unter: www.lai.fu-berlin.de, besucht 29.6.2019; ders., Frank Diebel, »Guanxi Economics: Confucius Meets Lenin, Keynes, and Schumpeter in Contemporary China«, *Intervention. European Journal of Economics and Economic Policy* 5(1), 2008, S. 77–104.

10 Zu Belegschaftsaktivitäten und -kontrollen in China zum Beispiel auch Kunzmann 2018, S. 65 f.

11 Wolfgang Müller, zitiert nach Schmid 2018, S. 37.

12 Zum Beispiel KUANG Wenbo, »New-Media Public Opinion Becomes Mainstream Social Opinion«, in: ders., *Social Media in China*, Singapore: Palgrave-Macmillan / Springer Nature, 2018, S. 25–38.

13 Zum Beispiel Kunzmann 2018, S. 65 f.

14 Ebd., S. 65

15 Zum Beispiel ZHANG Lanying u.a. 2018.

16 Zitiert nach: David D. LI, »70 Jahre Volksrepublik China: Spektakuläres Laboratorium für Entwicklungspolitik«, *Weltwirtschaft und Entwicklung* 9–2019, S. 3.

17 Dieter Schnaas, »«In Asien zählen Ergebnisse«, *WirtschaftsWoche online* 12.1. 2020; online unter_ www.wiwo.de, besucht 13.2.2020.

18 Siehe zum Beispiel auch: Parag Khanna, *Unsere asiatische Zukunft*, Berlin 2019.

19 »BDI-Präsident schlägt Alarm«, *Handelsblatt* 16.11.17.

20 Entsprechend zitiert Schmid 2018, S. 35 f., den Direktor des Merics.

21 So zum Beispiel auch: Schmid 2018, S. 35 ff.

3 »Kenn' ich nicht, weiß ich nicht, brauch' ich nicht!« Ein neuartiger Sozialismus für das 21. Jahrhundert, wichtig für dich und dich und mich: anders, als wir glaubten, anders als alles, was wir kannten, anders, als wir erzählt bekommen …

1 Zum Beispiel: Hardy u.a. 2017.

2 Ausführlich zum Beispiel Kadri 2017, S. 36 f.

3 Ebd., S. 36 f. (eigene Übersetzungen und Hervorhebungen).

4 Elias Jabbour, Alexis Dantas, »The political economy of reforms and the present Chinese transition«, *Brazilian Journal of Political Economy* 37(4), 2017, S. 789–807 (eigene Übersetzung und Hervorhebungen).

5 Zum Beispiel: Ireland, Meng, »Post-Capitalist Property«, 2017, a.a.O.

6 Ebd.

7 Zum Beispiel ebd.; ähnlich: ZHANG Fan, 2018, S. 110 ff.

8 »Mixed Economy«; online unter: en.wikipedia.org, besucht 29.6.2019.

9 Zum Beispiel Kadri 2017, S. 36 f., 41.

10 Ebd.

11 Zitiert nach Schmid 2018, S. 36.

12 Eike Kopf, *Eine chinesische Reformation. Zum Werden eines neuen Zivilisationstyps*, Köln 2019.

13 Losurdo 2017.

14 Siehe eine Reihe von Zitaten aus Studien und Medienartikeln bei Schmid 2018, zum Beispiel S. 37.

4 Und ja, eine kritische Abwägung: Problembereiche und Aussichten

1 Die Waldbrände in Kalifornien aufgrund des Zusammenbruchs der Stromversorgungs-Systeme und die entsprechenden flächendeckenden Stromabschaltungen für Hunderttausende von Haushalten sind beredtes Zeugnis für umfassenden Niedergang des Kapitalstocks, be-

deuten enorme ökonomische und soziale Verluste und sind Zeichen eines drohenden Systemkollaps, der ja immer irgendwie von einigen wenigen Engpassfaktoren aus entsteht: Das berühmte letzte Bausteinchen, das aus einem Gebäude entfernt wird, bevor das Gebäude insgesamt kollabiert, während vielleicht viele einzelne Etagen noch voll funktionsfähig sind. Ähnliche Symptome der Nichtvorsorge und Nichtinvestition in den sächlichen, humanen und ökologischen Kapitalstock sind bei Australiens Mega-Bränden für alle Welt sichtbar geworden, die eine erschreckende öffentliche Handlungsunfähigkeit haben deutlich werden lassen. Wir können hier leider nicht darauf eingehen.

2 Zum Beispiel: »Middle income trap«; online unter en.wikipedia.org, besucht 30.6.2019.

3 Stephen S. Roach, »China vermeidet die Falle des mittleren Einkommens«, 18.4.2019; online unter: www.fuw.ch, besucht 30.6.2019.

4 So zum Beispiel CAI Peter, »How China can avoid the middle-income trap«, *The Australian*, 28.4.2015; online unter: www.theaustralian.com.au, besucht 30.6.2019.

5 Zum Beispiel: Luiz C. Bresser-Pereira u.a., »An alternative to the middle-income trap«, *Structural Change and Economic Dynamics* 52 (2020), S. 294–312.

6 Michael Kahn-Ackermann, »Rückkehr in ein unbekanntes Land«, *FAZ* 17.12.2018.

7 Zitiert nach Rolf Berthold, »Die sozialistische Weltmacht – China als Kraft für Frieden und Fortschritt«, 17.7.2018; online unter: www.deutsch.rt.com, besucht 30.6.2019.

8 David D. LI, »70 Jahre Volksrepublik China: Spektakuläres Laboratorium für Entwicklungspolitik«, *Weltwirtschaft und Entwicklung* 9–2019, S. 3.

9 Siehe dazu »Chinas Kampf um den Sozialismus. Klassen und Klassenkampf in der VR China (Teil 2)«, *Kommunistische Arbeiterzeitung* 364 (o.J.); online unter: www.kaz-online.de, besucht 29.6.2019.